隆子年鉴

ལྷུན་རྩེའི་ལོ་རིམ་མེ་ལོང་།

2022

（总第6卷）

隆子县地方志编纂委员会　编

图书在版编目（CIP）数据

隆子年鉴. 2022 / 隆子县地方志编纂委员会编.—
北京：方志出版社, 2022.12
ISBN 978-7-5144-5286-0

Ⅰ. ①隆… Ⅱ. ①隆… Ⅲ. ①隆子县—2022—年鉴
Ⅳ. ①Z527.54

中国版本图书馆CIP数据核字（2022）第252098号

责任编辑：刘方圆
责任校对：刘玉霞
责任印制：梅中英
出 版 者：方志出版社
地　　址：北京市朝阳区潘家园东里 9 号（国家方志馆4层）
邮　　编：100021
网　　址：http://www.zgfzcb.cn
发　　行：方志出版社图书营销中心（010-67110500）
印　　刷：河南金宝丽印刷科技有限公司
开　　本：889毫米×1194毫米　1/16
印　　张：23.5
字　　数：699千字
版　　次：2022年12月第1版
印　　次：2022年12月第1次印刷
定　　价：380.00元

《隆子年鉴（2022）》编纂委员会

《隆子年鉴（2022）》编辑部

◎土地面积：10566平方千米

◎年末常住人口：36015人

◎地区生产总值：183267.9万元

◎第一产业：9341万元

◎第二产业：90076.4万元

◎第三产业：83850.5万元

◎农林牧渔业总产值：17438.16万元

◎常用耕地面积：3268.98公顷

◎总播种面积：3329.2公顷

◎粮食作物播种面积：2686.39公顷

◎其中青稞面积：1984.93公顷

◎粮食产量：19820.71吨

◎肉类产量：1823.604吨

◎奶类产量：11934.24吨

◎牲畜总头数：157590头（只、匹）

◎社会消费品零售总额：24680.2万元

◎社会固定资产投资：138848万元

◎农村居民人均可支配收入：17291元

◎税收收入：10900万元

◎财政收入：169155万元

◎财政支出：105711万元

◎年末全县金融存款余额：151816万元

◎年末各项贷款余额：55585万元

◎公路通车里程：1183.78千米

◎医疗机构个数：13个

◎全县各级各类学校在校生：4913人

◎电话用户数：35525户

◎固定互联网接入用户数：7800户

2021年12月21日，西藏自治区党委书记王君正（前右二）率队到隆子县湘万头藏香猪标准化养殖基地参观指导

2021年7月28日，民政部党组成员、副部长高晓兵（中）到隆子县调研

2021年6月24日，西藏自治区人大常委会副主任其美仁增（中）到隆子县斗玉乡调研《中华人民共和国森林法》执行情况，并看望慰问老党员代表

2021年7月16日，西藏自治区人大常委会副主任、山南市委书记许成仓（前左一）在三安曲林乡堆西村检查指导工作

2021年3月22日，西藏自治区人大常委会副主任唐明英（左二）到隆子县调研

2021年3月25日，西藏自治区副主席坚参（右二）率领由区水利厅、农业农村厅、农科院等部门相关负责人组成的调研组一行到隆子县对水库建设项目筹备、农牧业产业发展等情况进行调研

2021年7月12日，中国艺术研究院中国非物质文化遗产保护中心党委书记、院长韩子勇（右四）到隆子县斗玉珞巴民族乡调研珞巴服饰保护情况

2021年7月22日，中国工运研究所所长闫宇平（右四），西藏自治区总工会副主席张福山（左五），山南市总工会党组副书记、主席杨拼兰（左六）到隆子县玉麦乡调研。图为与隆子县总工会全体人员合影留念

2021年11月9日，西藏自治区交通运输厅党委书记达瓦欧珠（中）到隆子县玉麦乡调研指导工作

2021年5月24日，西藏自治区民政厅党组副书记、厅长陈凡彦（左三）一行到隆子县热荣乡开展民政调研工作，市县相关领导陪同调研

2021年12月14日，西藏自治区退役军人事务厅党组副书记、厅长丁哲峰（左二）一行到隆子县调研退役军人事务和退役军人服务中心（站）建设工作

2021年6月18日，西藏自治区科技厅厅长赤列旺杰（右三）到隆子县加玉乡切麦村调研指导工作

2021年2月4日，西藏自治区气象局党组书记拉卓（中）与山南市气象局党组书记毛时成（右前二）一行到隆子县气象局慰问

2021年4月14日，山南市人大常委会主任王德文（中）在隆子县调研

2021年4月28日，山南市政协党组书记、主席巴珠（左一）到隆子县指导政协换届委员协商提名工作

2021年4月15日，西藏自治区党委组织部副部长、第九批援藏干部人才总领队杨晓林（左二）到隆子县调研常德援藏工作

2021年4月15日，西藏自治区人大教科文卫委员会副主任马涛（中）带领执法检查组到隆子县藏医院制剂室考察工作

2021年7月27日，西藏自治区人社厅副厅长达娃次仁（左三）、山南市人社局副局长旦增工布（右一）一行督导组到隆子县召开督导高校毕业生就业创业工作座谈会

2021年8月17日，西藏自治区自然资源厅副厅长刘鸿飞（右二）到华钰矿业检查塌陷坑治理情况

2021年9月27日，西藏自治区气象局副局长金琪（右一）到隆子县气象局检查指导工作

2021年10月14日，西藏自治区医保局副局长郑雪红（右二）到隆子县玉麦乡调研城乡居民医保工作

2021年11月11日，山南市委常委、宣传部部长燕红（左二）到隆子县加玉乡开展“文化润边”理论+文艺宣讲边境行活动

2021年8月5日，由山南市人大常委会党组成员、副主任松嘎（右三）带领的检查组一行在超市检查食品安全情况

2021年4月10日，山南市副市长张福臣（中）在热荣乡组织召开乡村振兴会议

2021年2月17日，山南市副市长王霞（右一）到隆子县斗玉珞巴民族乡卫生院检查指导疫情防控工作

2021年1月20日，隆子县委书记次仁加措（右一）到三安曲林乡调研指导工作

2021年6月8日，隆子县委副书记、县长李宁（右二）到三安曲林乡检查指导疫情防控工作

2021年6月27日，隆子县第十次党代会召开。图为参会人员合影

2021年7月1日，隆子县干部群众身着盛装，在常德广场共跳锅庄舞

2021年7月9日，隆子县玉麦乡召开“七一勋章”获得者卓嘎同志座谈会

1. 2021年6月29日，隆子县举行“边疆儿女心向党 坚定不移跟党走”主题文艺会演，热烈庆祝中国共产党成立100周年和西藏和平解放70周年

2. 2021年9月5日，隆子县新时代文明实践推动日启动仪式在隆子镇新巴村举行。图为文艺演出现场

3. 2021年9月8日，隆子县举行第五届“聂雄杯”黑白花优质奶牛竞赛暨农民丰收节庆祝活动。图为文艺演出现场

4. 2021年9月8日，隆子县举行第五届“聂雄杯”黑白花优质奶牛竞赛暨农民丰收节庆祝活动。图为黑白花奶牛竞赛活动现场

隆子县第五届"聂雄杯"西藏高原黑白花优质奶牛竞赛
民
丰
收
节
作领导小组办公
迎小康

1	2	4	5
3		6	

1. 2021年7月25日，斗玉珞巴民族乡第六届“玉珞”文化节举行

2. 2021年5月23日，参加西藏和平解放70周年纪念活动的学生和群众

3. 2021年5月20日，隆子县热荣乡举行庆祝中国共产党成立100周年和西藏和平解放70周年文艺演出活动

4. 2021年3月26日，由隆子县文化局（文物局）承办的以“翻身解放把歌唱 永世不忘共产党”为主题的庆祝西藏百万农奴解放纪念日文艺演出活动在隆子县扎日乡举行

5. 2021年2月27日，玉麦乡第四届村民委员会换届选举现场

6. 2021年7月15日，湖北省荆楚“红色文艺轻骑兵”走进玉麦文艺演出举行

2021年8月7日，常德援藏重大招商引资项目——隆子县湘万头藏香猪标准化养殖基地正式投产运营

2021年9月，常德援建的隆子县三安曲林乡、日当镇中心卫生院竣工并投入使用

2021年9月2日，常德援建的隆子镇小学教师周转房通过竣工验收

马术表演（摄于2021年4月16日）

隆子县扎日乡5月风光（摄于2021年5月26日）

编辑说明

一、《隆子年鉴（2022）》以马克思列宁主义、毛泽东思想、邓小平理论、“三个代表”重要思想、科学发展观、习近平新时代中国特色社会主义思想为指导，坚持辩证唯物主义和历史唯物主义的立场、观点和方法，旨在全面、系统、翔实地记载隆子县2021年度自然、政治、经济、文化、社会等方面情况，为社会各界人士了解和研究隆子县提供基本的地情资料。

二、《隆子年鉴》正文采取分类编辑法，以类目、分目、条目为主要框架结构，个别包含多方面资料的条目，则在段落间加插楷体标题提示，以方便读者查阅全书。

三、《隆子年鉴（2022）》设特载、大事记、综述、中共隆子县委员会、隆子县人民代表大会、隆子县人民政府、中国人民政治协商会议隆子县委员会、纪检·监察、援藏工作、人民团体、军事、法治、经济管理、社会事业、城市建设·环保、交通·通信、金融、乡（镇）概况、荣誉、附录。

四、《隆子年鉴（2022）》载录的资料和图片由各乡镇、各单位等承编部门提供，稿件经供稿单位审核签批后送《隆子年鉴》编辑部初编、统编，再返回供稿单位核对、反复修改后确认定稿。全书稿件经隆子县地方志编纂委员会审核验收。

五、经济社会统计资料主要由县统计局提供，如供稿单位数据与县统计局数据有出入，编辑部采用县统计局数据。

目 录

特 载

大事记

综 述

中共隆子县委员会

综述

组织工作

宣传工作

统一战线工作

强基惠民活动

巡察工作

隆子县人民代表大会

综述

隆子县人民政府

综述

行政和审批

信访工作

应急管理

消防救援

藏语言文字工作

档案工作

后勤工作

外事办公室

中国人民政治协商会议隆子县委员会

综述

纪检·监察

综述

援藏工作

综述

人民团体

工会

共青团

法院

司法行政

经济管理

发展和改革

财政

商务

审计

统计

自然资源管理

税务

市场监督管理

烟草

中国石油隆子县加油站

隆子县农电公司

西藏华钰矿业股份有限公司山南分公司

隆子县聂雄投资有限责任公司

社会事业

民政(残联)

人力资源和社会保障

民族宗教

水利

林业和草原

医疗保障

疾病预防控制

退役军人事务

教育

交通·通信

交通运输

邮政

电信

移动

金　融

中国农业银行隆子县支行

乡(镇)概况

隆子镇

日当镇

加玉乡

列麦乡

扎日乡

热荣乡

三安曲林乡

准巴乡

斗玉珞巴民族乡

雪沙乡

玉麦乡

荣 誉

附 录

索 引

特 载

不忘初心 砥砺前行 奋力谱写隆子长治久安和高质量发展的新篇章

——在中国共产党隆子县第十次代表大会上的报告

中共隆子县委书记 次仁加措

（2021 年 6 月 26 日）

中国共产党隆子县第十次代表大会，是在中国共产党成立 100 周年和西藏和平解放 70 周年之际召开的一次具有历史意义的会议，是在全面实施“十四五”规划、开启全面建设社会主义现代化隆子新征程召开的一次十分重要的会议。大会的主题是：高举中国特色社会主义伟大旗帜，坚持以习近平新时代中国特色社会主义思想为指导，深入贯彻中共十九大和十九届二中、三中、四中、五中全会精神，全面贯彻党的基本理论、基本路线、基本方略，贯彻中央第七次西藏工作座谈会精神，贯彻习近平总书记关于西藏工作的重要论述和新时代党的治藏方略，贯彻区党委和市委总体工作部署，回顾总结隆子县“十三五”时期的工作，安排部署今后五年的工作，选举产生中国共产党隆子县第十届委员会和纪律检查委员会，动员全县各族干部群众，不忘初心、砥砺奋进，为建设团结富裕文明和谐美丽的社会主义现代化新隆子而努力奋斗！

一、回顾五年成绩，硕果累累

“十三五”时期，在区党委和市委的坚强领导下，在常德市人民的无私援助下，县委始终坚持以习近平新时代中国特色社会主义思想为指导，坚决贯彻落实习近平总书记关于西藏工作的重要论述和新时代党的治藏方略，贯彻落实党中央和区党委、市委一系列决策部署，充分发挥县委总揽全局、协调各方的领导核心作用，立足“一核心三示范区”的发展定位，紧扣“333”的经济工作举措，团结带领全县各族干部群众继承弘扬“爱国守边精神”“列麦精神”“沙棘精神”，忠诚奉献、苦干实干、砥砺奋进，推动隆子各项事业取得全方位进步、历史性成就，全面实现了县第九次党代会提出的奋斗目标，基本完成了“十三五”各项目标任务。

五年来，我们坚持旗帜鲜明讲政治，以高度的政治自觉践行“两个维护”。始终把学习贯彻中共十九大，十九届二中、三中、四中、五中全会，中央第六次、第七次西藏工作座谈会及习近平总书记系列重要指示精神特别是给隆子县玉麦乡群众卓嘎、央宗姐妹的回信精神等作为首要政治任务，通过县委常委会学习、理论学习中心组研讨、宣讲团宣讲、媒体宣传报道等多种形式，坚持做到第一时间传达学习、第一时间安排部署、第一时间贯彻落实，做到了“家喻户晓，人人皆知”，引领全县上下切实增强了“四个意识”，坚定了“四个自信”，坚定不移地维护党中央权威和集中统一领导，坚决与以习近平同志为核心的党中央保持高度一致，凝聚起推动隆子长治久安和高质量发展的强大动力。先后组织召开县委常委会、县委常委（扩大）会、县委理论学习中心组学习会207次，第一时间传达学习、研究部署党中央和区党委、市委关于加强经济社会事业发展、维护社会稳定、全面从严管党治党等系列决策部署的贯彻落实举措，确保了政令畅通、行动迅速、落实有力。

五年来，我们坚持稳定压倒一切，营造安全和谐的发展环境。始终树牢总体国家安全观，坚持把维护稳定作为工作任务的第一位，坚持稳字当头、稳定优先，增强忧患意识、发扬斗争精神，统筹好安全与发展，未雨绸缪防范和化解风险，推动各民族群众交往交流交融，进一步增强“我要稳定”的意识。深入开展反分裂斗争，牢牢掌握反分裂斗争全局性主动。深化拓展民族团结教育和民族团结进步创建活动，中华民族共同体意识、“三个离不开”和“五个认同”思想深入人心，形成了各族人民团结友爱、党群干群和谐融洽、军政军民互帮互助的民族团结新局面。始终坚持我国宗教中国化方向，深入开展“四讲四爱”“遵行四条标准、争做先进僧尼”教育实践活动，引导信教群众理性对待宗教、淡化宗教消极影响、过好今生幸福生活。创新开展宗教领域“百日能力提升工程”，规范了宗教工作制度，依法管理宗教事务。加强和创新社会治理，推进治理体系和治理能力现代化。深入开展扫黑除恶打非治乱和扫黄打非专项斗争，社会治安秩序持续向好。深化平安隆子建设，实现了县城区域、乡镇街面、主要路段等重点部位视频监控全覆盖，确保了城区及乡镇驻地街道24小时见警察、见警车、见警灯。深化重点行业领域安全生产专项治理，安全生产形势持续向好。坚持和发展新时代“枫桥经验”，深入推进矛盾纠纷排查化解，累计协调处理劳资纠纷134起，追回民工工资3043.49万元。全县社会局势始终保持持续、长期、全面稳定，为经济发展创造了和谐稳定安全的社会环境。

五年来，我们坚持补短板强弱项，坚定不移推动高质量发展。始终坚持党对经济工作的领导，坚定不移地贯彻落实新发展理念，推动全县经济保持连续稳定增长态势，综合经济实力显著增强，经济运行质量不断提升。截至“十三五”末期，全县地区生产总值完成16.49亿元，较“十二五”末期增长125.2%；社会固定资产投资完成总量72.11亿元，超额完成“十三五”规划的45亿元的目标任务，完成“十三五”规划任务的160.24%；财政收入完成总量4.46亿元，较“十二五”时期增长77.6%；税收收入完成总量7.33亿元，较“十二五”时期增长55.2%；社会消费品零售总额完成2.28亿元，较“十二五”末期增长142.1%；农村居民人均可支配收入达到14868元，较“十二五”末期增长77%。坚持完善基础，努力破除制约高质量发展的瓶颈，累计实施各类基建项目414个，完成固定资产投资72.11亿元，超额完成27.11亿元。交通区位优势逐渐凸显，隆子机场试验段顺利开工，新建国道281.3千米，国道219线隆子段、曲玉公路、俗三公路等重点交通项目顺利通车，全县公路通车总里程达1025.2千米，11个乡镇实现乡乡通油路，县乡互通、乡乡互通的交通大环线格局进一步形成。农村饮水安全工程、国电网络、移动信号、广播电视信号覆盖率达100%，广大群众生产生活条件得到进一步改善。在第八、第九批援藏工作队的全力推动下，湖南省常德市慷慨无私援助资金1.6亿余元，先后实施了涵盖农牧区基础设施、教育、医疗等项目，助推了隆子高质量发展。围绕特色优势资源做文章，不断增强内生发展动力。粮食连续五年增产，累计生产粮食9.89万吨。忙措藏黑鸡养殖专业合作社、聂雄标准化奶牛养殖基地运行稳定，玉麦湘万头藏香猪标准化养殖基地建设项目顺利推进。累计改良黄牛37262头，出售10358头，创收6751.48万元。

构建形成了以黑白花奶牛养殖、黑青稞加工、黑藏猪和黑藏鸡养殖为主的“四黑”特色农牧产业体系。华钰矿业成功上市，到“十三五”末期，工业增加值达到 2.77 亿元。国家级电子商务进农村项目运行良好，线上农产品等交易额达 200 余万元，填补了我县线上交易的空白。扎实推动旅游产业发展，持续改善旅游基础设施，玉麦自然人文景区成功创建国家级 AAAA 级景区。五年来，累计接待旅游人数达 20.5 万人次，总创收达 7791.27 万元。持续优化营商环境，全力对外宣传推介隆子，吸引外来投资能力持续增强，累计实施招商引资项目 8 个，完成投资 10.52 亿元。各类市场主体发展到 3717 家，总注册资金达 24.55 亿元，县域经济活力进一步增强。

五年来，我们坚持精准扶贫方略，全面打赢了脱贫攻坚战。认真贯彻落实党中央关于打赢脱贫攻坚战的决策部署要求，把精准扶贫作为头等大事和第一民生工程，凝聚全社会脱贫攻坚合力，全面落实各项工作举措。累计投入 3.4 亿元实施了 33 个扶贫产业项目，吸纳贫困人口 141 人就业，带动 2116 人增收脱贫。先后实施热荣乡扎当村集中安置点、隆子县城集中安置点（共三期）、分散安置点等建设项目，累计实现 209 户 613 人的搬迁安置。在县城集中安置点周边实施菜篮子工程、黑青稞发酵产品生产基地、聂雄标准化奶牛养殖场等产业项目，带动建档立卡贫困户群众向“产业工人”转变，实现“搬得出、稳得住、能致富”。累计落实生态补偿岗位 24269 个，兑现补助资金 8003.79 万元。累计开展培训 273 班次，参与群众 6002 名。整合各类岗位资源，成功召开三届招聘会，共计开发 4410 个就业岗位，900 名农牧民群众在用工单位就业。全面落实教育、医疗扶贫举措，确保无一人因贫失学、因病返贫。现行标准下 2535 户 7020 名建档立卡贫困人口全部脱贫，贫困发生率由 21.5% 降为零，绝对贫困问题得到解决，2019 年 1 月自治区人民政府批准我县脱贫摘帽。同时，持续巩固脱贫成果，继续严格落实“五级书记”抓扶贫、“四不摘”要求，对返贫风险进行动态监测，对现有帮扶政策逐项分类优化调整，有效干预、精准施策，确保无一户一人返贫，用高质量脱贫成效向全县人民兑现了庄严承诺。

五年来，我们坚持以人民为中心，千方百计增进群众福祉。坚持一切工作都向改善民生、凝聚人心聚焦发力，尽力而为、量力而行，不断改善人民生活品质。深入推进“科教兴县、人才强县”战略，全面深化教育事业改革，“五个 100%”目标全部实现。累计投入县本级财政资金 1.4 亿余元，不断完善教育基础设施，真正实现了“最好的建筑在学校，最美的风景在校园”。教育“组团式”援藏深入推进，教育教学质量明显提高，顺利通过国家义务教育均衡验收。县人民医院成功创建为“二级甲等”综合医院，县藏医院、卫生服务中心改扩建工程交付使用，72 座村级卫生室维修改造项目建成完工，新改建乡镇卫生院扎实推进，县乡村三级医疗体系逐步健全，医疗卫生服务水平显著提升，覆盖城乡居民的社会保险体系和救助体系不断完善，在常德市第八、第九批援藏工作队和援藏医疗人才的大力支持下，真正解决了群众看病难、看病贵的问题。强力推进“大县城”战略，给排水、供电、市政基础设施不断完善。投资 1.31 亿元实施棚户区改造 128 户、建设周转房、公租房 348 套，投资 1933 万元实施农村危房改造 1472 户，全力保障群众住房安全。“爱国守边精神”“列麦精神”“沙棘精神”发扬传承。文化事业欣欣向荣，村级文艺演出队实现全覆盖，成功举办两届玉珞文化旅游节。有组织有纪律有保障累计转移群众就业 45615 人次、创收 3.02 亿元，应届高校毕业生就业率达 99%。全力以赴抓好疫情防控，始终把人民生命安全和身体健康放在第一位，统筹抓好疫情防控和复工复产，实现了疫情零输入、零感染，各族群众获得感幸福感安全感不断增强。

五年来，我们坚持生态保护第一，全力筑牢生态安全屏障。坚持对历史负责、对人民负责、对世界负责的态度，把生态文明建设作为战略性任务来抓，始终牢固树立绿水青山、冰天雪地就是金山银山的理念，加快建设美丽隆子，不断筑牢国家生态安全屏障。统筹山水林田湖草沙系统治理，深入开展生态环境“六大”专项整治行动，着力打好“蓝天、碧水、净土”保卫战，城乡环境面貌持续改善。修建污水处理厂2座，新建垃圾转运站4座，新建“厕所革命”24座，县城道路清扫覆盖率达100%，县城垃圾基本实现日产日清，县、乡垃圾清运及处理体系初步建成。全力推进农村人居环境综合整治，新（改）建农村户厕所5528户，农村人居环境明显改善。严把建设项目环评手续关，加大环境保护执法力度，规范采石、采砂管理，全县35家采砂、采石场整合为4家。中央环保督察及各级环保督察反馈问题全部整改到位。每年开展义务植树造林活动，全面消除“无树村、无树户”。成功创建自治区级生态乡镇8个、自治区级生态村76个。生态环境部命名我县为“两山”理论实践创新基地。绿水青山已成为常态。

五年来，我们坚持稳边兴边为重点，强边固防取得新进展。坚持屯兵和安民并举、固边和兴边并重，坚持服从服务中央和区党委、市委大局，全面落实党政军警民联防联控机制，扎实开展反蚕食、反渗透、反偷渡斗争，构建了“人人是哨兵、村村是堡垒、生产是执勤、放牧是巡逻”的大联防格局。不惜代价、不计成本、不遗余力，加快完善边境一线地区生产生活条件，投入资金11.83亿元实施的28个边境小康村建设项目已全部竣工，已实现1874户6000名群众入住。规划建设抵边搬迁安置点20个、拟搬迁群众1325户4620人，目前已建成5个，实现234户849人的搬迁安置，新设玉麦乡纽林塘村和扎日乡珞瓦新村2个行政村，守土固边力量不断壮大，边民爱国守边意识不断增强。立足传承和发扬“扎根边疆、爱国守边、忠诚奉献”的“爱国守边”精神，全面推进军民、军地在守边巡边、经济发展、技术人才、生产生活等领域的交往交流交融，全力打造玉麦乡“三示范一基地”自治区级党建示范点，加强边境党建红色长廊建设，深入开展“五共五固”军警地结对共建助推边境党建长廊建设，构建了民拥军、军爱民、军民共进的双拥工作新局面和边防管控新格局。

五年来，我们坚持以政治建设为统领，党的领导全面加强。坚持党要管党、从严治党，坚持“三个牢固树立”，始终把党的政治建设摆在首位，扎实推动全面从严治党向纵深发展，党领导各项工作的能力不断增强，党在隆子的执政基础更加稳固。精心组织开展“两学一做”学习教育常态化制度化、“不忘初心、牢记使命”主题教育、“三更”专题教育、党史学习教育。坚持正面引导、有效管控，打好意识形态领域主动仗，打造玉麦乡史馆、桑杰曲巴旧居、列麦精神纪念馆等红色教育基地，建成覆盖县乡村的新时代文明实践中心（所、站），积极开展各类文明实践活动共计1216场次，出动志愿者5630人次，受众17567人次。加强基层党组织和基层政权建设，开展党的组织和工作覆盖专项行动，优化党组织设置、调整党组织管理体系，在县直成立党总支、设立党组、完善两新组织党组织覆盖，全县党组织从160个增加到266个，累计新发展党员900名，全县党员达到5272人，进一步夯实了党在隆子的执政根基；圆满完成村级组织换届选举，扎实推进基层党组织标准化建设，建成81个村级党组织标准化活动场所，深入开展软弱涣散基层党组织整顿、“八星党支部”创建、“三包五带五促”、村干部文化素质提升工程、强基惠民等活动，不断提升村级党组织的凝聚力、战斗力，切实将村级党组织建设成为听党话、跟党走，善团结、会发展，能致富、保稳定，遇事不糊涂、关键时刻起作用的坚强战斗堡垒。加强干部队伍建设，规范干部选拔任用，不断提升班子整体功能。建立高低海拔地区、县乡干部轮岗交流机制，累计轮岗交流82人，推动干部能上能下，累计提拔使用干部383人，对不胜任工作岗位干部调整13人，极大地激发了干部干事创业热情。严格落实管党治党主体责任，积极配合各级各类巡视巡察，抓牢反馈问题整改工作。充分发挥巡察利剑作用，顺利实现一届任期内县委巡察工作全覆盖。持续加强作风建设，深入开展集中整治“不作为慢作为、文山会海等形式主义、官僚主义突出问题”“制度执行不严、不按规矩办事等突出问题”专项行动和加强政治纪律学习教育活动，创新开展党员干部“四下沉”活动，党员干部队伍作风得到明显好转。持续加强制度建设，制度笼子越织越密。扎实推进正风肃纪，大力整治违反中央八项规定精神、扶贫领域腐败和作风等问题，“三公”经费较2015年下降42%。保持惩治腐败高压态势，共受理问题线索106件，并案处置后90件，有效净化了政治生态。深入开展党风廉政建设宣传教育工作，反腐倡廉工作环境不断优化，政府清政、干部清廉、政治清明的政治生态环境已经形成。同时，县委坚持民主集中制原则，统揽全局、协调各方，积极支持人大、政府、政协依法履行职能，巩固发展最广泛爱国统一战线，加强党管武装工作，充分调动各方面积极因素，形成了上下同欲促发展、齐心协力干事业的大好局面。

同志们，过去的五年，是全县各族干部群众团结一心、同舟共济、砥砺奋进书写辉煌业绩的五年，是各级党政组织不畏艰难、锐意进取、乘势而上描绘锦绣画卷的五年。奋斗历程虽然艰辛，但发展成就令人振奋。我县“十三五”规划目标基本实现，全面建成小康社会胜利在望，为我们阔步前行、推动高质量发展奠定了坚实基础。这些成绩的取得，是以习近平同志为核心的党中央亲切关怀的结果，只要我们遵照习近平总书记殷殷嘱托，前瞻性地谋划思路举措，创造性地开展工作，一定能把总书记和党中央的特殊关心惠及各族人民；是习近平新时代中国特色社会主义思想和总书记关于西藏工作的重要论述正确指引的结果，只要我们认识到位、责任到位、措施到位、落实到位，就能始终确保隆子工作不出偏差；离不开自治区党委、山南市委的坚强领导、常德市委和市政府的无私援助、社会各界的鼎力支持和全县上下的努力奋斗，只要我们敢于斗争，精心谋划部署，主动抓好大事、稳慎应对难事、着力办好自己的事，上级各项决策部署就一定能够在隆子落地生根，结出丰硕果实。在此，我代表隆子县委，向隆子各项事业的建设者、参与者、支持者表示衷心感谢，并致以崇高敬意！

今天的隆子已经站在了新的历史起点上，与全国全区全市一道开启了全面建设社会主义现代化新征程，我们要立足开启新征程面临的新形势新使命，清醒地看到前进道路上的困难和挑战：我们虽然与全国全区全市一道实现了全面建成小康社会目标，但与全国相比，我们的小康总体水平还不高，长治久安的基础还不够牢固，高质量发展的基础还很薄弱。发展不平衡不充分问题突出，发展内生动力不强，现代产业等实体经济发展缓慢，农牧业基础地位还不够牢固；基础设施建设相对滞后，城镇建设还有很多短板；群众增收稳定性不强，政策性收入比重偏高，巩固提升脱贫成果任务繁重。对此，我们必须勇于面对挑战，善于在危机中育先机、于变局中开新局，担当作为，迎难而上，不断回应人民群众对美好生活的新期待。

辩证看待形势，我们面临的机遇远远大于挑战，主要集中在党中央的关怀和区党委、市委的支持。中央第七次西藏工作座谈会全面部署了推进西藏长治久安和高质量发展的战略任务，又为西藏量身定制了一系列特殊优惠政策，提出了当前和今后一个时期西藏工作的目标任务、方针政策、战略举措，全面破解了事关西藏长治久安和高质量发展的深层次矛盾和问题，为我们做好工作指明了前进方向、提供了根本遵循。区党委和市委精准贯彻党中央决策部署，明确要加快边境基础设施建设，改善边境群众生活品质，推动边境繁荣稳固。特别是按照山南市构建“一主三副”市域发展格局和“生态、富民、强基、固边”职能定位，着重突出隆子在西藏边境县和国家生态安全屏障区建设中的重要地位，要将隆子打造成为山南南部地区副中心、西藏边境民生幸福示范县、西藏国家生态安全屏障示范区、全国精神文明高地。这些措施必将持续推动隆子发展基础进一步完善，群众福祉进一步增强，为隆子高质量发展注入新的强大动力。加之，我们有良好的政治、物质和社会基础，经过多年发展，全县稳定发展生态强边的基础在巩固、动能在增强，各族干部群众更加拥护党的领导、拥护社会主义制度、拥护民族区域自治制度，思稳定、盼发展、求富裕的愿望更加强烈。我们一定要增强机遇意识，提高政治站位，发扬斗争精神，抢抓机遇、应对挑战，切实将中央和区党委、市委的关心支持转化为建设社会主义现代化新隆子的强大动力，转化为实实在在的高质量发展成果。

二、开启新的征程，重任在肩

新的五年，新的起点。未来五年，是隆子补齐短板、全面提升的攻坚时期，也是推进转型、加快创新的关键时期，更是抢占先机、乘势而上的黄金时期。面对新形势、新要求、新使命,我们既要在总结经验中增强信心,又要在破解问题中明确方向,更要在把握机遇中率先发展,坚持一任接着一任干,一级带着一级干,持续接力抓建设,久久为功促发展,不忘初心、砥砺前行,以战斗的姿态奋力谱写隆子长治久安和高质量发展的新篇章。

“十四五”时期经济社会发展总体要求是:坚持以习近平新时代中国特色社会主义思想为指导,深入贯彻中共十九大和十九届二中、三中、四中、五中全会精神,全面贯彻党的基本理论、基本路线、基本方略,贯彻中央第七次西藏工作座谈会精神,贯彻落实习近平总书记关于西藏工作的重要论述和新时代党的治藏方略,贯彻区、市两级工作思路,增强“四个意识”、坚定“四个自信”、做到“两个维护”,统筹推进“五位一体”总体布局,协调推进“四个全面”战略布局,坚持稳中求进工作总基调,立足新发展阶段、贯彻新发展理念、构建新发展格局,推动高质量发展。统筹发展和安全,坚持把维护祖国统一、加强民族团结作为西藏工作的着眼点和着力点,坚持把改善民生、凝聚人心作为经济社会发展的出发点和落脚点,正确处理好“十三对关系”,紧紧围绕“一核心三示范区”发展定位和“333”经济工作举措,传承和弘扬“爱国守边精神”“列麦精神”“沙棘精神”,主动融入全市“核心引领、区域互动、轴带连接、多点支撑”发展格局,大力发展县域经济,建设隆子区域副中心,把隆子打造成为边境地区战略物资保障基地,突出抓好稳定、发展、生态、强边四件大事,确保国家安全和长治久安,确保人民生活水平不断提高,确保生态环境良好,确保边防巩固和边境安全,加快建设团结富裕文明和谐美丽的社会主义现代化新隆子。

“十四五”时期经济社会发展工作必须遵循的基本原则是:坚持党的全面领导。坚持和完善党领导经济社会发展的体制机制,坚持和完善中国特色社会主义制度,不断提高贯彻新发展理念、构建新发展格局的能力和水平,为实现高质量发展提供根本保证。坚持以人民为中心。坚持人民主体地位,坚持共同富裕方向,始终做到发展为了人民、发展依靠人民、发展成果由人民共享,维护人民根本利益,激发全体人民积极性、主动性、创造性,促进社会公平,增进民生福祉,不断实现人民对美好生活的向往。坚持新发展理念。把新发展理念贯穿发展全过程和各领域,构建新发展格局,切实转变发展方式,推动质量变革、效率变革、动力变革,实现更高质量、更有效率、更加公平、更可持续、更为安全的发展。坚持高质量发展。牢固树立和自觉践行绿水青山就是金山银山、冰天雪地也是金山银山的理念,坚持以经济建设和提升自我发展能力为中心,把握发展新特征,加大结构性改革力度,加快转变经济发展方式,走符合隆子实际的高质量发展道路。坚持深化改革开放。坚定不移推进改革,坚定不移扩大开放,加强治理体系和治理能力现代化建设,破除制约高质量发展、高品质生活的体制机制障碍,强化有利于提高资源配置效率、有利于调动全县各族人民积极性的改革开放举措,持续增强发展动力和活力。坚持系统发展观念。加强前瞻性思考、全局性谋划、战略性布局、整体性推进,统筹推进稳定发展生态强边各项事业,牢固树立“一盘棋”思想,充分发挥各级各部门和全县各族干部群众的积极性,着力固根基、扬优势、补短板、强弱项,注重防范化解重大风险挑战,实现发展质量、结构、规模、速度、效益、安全相统一。

“十四五”时期经济社会发展主要目标是:地区生产总值年均增长9%左右,农村居民人均可支配收入年均增长不低于10%。到2025年,在解决长治久安和高质量发展最突出最紧迫的问题上取得新突破,经济发展取得新成效,发展空间实现新优化,基础设施实现新改善,城乡发展实现新跨越,民生福祉达到新水平,生态文明实现新进步,边境安全实现新巩固,社会治理得到新提升,确保社会局势保持和谐稳定,中华民族共同体意识深入人心,自我发展能力明显增强,生态环境保持良好,边防更加巩固、边境更加安全,全面夯实现代化建设基础,构建形成隆子长治久安和高质量发展的新格局。

围绕上述目标任务,今后五年,要重点抓好七个方面工作。

(一)要持续推动安全稳定。坚持树牢总体国家安全观，全面落实“现阶段维护稳定是西藏工作第一位的任务”“反分裂斗争只能加强不能放松”的要求，始终坚持以防患于未然为原则做工作、以防止出大事打基础做准备、以敢于担当落实责任为标准看干部，坚决把影响稳定的问题解决在萌芽状态，确保社会大局持续全面和谐稳定。一要深入开展反分裂斗争。深入开展反分裂斗争教育，持续开展好“团结稳定是福、分裂动乱是祸”“遵行四条标准、争做先进僧尼”、新时代文明实践等活动，引导各族人民坚决与十四世达赖和达赖集团划清界限，夯实反分裂斗争的思想基础和群众基础。二要深化社会治安综合治理。坚持主动、依法、系统、综合、源头治理相结合，坚持依法治理、科学治理、思想教育一体化推进，推动社会治理体系和治理能力现代化。加强社会面管控，落实好各方面分片划区责任，深化干部驻村驻寺、网格化管理、平安建设、先进“双联户”创建等工作。严厉打击危害安全活动和严重暴力犯罪，快侦快办街头反宣和涉枪涉暴等案件。持续加大扫黑除恶专项斗争力度。坚持和发展新时代“枫桥经验”，按照重点问题要防、难点问题要盯、热点问题要疏、一般问题要复的要求，严格落实矛盾纠纷排查调处责任制和“四级信访接待日”制度，预防和化解社会矛盾。压实属地和行业安全生产责任，强化风险防控，坚决消除事故隐患。三要加强意识形态阵地建设。坚持马克思主义在意识形态领域的指导地位，坚持思想工作“两个巩固”的根本任务，严格落实意识形态工作责任制，旗帜鲜明坚持党管宣传、党管意识形态、党管媒体，坚持既要“管肚子”更要“管脑子”，持续做好凝聚人心工作，牢牢掌握意识形态工作领导权、管理权、主导权、话语权。坚决维护国家安全和社会大局和谐稳定，为经济社会高质量发展创造良好条件。

（二）要持续推动民族团结。紧紧围绕铸牢中华民族共同体意识这一战略性任务，发扬维护祖国统一、加强民族团结优良传统，赋予共同团结奋斗、共同繁荣发展新的时代内涵，让各族群众像石榴籽一样紧紧抱在一起。一要抓牢民族团结教育。坚持习近平新时代中国特色社会主义思想引领，认真组织开展“铸牢中华民族共同体意识”专题教育和党史、新中国史、社会主义发展史、改革开放史、西藏地方与祖国关系史“五史教育”，推动正确的“五观”进企业、进农村、进机关、进校园、进社区、进军营、进寺庙。深入开展感党恩教育，大力宣传习近平总书记的似海恩情，宣传社会主义制度的无比优越和祖国大家庭的无比温暖，培育和践行社会主义核心价值观，不断增强“五个认同”。持续加强学校思想政治教育，把爱国主义精神贯穿各级各类学校教育全过程，让爱我中华的种子埋入每个青少年的心灵深处。二要深入推进创建活动。实施好民族团结进步模范市创建，利用重要纪念日、民族传统节日等广泛开展群众性民族团结进步创建活动。加大群众普法力度，提高法治意识。广泛宣传各民族交往交流交融的历史事实，用生动鲜活的事例让干部群众进一步明白西藏自古以来就是伟大祖国不可分割的一部分，引导各族群众深刻认识到中华民族是你中有我、我中有你、谁也离不开谁的命运共同体。突出各民族共享的中华文化符号，用群众喜闻乐见的方式，春风化雨、润物无声地让各族群众了解中华民族的悠久历史和灿烂文化，了解西藏文化是中华文化的重要组成部分，使中华文化始终成为各民族的情感纽带、心灵归属。坚持从娃娃抓起，进一步巩固国家通用语言文字教育成果。三要发展壮大爱国统一战线。高举爱国主义、社会主义旗帜，着力做好凝聚人心、汇聚力量工作，最大限度团结一切可以团结的力量。坚持团结服务引导教育方针，促进非公有制经济人士健康成长。扎实做好党外知识分子、“两新”组织和新媒体从业人员等的统战工作，把他们紧紧团结在党的周围。深化各民族交往交流交融，借助援藏平台，大力推动隆子与其他省区的双向交流，让各族群众如同亲戚一般越走越亲。

（三）要持续推动宗教与社会主义社会相适应。爱国进步和分裂倒退的斗争仍是藏传佛教领域主要矛盾，要坚持以有利于维护祖国统一和社会稳定，有利于增进“五个认同”，有利于团结宗教界人士和信教群众，有利于藏传佛教健康传承，有利于减轻信教群众负担为标准，积极引导藏传佛教与社会主义社会相适应。一要牢牢掌握宗教工作领导权。全面落实宗教事务条例、自治区“五项”宗教领域管理工作意见，充分发挥党员干部在坚持我国宗教中国化方向中的主导作用，加强党的方针政策和国家法律法规的宣传教育，使宗教界树立国家意识、法律意识、公民意识，明确国大于教、国法大于教规、公民大于教民，宗教不能干涉社会事务，不得阻碍经济发展，不得加重群众负担。二要依法管理宗教事务。压实分级负责的属地责任，落实寺庙僧尼和宗教界代表人士的维稳责任。严格落实自治区“三个不增加”要求，从严审批、从严管理，全面落实加强和创新寺庙管理的指导意见，充分发挥寺管会“三大”职能作用，确保寺庙和谐稳定。严格落实属地管理责任，将社会从事流动宗教服务人员纳入社会综治管理范畴。进一步落实寺庙僧尼和宗教界代表人士的维稳责任。三要着力在“导”上下功夫。以“政治上靠得住、宗教上有造诣、品德上能服众、关键时起作用”为标准，进一步丰富和拓宽“遵行四条标准、争做先进僧尼”教育实践活动。加强寺庙法治宣传教育，加强宗教教职人员政治培训、法治教育、国情教育和现代科学知识教育，加强宗教界代表人士培训教育管理工作。坚持尊重信仰、依法管理，长期坚持、形成习惯，以增进“五个认同”为目标，旗帜鲜明引导群众理性对待宗教、淡化宗教消极影响、过好今生幸福生活。

（四）要持续推动高质量发展。坚持以人民为中心的发展思想，坚定不移贯彻新发展理念，落实好所有发展都要赋予民族团结进步的意义，都要赋予维护统一、反对分裂的意义，都要赋予改善民生、凝聚人心的意义，都要有利于提升群众获得感、幸福感、安全感的要求，聚焦发展不平衡不充分的问题，正确处理好“十三对关系”，努力在高质量发展中取得新成效。一要全面推进乡村振兴。围绕“产业兴旺、生态宜居、乡风文明、治理有效、生活富裕”的总要求，以持续巩固提升脱贫成果为重点，坚持“四个不摘”要求，保持现有帮扶工作体制机制不变，政策不断、力度不减，健全防返贫和动态减贫机制，持续抓好产业扶贫、就业扶贫、易地扶贫搬迁后续帮扶，加强扶贫资产管理，确保脱贫群众不返贫，实现巩固拓展脱贫攻坚成果同乡村振兴有效衔接。深入实施以“神圣国土守护者、幸福家园建设者”为主题的乡村振兴战略，不断补齐乡村水、电、路、讯、物流、文化等基础设施短板。坚持以垃圾污水治理、改厕和村容村貌提升为重点，全面整治乡村人居环境，着力打造美丽家园、绿色田园、幸福乐园。深化农牧区综合改革，推动发展多种形式经济发展模式，壮大村集体经济，让更多群众融入产业链，实现增收致富。加强教育引导和技能培训，提高群众科技文化素质，推动乡村人才振兴。要扎实推进社会主义核心价值观进乡村，持续在扶志扶智上下功夫，培育形成文明乡风、良好家风，淳朴民风。二要补齐基础设施短板。大力实施“大县城”战略，依托隆子支线机场建设的有利时机，探索规划县级产业园区，加快县域经济发展。积极引导城镇基础设施、公共服务资源和产业适度规模集中，加强城镇化功能提升，完善城市配套功能，加快新型城镇化进程。要主动融入山南市“一主三副”市域发展格局，建设隆子区域副中心，把隆子打造成为边境地区战略物资保障基地。要加快“十四五”项目规划的推进力度，推动建设一批重大基础设施、公共服务设施，建设更多团结线、幸福路，补齐基础设施短板，让农村居民和城镇居民一样享有高质量发展成果。三要持续推动产业发展。大力发展以“四黑”为主的特色农牧业，高标准建设一批“四黑”特色农产品生产基地，加大深加工力度，打造高原特色品牌，做好品牌营销，畅通营销渠道。发展现代化种植养殖和农畜产品加工产业链，深入开展质量提升行动，实现农畜产品加工业高质量发展。大力发展以 G219 为载体的边境旅游，全力打造以扎日、玉麦、斗玉为主的旅游产业，让更多的群众能够吃上“旅游饭”。用活用好中央、自治区、山南市各项优惠政策，进一步加大招商引资力度，力争引进一批实力强、带动引领作用明显的实体经济项目，助推县域经济高质量发展。四要持续增进人民群众福祉。坚持困难麻烦由政府解决、把方便实惠送给群众，尽力而为、量力而行、节约为先，全力做好普惠性、基础性、兜底性民生工作，不断提高人民生活品质。深入推进高校毕业生市场就业和群众外出就业，千方百计做好转移就业，持续提高高校毕业生就业创业率和就业质量，切实保障他们的合法权益。继续加大对教育、医疗、文化等公共服务投入力度，持续提升公共服务保障能力，不断增强人民群众获得感、幸福感、安全感。

（五）要持续推动生态文明建设。坚持把生态文明建设摆在更加突出的位置，始终牢固树立绿水青山、冰天雪地就是金山银山的理念，持续巩固“两山”实践基地成果，坚持生态保护第一，坚持尊重自然、顺应自然、保护自然，筑牢国家生态安全屏障，守护好高原的生灵草木、万水千山。一要严守生态底线。严格落实生态文明建设责任制和环保“一票否决制”，谋划发展、规划项目要以不损害生态环境为红线，加强生态保护红线监测预警与评估考核，强化刚性约束。严禁“三高”项目和淘汰落后设备进入隆子。二要强化专项治理。深入开展生态环境“六大”专项整治行动，坚决打好污染防治攻坚战，大力实施水、大气、土壤污染防治行动，严管严控采砂采石，确保生态环境持续良好。统筹山水林田湖草沙整体保护、系统修复、综合治理，大力实施隆子河流域生态治理、退牧还草等项目，持续开展全民参与的国土绿化行动，着力加强城乡环境卫生综合整治工作。三要推动生态富民。坚持绿色发展，正确处理经济发展和生态环境保护的关系，推进生态产业化、产业生态化，落实草原、自然保护区、森林、湿地等生态补偿政策。以绿色可持续发展为理念，大力发展设施农业、现代牧业和生态旅游业，让更多的群众通过发展绿色产业增收致富。

（六）要持续推动守边固边。坚持屯兵和安民并举、固边和兴边并重，坚持守土有责、守土负责、守土尽责，围绕加快边疆发展、确保边疆巩固边境安全这条主线，以前所未有的力度治理好边境、发展好边境，筑牢国家安全屏障第一道防线。一要全力推进抵边搬迁。大力实施兴边富民行动，全面落实《关于加快边境地区发展促进边境地区稳定的实施意见》，扎实做好抵边搬迁工作，不断壮大守边固边力量。大力发扬卓嘎、央宗姐妹爱国守边精神，带动各级党员干部群众像格桑花一样扎根在雪域边陲，积极参与守边固边。下大力气改善边民生产生活条件，让边民的腰包鼓起来、生活富起来、爱国守边的意识强起来，成为扎根边陲的哨兵、坚不可摧的哨所。二要着力改善基础条件。持续加大边境一线地区基础设施建设力度，不断补齐边境地区基础设施短板，努力推动水电路讯网等基础设施在边境薄弱地区形成全覆盖，为抓牢边境管控、抵边搬迁等工作打牢基础。

（七）要持续推动从严管党治党。坚持三个“牢固树立”，坚决落实新时代党的建设总要求，全面推动从严管党治党走深走实，为构建隆子长治久安和高质量发展的新局面提供坚强保障。一要坚定不移做到“两个维护”。始终把坚决维护党中央权威和集中统一领导作为党的政治建设首要任务，以更高的政治标准、更严的党性要求、更强的组织纪律性，切实增强“四个意识”、坚定“四个自信”、做到“两个维护”，自觉在思想上政治上行动上同以习近平同志为核心的党中央保持高度一致，自觉做到一切工作都按总书记和党中央号令办，一切事情都按总书记和党中央部署要求去落实，对国之大者做到心中有数，确保总书记对西藏的重要指示和党中央的决策部署不折不扣得到落实。坚持把学懂弄通做实习近平新时代中国特色社会主义思想、习近平总书记关于西藏工作的重要论述作为首要政治任务，坚决做到学用贯通、知行合一，思想、能力、行动跟上党中央要求、跟上事业发展需要。二要不断夯实党的基层建设。深刻理解把握关于全面加强党的建设的新精神，深刻理解把握关于加强党对西藏工作全面领导的决策部署，始终坚持新时代党的组织路线，以提升组织力为重点，全面推进学习型、服务型、创新型基层党组织建设，努力把各领域基层党组织建设成为听党话、跟党走，善团结、会发展，能致富、保稳定，遇事不糊涂、关键时刻起作用的反分裂斗争的桥头堡、民族团结的工作队、群众致富的带头人，确保党在基层执政的根基更加稳固。三要持之以恒转变作风。作风决定事业的兴衰成败。突出从严治吏，紧紧扭住落实中央八项规定及其实施细则精神不放松，驰而不息纠正“四风”，实现作风建设规范化、常态化、长效化。持续发扬“老西藏精神”“爱国守边精神”“列麦精神”“沙棘精神”，深入开展党史学习教育和“政治标准要更高、党性要求要更严、组织纪律性要更强”专题教育，打造一支缺氧不缺精神、艰苦不怕吃苦、海拔高境界更高，引领隆子长治久安和高质量发展的骨干队伍。

各位代表，崭新的蓝图已经绘就、冲锋的号角已经吹响，让我们更加紧密地团结在以习近平同志为核心的党中央周围，在山南市委、市政府的坚强领导下，以更加坚定的信念、更加饱满的热情、更加顽强的斗志，不忘初心、砥砺前行，奋力谱写隆子长治久安和高质量发展的新篇章！

政府工作报告

——在隆子县第十四届人民代表大会第三次会议上

中共隆子县委副书记、政府县长　李　宁

2022 年 1 月 17 日

2021 年工作回顾

2021 年是隆子发展历程上极不平凡的一年，在以习近平同志为核心的党中央亲切关怀下，在自治区党委、政府和山南市委、市政府的坚强领导下，在以次仁加措书记为班长的县委指挥带领下，在县人大的依法监督和县政协的民主监督下，我们团结带领全县各族人民坚持以习近平新时代中国特色社会主义思想为指导，立足“一核心三示范区”的发展定位，紧扣“333”的经济工作举措，深入践行新发展理念，统筹抓好稳增长、促改革、调结构、惠民生、防风险、保稳定各项工作，圆满完成了年初确定的主要任务，实现“十四五”规划良好开局。

这一年，我们千方百计保稳定。深入推进打非治乱、扫黄打非专项斗争及扫黑除恶专项斗争，百年大庆之年社会治安形势不断向好，群众安全满意度不断提升。依法加强宗教事务管理，从严落实“三个不增加”，全县宗教和顺、民族和睦、社会和谐。民族团结进步创建活动顺利通过自治区级初验。深入排查化解矛盾纠纷，累计办理信访案件 36 批(件)，68 人次，同比下降 37.93%。新冠肺炎疫苗实现应接尽接，全年疫苗累计接种 77519 针剂。

这一年，我们勠力同心谋发展。全县地区生产总值完成 18.86 亿元，同比增长 9%；固定资产投资完成 13.9 亿元，同比增长 46%；财政收入完成 0.7852 亿元，同比增长 12%；税收收入完成 1.09 亿元，同比下降 10%；社会消费品零售总额完成 2.46 亿元，同比增长 8%；农村居民人均可支配收入完成 17172 元，同比增长 15.5%，2021 年既定的目标任务基本完成。

这一年，我们重点攻坚四个方面的工作：

(一)聚焦实体经济抓项目、兴产业，动能转换成效初显。全年累计开复工项目 107 个，完成固定资产投资实物量 15.79 亿元。隆子机场稳步实施，“四好”农村公路扎实推进，全县公路通车里程达 1176 千米。农田水利设施建设日趋完善。全年粮食产量达 19820.71 吨，牲畜存栏数达 15.75 万头(只)，“四黑”等种养殖产业成效明显。11 个乡镇电商服务站全部建成，全年电商交易额达 154 万元。洛河景区等一批旅游项目建成投用，全年接待游客 63380 人次，同比增长 22.5%，实现旅游综合收入 1630.4 万元，同比增长 26.3%。

(二)聚焦内外联动抓开放、增优势，招商引资活力迸发。完成招商引资固定资产投资实物量 2.1 亿元。格尔东赞酒店顺利开业，华钰矿山、南城商业广场等工程稳步实施。成功对接拉威集团。新增各类市场主体 558 家，临空经济区谋划启动，营商环境持续优化。受援工作不断深化，29 个援建项目，完成投资 7871.45 万元。玉麦湘藏香猪养殖产业项目正式挂牌，引进种猪 1200 余头，玉麦乡史馆主体建设全面完工。

(三)聚焦品质提升强基础、优布局，城镇化水平持续彰显。章木萨路、雄哲路升级改造工程即将完工，县城集中供暖、自来水厂改扩建等工程启动实施。边疆明珠小镇建设项目稳步实施，环境卫生、市容乱象等综合执法专项整治深入推进，“智慧城管”治理模式全面铺开，城乡生活垃圾日产日清，城区街道全天高质量保洁。

（四）聚焦群众关切抓基本、兜底线，民生福祉日益完善。乡村振兴深入实施。监测预警和帮扶机制健全完善，消除返贫致贫风险2户6人，脱贫人口人均纯收入达到14816.91元，同比增长18%。持续开展扶贫产业“回头看”，易地搬迁后续帮扶持续深化。启动建设扎果、加洛等乡村振兴示范村11个。完成农村户厕改造7870座。社会保障更加健全。城乡居民参保率达96.82%，全面落实民政领域社会兜底保障资金1010.72万元、兑现救助资金51.23万元。成立农牧民民工联队42个，转移就业1.2万人，实现劳务收入1.28亿元。兑现高校毕业生创业启动资金336.1万元，应届高校毕业生就业率达99%。公共服务日趋完善。隆子镇小学改扩建项目竣工投用、三林乡小学等一批学校建设项目加快推进，县疾控中心综合楼和业务楼等一批医疗基建项目规划启动，81个行政村文艺演出队轮训全覆盖，教育、医疗、文化、社保等事业加快发展。

这一年，我们不遗余力抓生态环境建设。深入开展污染防治攻坚战，蓝天、碧水、净土的良好态势持续巩固，全县空气质量优良率达到96%以上，地表水监测各项指标均达国家Ⅲ类标准，饮用水水源地各项指标均达国家Ⅱ类标准，达标率100%。生态环境六大专项整治成效明显，隆子河谷领域污染防治项目加快实施，地质灾害治理项目通过验收，71个行政村创建生态文明示范建设工作通过市级预审。国土绿化工程扎实推进。启动实施1.5万亩的森林抚育工程，县域生态环境质量持续向好。

这一年，我们多措并举促强边。制定并实施新时代强边工作实施意见，边境地区建设投入资金3.76亿余元，玉麦乡骡马道等项目竣工投入使用，扎日乡米帕塘巡防道桥等项目加快实施。全年累计兑现边民补助资金3837万元。强化党政军警民合力守边，守土固边责任心和积极性空前高涨。全年建设完成抵边搬迁安置点5个，实现181名群众入住，边境地区基础设施条件不断改善。

这一年，我们依法行政提效能。政府党组累计开展学习活动25次，专题研讨10次。严格执行“三重一大”事项决策制度，全年累计向县委请示“三重一大”事项48件，全面落实政府法律顾问、人大代表、政协委员列席政府会议制度，办结人大代表建议、政协委员提案44件。全年梳理权责清单事项3491项。三公经费支出472.39万元，同比下降4%。各类巡视反馈问题全部整改完毕，严查群众身边不正之风，全面营造了风清气正的良好政治生态。

各位代表！总结一年来我县经济社会发展所取得的成绩，根本在于以习近平同志为核心的党中央的领航掌舵和亲切关怀，根本在于习近平新时代中国特色社会主义思想、习近平总书记关于西藏工作的重要论述和新时代党的治藏方略的英明正确，得益于区市两级党委、政府和县委的坚强领导，得益于常德市的无私援助，得益于县人大及其常委会和县政协的有效监督、有力支持，得益于全县各族干部群众齐心协力、团结奋斗结果。在此，我代表县人民政府向各位人大代表、政协委员和全县各族人民、向湖南常德援藏干部人才、向驻隆子人民解放军、武警官兵、社会各界人士，表示衷心的感谢并致以崇高的敬意！

在肯定成绩的同时，我们也清醒地认识到，当前隆子的发展，正处于滚石上山、逆水行舟的关键阶段，与区内先进县区相比，我们的差距还很大，前进的道路上仍存在一些不足和挑战：新冠肺炎疫情变化和经济形势存在诸多不确定性，实体经济困难较多，财政收支矛盾加剧；高质量发展动力不足、持续性不强，传统产业“量大势弱”，动能转换还不够快，创新动力还不够强；招大引强力度不足，缺乏大项目带动支撑；城市品质还需提高、营商环境仍需优化，转变政府职能、创新社会治理等方面还有短板；部分干部担当精神、服务意识、创新能力亟待提升。这些问题，我们将在今后工作中，采取有力措施认真加以解决。

2022年目标任务和重点工作

2022年是大有可为的战略机遇期，是全面实施

“十四五”规划的重要之年,更是党的二十大召开之年,做好各项工作意义重大、使命光荣。今年政府工作的总体要求是坚持以习近平新时代中国特色社会主义思想为指导,全面贯彻中共十九大和十九届历次全会精神,深入贯彻中央经济工作会议和中央第七次西藏工作座谈会精神,深入贯彻习近平总书记关于西藏工作的重要论述和新时代党的治藏方略,深入贯彻自治区第十次党代会和区党委经济工作会议精神,深入贯彻山南市第二次党代会和市委经济工作会议精神,以迎接服务党的二十大胜利召开为主,弘扬伟大建党精神,坚持稳字当头,稳中求进工作总基调,完整、准确、全面贯彻新发展理念,主动服务和融入新发展格局,落实“三个赋予一个有利于”要求,围绕自治区“四个创建”“四个走在全国前列”和山南市“六个走在全区前列”大局,坚持“一核心三示范区”发展定位和“333”经济工作举措,统筹新冠肺炎疫情防控和经济社会发展,统筹发展和安全,继续做好“六稳”“六保”工作,着力抓好“四件大事”、实现“四个确保”,推进隆子长治久安和高质量发展走在全区前列,以优异的成绩迎接党的二十大胜利召开。

今年工作的主要预期目标是:地区生产总值增长9%以上,固定资产投资增长0.7%以上,财政收入完成6100万元,税收收入增长2%以上,社会消费品零售总额增长10%以上,农村居民人均可支配收入增长12%以上。

围绕上述目标,我们将重点抓好以下工作。

(一)突出规模与质量并举,加快动能转换、厚植发展优势。坚持问题导向,着力解决高质量发展动力不足、持续性不强等问题。推进产业强县,全面提升县域经济。抓最具隆子特色产业发展,锻长板、补短板、强弱项,因地制宜,努力把资源优势转化为发展优势。优化特色农牧业发展,坚决遏制耕地“非农化”、草场“非牧化”,防止“非粮化”,规范耕地占补平衡,实行最严的耕地和草场保护制度,坚持稳粮、兴牧、强特色,大力发展设施农业,因地制宜加大青稞良种培育和推广播种力度,推进高标准农田建设,加快青稞标准化生产基地建设,力争黑青稞种植面积达3.05万亩,粮食产量达22306吨。继续推进黄牛改良“整乡推进”计划,积极探索奶类、肉类产品精深加工,延长产业链条。加快万头藏香猪养殖规模化基地建设,推动传统产业升级换代。加快清洁能源基地建设,抢抓历史机遇,坚持水光风热互补,大力发掘和发展清洁能源,加快对接西巴霞曲流域水电开发规划审批工作。大力发展绿色工业,配合做好华钰柯月矿区采矿证办理,加快实施华钰运输管线迁改工程,全力做好玉麦天然饮用水项目建设复工复产。推动服务业提质,加快推进玉麦、斗玉景区旅游基础设施建设项目,大力发展边境旅游,乡村旅游,精心打造国道219旅游线路,确保全县接待游客数量、旅游收入分别增长5%。加快推进“电子商务进农村”,力争实现村级覆盖率80%以上。积极争取斗玉定江、三林乡边贸市场落地实施。坚持完善基础,狠抓项目质效提升。坚持前期项目抓开工、在建项目抓进度、竣工项目抓投产、问题项目抓整改、投产项目抓效益,确保经济发展当前有活力、未来有潜力。抢抓国家加大债券发行力度政策机遇,加强政府债券项目申报和跟踪,以跑断腿的状态跑办对接争取更多资金支持、争取更多项目落地。加快推进隆子机场、机场搬迁安置点、兴边富民试点项目建设进度,力争今年全部完工并投入使用。对接做好堂徒水库、叶巴村乡村振兴、生活垃圾无害化处理等一批重点项目落地实施。统筹推进5G等通信基础设施建设。积极争取沙琼水库、“一河两岸”隆子县城防洪堤工程、阿涡夺水库除险加固工程项目,对接解决12个未通畅建制村的通畅问题,以坚持大抓项目、抓大项目,搞快一点、盯紧一点、抓实一点的思想自觉和行动自觉,争取形成更多实物量。精准快速有效解决影响项目建设的障碍,加强项目资金动态管理,县本级财政统筹安排1000万元项目前期专项经费,用于开展项目前期相关工作,坚决扭转资金等项目的局面。发展是党执政兴国的第一要务,只要我们坚持新发展理念,一定能够让隆子的发展更有动力,更可持续。

(二)突出改革与开放联动,拓展发展空间、进发动能活力。坚持以改革破难题、增动力,以开放聚资源、拓空间,主动服务融入新发展格局,持续增创高质量发展新优势。加大招商引资力度。继续树立招大商、大招商理念，聚焦南城产业园区建设，围绕独特的民族技艺、特色农产品加工、旅游开发等特色资源优势，完善招商引资政策，力争2022年落地实施一批新的招商引资项目。加快推进华钰基建、井下、尾矿库改建以及管线改道工程，加快南城商业广场（一期工程）施工进度，谋划启动二期工程，全力推进南城豫信加油站综合服务区项目和扎日宾馆提升改造工程，确保年内竣工投产，积极争取拉威集团落地我县，开创招商引资工作新局面。持续优化营商环境。以服务对象满意为标准，深化“放管服”改革，全面推行审批服务“跑一次”“一次办”要求，努力实现审批事项最少、审批时间最短、审批效率最高、审批服务最好，市场主体明显增多。扎实做好“双清欠”和劳资纠纷化解工作。加强政府采购后续管理。严格执行减税降费政策，全面围绕民营企业融资难、融资贵、市场拓展能力低等一系列问题，着力为民营企业发展出谋划策，解决企业面临的困难和问题。深化受援工作。积极对接，加大产业、科技、就业、教育、医疗等领域的援助力度，依托援藏落地一批招商引资项目，启动推进玉麦湘藏香猪养殖基地二期工程，加快推进藏香猪定点屠宰场项目，力争5月底完工投产。全力配合做好第九、十批援藏工作队交接轮换工作。改革开放是推动时代发展的强劲动力，只要我们坚持解放思想，就一定能够为隆子的发展积蓄能量、提供动力。

（三）突出建设与管理结合，提升城市能级、丰富品质内涵。大力实施“县城突破”战略，着力打造区域性中心城市作为主攻方向，适时召开城市工作会议，加大县城和重点乡镇的规划建设力度，加快城乡融合，促进人口相对集中。加快推进县城集中供暖、周转房建设等工程项目，对接落实县城供氧工程，启动推进隆子镇兴边富民城镇试点工作，不断提升城市功能和品质。持续推动“智慧城管”，探索启动“街长制”治理模式，推动县再生资源市场规范化建设，加快推进城区绿化作业市场化运行。集中整治占道经营、乱停乱放等违法行为，全面提升城市精细化管理水平。城市是人民的，只要我们坚持人民城市人民建、人民城市人民管、人民城市人民享的理念，就一定能够让我们的城市更加舒适、更幸福、更有温度。

（四）突出统筹与联动相融，致力乡村振兴、助力“三农”提质。持续巩固脱贫攻坚成果。严格按照“四个不摘”要求，完善返贫动态监测和帮扶机制，重点对“两不愁三保障”和收入水平变化进行监测，持续落实生态岗位等各项惠民政策资金，全面加大对产业扶贫项目运营情况监管，不断加强易地搬迁群众后续扶持工作，全面推动巩固拓展脱贫攻坚成果同乡村振兴衔接更紧更密。持续推动群众增收致富。科学分析研究农牧民增收形势，立足县情，采取加大劳务输转、推行科学种植养殖，多渠道增加农牧民收入，同时，统筹安排县财政资金100万元用于改造小型农田水利设施，广泛采取以工代赈方式，增加群众收入。完善产业利益联结、资源开发收益、生态岗位吸收、消费帮扶等长效机制，确保2022年农村居民人均可支配收入同比增长12%，全力推动农牧民口袋更鼓更实。持续加强美丽乡村建设。加大争资引项力度，按照缺什么补什么的原则，加快补齐乡村水、电、路、讯、网、物流、环保等基础设施短板，分区域分批次推动乡村产业、人才、文化、生态、组织振兴。强力推进农村人居环境整治，确保农牧区改厕、生活垃圾处理和污水处理再上新水平，对接实施好扎果、加洛等11个乡村振兴示范项目。大力推进移风易俗，培育崇德向善、诚信友爱的文明乡风，有效推动乡村风貌更美更靓。乡村振兴是实现共同富裕必经之路，只要我们坚持把乡村振兴作为重中之重，就一定能够让群众的生活“成色”更足、“底色”更亮。

（五）突出普惠与均衡兼顾，补齐民生短板、提升幸福指数。提升社会保障水平。坚持就业是最大的民生，千方百计稳定扩大就业，新增城镇就业700人以上，登记失业率控制在3%以内，保持应届高校毕业生就业率在98%以上，争取县公共实训基地年内完工投用。巩固全民参保登记成果，精准扩大参保覆盖面。及时足额兑现各类社会保障资金，争取县残疾人综合服务中心年内完工投用，不断提升社会保障水平。优化公共服务供给，深化教育领域改革，推动义务教育优质均衡发展，加快推进隆子县中学“边境示范校”创建工作，加快推进玉麦乡教师周转房等一批学校建设项目，积极做好迎接自治区素质教育评估验收和国家义务教育均衡发展抽查复检工作。深化县乡一体化综合医改，加快推进县疾控中心综合楼建设进度，加强卫生专技人员技能培训，加大远程医疗服务。持续满足群众文化需求，积极争取扎日、玉麦乡文化站建设项目落地实施，发挥新时代文明实践中心(站)平台作用，用活用好红色资源，不断优化公共服务供给。江山就是人民，人民就是江山。只要我们坚持以人民为中心的发展理念，一定能够让隆子的发展更有“热度”，民生幸福更有“质感”。

(六)突出治理与保护同步，坚持生态优先、推动绿色发展。坚定不移地走生态优先、绿色发展之路。统筹山水林田湖草沙冰一体化保护和系统治理，进一步巩固中央、自治区环保督察工作成果，做好今年迎接中央第二轮环保督查工作。持续推行河湖长制，积极推进县域环境综合治理，加大河道污染源头治理，加快实施隆子河谷领域污染防治项目，启动实施隆子河一河两岸生态环境保护、2022年生态修复工程。大力实施国土绿化工程，力争新增植树造林面积1500亩。依法依规管控采石采砂，深入推进大气、水、土壤污染防治工作，着力抓好建筑工地、道路、矿山扬尘治理，完善集中式引用水水源地保护区划定和建设，扎实推进县城污水处理厂二期工程。持续推进农村厕所革命，着力改善城乡人居环境。深入开展生态文明示范乡(镇)、示范村创建工作，引导群众共建美丽家园，主动服务融入国家“双碳”，大力发展生态产业，带动更多群众在参与生态保护建设中收益。人不负青山、青山不负人。只要我们坚持“绿水青山就是金山银山”理念，就一定能够让隆子的青山常在、绿水长流、空气常新。

(七)突出发展与安全协调，提升治理能力、构建稳定大局。守护疫情防控底线。加强边境卡点疫情管控，坚决遏制境外疫情输入，重点区域返藏人员应检尽检，全面推进疫苗接种，完善突发公共卫生事件检测预警处置机制，切实保障全县人民群众的生命安全。健全维稳防控体系。加强和创新寺庙管理，严守“三个不增加”底线，坚决防止“宗教热”。全面深化各项维稳措施，严厉打击各类刑事犯罪、非法组织。加大矛盾纠纷排查及信访案件化解力度。深化平安隆子建设。加强对道路交通、危险化学品、非煤矿山等重点领域的安全监管，强化对油气、炸药和管制刀具等管制物实名登记销售审批制度，强化对加油站、加气站的安全监管，统筹做好应急管理、消防管理、防汛抗灾、防汛抢险救援、森林草原防火等应急物资管理。坚决遏制重特大安全事故发生，加强防灾减灾抗灾能力建设，确保安全生产有序稳定。民惟邦本，本固邦宁。只要我们安而不忘危、存而不忘亡、治而不忘乱，就一定能够让隆子的社会更加和谐、人民更加幸福。

(八)突出固边与兴边并重，推动强边富民、确保边疆安宁。坚决守护神圣国土。深化党政军警民联防联控联治，切实把每寸国土守护好巩固好。加快推进抵边搬迁。坚决落实习近平总书记“有人在，边境才能稳”等重要指示，稳慎推进抵边搬迁。加快实施9个抵边搬迁安置点建设，全面完成本县1138人的搬迁任务。积极争取资金支持，加快推进玉麦乡等3个重点乡镇固边能力项目建设，协调跟进边境乡村环境提质工程，以“民政部定点帮扶隆子县”为契机，对接落实边境地区民生领域、边疆旅游产业发展等项目，推进人口抵边安居。持续增进边民福祉。及时足额兑现落实边民补助，落实巡边员、护边员制度，立足资源禀赋和市场需求，因地制宜发展特色种养、清洁能源、文化旅游等产业，带动边民就近就便就业。统筹规划学校、医院、文化等公共服务设施，保障军地基本生产生活需要，让边民腰包更鼓、生活更富、爱国守边意识更强。有国才能有家，只要我们坚定大好河山、寸土不让的信念，就一定能够肩负起保卫神圣国土的重任。

(九)突出担当与作为并举，坚持“六个表率”、建设满意政府。以忠诚之心永葆政治本色。自觉从贯彻习近平新时代中国特色社会主义思想中找到改进工作的方向，从践行党的十九届六中全会、自治区第十次党代会中寻求破题闯关的方法，巩固深化党史学习教育成果，精心组织喜迎党的二十大系列活动，不断增强政治判断力、政治领悟力、政治执行力。履行全面从严治党主体责任，落实意识形态工作责任，让恪守纪律规矩成为思想行动自觉，以政府的“忠诚指数”提升经济社会的“发展指数”。以敬畏之心对待手中权力。深入贯彻习近平法治思想，自觉接受人大法律监督和工作监督、政协民主监督、舆论监督和社会监督，确保人民赋予的权力在阳光下运行。严格信守责任承诺和服务承诺，积极倡导契约精神，以政府的“法治指数”提升社会的“公平指数”。以奋进之心推动事业发展。优化工作推进机制，树立“有解”思维，做到目标任务、责任主体、工作标准、时限要求“四个明确”。倡导作风“扎实”，抓铁有痕、踏石留印，现场当战场、工地当阵地，真抓真靠、一抓到底。注重工作“落实”，立说立行、雷厉风行，说了就算、定了就干，不打折扣、坚决执行。追求工作“实效”，以实绩论担当、以贡献论英雄。厚植人民情怀，把群众的操心事、烦心事、揪心事一件件办妥办好，不为困难找理由，只为问题找方法，以政府的“辛苦指数”提升人民群众的“幸福指数”。以清廉之心守牢规纪底线。严格落实中央八项规定精神，持续压缩“三公”经费和一般性支出，进一步精简会议、压缩文件，最大限度减少事务性活动，把更多精力集中到推动发展上，把有限的资金用在刀刃上。从严从实加强廉政建设，坚决整治解决群众身边腐败和不正之风，以政府的“清廉指数”提升人民群众的“满意指数”。

各位代表！开局关系全局，起势决定胜势。让我们更加紧密团结在以习近平同志为核心的党中央周围，在以次仁加措书记为班长的县委坚强领导下，甘做为民服务孺子牛、创新发展拓荒牛、艰苦奋斗老黄牛，乘势而上求突破、奋发图强展作为，为建设团结富裕文明和谐美丽的社会主义现代化新隆子不懈奋斗，以优异的成绩迎接党的二十大胜利召开。

名词解释

六稳：稳就业、稳金融、稳外贸、稳外资、稳投资、稳预期。

六保：保居民就业，保基本民生、保市场主体、保粮食能源安全、保产业链供应链稳定、保基层运转。

六个表率：坚持对党绝对忠诚，带头做坚定践行“两个维护”的表率；坚持群众路线，带头做勤政为民的表率；坚持求真务实，带头做勇于担当的表率；坚持民主集中制，带头做团结干事的表率；坚持怀德自重，带头做清正廉洁的表率；坚持从严治党，带头做管党治党的表率。

四件大事：稳定、发展、生态、强边。

三个不增加：宗教活动场所数量不增加、规模不增加、活动点不增加。

四不摘：摘帽不摘政策、摘帽不摘责任、摘帽不摘帮扶、摘帽不摘监管。

两不愁三保障：两不愁即不愁吃、不愁穿，三保障即义务教育、基本医疗、住房安全有保障。

三重一大：重大事项决策、重要干部任免、重大项目投资决策、大额资金使用。

四个创建：创建全国民族团结进步模范区、创建高原经济高质量发展先行区、创建国家生态文明高地、创建国家固边兴边富民行动示范区。

四个走在前列：民族团结进步走在全国前列、高原经济高质量发展走在全国前列、生态文明建设走在全国前列、固边兴边富民行动走在全国前列。

六个走在全区前列：铸牢政治忠诚上走在全区前列、推进社会治理能力和治理体系现代化上走在全区前列、在推动高质量发展上走在全区前列、在提升各族群众生活品质上走在全区前、在加强生态文明建设上走在全区前列、在强边固防兴边富民上走在全区前列。

四个自信：道路自信、理论自信、制度自信、文化自信。

四个意识：政治意识、大局意识、核心意识、看齐意识。

两个维护：坚决维护习近平总书记党中央的核心、全党的核心地位，坚决维护党中央权威和集中统一领导。

两个大局：实现中华民族伟大复兴的战略全局和世界百年未有之大变局。

两个确立：确立习近平同志党中央的核心、全党的核心地位，确立习近平新时代中国特色社会主义思想的指导地位。

国之大者：事关党和国家前途命运、事关中华民族伟大复兴、事关人民幸福安康、事关社会长治久安的大事。

四个确保：确保国家安全和长治久安、确保人民生活水平不断提高、确保生态环境良好、确保边防巩固和边境安全。

一核心三示范区："一核心"即建成边境区域发展核心县，"三示范区"即建设社会和谐稳定示范区、特色产业发展示范区、民生民力改善示范区。

333经济工作举措：建好特色农牧业、边境小康、军民融合"三个示范点"；守好维护稳定、生态保护、安全生产"三条底线"；抓好民生改善、脱贫巩固、从严治党"三件要事"。

隆子县人民代表大会常务委员会工作报告

——在隆子县第十四届人民代表大会第三次会议上

隆子县委副书记、人大常委会主任 廖仕平

(2022 年 1 月 18 日)

2021 年工作回顾

2021 年,县人大常委会始终坚持以习近平新时代中国特色社会主义思想为指导,深入学习贯彻中共十九大和十九届历次全会、中央人大工作会议和中央第七次西藏工作座谈会精神,深入学习贯彻习近平法治思想、习近平总书记关于坚持和完善人民代表大会制度的重要思想、关于西藏工作的重要论述和新时代党的治藏方略,深入学习贯彻自治区第十次党代会、山南市第二次党代会精神,在县委的坚强领导和市人大常委会的有力指导下,围绕中心大局,依法行使职权,积极主动作为,扎实开展工作,较好地完成了年初确定的工作目标任务。

一、坚持党的全面领导,始终坚定正确政治方向

常委会始终坚持党的领导、人民当家作主、依法治国有机统一,并自觉贯穿于人大依法履职全过程、落实到人大工作各方面。

一是坚持把党的全面领导贯穿人大工作全过程各方面。紧紧围绕县委中心大局工作统筹安排人大监督、决定、任免和代表等各项工作和重要活动,认真贯彻落实区、市两级人大关于坚持党的领导的重要部署,坚持人大重要会议、重大事项、重点工作及时向县委请示报告并取得同意后再进入法定程序。今年以来共向县委请示有关事项 11 次。

二是切实发挥党组作用推进人大工作深入开展。认真落实政治领导责任,严格遵守人大常委会党组议事规则,坚持民主集中制,重大问题集体研究决定,今年以来,共召开 9 次人大常委会党组会议、3 次人代会、9 次人大常委会会议、10 次主任会议,在经济建设、生态环保、民生保障、和谐稳定等方面积极作为;召开 2 次专题民主生活会,就中央第十巡视组反馈意见从 8 个方面 17 条具体问题进行整改落实,就区党委第三巡视组巡视“回头看”反馈意见从 4 个方面 15 条具体问题进行整改落实,现已全部整改到位。

三是切实加强换届选举工作的领导依法配强人大队伍。在市人大的有力指导和县委的坚强领导下,县人大及其常委会按照中央、区党委、市委和县委关于市县乡人大换届选举系列决策部署,扎实圆满完成人大换届选举工作,选优配齐新一届市县乡三级人大代表,共选举产生市二届人大代表 25 名、县十四届人大代表 133 名和乡(镇)新一届人大代表 454 名。

二、坚决服务中心大局,着力强化人大监督工作

常委会始终坚持监督与支持相统一,在做好经常性法定监督工作的同时,突出落实新发展理念、民生领域热点问题、预算和计划监督等重点,听取审议专项工作报告 32 个,开展执法检查 1 次,调研 3 次,协助开展执法检查 7 次、专题调研 8 次,进行工作评议 1 次、满意度测评 1 次。

一是聚焦经济工作,加强监督。高度重视规划对经济社会发展的引领导向作用,县人代会先后审查批准了“十四五”规划和2035年远景目标纲要、国民经济和社会发展计划报告、财政预算执行报告、财政预算草案报告5次；常委会听取审议国民经济运行、预算调整、预算执行、行政事业单位国有资产管理情况等报告和审查结果报告11件。积极推进预算联网监督系统建设，确保预算审查重点向支出预算拓展，进一步增强人大预算监督的权威性和严肃性。

二是聚焦民生热点，加强监督。协助市人大常委会对我县开展教育经费投入使用管理情况、农牧区学前教育发展情况和防止返贫工作开展情况等进行专题调研，对《西藏自治区实施〈突发公共卫生事件应急条例〉办法（草案）》进行立法前期调研，并听取县政府相关工作情况报告，通过反馈问题、提出意见和建议等形式，推动各项工作有效整改落实。

三是聚焦和谐稳定，加强监督。协助自治区人大常委会和山南市人大常委会对我县贯彻实施《西藏自治区民族团结进步模范区创建条例》情况进行执法检查，对宗教法制化建设情况进行专题调研，听取县政府相关工作情况报告，召开人大系统深入铸牢中华民族共同体意识学习研讨会，进一步铸牢中华民族共同体意识，为加强民族团结、维护祖国统一、坚决反对分裂凝聚合力。

四是聚焦生态环保，加强监督。协助自治区人大常委会对我县贯彻实施《西藏自治区矿产资源管理条例》《中华人民共和国固体废物污染环境防治法》情况进行执法检查。听取审议政府相关职能部门关于贯彻落实《山南市砂石料开采管理条例》《山南市城市建设管理条例》《山南市城市绿化条例》《山南市河道采砂管理条例》《山南市文明行为促进条例》等报告，深入贯彻落实习近平生态文明思想，有力推进美丽幸福隆子建设。

五是聚焦公正司法，加强监督。先后组织开展“七五”普法宣传工作情况、县“两院”关于民事审判工作和刑事案件适用认罪认罚从宽制度落实情况、全县扫黑除恶专项斗争工作开展情况进行调研，为持续推进法治隆子建设注入人大力量。

常委会还积极协助配合自治区人大常委会、山南市人大常委会对森林法、中医药法、旅游法、食品安全法、工会法和《山南市红色文化资源保护利用条例》等进行执法检查。

三、坚守法治原则要求，依法推进决定和任免工作

常委会紧紧围绕县委重大决策部署的贯彻落实，依法行使重大事项决定权和人事任免权。

一是依法作出决议决定。为保证全县重点工作的有序推进，促进政府决策的科学化和民主化，人代会依法听取“一府两院”工作报告，常委会及时听取“一府两院”有关工作报告，形成决议决定。今年来，先后就“一府两院”工作报告作出决议12项，就成立人大“三个专门委员会”、表彰先进县级人大代表、推进县乡人大换届选举工作作出5个决定，就财政存量资金预算安排、收支预算调整作出2个批复。

二是依法进行人事任免。坚持党管干部与人大依法任免相统一原则，严格遵守任前法律知识考试、表态发言、颁发任命书和向宪法宣誓等工作程序，使党组织推荐的人选通过人大法定程序成为政权机关的领导人员。今年以来，常委会组织任前法律知识考试11人，依法进行人事任免75人，任职表态发言9人，举行宪法宣誓5次。

四、坚信人民群众力量，充分发挥代表主体作用

常委会坚持人大代表主体地位，进一步完善工作机制，加强监督管理和服务工作，充分发挥人大代表联系人民群众桥梁纽带作用。

一是有力推进“人大代表之家”规范化提升和常态化活动。为深入贯彻落实《山南市人大常委会关于进一步推进“人大代表之家”规范化提升和常态化活动的实施意见》，县人大常委会及时召开安排部署会议、制定工作方案、明确责任分工，并先后2次对乡（镇）贯彻落实情况进行督导检查，召开2次工作推进会，举办1次专题培训会议。

二是积极组织闭会期间代表活动。依托“人大代表之家”“人大代表联络站”等平台，认真组织人大代表开展学习交流、交办意见建议、履职培训、帮扶群众等活动，不断丰富代表闭会期间活动，进一步增强代表履职意识和工作热情。今年以来，表彰

先进县乡人大代表56名，组织外出考察学习2次14人，接待兄弟县交流学习7批130余人，开展法律法规宣传宣讲10次。

三是不断强化代表履职培训活动。为进一步提升人大代表及干部履职能力和水平，组织基层农牧民代表履职培训3次198人，举办乡（镇）人大主席和干部履职培训专班1次29人。同时，人大召开的各例会，开展的各类活动、工作及时刊登“网信隆子”，并将市人大印制的《山南之声》报纸以及其他书刊下发到乡（镇）人大主席团，重要会议精神及时推送全县各级人大代表，有效帮助乡（镇）人大及其人大代表了解人大工作情况，为代表履行职责打下一定基础。

四是密切保持人大代表与群众联系。坚持常委会组成人员联系代表、代表联系群众制度，采取邀请代表列席人大常委会会议，参加调研和执法检查活动等方式，以及以人大常委会班子成员开展“三联两包”工作为契机，密切和加强与代表、群众的联系。今年以来，县人大常委会班子成员到联系乡（镇）开展重要会议、重要讲话精神宣讲5场次，组织基层农牧民代表开展国家通用语言文字测试1次，征求代表意见建议1次5条，邀请代表列席人大常委会会议12人，邀请代表和“一府一委两院”、县直部门负责人等参加中央人大工作会议精神、区党委人大工作会议精神宣讲会100余人。

五是扎实抓好代表意见建议的办理工作。为确保代表意见建议年初交办、年中督办、年末落实，每年人代会依法听取审议人民政府关于代表意见建议办理情况报告，县十三届人民代表大会第八次会议受理的代表意见建议18件中已办理10件，列入部门计划6件，未办理2件，办结率89%。

五、坚持正面宣传导向，不断增强全社会人大意识

一是有机结合各类宣传节点活动。常委会以各类宣传重要节点和“人大制度宣传月”为契机，以“开展制度宣传、讲好人大故事”为主题，通过宣传解读、发放宣传册等方式开展形式多样、丰富多彩的主题宣传活动，进一步增强全社会的人大意识，不断激励和动员人大代表、人大干部不忘初心、牢记使命，认真履职、主动作为。

二是有效利用“网信隆子”宣传平台。依托“网信隆子”平台，及时宣传报道人大会议、代表活动和人大工作，同时使用藏语和汉语宣传山南市出台的地方性法律法规，同时，在隆子电视台播放《关于深入学习贯彻中央人大工作会议精神倡议书》，进一步提高广大群众和代表对人大工作的知晓率，有效提升人大代表参与人大工作的积极性和参与率。

六、全面加强人大自身建设，夯实人大工作基础

常委会坚持聚焦政治机关、权力机关、代表机关、工作机关定位，切实加强自身建设，不断提高依法履职能力水平。

一是突出思想政治建设。自觉以习近平新时代中国特色社会主义思想为统领，深入学习党中央和区党委、市委一系列政策法规和“五查五增、质效提升”活动成效，扎实开展党史学习教育活动和“三更”专题教育。今年以来，针对各类重要会议和总书记重要讲话精神组织集中学习20次，人大党组书记讲党课1次，其他党组成员讲党课3次，党员撰写个人心得体会22篇，到基层宣讲6次，协助市人大召开宣讲会3次。

二是提升业务能力素质。今年以来，集中学习《中共全国人大常委会党组关于做好全国县乡两级人民代表大会换届选举工作的意见》《中共西藏自治区委员会贯彻落实新时代党的治藏方略 加强新时代人大工作和建设的意见》等5次，开展《中华人民共和国民法典》专题讲座1次，为代表更好履职尽责增强了底气和专业性。

三是加强乡（镇）人大工作。充分考虑因换届导致大多数乡（镇）人大主席、副主席、专干调换等因素，为保证换届选举工作依法有序开展，先后召开人大换届培训会2次，分组督导乡（镇）人大换届工作1次；有效推进并贯彻落实“两个实施意见”和在基层农牧民人大代表中深入推进国家通用语言文字学习使用工作，县人大常委会组织交叉督导检查11个乡（镇）、45个代表联络站1次，协助市人大常委会督导检查2次，并对存在的问题提出具有针对性和指导性的意见建议。

四是持续改进工作作风。认真落实管党治党

主体责任，积极开展严肃认真的党内政治生活，认真落实“三会一课”要求，切实加强党风廉政建设，严格执行中央八项规定及其实施细则精神，扎实抓好中央、区党委巡视反馈意见整改工作，严肃政治纪律和政治规矩，力戒形式主义官僚主义，营造风清气正的良好政治生态。今年以来，按照区党委、市委和县委工作部署，对“私车公养”、私设“小金库”、援藏资金管理使用及公款代缴水电费、公务车辆管理、党史学习教育之名搞商业化庸俗化行为、公务接待中“吃公函”等行为进行了自查自纠，未发现问题。

回顾一年来的工作实践，我们深深体会到，做好新时代人大工作，必须坚持党的全面领导和科学理论指导，深入学习贯彻习近平新时代中国特色社会主义思想，特别是习近平总书记关于坚持和完善人民代表大会制度的重要思想、关于治边稳藏的重要论述，自觉用理论武装头脑、指导实践、推动工作。

常委会工作取得的成绩，是县委坚强领导和市人大常委会有力指导的结果，是“一府两院”及有关部门和各乡（镇）人大主席团密切配合的结果，是各级人大代表、常委会组成人员和人大常委会机关工作人员共同努力的结果，也是社会各界和广大人民群众大力支持的结果。在此，我代表县人大常委会表示衷心的感谢！

总结成绩的同时，我们也清醒地认识到人大常委会的各项工作，对照新形势新任务新要求，对照宪法和法律赋予的职责，对照全县人民群众的期盼，还存在诸多不足和短板，主要有依法履职的能力和水平还需进一步提升；监督工作的力度和实效还需进一步加大；代表和群众联系的经常性和密切度还需进一步增强；代表活动的内容和形式还需进一步丰富；指导乡（镇）人大工作的方式和方法还需进一步创新等。常委会将坚持问题导向，虚心听取代表和各方面意见建议，切实加以改进。

2022 年工作计划

2022 年，县人大常委会总体工作要求是：坚持以习近平新时代中国特色社会主义思想为指导，深入贯彻落实中共十九大和十九届历次全会及中央人大工作会议、中央民族工作会议、全国宗教工作会议、中央第七次西藏工作座谈会精神，深入学习领会习近平法治思想、习近平总书记关于坚持和完善人民代表大会制度的重要思想，深入贯彻落实习近平总书记关于西藏工作重要论述和新时代党的治藏方略，增强“四个意识”、坚定“四个自信”、捍卫“两个确立”、做到“两个维护”，全面坚持党的领导、人民当家做主、依法治国有机统一，在县委坚强领导下，紧紧围绕“十四五”规划和 2035 年远景目标，紧盯稳定、发展、生态、强边四件大事谋划人大工作，依法履行职责、主动担当作为，高质量做好监督、决定、任免和自身建设等工作，以优异成绩迎接党的二十大胜利召开。

一、不忘初心，砥砺奋进，以新思想领航人大工作新征程

以高度的思想自觉、政治自觉、行动自觉，全面贯彻党的十九届六中全会精神，坚定捍卫“两个确立”，坚决维护习近平总书记在党中央和全党的核心地位，坚决维护党中央权威和集中统一领导。坚持不懈用习近平新时代中国特色社会主义思想统领人大工作，深刻领会和全面把握“十个明确”精神实质、核心要义和实践要求。全面贯彻中央关于加强和改进人大工作的意见和中央人大工作会议、区党委人大工作会议精神，认真筹备县委人大工作会议。自觉将党的领导贯穿于人大依法履职的全过程，落实到人大工作的各方面。

二、不忘初心，砥砺奋进，以新举措开创监督工作新局面

全面深刻把握新时代党的治藏方略，聚焦聚力“四件大事”，扎实推进区党委“四个走在前列”和市委“六个走在全区前列”目标任务，用法治思维、法治方式、法治手段助力推进全面建设社会主义现代化新隆子在法治轨道上行稳致远。围绕“四件大事”，加大对巩固拓展脱贫攻坚成果同乡村振兴有效衔接、生态文明、边境小康以及公共文化服务体系等建设的调研，加强对全县重大项目，特别是产业项目的视察。

三、不忘初心，砥砺奋进，以新作为激发代表主体新活力

深入贯彻落实栗战书委员长关于“努力将代表联络站建设成为人大代表联络群众的好桥梁、人大代表履行职责的好平台、人大代表学习交流的好阵地、国家机关听取人大代表意见建议的好场所”要求，持续加强“人大代表之家”“人大代表联络站”履职平台建设和管理，加强代表学习、交流、培训，切实提高代表履职能力。认真办理代表议案建议，不断提升办理质量。

四、不忘初心，砥砺奋进，以新成果展示自身建设新形象

全面贯彻落实区党委关于进一步改进作风狠抓落实的意见，坚持“不忘初心、牢记使命”主题教育常态化，巩固党史学习教育、“三更”专题教育和“五查五增”质效提升成果，切实发挥党员领导干部“六个表率”作用。继续加强对乡镇人大工作的指导，着力构建上下联动、蓬勃发展、充满活力的县乡人大工作格局。切实做到坚持学习不放松，努力工作不懈怠，创新作为不停步，着力打造“四型”工作机关。

中国人民政治协商会议第二届隆子县委员会常务委员会工作报告(草案)

——在政协第三届隆子县委员会第一次会议上

政协隆子县委员会副主席　巴桑次仁

（2021 年 7 月 5 日）

五年工作回顾

中国人民政治协商会议第二届隆子县委员会已顺利走过成绩卓著的五年，圆满完成历史赋予的神圣使命。政协第二届隆子县委员会任期的五年，是我县应对各种风险挑战，攻坚克难、砥砺奋进并取得全方位进步、历史性成就的五年，也是政协事业在继承中创新、在巩固中发展、在发展中壮大的五年。五年来，在县委的坚强领导下，在市政协有力指导和县人大、县政府的鼎力支持下，县政协常务委员会团结引领广大政协委员，始终坚持以习近平新时代中国特色社会主义思想为指导，深入学习贯彻习近平总书记关于加强和改进人民政协工作的重要思想，坚决贯彻落实习近平总书记关于西藏工作的重要论述和新时代党的治藏方略，贯彻落实区党委、市委和县委各项决策部署，聚焦全县中心工作任务，紧扣团结和民主两大主题，坚持建言资政和凝聚共识双向发力，认真履行政协“三大职能”，在勇于拼搏中谋求新发展，在主动作为中取得新成绩，在履职为民中实现新进步，为推动隆子长治久安和高质量发展作出了积极贡献。

一、强化理论学习，提高政治站位，工作开展凸显高度

坚持党对政协工作的全面领导，始终保持政治定力，在强自身、促发展、添助力上下功夫，彰显了新时期人民政协建功新时代的无限魅力。按照“理论大学习、思想大武装、工作大提升”要求，深入开展习近平新时代中国特色社会主义思想，中共十九大、十九届二中三中四中五中全会，中央第六、第七次西藏工作座谈会和习近平总书记系列重要讲话精神，特别是给隆子县玉麦乡群众卓嘎、央宗姐妹的回信精神等内容学习，引导全体政协委员增强“四个意识”、坚定“四个自信”、做到“两个维护”，筑牢共同团结奋斗的思想政治基础，确保人民政协事业始终在党的坚强领导下沿着正确方向前行。五年来，累计召开理论学习中心组学习会、专题学习会等 120 余次，撰写研讨发言 40 余篇，学习心得 80 余篇，委员的理论水平、综合素质持续提升。

二、围绕发展大局，切实凝聚共识，政治协商突出重点

坚持把促进高质量发展作为履行职能的第一要务，紧紧围绕县委县政府中心工作，聚焦经济社会发展和改善民生焦点难点问题，紧盯社会稳定、经济发展、边境小康示范村建设、抵边搬迁、脱贫攻坚和新冠肺炎疫情防控等重点任务，扎实履行政协职能，按照“总体协商议大事、专题协商议要事、重点协商议难事”工作原则，认真履职尽责、双向发力、贡献才智，真正做到了县委有号召，政协就有响

应,委员就有行动,确保了政令畅通、落实有力。通过政协全委会、常委会、主席会和委员议政等多种形式,深入开展政治协商、民主监督和参政议政。五年来,累计召开全委会议 7 次,常委会会议 31 次,主席会议 32 次,规范执行民主集中制,实现了人民政协事业再创新水平、再上新高度。

三、积极建言献策,切实凝心聚力,履职尽责更有焦点

坚持凝聚强大合力,找准着力点、突破口,着眼“十三五”发展强劲势头,在助推县域经济高质量发展中,展现新时代人民政协真抓实干、担当作为、履职尽责的新风采,切实做到政协履职不越位、委员议政有质量。锚定“政协率先、走在前列、谱写新篇”的目标定位,始终与县委、县政府想在一起、站在一起、干在一起,既敲响鼓、更用重锤,以善做善为的方式“破题”思路、寻找“破冰”办法、提出“破局”建议,为党政科学决策提供更多优质参考,展现了人民政协如鼎担当。五年来,累计征集提案 169 件,立案 155 件,立案率达 92%,办复率达 100%,办结率达 84%,委员满意率达 95% 以上。委员们提出的意见建议均得到县委、县政府的高度重视,其中不符合政策要求的 14 件提案,由承办单位主要负责人当面向委员解释说明,得到了委员的充分理解。

四、树牢为民情怀,切实汇集力量,助力发展富有看点

始终坚持以人民为中心的发展理念,将为民情怀贯穿政协履职全过程,以群众为镜子,以纲纪为标尺,切实践行人民政协为人民的初心使命。突出把增进人民群众福祉作为彰显政协担当的奋进动力,不断释放政协力量,让群众时刻感知人民政协就在跟前、政协委员就在身边。五年来,我们坚持把助力脱贫攻坚作为头号民生工程,按照县委统一部署,班子成员积极响应,多次代表隆子赴乃东、加查、浪卡子等县开展脱贫攻坚大督战大排查、国家脱贫攻坚普查和脱贫攻坚成效考核验收等工作,以实际行动积极参与、投身脱贫攻坚主战场,谱写了政协委员助力打赢脱贫攻坚战的绚丽篇章。我们紧扣发展“难点”,聚焦民生“重点”,准确把握县委、县政府主攻方向,进一步凝聚政协和广大政协委员的智慧和力量,通过县委点题、政协答题、政府落地的协商议政方式,大力开展走乡、进村、入户宣讲党的惠民利民政策,全力支持“强基惠民、创先争优”活动,为群众增收想办法、出主意,积极争取“幸福工程”项目资金 263 万元,切实为群众办实事、解难事、做好事。落实党内关爱帮扶机制,深化委员关爱行动,五年来累计发放慰问金 6.4 万元,把党和政府的关心送到政协委员的心坎上,实现了党的温暖持续在基层升温,让委员们充分感受到人民政协的无限关怀。面对突如其来的新冠肺炎疫情,人民政协迅速反应、积极作为,广大委员为疫情重灾区捐资捐款共计 257 万元,彰显了同心“战疫”的责任担当,充分展现了一方有难八方支援和中华民族一家亲的高尚情怀。

五、深入调查研究,切实注重成效,成果转化更具特点

坚持把调查研究作为提高参政议政能力的有效途径,充分发挥委员主体作用,竭力为委员搭建履职平台,让委员“唱主角”“挑大梁”“显身手”,坚持做到全程参与、深入了解、综合分析、反复论证、共同思考,视察调研富有特色。五年来,先后开展委员重大视察调研活动 9 次,参与政协委员 96 人,形成具有科学性、可操作性的重点调研报告 9 份,提出事关全县经济发展、脱贫攻坚、群众增收、民生改善、基层教育、卫生事业等意见建议 58 条,收集报送社情民意信息 22 条。其中《三轮电瓶车 您就不能看看红绿灯吗》、《农村儿童何时与垃圾零食说再见》得到市委主要领导重要批示,信息反馈问题得到了有效解决,县政协荣获“全区政协系统 2018 年度社情民意信息工作”先进集体称号。

六、强化自身建设,切实创新实践,政协事业聚焦亮点

坚持加强自身建设,持续增强履职能力,创新搭建履职平台,为政协工作迈上新台阶提供了坚强保障,较好地完成了党和人民赋予的神圣使命。五年来,我们持续注重委员履职能力提升,创新委员服务管理,先后举办 5 次委员培训班,进一步加强委员培训力度,提高委员精气神、战斗力,以强有力

的措施让委员们始终在务实上保持“一线状态”、在工作上保持“一线作为”,在要求上保持“一线标准”。我们持续加强政协干部队伍建设,不断延伸基层工作触角,打通委员履职“最后一公里”,按照“五有”要求首次在全县2个镇9个乡设立乡(镇)政协联络办公室,配齐配强了联络办工作人员,有效解决了各乡镇政协无办公场所、无专职领导、无专职人员、无专项经费的“四无”现状,基层政协工作成功实现有“腿”,基层委员如愿实现有“家”。我们持续加强阵地建设,努力搭建协商平台,在县委、县政府的大力支持下,成功打造“委员之家”,极大增强了委员的归属感和凝聚力,切实把政协机关变成了委员的学习交流之家、团结民主之家、履职建言之家。我们持续加强制度建设,制定完善《隆子县政协党组成员联系界别、党内委员联系党外委员制度》《隆子县政协反映社情民意信息工作奖励办法》《隆子县政协委员考核机制》等,有效激励了委员积极履职、发挥作用的主观能动性。

各位委员、同志们,回顾过往,硕果累累。政协第二届隆子县委员会常务委员会履职以来的丰富实践,彰显了中国共产党领导的多党合作和人民政治协商制度的巨大优越性、强大生命力,广大政协委员的自信心、自豪感持续增强。成绩的取得,是县委正确领导的结果,是县人大、县政府和社会各界鼎力支持的结果。在此,我谨代表政协第二届隆子县委员会常务委员会向五年来忠诚履职、敬业奉献的广大政协委员,向所有关心支持人民政协事业发展的各级领导、各界朋友表示衷心感谢和崇高敬意!

在肯定成绩的过程中,我们也清醒地认识到,政协工作与新时代人民政协新要求,与政协委员、人民群众的热切期盼,还存在一定差距。比如:为委员搭建更多履职平台力度不够;推动政协工作创新不足;民主监督机制仍不健全;委员协商议政能力有待进一步提升;迈步高质量提案亟待加强。对此,希望新一届政协组织高度重视,也真诚希望各位委员、各位同志提出宝贵意见建议,认真加以研究,在今后工作中予以改进。

工作经验与体会

回顾过去五年的工作,我们始终保持拼搏奋进的昂扬态势,在建言议政、履职尽责、为民务实中积累了一些宝贵的经验,需长期坚持,更需不断完善。我们深刻体会到:

一是县委坚强领导是致力政协工作的重要保证。实践证明,只有坚持党的全面领导,才能更好坚定正确的政治方向,保持与县委同心同力、同心同向、同心同行,积极在推动隆子高质量发展中增添助力。

二是围绕中心任务是致力政协工作的重要原则。实践证明,只有围绕中心任务,聚焦县委、县政府决策部署,才能充分发挥委员履职尽责,开展深入调研协商,积极建言献策,彰显政协组织的地位和作用,做到有声有色有活力、有为有位有影响。

三是凸显为民情怀是致力政协工作的重要基础。实践证明,只有坚持履职为民,始终在思想上尊重群众、感情上贴近群众、工作上服务群众,人民政协才能永葆初心、富有担当、更接地气、焕发生机,才能更好地为人民群众办实事、解难事、做好事。

四是广泛凝聚共识是致力政协工作的重要法宝。实践证明,只有坚持团结和民主,始终汇聚力量、扩大影响、提升形象,才能充分调动委员履职尽责的积极性、主动性,不断增强人民政协感召力、凝聚力。

五是聚焦履职尽责是致力政协工作的重要优势。实践证明,只有坚持强基固本,不断夯实人民政协的履职基础,才能充分发挥政协独特优势和委员主体作用,增强委员履职水平,实现政协事业蓬勃发展。

今后五年工作建议

各位委员、同志们,“十四五”规划宏伟蓝图已经绘就,隆子正面临前所未有的发展机遇,展望未来、信心满满。未来五年,将是我们实现第一个百年奋斗目标后,乘势而上开启全面建设社会主义现代化国家新征程,向第二个百年奋斗目标进军的第一个五年，也是隆子县高质量发展攻坚克难的关键时期，更是造福隆子人民、助力乡村振兴的攻坚时期。面对新形势、新要求、新使命，未来五年政协工作总体要求：始终坚持以习近平新时代中国特色社会主义思想为指导，深入贯彻落实中共十九大和十九届二中、三中、四中、五中全会精神及中央第七次工作座谈会精神，全面贯彻落实习近平总书记关于西藏工作的重要论述和新时代党的治藏方略，贯彻落实习近平总书记关于加强和改进人民政协工作的重要思想，坚持党对人民政协工作的全面领导，牢牢把握团结和民主两大主题，立足新发展阶段、贯彻新发展理念、构建新发展格局，以人民为中心推进人民政协事业高质量发展，切实增强“四个意识”、坚定“四个自信”、做到“两个维护”。要紧紧围绕县委、县政府中心工作和目标任务，严格按照“三个赋予、一个有利于”高质量发展要求，坚持稳中求进工作总基调，立足“一核心三示范区”发展定位，紧扣“333”经济工作举措，聚焦稳定、发展、生态、强边“四件大事”，充分发挥政治协商民主的重要渠道和专门协商机构作用，为推进隆子长治久安和高质量发展汇聚力量。

一、切实把增进思想共识作为政协工作“主轴”。以新思想定向领航，以新坐标凝心聚力，以新思路与时俱进，以新担当开拓新局，协调做好增信心、暖人心、聚民心的好事实事，切实把“好”事办好，把“实”事办实。要在坚定政治方向中增进共识，把深入学习习近平新时代中国特色社会主义思想和贯彻落实中央第七次西藏工作座谈会精神，作为推动新时代政协事业高质量发展的工作引擎，作为增进社会各界思想共识的重要基础，团结带领广大政协委员和社会各界人士始终增强“四个意识”、坚定“四个自信”、做到“两个维护”，把坚持党的全面领导始终贯穿于政协工作的全过程。要在加强党的建设中增进共识，按照新时代党的建设总要求，以党的政治建设为统领，持续推动委员思想建设再上新台阶，切实凝聚社会各界的智慧力量，把中央、区、市、县的决策部署和工作要求落实到位，进一步增强思想自觉、政治自觉、行动自觉。要在落实县委部署中增进共识，坚持第一时间传达学习县委重要会议精神，坚定不移贯彻落实县委决策部署，坚决做到重要工作主动向县委请示汇报，重大活动积极邀请党政领导参加、协商成果及时向县委县政府报送，努力将县委决策部署转化为谋划工作的新思路，增进人民政协事业提质增效更具新合力。

二、切实把搭建服务平台作为政协工作“主线”。积极搭建富有特色、形式多样的协商议政平台，不断发挥制度化优势，推动委员协商议政更好地服务科学决策、凝聚各界共识、助推新时代隆子高质量发展进程。紧紧围绕党政中心、大事要事，把握科学发展主题，坚持科学发展理念，找准政协服务全县经济社会高质量发展的着力点，以全体会议为全面协商平台，以常委会会议为专题协商平台，以主席会议为重点协商平台，多立发展之论、多建有用之言、多献务实之策，认真搞好协商议政，努力使政协工作与全县中心工作在指导思想上保持一致，在工作目标上保持一致。聚焦推动高质量发展拓宽协商平台，围绕稳定发展生态强边“四件大事”，组织广大政协委员认真开展视察调研活动，切实选准协商议题，丰富协商形式，提高协商成效，在推动隆子县高质量发展上献计献策，积极为党政领导科学决策提出具有前瞻性和可操作性的对策建议，确保人民政协事业提质增效实现新突破。

三、切实把完善民主监督作为政协工作“主责”。紧随发展脉搏开展民主监督，把民主监督当成改进和推动政协工作的一个契机，结合民主监督新领域，既要转变方式、更要凸显优势，以“出于公、出于真、出于实”的劲头，突出重点、针对难点，做到有的放矢、准确定位，坚持把民主监督贯穿于政协各项工作之中，不断增强民主监督实效。充分发挥提案在参政议政中的重要作用，加强提案的征集、审立、交办、督办，全面提升提案质量和办理水平。牢固树立以人为本、履职为民的先进理念，把关注民生、保障民生、改善民生贯穿于委员履行职能全过程，力争做到知民所想、思民所虑、急民之难、解民之忧，推动人民政协事业提质增效再上新台阶。

四、切实把助推高质量发展作为政协工作“主调”。新时期人民政协处于凝心聚力第一线、决策咨询第一线、协商民主第一线、科学决策第一线，地位重要、作用特殊，是党政“一线”工作法的重要组成部分。我们将持续加强干部队伍和广大委员履职能力提升，通过创新委员服务管理，做好委员培训、改进委员考核评优等有力举措，全力打造一支懂政协、会协商、善议政，守纪律、讲规矩、重品行的高素质委员人才队伍，持续加强政协自身建设，加强对乡（镇）政协联络工作的指导，充分发挥乡（镇）政协联络员连通委员之“心”、聚好委员之“力”作用，大力宣讲《政协章程》，让乡（镇）政协联络员更加了解政协、熟悉业务、善于工作，展现出新时代乡（镇）政协工作新气象。我们将持续引导全体政协委员积极适应新形势、新任务、新要求，进一步增强履职尽责的使命感和责任感，切实在助力全县改革发展稳定中发挥出委员积极参政议政的“主人翁”作用，多提意见建议，多建有用之言，多献务实良策，建设打造一支政治过硬、服务优质、协调顺畅、作风优良、清正廉洁的政协队伍，促进人民政协事业提质增效再上新水平。

各位委员、同志们，新征程承载新使命，新目标力求新担当。新的时代激励着我们，新的使命召唤着我们，政协第三届隆子县委员会常务委员会即将接过接力棒，站在新起点，面对新机遇，人民政协履职前景更为广阔，肩负的使命也更为光荣，承担的责任也更加重大，让我们紧密地团结在以习近平同志为核心的党中央周围，在区党委、市委和县委的坚强领导下，不忘初心、砥砺前行，为构建团结富裕文明和谐美丽的社会主义现代化新隆子谱写壮美篇章，为促进隆子长治久安和高质量发展作出新的更大贡献！以优异成绩庆祝中国共产党成立100周年和西藏和平解放70周年！

名词解释

“四个意识”：政治意识、大局意识、核心意识、看齐意识。

“四个自信”：道路自信、理论自信、制度自信、文化自信。

“两个维护”：坚决维护习近平总书记党中央的核心、全党的核心地位，坚决维护党中央权威和集中统一领导。

“四件大事”：稳定、发展、生态、强边。

政协工作“三大职能”：政治协商、民主监督、参政议政。

基层政协联络“四无”：无办公场所、无专职领导、无专职人员、无专项经费。

基层政协联络办“五有”要求：有人员、有场所、有设施、有制度、有活动。

“三个赋予、一个有利于”：所有的发展都要赋予民族团结进步的意义，赋予维护统一、反分裂的意义，赋予改善民生、凝聚人心的意义，有利于提升各族群众获得感、幸福感、安全感。

“一核心三示范区”：建成边境区域发展核心县，建设社会和谐稳定示范区、特色产业发展示范区、民生民力改善示范区。

大事记

1月

4—7日 隆子县新时代文明实践中心办工作人员深入各乡镇及辖区各村对新时代文明实践所（站）建设情况和“四讲四爱”群众教育实践活动开展情况进行督导考核。

10日 隆子县公安局举办第一个中国人民警察节系列庆祝活动，县委常务副书记李进出席活动并作讲话，县中直各单位代表以及政法各部门、边境管理大队、应急救援大队全体人员参加了活动。

同日 新巴村党总支组织村“两委”班子、村务监督委员、“双联户”户长、驻村工作队、乡村振兴专干共同参加“人人争做民族团结模范 处处盛开民族团结之花”签名活动。

同日 县委常务副书记李进主持召开全县村“两委”换届工作推进会议，县委常委、组织部部长、县换届办主任陈洪久，县政府副县长、县换届办副主任坚阿次仁出席会议，隆子镇、日当镇、列麦乡、热荣乡等乡镇主要领导参加会议。

13日 隆子县召开中共九届隆子县委第119次常委会（扩大）会议。传达学习了习近平总书记在1月7日中共中央政治局常务委员会议上的重要讲话精神、习近平总书记在中央政治局召开民主生活会上的重要讲话精神、习近平总书记发表的2021年新年贺词精神、习近平总书记在中央农村工作会议上的重要讲话精神、中央全面深化改革委员会第十七次会议精神等内容，并研究隆子县贯彻意见。县委书记次仁加措主持会议，县领导刘圣育、李进、陈洪久、罗布扎西、孙彬彬、谭世彬、李祎民出席会议。

14日 隆子县召开县委经济工作会议，学习贯彻落实习近平新时代中国特色社会主义思想、党的十九届五中全会、中央第七次西藏工作座谈会、中央、区党委、市委经济工作会议及区党委九届九次全会，全面回顾总结2020年全县经济社会发展情况，分析研判当前经济形势，安排部署2021年经济工作。县委书记次仁加措出席会议并讲话，县委副书记、政府县长刘圣育安排部署2021年经济工作。在家的其他县级领导，县中直各单位负责人、各乡镇党政主要负责人参加会议。

同日 隆子县召开新一届村“两委”及村务监督委员会拟任人选考察情况汇报会。县委常务副书记李进主持会议，县委书记、县村“两委”换届工作领导小组组长次仁加措出席会议。县领导陈洪久、坚阿次仁、巴桑次仁，各乡镇党委书记（乡镇长）、各考察组组长（副组长）以及县换届办工作人员参加会议。

同日 隆子县召开全县强边工作会议，深入学习贯彻习近平总书记关于西藏工作的重要论述和新时代党的治藏方略，贯彻落实中央第七次西藏工作座谈会和全区、全市强边工作会议精神，总结成绩，分析形势，研究部署隆子县强边各项工作。县委书记次仁加措出席会议并讲话。兄弟县级领导，驻地官兵代表，县直各单位负责人和各乡镇党政主要负责人参加会议。

15日 中国共产党隆子县第九届委员会第八次全体会议在县城召开。大会深入贯彻落实中共十九届五中全会和区党委九届九次全会、市委一届七次全会精神，回顾总结“十三五”时期成绩，科学谋划“十四五”发展，分组讨论并审议通过《中共隆子县委员会关于制定国民经济和社会发展第十四个五年规划和二〇三五年远景目标的建议》。全会由县委常委会主持。县委书记次仁加措讲话并就《中共隆子县委员会关于制定国民经济和社会发展第十四个五年规划和二〇三五年远景目标的建议（讨论稿）》起草有关情况，向全会作了说明。

18—23日 县委书记次仁加措利用6天时间，深入10个乡镇40个村委会、5个寺管会调研脱贫攻坚、边境小康村建设情况，督导检查村级组织换届和党建工作、值班带班和新冠肺炎疫情防控各项措施落实情况。次仁加措要求，要提高政治站位、强化责任担当，以功成不必在我的精神境界和功成必定有我的历史担当抓好值班带班工作和常态化疫情防控工作，认真统计本乡镇、本村返乡返村人员，确保底数清、情况明。要提高村级便民服务中心的利用率，落实好为人民服务的宗旨，切实让群众享受到“小事不出村、大事不出乡”的“零距离”服务。

19日 山南市人大常委会党组成员、副主任贡觉多吉一行宣讲组到隆子县开展宣传解读西藏自治区党委人大工作会议精神，并督促指导县乡人大扎实推进学习贯彻区党委人大工作会议精神。县人大常委会副主任、日当镇党委书记布琼主持会议，县人大常委会副主任、三安曲林乡党委书记叶建勇，政府副县长白洁，县委组织部、宣传部、县乡人大干部、市县乡三级人大代表和“一府一委两院”相关单位负责人参加会议。

20日 县委书记次仁加措到扎日乡珞瓦新村看望搬迁群众，调研边境小康村建设、群众生产生活情况。与村街小巷里的群众面对面亲切交谈，询问群众生产生活情况，了解群众思想，倾听群众心声。

25日 县委书记次仁加措带着县委、人大、政府、政协的深切关怀，前往市场监督管理局大院，集中对环卫工人进行节前慰问送温暖活动，向他们致以崇高敬意和诚挚问候。

26日 在春节、藏历新年来临之际，县委副书记徐明山带队到隆子县消防大队、武警中队、武装部等单位看望慰问广大官兵和指战员，为部队官兵送去了节日的慰问以及党和政府的关心关怀。

同日 出席隆子县第十三届人民代表大会第八次会议的各代表团召开第一次分组审议会，会议由各代表团召集人主持。会上，各代表团推选了团长、副团长名单；宣布了大会临时党委和党支部名单；审议了大会议程（草案）；审议了主席团和秘书长名单（草案）；审议了代表议案审查委员会组成人员名单（草案）。

同日 政协第二届隆子县委员会第七次会议召开预备会。县政协领导索朗巴珠、罗布扎西、王平、巴桑次仁，47名政协委员出席会议。会议由政协党组书记、主席索朗巴珠主持。会议应到委员58人，实到委员47人，符合政协章程规定。会议审议通过了召开政协第二届隆子县委员会第七次会议的决定（草案）、会议议程（草案）、提案审查委员会组成人员名单（草案）、宣布免去单增尼玛政协二届常务委员的决定，通报了政协委员参会情况。

27日 政协第二届隆子县委员会第七次会议在隆子县城隆重开幕。会议应到委员58名，实到45名，符合规定人数。会议由政协党组副书记罗布扎西主持。

同日 隆子县第十三届人民代表大会第八次会议在庄严的国歌声中拉开了帷幕。会议应到代表97名，实到代表81名。会议由县人大常委会副主任布琼主持。会议听取了《隆子县人民政府工作报告》和《隆子县人民政府关于隆子县第十三届人大七次会议代表意见建议办理情况报告》；审查了隆子县“十四五”时期国民经济和社会发展规划与2035年远景目标纲要（草案）、隆子县2020年国民经济和社会发展计划执行情况与2021年国民经济发展与计划（草案）的报告、隆子县2021年国民经济和社会发展计划（草案）、隆子县2020年财政预算执行情况与2020年财政预算（草案）的报告、隆子县2021年财政预算（草案）。

29日 隆子县政协召开2021年新年茶话会，全县各界别政协委员欢聚一堂、畅叙友情，分享交流、展望未来。政协党组书记、主席索朗巴珠主持会议并讲话，党组成员、副主席王平、巴桑次仁出席会议。

2月

1日 在临近春节、藏历新年的日子里，隆子县四大班子主要领导与46名离退休老干部欢聚一堂，召开2021年离退休老干部职工“三大节日”慰问座谈会。县委书记次仁加措主持会议并讲话，县委副书记、政府县长刘圣育，县政协主席索朗巴珠，县委常委、组织部部长陈洪久，县委人大常委会副主任、日当镇党委书记布琼出席会议，县委组织部、县老干部局、县人社局等负责人参加会议。

2日 隆子县召开2020年度“遵行四条标准、争做先进僧尼”教育实践活动表彰大会。县委常委、统战部部长兼民宗局局长罗布扎西主持会议，县委副书记徐明山出席会议并讲话。县人大常委会副主任、日当镇党委书记布琼、县政协副主席巴桑次仁及县宗教工作领导小组成员单位负责人、统战民宗全体干部、各寺管会负责人、部分寺庙僧尼代表参加了会议。

2—4日 市政协党组书记、主席巴珠先后到隆子县雪沙乡、列麦乡看望慰问基层政协委员和市政协驻村工作队，调研指导乡镇政协委员联络办公室建设情况和基层政协各项工作。在驻村点，巴珠详细询问驻村队员工作、生活等情况及存在的困难，并与乡镇干部和村“两委”班子成员交谈，向他们带去节日问候，嘱咐他们要保重身体、相互配合、形成合力，扎实做好各项工作。

4日 副县长、新冠肺炎疫情防控综合组组长阿林，县政协副主席、疫情防控医疗组组长巴桑次仁率队组成的检查组，对全县各乡镇及其卫生院疫情防控工作开展情况进行督导检查。

5—6日 县委书记次仁加措到松宁寺管会、日当镇、雪沙乡、三林乡、准巴乡、加玉乡部分村委会督导村级组织换届工作、驻村驻寺值班带班情况，检查疫情防控措施落实情况、脱贫攻坚成果同乡村振兴有效衔接等工作。

8日 县水利局组成慰问组到日当镇沙琼村5户结对帮扶家中详细了解群众生产生活情况并送去了米、砖茶和慰问金，宣讲党和国家的利民惠民政策，鼓励建档户要发扬艰苦奋斗精神，在国家的扶贫政策的大力帮扶下，不仅要脱贫，而且要致富，共创美好生活。同时，县水利局慰问组赴热荣乡且康村驻村点，慰问驻村工作队。

23日 隆子县堆西村组织新时代文明实践站党员志愿者开展环境卫生清洁行动。此次活动，重点对村街小道、公路沿线、河道、田间白色垃圾等进行清理整治。

24日 隆子县委召开理论学习中心组“政治标准要更高，党性要求要更严，组织纪律性要更强”专题教育第一次学习研讨会，围绕“加强党的政治建设、全面从严治党”开展交流研讨。会议由县委书记、县委“三更”专题教育领导小组组长次仁加措主持。会上，县委理论学习中心组成员领学了《专题教育读本》相关篇目选段内容；并结合所学内容和工作职责实际进行研讨发言。

25日 隆子县召开九届县委第122次常委会（扩大）会议。县委书记次仁加措主持会议并讲话，县委副书记、政府县长刘圣育，县政协主席索朗巴珠出席会议。会议传达学习习近平总书记在贵州考察时的重要讲话精神，习近平总书记在中央全面深化改革委员会第十八次会议上的重要讲话精神，习近平总书记在春节团拜会上的重要讲话精神，习近平总书记给河北省平山县西柏坡镇北庄村全体党员的回信精神和给上海市新四军历史研究会百岁老战士们的回信精神。传达学习第三十四次全国“扫黄打非”工作电视电话会议精神，全区宣传部长会议精神和违反中央八项规定精神典型问题的通报精神等，并研究隆子县贯彻意见。

26日 隆子县委副书记、政府县长刘圣育到列麦乡列麦村、洋兄村、玉巴村、隆子镇堂徒村等地，实地检查指导第十届村民委员会换届选举工作情况。

26—28 日 全县 81 个行政村集中开展第十届村民委员会换届选举暨同步推选村务监督委员会。全县上下高度重视、精心组织、强力推进，县委主要领导亲自带队到 11 个乡镇现场指导村民委员会换届选举工作，由县委常委担任组长的 9 个县级指导检查组到各行政村全程督导村民委员会换届选举，乡镇班子成员及包村干部下沉一线、全程参与，始终坚持党的领导，充分发扬民主，严格选举流程，严肃换届纪律，确保换届选举依法依规顺利进行。

27—28 日 县委书记次仁加措带队到列麦乡念荣俄村、准巴乡格巴村、加玉乡达孜村等行政村，现场督导第十届村民委员会换届选举及村务监督委员推选工作。

3 月

1—3 日 隆子县市场监督管理局对县各学校食堂开展学前专项监督检查。此次检查主要围绕督促辖区各学校严格落实校园新冠肺炎疫情防控工作和食品安全主体责任，检查是否落实校园食品安全管理体系和制度，检查是否有库存食材、从业人员健康证明是否在有效期内、操作间卫生环境和设备设施是否进行清洗消毒、食堂是否制定有效的疫情防控措施，对个别学校在操作间和就餐区卫生、餐具清洗消毒不到位情况现场提出了整改要求。此次共检查 16 所学校食堂，出动执法人员 2 人，执法车辆 1 台。通过此次检查，进一步加强了对学校食堂食品安全工作的指导监督，保障了新学期师生的饮食安全。

3 日 县委副书记、政府县长刘圣育一行采取“四不两直”方式，到县加油站、加气站、华钰矿业扎西康矿山、日当镇政府、日当镇完小、仲嘎曲德寺督导检查安全生产、疫情防控、防火安全等工作。

4 日 隆子县召开中共隆子县委第 123 次常委会（扩大）会议。会议以电视电话会议形式召开，县委书记次仁加措主持会议并讲话，在家县级领导出席会议，县中直各单位负责人，隆子镇党委书记、镇长参加主会场会议，各乡镇党委书记、乡镇长参加分会场会议。

同日 隆子县召开党史学习教育动员会。县委书记次仁加措出席会议并讲话，县委副书记、政府县长刘圣育主持会议。

5 日 隆子县新时代文明实践中心、所、站开展了以“弘扬雷锋精神　助力乡村振兴”为主题的第 58 个“3·5”学习雷锋纪念日系列志愿服务活动。活动当天，隆子县新时代文明实践中心各志愿分队在县城十字路口开展“弘扬雷锋精神　助力乡村振兴”宣传活动。宣传活动结束后，到隆子河边湿地开展新时代文明实践活动之爱国卫生运动。此次学雷锋活动，共发放宣传资料 800 余张（册）、宣传品 400 余份，张贴、宣传横幅 2 条，出动志愿者 50 余人，参与群众 300 余人。

同日 隆子县干部职工收听收看十三届全国人大四次会议开幕会盛况。县委书记次仁加措，县委副书记、政府县长刘圣育，在家县级领导及县直部门负责人观看开幕会盛况，并认真聆听学习了李克强总理所作的政府工作报告。

8 日 县人民法院组织开展了庆祝“三八”国际妇女节趣味文体活动。女干警自发组织对县人民法院周边环境进行大扫除。接着，开展了踩气球、趣味运水、传声筒、我画你猜、面粉传递、跳绳、转呼啦圈、投篮、抢凳子等活动。

11 日 中国共产党隆子县第九届纪律检查委员会第六次全体会议召开。县委书记次仁加措出席并讲话，县委副书记、政府县长刘圣育，县政协主席索朗巴珠等在家县级领导出席。县委副书记徐明山主持会议。全会深入学习贯彻十九届中央纪委五次全会精神和自治区纪委九届六次全会、市纪委一届六次全会精神，全面总结 2020 年纪检监察工作，安排部署 2021 年工作，审议通过了《以“严”的总基调，坚持党风廉政建设永远在路上奋力谱写隆子长治久安和高质量发展新篇章》工作报告，审议通过了《中国共产党隆子县第九届纪律检查委员会第六次全体会议公报（草案）》。

12 日 隆子县召开政法队伍教育整顿动员部署会。县委书记次仁加措出席并讲话，县委副书记徐明山主持，会议传达了全国、全区、全市政法队伍教育整顿动员部署会议精神。会议指出，开展教育整顿是加强政法队伍政治建设的重大举措，是政法队伍履行好职责使命的必然要求，是推进政法队伍自我革命的重要途径。各级各部门要提高政治站位，充分认识开展教育整顿工作的重要性和必要性，切实把思想和行动统一到中央部署和上级党委要求上来，坚决打好这场"刀刃向内"的攻坚战，推动全县政法系统政治生态进一步优化、纪律作风进一步好转、素质能力进一步增强、执法司法公信力进一步提升。

16日 隆子县开展政法队伍教育整顿参观活动。活动中，县政法队伍干部先后参观了县纪委廉政警示教育基地、"列麦精神"纪念馆，通过讲解员讲解、图文展示、观看教育片等方式，了解近年来具有代表性的腐败犯罪案例和学习弘扬自力更生、艰苦奋斗的"列麦精神"。

同日 隆子县组织开展欢送春季新兵入伍仪式，为即将踏上铁血征程的好男儿送行。县委副书记徐明山，政府副县长坚阿次仁，县人武部副部长饶力参加了送兵仪式。

19—24日 隆子县医疗保障局利用5天时间到各乡镇开展城乡居民基本医疗保险政策巡回宣讲活动。宣讲中，主要对"山南市城乡居民基本医疗保险实施办法(试行)"内容进行讲解，特别是突出政策依据、参保缴费好处、缴费标准、资助参保、医疗待遇、不予支付、转诊转院等与参保群众利益直接关系和群众关心关注的内容方面进行宣传全面的讲解。同时强调国家、自治区城乡医保政策改革的必要性和有利方面。

22日 隆子县委召开理论学习中心组"三更"专题教育干部警示教育大会。县委书记次仁加措主持会议。会议传达学习《关于三起违反中央八项规定精神典型问题的通报》和《关于四起扶贫领域形式主义、官僚主义问题典型案例的通报》。集中观看了市纪委监委主持录制的"政治标准要更高，党性要求要更严，组织纪律性要更强"专题教育廉政警示教育影片——《全面从严治党在西藏》第三集《反腐惩贪不停步》。

22—24日 由县委政法委(平安办)牵头，县人民法院、检察院、公安局、司法局、人民防线办、妇联、综合执法局以及消防大队联合参与宣传宣讲活动。活动在扎日乡珞瓦新村正式启动，县委政法委负责人就紧扣维护国家政治安全、确保社会大局稳定，促进社会公平正义、保障人民安居乐业的职责使命，切实抓好综治法治宣传教育提出了具体要求。随后，重点深入易地搬迁、重点项目建设周边群众中开展宣传教育活动。

25日 由自治区审计厅投资审计一处处长巴桑扎西带队的审计组一行4人到隆子县开展"十三五"期间实施并已完工的政府投资项目进行审前调查。

同日 隆子县集中观看党史学习教育爱国影片《建党伟业》，回顾艰辛历程、感悟革命精神、重温光辉党史。

4月

1日 隆子县围绕"弘扬生态文明，建设美丽隆子"主题，在日当镇曲果塘村开展春季义务植树造林活动。在植树现场，大家热情高涨、干劲十足，以不怕脏、不怕累的精神相互配合，挥锹铲土、扶树、培土、浇水，处处呈现一派热火朝天的劳动氛围。通过义务植树活动，不仅美化了环境，还提高了全体党员干部保护生态环境、建设美丽家园的意识，进一步树牢了绿水青山就是金山银山的科学理念，为建设"美丽隆子"共建美好家园添砖加瓦。据隆子县林业局负责人介绍，此次义务植树活动全县干部职工、各党群组织、企事业单位和驻地部队共计360余人参加，栽种沙棘树苗8674株。据了解，隆子县全年计划完成植树造林面积116.2亩。

2日 《隆子县沿边旅游指南》初审会召开。会上，受托方山南市艾巴仓民族文化传播有限公司负责人简要汇报了书籍的编修情况，参会人员结合编修总体方向和相关内容依次提出修改意见。原全国政协委员、山南市政协副主席、学者专家克珠对《隆子县沿边旅游指南》进行点评，他指出，指南讲得特别详细，内容突出、健康，语言丰富、翔实，编修工作功在当代、利在千秋，要坚持实事求是、尊重历史的原则，把历史故事讲好，把旅游资源宣传好，让更多人了解隆子的旅游胜地。隆子县委常委、政府副县长马廷峰指出，指南制定和印刷具有重大意义，是文化自信的重要表现，是全面落实第七次西藏工作座谈会的具体体现，是强边固边兴边富边的表现，是民族团结的表现，是助推全县文化旅游产业发展的具体体现。要坚决做好这本书的编修工作，让游客深入了解景点背后的故事，扩大隆子旅游景点在全国的知名度。

9日　隆子县召开理论学习中心组“三更”专题教育第三次集中学习暨第三专题研讨会，县委书记次仁加措主持，县委副书记、县长刘圣育，县政协主席索朗巴珠等县级领导出席。

12日　隆子县召开2021年度创先争优强基础惠民生活动第九批驻村工作总结表彰暨第十批驻村工作动员大会。会议全面总结隆子县第九批干部驻村工作成绩，安排部署第十批干部驻村工作，动员广大干部以饱满的热情投身驻村工作，为新时代全县高质量发展和长治久安做出新贡献。

同日　广播电视台组织全体在家党员前往“列麦精神”纪念馆参观学习，重温党的历史，弘扬列麦精神，践行初心使命。在讲解员的细致讲解下，大家参观了纪念馆的历史实物和图片、影像资料，深刻了解了二十世纪六七十年代在原列麦公社党支部书记仁增旺杰的带领下，列麦群众坚定不移地听从党和国家召唤，以“自力更生、艰苦奋斗、军民团结、守护国土、建设家园”的精神，为创造幸福生活而自力更生艰苦奋斗的感人事迹，馆内的每个角落处处呈现着不屈不挠、顽强拼搏，为生活而奋斗的“列麦精神”感人内涵。

15日　县委统战民宗、国安委等单位组织开展以“践行人民宗旨　强化国家安全意识”为主题的全民国家安全教育宣传活动。活动中，县委统战民宗、民创办工作人员结合工作实际，采取发放宣传资料、现场答疑等方式，用言简意赅的语言，向广大农牧民群众宣讲了《宗教政策法规读本》《西藏自治区民族团结进步模范区创建条例》等相关法律法规，切实呼吁广大农牧民群众、寺庙僧尼提高对国家安全的认识，以实际行动维护国家安全。

17日　县委书记次仁加措到隆子镇娘嘎村看望县委办、外事办驻娘嘎村驻村工作队，并督导检查驻村工作开展情况。在娘嘎村便民服务大厅，次仁加措实地查看了村委会和便民服务场所，并与驻村工作队、村第一支部书记、乡村振兴专干和村两委班子进行座谈，在详细了解娘嘎村基本情况和驻村工作开展情况后，他要求，驻村工作队要准确把握新时代驻村工作的新使命，进一步巩固好脱贫攻坚成果，做好与乡村振兴的有效衔接，及时开展入户摸底调研，了解群众所思所想所盼，谋划好娘嘎村发展，结合党史学习教育，切实为群众办实事好事，以优异的成绩迎接中国共产党成立100周年和西藏和平解放70周年。

22日　隆子县召开2021年统战民族宗教工作会议暨民族团结进步创建工作推进会。县委书记次仁加措出席并讲话。会议通报了2020年统战民族宗教工作开展情况，安排部署2021年重点工作任务；宣读了《隆子县2021年民族团结进步创建重点工作方案》。会议指出，2020年全县紧紧围绕“治国必治边、治边先稳藏”的重要战略思想和“加强民族团结建设美丽西藏”的重要指示精神，坚持统战格局，基础扎实，取得了统战民族宗教工作新成效。

26日　县水利局负责人会同隆子县聂雄投资有限责任公司、设计单位、监理单位、施工单位及隆子镇、日当镇相关负责人、村“两委”班子，对隆子河灌区续建配套与节水改造工程进行了实地技术交底。该项目实施有利于改善隆子镇、日当镇41006亩（农田土地面积沿用“亩”为计量单位，下同）土地的灌溉。

5月

7日　县水利局对隆子县在建水利工程，隆子镇宗米林灌区工程进行了质量监督检查。检查组通过勘查工程现场、查阅内业资料等方式，对建设、监理和施工单位的质量体系、各项规章制度、单元工程质量评定、进场材料质量检测情况进行了认真检查，并对发现的问题下发了整改通知单，要求各参建单位逐一落实整改。

同日 隆子县举办了为期两天的第十批驻村工作队和第四批村党组织第一书记培训班。第十批驻村工作队队长、第四批村党组织第一支部书记兼副队长、各乡（镇）强基办负责人、县强基办全体干部职工共计97人参加培训。

12日 在第13个“5·12”全国防灾减灾日到来之际，隆子县安委会办公室组织成员单位在县城十字路口开展了以“防范化解灾害风险，筑牢安全发展基础”为主题的宣传活动。

同日 隆子县举办第110个“5·12”国际护士节庆祝活动。县委书记次仁加措出席活动并致辞。次仁加措代表县委、人大、政府、政协向全县广大护士致以节日的问候，向为守护广大人民群众身体健康、推动全县医疗事业发展做出贡献的广大医务工作者、援藏医疗队表示衷心的感谢和崇高的敬意。

17日 为进一步贯彻落实党和国家守边固边政策，夯实守边固边基础、壮大守边固边队伍、保障守边固边力量，由县小康办组织列麦乡、雪萨乡、斗玉乡搬迁群众前往斗玉乡定江搬迁安置点，在安置点现场，组织搬迁群众现场抽签发放了新房钥匙，举行了简短的搬迁入住仪式。

21日 为庆祝中国共产党成立100周年、西藏和平解放70周年，唱响共产党好、社会主义好、改革开放好、伟大祖国好、民族团结好的主旋律，列麦乡新时代文明实践所举办了爱国歌曲“唱”起来活动之“礼赞70周年 奋进新时代”主题红歌比赛。

22日 隆子县全县83个县级选区和180个乡级选区分别召开了县乡两级新一届人民代表大会代表选举会。隆子县新一届县级人大代表134名，乡级人大代表454名，其中县机关4个选区，7名代表候选人，每个选区共设1名主持人，推荐总监票人，监票人，总计票人和计票人各1名。县机关7名代表候选人，以高票当选为隆子县第十四届人民代表大会代表。

23日 隆子县开展“永远跟党走”主题文艺演出活动，热烈庆祝西藏和平解放70周年。

25日 山南市、隆子县两级妇联在隆子县日当镇日当村举行湖南省援助山南市“两癌”救助资金发放仪式暨健康知识讲座、义诊、文艺演出等一系列活动。

27日 为庆祝中国共产党成立100周年和西藏和平解放70周年，隆子县结合党史学习教育“我为群众办实事活动”，积极组织开展“中国共产党领导科技发展”暨广电先锋进万家活动，为隆子镇叶巴村农牧民群众更换安装新一代“北斗户户通”设备260套。

31日 隆子县乡村振兴局揭牌。县委副书记、人大常委会主任廖仕平出席并讲话，政府副县长坚阿次仁主持。仪式上，廖仕平等领导为隆子县乡村振兴局揭牌。

6月

8日 由扎日乡组织乡干部、边防民警、护林员、民兵牧民，组成党政警民联合巡逻队开展“走边关、守国土”巡边活动，用实际行动学习卓嘎央宗姐妹的爱国守边精神，切实将党史学习教育成果转化为巡边守边的实际行动实践。

8—9日 隆子县在常德广场举办以“人民的非遗人民共享”为主题的“文化和自然遗产日”系列展演活动。来自全县各乡镇的13个传统工艺合作社和6个非物质文化遗产项目参加活动。

10日 由隆子县文化市场综合执法大队牵头，联合县扫黄打非办、公安、市监局、隆子镇、消防等职能部门，对县城内的朗玛厅、KTV、网吧等娱乐场所进行了全面细致的检查。

13日 隆子县仲嘎曲德寺管会组织管辖寺庙僧尼及基础学习班的僧尼开展藏传佛教活佛转世专题宣讲活动。

16日 政府副县长王德洪带队到日当镇、隆子镇督导检查隆子河流域续建配套与节水改造工程、宗米林灌区、宗雪村防洪堤等项目进展情况。

同日 隆子县召开县委农村工作会议。会上，县委副书记、政府县长候选人李宁代表县政府与各乡镇签订2021年度农牧民增收工作目标责任书。

17日　隆子县开展以“落实安全责任，推动安全发展”为主题的安全生产月宣传活动。县委常委、政府常务副县长欧珠带领应急管理局、市场监督管理局、消防救援大队相关负责人到县城菜市场、加油站、加气站等地检查安全生产工作。

20日　县委副书记、政府县长候选人李宁深入加玉乡、准巴乡调研边境管控工作和农牧民群众增收工作。

21日　隆子县中考物理、化学、生物实验考试正式开始。隆子县委书记次仁加措在隆子县中学实地检查指导实验操作考试相关工作。县委常委、政府副县长孙彬彬，县委常委、县委办主任白洁，县教育局负责人一同检查指导。

22日　为庆祝中国共产党成立100周年和西藏和平解放70周年，隆子县开展“光荣在党50年”纪念章颁发暨“七一”走访慰问活动。

24日　隆子县召开政府廉政工作会议，回顾总结2020年以来政府系统廉政建设，安排部署下阶段重点任务。

25日　中国共产党隆子县第九届委员会第十次全体会议在县城召开。会议审议通过了《中国共产党隆子县委员会在中国共产党隆子县第十次代表大会上的工作报告（讨论稿）》《中国共产党隆子县纪律检查委员会在中国共产党隆子县第十次代表大会上的工作报告（讨论稿）》；酝酿了中国共产党隆子县第十届委员会委员、候补委员，中国共产党隆子县第十届纪律检查委员会委员候选人预备人选名单；表决通过了《中国共产党隆子县第九届委员会第十次全体会议决议》。

26日　中国共产党隆子县第十次代表大会在县大礼堂开幕。大会高举中国特色社会主义伟大旗帜，坚持以习近平新时代中国特色社会主义思想为指导，深入贯彻中共十九大和十九届二中、三中、四中、五中全会精神，全面贯彻党的基本理论、基本路线、基本方略，贯彻中央第七次西藏工作座谈会精神，贯彻习近平总书记关于西藏工作的重要论述和新时代党的治藏方略，贯彻区党委和市委总体工作部署，回顾总结隆子县“十三五”时期的工作，安排部署今后五年的工作，选举产生中国共产党隆子县第十届委员会和纪律检查委员会，动员全县各族干部群众，不忘初心、砥砺奋进，为建设团结富裕文明和谐美丽的社会主义现代化新隆子而努力奋斗。

27日　中国共产党隆子县第十届委员会第一次全体会议召开。新当选的中国共产党隆子县第十届委员会委员、候补委员参加会议。新一届县纪委委员列席会议。受中国共产党隆子县第十次代表大会主席团委托，县委书记次仁加措主持会议。

29日　政府信访党支部开展观看“七一勋章”颁授仪式主题党日活动。县领导李宁、李袆珉、贡觉曲珍、王德洪、舒锋、闫辉以普通党员身份参加主题党日；政府办公室、信访局全体工作人员参加会议，政府信访党支部书记主持活动。

7月

5日　中国人民政治协商会议第三届隆子县委员会第一次会议在隆子县城隆重开幕。会上，江村代表政协第二届隆子县委员会常务委员向大会作《政协第二届隆子县委员会提案工作情况报告》。报告指出，政协第二届隆子县委员会常务委员会共召开七次全会，一次至六次期间累计征集提案169件，立案155件，立案率达92%，办复率达100%，办结率达84%，委员满意率达95%以上，充分展现了提案工作凝心聚力、双向发力、建言资政的作用，激发了委员积极协商议政的责任感和使命感。

同日　隆子县第十四届人民代表大会第一次会议在庄严的国歌声中开幕。会议应到代表133名，实到代表120名，符合法定人数。会议听取了政府副县长坚阿次仁代表县人民政府所作的《隆子县人民政府工作报告》，审查了《隆子县2016—2021年国民经济和社会发展计划执行情况与今后五年工作安排的报告》和《隆子县2016—2021年财政预算执行情况的报告》。

6日　政协第三届隆子县委员会第一次会议召开提案审查会议。县政协新一届主席人选古桑旦增，副主席人选巴桑次仁、苏斌、洛桑益西出席会议，会议由巴桑次仁主持。政协第三届隆子县委员会第一次会议开幕以来，全体政协委员认真履行政协职能，积极撰写提案。截至7月5日13时，共收到提案32件，依据《提案工作条例》和《提案工作审查细则》，经提案委员会审查，初步决定立案30件，其中涉及社会经济发展方面11件，占36.7%；涉及乡村振兴方面5件，占16.7%；涉及生态文明建设方面的提案2件，占6.7%；涉及道路交通方面的提案2件，占立案总数的6.7%；涉及医疗卫生方面的提案1件，占立案总数的3.3%；其他方面的提案9件，占立案总数的30%。

同日 参加政协第三届隆子县委员会第一次会议的全体委员，紧紧围绕《隆子县人民政府工作报告》《隆子县人民法院工作报告》《隆子县人民检察院工作报告》《隆子县2016—2021年国民经济和社会发展计划执行情况与今后五年工作安排的报告》《隆子县2016—2021年财政预算执行情况的报告》分组进行讨论。县政协新一届主席人选古桑旦增，副主席人选巴桑次仁、苏斌、洛桑益西参加讨论。古桑旦增、巴桑次仁分别主持分组讨论会。

8日 隆子县人民政府党组召开全面从严治党专题会议。会议传达学习中共中央印发关于《党委（党组）落实全面从严治党主体责任规定》等文件精神，并听取各相关部门存在的廉政风险点汇报。

同日 隆子县文化（文物）局联合县民创办开展“民族团结进步进军营”慰问演出活动。

同日 隆子县委书记次仁加措与载誉而归的“七一勋章”获得者卓嘎、全国人民满意公务员古桑旦增及基层代表进行座谈，向大家表示热烈祝贺和崇高敬意。

11日 在常德援藏工作队的协助下，隆子县人民医院外科手术团队成功完成了一例胫腓骨远端骨折的治疗，其中胫骨远端骨折应用的胫骨逆行髓内钉（DTN）内固定手术系西藏自治区首次开展。

同日 隆子县召开乡村振兴先行示范村规划设计意见征求会。

12—16日 县委书记次仁加措利用5天时间，到加玉乡、准巴乡、斗玉珞巴民族乡、扎日乡、三林乡对边境疫情防控、乡村产业发展、农牧民群众增收、习近平总书记“七一”重要讲话精神学习宣传情况、党史学习教育、“三更”专题教育等工作进行专题调研。

15日 由列麦乡机关党员干部、第一书记、乡村振兴专干和各党组织书记组成的考察团到斗玉、三林、扎日、玉麦等乡，实地考察学习兄弟乡在基层党建、乡村振兴等方面的先进思路和创新做法，以此帮助全乡干部开阔眼界、理清思路、淬炼党性，切实地将列麦乡各党组织建设成为听党话跟党走、善团结会发展、能致富保稳定、遇事不糊涂关键时刻起作用的坚强战斗堡垒，将党员干部培养成为带领群众应对风险考验、战胜困难挑战、全心全意为人民服务的坚强政治力量。

16日 隆子县首个村级股份经济合作社——忙错村股份经济合作社正式挂牌成立，这标志着隆子县农村集体产权制度改革工作取得了阶段性成果，开启了集体股份经济合作的新篇章。政府副县长坚阿次仁出席揭牌仪式。

同日 在庆祝中国共产党成立100周年和西藏和平解放70周年之际，为深入贯彻习近平新时代中国特色社会主义思想，大力弘扬先进、崇尚先进、学习先进，激励和引导全县各级党组织和广大党员干部奋勇争先，隆子县召开“两优一先”表彰大会，对全县161名优秀共产党员、17名党务工作者、18个基层党组织进行表彰。

18日 隆子县教育局召开2021年山南市教师“一考三评”业务考试考务工作会议，市教育局教研室主任王磊、副主任王德平出席会议。

21日 政府副县长坚阿次仁带队督导检查加玉、准巴两乡扶贫产业及边境小康产业项目运营情况。

22日 西藏自治区宣讲团走进隆子县，为广大干部群众宣讲习近平总书记“七一”重要讲话精神。自治区宣讲团成员吴庆军作宣讲报告。隆子县委副书记、县长李宁主持报告会，全体县级领导、县直各单位负责人，群众代表、僧尼代表、消防指战员、公安民警、医护人员等参加报告会。

23日 由自治区推广中心隆英主任带队的专家组一行到隆子县验收2021年种植业项目并督导检查春播种子田相关工作。县委副书记、县长李宁，副县长坚阿次仁，县农业农村局相关负责人陪同检查验收。

25 日 斗玉珞巴民族乡第六届“玉珞”文化节开幕，来自四面八方的客人和珞巴族群众一起品尝丰收的果实，享受文化的盛宴。

27 日 隆子县与自治区人社厅督导调研组一行座谈。

30 日 隆子县召开县委议军会、双拥工作领导小组会暨庆“八一”建军节 94 周年座谈会。县委书记、县人民武装部党委第一书记次仁加措，县人武部部长文路华，县委常委、县委办主任白洁出席。

8 月

4 日 县级包村领导县委副书记徐明山一行到格西村就产业发展、生产安全、乡村振兴项目等进行调研。

5 日 隆子县委书记次仁加措主持召开县委全面从严治党专题会议，传达学习有关文件、会议精神，听取全县党风廉政建设和反腐败工作情况汇报，研究部署下一步工作。县委副书记、县长李宁以及全体在家县级领导参加会议。

9 日 隆子县召开应对新冠肺炎疫情工作会议，再安排再部署疫情防控各项工作。

同日 隆子县召开 2021 年上半年经济运行情况通报暨经济工作部署会议。

11 日 自治区驻那曲市第六指导组副组长红旭率交叉指导组在隆子县检查政法教育整顿工作。

同日 由市农业农村局二级调研员达瓦带队的督导组在隆子县督导检查畜牧良种补贴及牦牛经济杂交、黄牛改良等畜牧业工作开展情况，县政府副县长坚阿次仁陪同。

16 日 隆子县高素质农牧民培训班开班。市农业农村局局长黄卫军、隆子县政府副县长坚阿次仁出席。

21—22 日 共青团隆子县委员会积极组织隆子县各中小学校开展“开学第一课”活动，学习宣传宣讲习近平总书记“七一”重要讲话精神和习近平总书记在西藏考察时的重要讲话精神。将习近平总书记的谆谆教导和殷切期望传达到每一个团组织、少先队组织，传达到每一名团干部、少先队辅导员、团员、少先队员，覆盖到每一名青少年学生。让全体青少年学生从小树立爱党、爱核心、爱祖国、爱民族团结的思想认识，为社会主义建设事业培养合格的接班人奠定思想基础。

24 日 隆子县开展以“加强残疾预防，促进全民健康”为主题的“全国残疾预防日”宣传教育活动。

同日 隆子县召开县委巡察机构 2021 年组办会商第一次会议，研究修改《中共十届隆子县委 2021—2026 年巡察工作规划》。

28 日 隆子县举办村干部国家通用语言考试，全县 427 名村干部参加考试。县委常委、组织部部长侯文斌到现场指导。

30 日 隆子县召开平安建设（综治）工作推进会。

9 月

5 日 隆子县新时代文明实践推动日活动在隆子镇新巴村启动。县委常委、宣传部部长顿珠曲杰参加启动仪式。

6—7 日 由林芝市政协党组书记、主席谢英带队的林芝市政协考察团一行在隆子县考察学习隆子县边境小康示范村建设和特色产业发展等方面取得的成绩、成功做法及经验。市政协党组书记、主席巴珠，隆子县政协党组成员、副主席巴桑次仁陪同。

7 日 县总河长办举办了 2021 年隆子县河（湖）长制管理系统培训班，20 余名学员参加培训，政府副县长舒峰出席开班仪式并讲话。

8 日 为扎实推进乡村振兴，加快实现农业农村现代化发展，隆子县举行第五届“聂雄杯”黑白花优质奶牛竞赛暨农民丰收节庆祝活动。

11 日 隆子县召开雅砻文化节节前工作调度会，安排部署节日期间值班带班、安全生产、疫情防控、防汛等各项工作。县委副书记、政府县长李宁主持会议并讲话。

13 日 隆子县文化（文物）局按照《山南市非物质文化遗产项目代表性传承人考核评估办法（试行）》精神，组织工作人员分两组对全县 24 个非物质文化遗产代表性项目传承人进行考核。

15日 苏藏两地“全国时代楷模”结对共建活动在西藏隆子县玉麦乡举行。在庄严的国歌声中，来自江苏连云港的“全国时代楷模”王仕花与卓嘎央宗姐妹共同升起了从开山岛带来的国旗。

27日 隆子县召开民族团结进步创建工作推进会议。会议以电视电话会议形式召开，县民族团结进步创建工作领导小组成员单位负责人、各乡镇在家全体干部、辖区寺管会、学校、驻村工作队参加会议。

同日 县委常务副书记李进主持召开玉麦乡史馆布展工作座谈会，听取有关专家和部门的意见建议，对下阶段工作作出部署。县委常委、政府副县长孙彬彬，县委常委、宣传部部长顿珠曲杰参加会议。

10月

3日 西藏大学医学院教工二支部和研究生支部应列麦乡党委、政府的邀请，深入隆子县列麦乡开展“送医送药送健康、助力乡村振兴”“为基层群众办实事”义诊活动。

9日 纪念辛亥革命110周年大会在北京人民大会堂举行，隆子县各级各部门组织干部群众集中收听收看纪念辛亥革命110周年大会直播盛况，共同学习习近平总书记系列重要讲话精神，凝聚起实现中华民族伟大复兴的磅礴力量。

11日 隆子县启动以“网络安全为人民，网络安全靠人民”为主题的国家网络安全宣传周活动。县委常委、宣传部部长顿珠曲杰到现场指导。

13日 隆子县召开第十四届人民代表大会常务委员会第二次会议。会议由县委副书记、人大常委会主任廖仕平主持。

18日 县水利局对隆子县部分在建水利工程开展了质量与安全监督检查。

21日 隆子县召开全县粮食生产工作推进会议，政府副县长坚阿次仁出席会议并讲话。

26日 隆子县纪委监委召开专题会议，传达学习《粮食购销领域腐败问题专项整治工作简报和“靠粮吃粮”问题六种主要类型及查处办法》、市纪委监委《关于印发〈山南市粮食购销领域腐败问题专项整治工作方案〉的通知》精神等，就粮食购销领域腐败问题专项整治工作进行安排部署。隆子县委常委、纪委书记、监委主任罗廷坤出席会议并讲话，县纪委监委、巡察办干部参加。

28日 中国共产党隆子县代表会议召开，选举产生24名出席中国共产党山南市第二次代表大会代表。县委副书记、政府县长李宁主持会议。会议应到代表160名，实到代表116名，符合规定人数。

同日 隆子县召开十届县委第一轮巡察工作动员部署会，主要任务是贯彻落实九届自治区党委第十轮巡视工作动员部署会上的讲话精神，安排部署十届县委第一轮巡察工作。县委副书记、政府县长李宁出席会议并讲话。县委副书记徐明山主持会议。白洁、罗廷坤、侯文斌、陈代军、张雪戈等县级领导参加会议。

29日 隆子县第十四届人民代表大会第二次会议在庄严的国歌声中隆重开幕。会议应到代表133名，实到代表99名，因事因病请假34名，符合要求。整个会议严格按照法定程序召开。

同日 隆子县召开疫情防控和维稳工作调度会。县委副书记、政府县长李宁主持会议并讲话。

11月

1日 县政协召开政协委员提案督办会，对县政协二届七次会议和三届一次会议委员提案进行全面督办。会议由县政协副主席巴桑次仁主持，县政府副县长坚阿次仁应邀出席会议，相关承办单位负责人参加会议。

3日 隆子县召开经济工作推进会。县委常委、政府常务副县长欧珠出席会议并讲话。会议听取了县发改委、统计局、财政局、税务局对全县重点项目建设、固定投资、预算执行、财政收支等工作的通报，县住建局、教育局、水利局等单位作表态发言。

5日 隆子县曲果当藏戏队复排藏戏剧目汇报演出在热荣乡举行。山南市文化局非遗科负责人索朗央金、乃东区第二批国家级非物质文化遗产项目雅砻扎西雪巴藏戏传承人尼玛次仁及县文化(文物)局负责人等出席汇报演出。

8日 隆子县召开政府党组理论学习中心组学习会。县委副书记、政府党组书记、县长李宁主持会议。

9日 2021年全区教育事业统计数据汇总审核工作会在西藏拉萨召开。会上,隆子县教育事业统计工作做法作为典型经验向全区展示推广。隆子县教育局副局长次仁应邀从组织领导、人才培养、数据采集、台账建立、数据分析、依法统计等六个方面向与会人员介绍了近年来隆子县教育统计工作的先进做法和典型经验,得到了与会领导的高度评价。

同日 第30个全国消防宣传日山南市农牧区消防工作规范化试点现场会在玉麦乡召开。在现场会上,县委常委、政府常务副县长欧珠为致辞并作出具体要求,山南市消防救援支队副支队长郑出席并讲话,并为群众代表赠送消防器材。消防人员带领玉麦乡学生、干部群众、各乡镇消防专职人员等参观消防展板、消防器材,并一一讲解,让在场人员亲身体验烟雾逃生帐篷,进一步提升消防安全意识。

17日 隆子县委副书记、政府县长李宁到隆子县热荣乡且康村、扎当村等7个村和热荣乡派出所调研基层工作。

23日 隆子县召开第九批短期援藏专业技术人才座谈会,总结短期援藏工作,热烈欢送短期援藏人才。

24日 隆子县教育局召开校园安全专题会议,市教育局稳安科科长李玲出席并讲话。山南市职业学校稳安科科长巴桑旺堆,县消防救援大队、县教育局班子成员,各学校书记(校长)园长、各学校稳安负责人参加会议。

25日 隆子县召开县委反腐败工作协调领导小组(扩大)会议。县委常委、纪委书记、监委主任、县委反腐败工作协调领导小组组长罗廷坤出席会议并讲话。县委反腐败工作协调领导小组各副组长、县委反腐败工作协调领导小组成员单位主要负责人、县纪委监委在家班子成员和有关科室负责人参加会议。

26日 隆子县委“两新”工委召开2021年度两新组织党组织书记抓基层党建工作述职评议会,会议由县委“两新”工委书记洛桑曲旦主持,县委“两新”工委成员、企业代表等24人参加会议。

同日 2021年全区教研工作会在拉萨召开,隆子县教育局应邀参加会议,并将教研工作作为先进典型在大会上交流推广。

12月

4日 县委副书记徐明山受县委副书记、政府县长李宁委托,深入山南雅砻物资交流会隆子展区看望慰问指挥部专班,走访了解隆子展区疫情防控、物资交流等情况。

6日 隆子县召开县委理论学习中心组专题学习研讨会,集中学习中国共产党西藏自治区第十次代表大会精神及书记王君正在参加自治区第十次党代会山南、阿里、那曲代表团讨论时的讲话精神。

9日 隆子县举行融媒体中心揭牌仪式。县委常务副书记李进出席仪式并致辞,县委常委、组织部部长侯文斌主持仪式。李进指出,县融媒体中心的成立,标志着隆子县媒体融合发展进入了新阶段,实现传统媒体与新媒体大合唱的新步伐。全体工作人员要进一步提高政治站位,进一步统一思想,切实传播好党的声音、讲好隆子故事,着力营造良好的舆论环境。

14日 隆子县组织青年学生参加2021年山南市“永远跟党走,强国伴我行”党史知识竞赛,经过激烈角逐,隆子县青年组获优秀组织奖,学生组获三等奖。

17日 市委宣传部副部长谢爱霞在隆子县考核新时代文明实践工作。隆子县宣传部部长顿珠曲杰陪同考核。

20日 隆子县召开2021年度寺管会党组织书记抓基层党建述职评议会议。

24日 隆子县妇联为西藏稞源农业开发股份有限公司、隆子县洛旦农畜产品加工合作社等非公企业和社会组织“妇女之家”授牌。

综 述

【概况】 隆子县位于西藏自治区南部，山南市中偏北，喜马拉雅山东段北麓；北与朗县、加查县接壤，南与错那、东与珞瑜、西与措美县相连，西南与错那、偏北方与曲松县、西北与乃东县、东北与米林县相邻。其地理位置为北纬28° 07′—28° 52′，东经91° 53′—93° 06′。海拔3980米，距西藏自治区首府拉萨市326千米，距山南市147千米。辖11个乡镇，其中2个镇、9个乡、83个行政村、370个村民小组（自然村）。2021年年末有12389户36015人（其中男17734人、女18281人），同比分别减少16户和增加20人；按农林牧渔业年报统计数据，乡村户籍人口共有10186户32290人。全县境域面积10566平方千米。境内有藏族、珞巴族、汉族、门巴族、回族等民族。全县耕地面积3233公顷，农作物总播种面积3329.2公顷，粮食作物播种面积2686.39公顷，其中青稞面积1984.93公顷，小麦面积310.61公顷，油菜作物面积311.83公顷，蔬菜类面积106.72公顷，青饲料面积224.26公顷。国家级野生保护动物有棕熊、岩羊、雕等，已探明矿产资源有沙金、锰、锡、水晶等矿产。截至2021年年底，共接待游客64253人次，实现旅游综合收入1649.4万元。2021年，完成地区生产总值（GDP）18.33亿元，同比增长7.0％，其中第一产业增加值0.93亿元，同比增长6.6％；第二产业增加值9亿元，同比增长11.1％；第三产业增加值8.39亿元，同比增长6.1％，三次产业比例由2020年的5.1：53.4：41.5调整为2021年的5.1：49.2：45.7，继续保持了“二三一”的结构。2021年，计划总投资500万元以上统计在库项目共有97个，其中投资5000万元以上项目9个，计划投资500万—5000万元项目88个。全社会固定资产投资完成138848万元，同比增长45.8%，其中，国家投资122105万元，同比增长68.6%，民间投资16743万元，同比下降26.6%。近几年，结合隆子县脱贫攻坚工作深入推进，行政村水、电、路、通信通达率达到100%。截至年底，全县公路通车里程达到1183.78千米，全县电话用户达3.56万户，宽带用户达0.78万户。2021年实现社会消费品零售总额24680.2万元，同比增长8.3%。按行业分，批发业、零售业、住宿业、餐饮业分别完成421.3万元、20819.1万元、699.2万元、2740.6万元，同比分别增长15.7%、7.5%、5.8%、14.8%，占消费总额占比分别为1.7%、84.4%、2.8%、11.1%。2021年全县一般公共预算收入完成7852万元，同比增长12.1%。税收收入完成10900万元，同比下降10%。年末全县金融机构存款余额151816万元，同比增长9.4%，其中，居民储蓄存款余额为88716万元，同比增长14.2%，年末各项贷款余额55585万元，同比下降4.7%。2021年，全县农村居民人均可支配收入为17291元，同比增长16.3%，城乡居民基本养老保险实现参保人数共计21809人，城乡居民医疗保险参保人数32120人，城镇居民最低保障37户54人，农村居民最低生活保障160户354人，五保供养人数共计319人，其中集中供养158人、分散供养161人。

【重要活动】 6月8日至9日，在县常德广场开展了非遗产品展销、非遗项目展演、非遗知识宣传和优秀非物质文化遗产项目传承人表彰等形式多样的“文化和自然遗产日”系列活动，参展合作社13家、非遗项目6个，发放非遗宣传资料300余份，仅2天时间，非遗产品销售额5万余元，营造了保护和传承非物质文化遗产的浓厚社会氛围。全面实施投入64万元的国家级非物质文化遗产项目珞巴服饰保护工程，该项目已验收。投入10万元对热荣乡曲果当藏戏队进行了专业的培训，并进行传习活动；投入9万元组织艺术团、叶巴藏戏开展“戏曲进乡村”活动。9月11日至12日，县文化（文物）局分两个考核组，通过实地查看、听取汇报等形式，对全县24个非物质文化遗产及遗产传承人进行了全面的考核，对考核中存在的问题提出了整改要求，并对考核合格的非遗传承人兑现了补助资金9万元。

【队伍建设】 2021年，隆子县深化干部轮岗交流，总结提炼干部交流工作经验，探索建立县乡轮岗交流机制，调整交流同一个岗位任职超过5年的干部9名，县乡交流干部63人，高低海拔交流干部15人。注重培养优秀年轻干部，强化分析研判，建立落实优秀年轻干部常态培养机制和动态管理机制，实行优进绌退、动态调整，85后正科级达35名、90后副科级达84人。统筹发挥好各类援藏干部人才作用，第9批赴隆子县援藏干部人才达40多人。

【农牧业发展】 2021年，隆子县全县利用机打电子出证动物a、动物b检疫证共计82张，出证动物产品a、动物产品b检疫证共计35张。据电子出证数据统计，隆子县活畜出栏数达到4023头（只、匹），动物肉产品出售量共计90.499吨，其中（牦牛肉产品47.53吨、羊肉产品993.5公斤，猪肉产品182.5公斤）。

【教育事业】 2021年，隆子县义务教育阶段在校生共计3702人，其中，初中在校生1007人，小学在校生2695人。初中适龄少年毛入学率达102.34%，小学适龄儿童入学率达100%；全县在园幼儿园1211人，学前三年毛入园率达94.46%。隆子县共有教职工514人，其中，初中教职工98人、小学教职工246人、教学点教职工18人、幼儿园教职工58人、教育局教研室教研员1人、退休教师93人；全县聘用临时工共有252人，其中，乡村教师19人、专职代课教师59人、其他临时工174人。

【医疗卫生】 2021年，隆子县卫生技术人员共计365人，其中县级医疗机构90人（其中县卫生服务中心64人、藏医院12人、疾控中心13人、妇幼保健站1人），乡镇卫生院110人，村级卫生室165人（其中4名为大学生村级医务人员）。2021年，隆子县初级职称以上医务人员共计89人（初级职称61人、中级26人、副高2人），其中县级52人、乡级37人。全县产妇总数共计252人，活产数250例，其中死胎3例，双胎1例，住院分娩产妇244人，住院分娩率97.6%。孕产妇死亡1例，五岁以下儿童死亡2例。发放叶酸277人次。高危产妇管理111例，高危孕产妇住院率达100%。三病（艾滋病、梅毒、乙肝）筛查277例，患有乙肝表面抗原阳性孕妇13例，都已接种乙肝免疫球蛋白；发现梅毒病8例，对滴度阳性者都进行了治疗。发放6个月至3岁之间儿童营养包824人次。

【文化事业】 2021年，隆子县围绕庆祝中国共产党成立100周年和西藏和平解放70周年提前谋划、周密安排，大力开展文艺文化下基层活动，营造了浓厚的节日文化氛围。

开展“送培下村”活动。隆子县艺术团在上年村级文艺演出队培训的基础上，分别到准巴乡、斗玉乡、扎日乡、玉麦乡对村级文艺演出队进行了为期15天的培训，每到一个点，前期召开培训动员会，中期开展业务督导会，后期开展培训成果验收总结会。截至年底，82个行政村文艺演出队1368名成员全部轮训一遍，惠民10余万人次，做到了“乡镇全覆盖、村居全覆盖、人员全覆盖”。

开展文化文艺下基层活动。组织艺术团先后深入基层乡村、企业、养护段、学校、部队广泛开展了“翻身解放把歌唱·永世不忘共产党”庆祝西藏百万农奴解放纪念日暨“五下乡”服务启动仪式、新时代文明实践活动之文艺下乡志愿服务活动、隆子县热烈庆祝中国共产党成立100周年和西藏和平解放70周年暨“我们的中国梦——文化进万家”活动和“永远跟党走”群众性文化活动、“习近平总书记在西藏视察时的重要讲话精神”文艺巡回宣讲活动等各类文艺演出下基层活动73场次，其中先后到琼结、乃东、错那县开展跨县交流演出8场次，山南市艺术团到隆子县开展“学党史、为民服务”演出18场次，81支行政村文艺演出队开展各类演出300余场次，切实把文化惠民送到了群众身边和心坎上，极大地丰富和满足了全县干部群众的精神文化生活。

开展“戏曲送乡村”活动。先后组织县艺术团、叶巴藏戏队、曲果当藏戏队深入乡村、企业开展“戏曲进乡村”19场次。

加强文艺文化节目创作。以“送培下村”、文艺进基层为契机，县艺术团演员深入基层、深入群众开展文艺创作采风，鼓励演职人员积极创作节目，2021年，县艺术团创作舞蹈类节目《黑青稞酒》《扎念韵》，表演唱《嘴的惩罚》，独唱类《新年好》《感恩父母》《隆子姑娘》《恋人》等9部作品。

【社会保障】 2021年，隆子县坚持“应保尽保、应退尽退”的审批原则，全年落实农村低保、城镇低保等民生资金1010.72万元；特困人员集中供养服务中心改扩建项目和残疾人综合服务中心建设项目完工使用，民政综合服务能力明显提升。办好人民满意教育，深入开展“培养什么人、怎样培养人、为谁培养人”专题教育，落实教育优先发展战略，深化教育领域改革，提高教育教学质量，“五个100%”成果巩固提升。大力推进优质医疗资源扩容下沉，总投资1622万元的日当镇、三安曲林乡卫生院项目竣工。总投资2281.7万元的高压氧舱、核酸实验室建成使用，“两降一升”工作深入开展，住院分娩率、新法接生率均达100%，慢性病管理、艾滋病监测、重点疾病预防工作有效开展。城乡居民参保缴费基本实现全覆盖，参保率达到96.82%。文化润边行动扎实推动，82支村文艺演出队实现全覆盖培训，开展文化润边演出300余场次，惠民10万余人次。

【旅游发展】 旅游业在隆子县第三产业中的比重不断增加，地位突出，对国民经济增长的贡献不断增大。“十三五”期间，隆子县旅游业初步形成了包括旅游公司、家庭旅馆、旅游餐饮业、旅游景区（点）和旅游商品购物在内的较为完整的旅游产业体系。截至年底，全县共有国家AAAA级景区1家，自治区风景名胜区1家，旅游公司1家，家庭旅馆144家。其中，已评定星级家庭旅馆15家。针对隆子县旅游景点多、分布面广的特点，先后设立45个旅游标识标牌。五年旅游项目总投资达4817.87万元。

【生态环保】 2021年，隆子县深入开展污染防治攻坚战，蓝天、碧水、净土的良好态势持续巩固，全县空气质量优良率达96%以上，地表水监测各项指标均达国家Ⅲ类标准，饮用水水源地各项指标均达国家Ⅱ类标准，达标率100%。生态环境六大专项整治成效明显，隆子河谷领域污染防治项目加快实施，地质灾害治理项目通过验收，71个行政村创建生态文明示范建设工作通过市级预审。国土绿化工程扎实推进。启动实施1.5万亩的森林抚育工程，县域生态环境质量持续向好。

【乡村振兴】 2021年，隆子县深入推进以“神圣国土守护者、幸福家园建设者”为主题的乡村振兴战略，接续推进脱贫攻坚与乡村振兴有效衔接，截至年底，全县脱贫群众人均收入达1.48万元，同比增长18%，坚决守住了不发生规模性返贫致贫的底线。累计投入1.83亿元的29个乡村振兴项目全部开工建设。总投资9400万元的11个乡村振兴示范项目稳步推进。严格落实县乡村党组织书记抓群众增收工作责任制，提高就业组织化程度，实名转移就业人数1.2万人，累计创收1.28亿元，完成年度目标任务的152.3%。依托42个农牧民民工联队，带动1047人增收，创收1020万元。整合培训资源，加大农牧民“工匠”和技术人才培养力度，开展技能培训28期,共1076人次,完成年度目标任务的102.47%,培训后就业率达40%以上。健全完善鼓励高校毕业生返乡创业、参与乡村振兴等政策措施,累计开发高校毕业生就业岗位1075个,2021年高校毕业生就业率达99.7%。

【强基惠民】 2021年,全县共有82个驻村点,其中县、乡(镇)派驻53个驻村点、市直单位派驻26个驻村点、区直单位派驻3个驻村点,共派出246名驻村干部,全年县强基办联合县委组织部对驻村工作开展了5次巡回检查,12次不定期随机抽查督导工作。重点对驻村7项任务工作进行了督导检查,其间注重挖掘特色亮点工作和及时整改存在的问题,共下发通报6次,向派出单位发函4次,整改问题50余个。

82个驻村工作队协助村党组织开展组织生活会97场次、民主评议党员81场次、主题党日活动743场次、党务村务财务公开470场次;协助召开党员大会500余场次、党支部委员会740场次、党小组会579场次、讲党课535场次;协助发展党员597人;协助开展群团活动371场次,参加人数21475人次;推进"两学一做""新时代文明实践""不忘初心、牢记使命"等学习教育常态化、制度化工作,发放宣传学习资料3090余份,组织群众学习330余次、党员学习409场次,查摆问题43个,解决问题43个。

2021年,共有2710名干部帮扶2033户,7月至9月期间,县强基办对全县干部结对帮扶进行了调整,并于9月末下发了《关于干部结对帮扶调整的通知》,切实补齐了全县干部结对帮扶工作漏洞。全年干部结对帮扶折合人民币158.4万余元,其中通过消费扶贫促进帮扶对象增收85.3万余元。

【重点集体经济项目】 隆子县三安曲林乡格西村仲斯巴藏香猪养殖基地项目拥有场内猪圈4座、业务用房2座,占地面积1114平方米,散养面积39亩,总投资334.43万元,其中县政府产业扶持资金200.66万元(政府投资60%),合作社自筹133.77万元(合作社自筹40%)。该项目采用"基地+合作社+农户"的合作经营模式,将养殖利益以6∶2∶2的形式分红,合作社占6成,村集体占2成,剩余2成用于扶持村内脱困户。2021年,收入总额为25万余元,兑现格西村村集体土地流转租金1万元,对14名脱贫户群众进行分红共14000元。解决就业14人(其中贫困户1人),月工资为3000元。

隆子县三安曲林乡次拉羊毛编制合作社项目。该项目占地总面积449.13平方米,项目总投资236.8万元。该项目采用"村集体+合作社+农户"的运作模式,吸纳13名群众(其中1人为残疾人)就业,普工人均工资3000元/月。2021年收入总额为27万余元,给脱贫户群众3名分红3000元。

隆子县加玉乡切麦村温泉建设项目。该项目投资200万元,占地300平方米左右,砖混结构上层阳光顶棚伴有140平方米可使用平台,下层大厅有2个浴室、6间客房、1间厨房、1间储物室、2间换衣间、2间厕所,2个男女汤池,床位12张。该项目以个人承包方式经营,租金1.5万元/年,年底结算,租金通过总支部委员会、村务监督委员监督上缴并存入乡账户。

【宣传工作】 2021年,隆子县按照全国、全区、全市宣传部长会议精神和县委统一安排部署,于2021年4月9日召开落实党委(党组)意识形态工作责任制电视电话会议、宣传思想工作座谈会、网信工作会议,传达学习各级宣传部长会议、意识形态工作会议、网络安全和信息化工作会议精神,全面部署各项工作,明确了任务、目标、措施和责任人。县委书记切实担起主体责任人的职责,在全县范围内召开了落实意识形态责任制工作电视电话会议,听取意识形态责任制落实情况汇报2次以上,并给宣传部门交任务、点题目、压担子,组织县委宣传部等相关单位深入基层开展意识形态督导检查2次,解决存在问题,形成了主要领导亲自过问、各部门发挥职能的强大合力,确保意识形态领域安全。结合全县人事调整等实际,调整充实了宣传思想文化工作领导小组、县委网络信息安全委员会、"扫黄打非"工作领导小组以及县委宣传部班子。

【综治维稳】 2021年,隆子县深入推进平安隆子建设,狠抓案件侦办工作,深入开展打击违法犯罪活动,全年共立刑事案件19起,破获11起,破案率58%。年内,狠抓社会治安管理,开展群防群治、联防联控10万余次,开展涉枪涉爆物品、管制刀具专项治理81次,确保了社会面持续和谐稳定。狠抓矛盾纠纷排查化解,全面推广新时代“枫桥经验”,进一步完善“四级信访”接待工作制度,累计开展矛盾纠纷排查826次,办结信访事项36批(件)、68人次;办结上级业务部门转办信访事项12(批)件、23人次。狠抓安全生产工作,加强安全生产领域监管,累计发现安全隐患或违法违规行为1368处,责令停产停业1家,截至年底,已整改完成1363处。

【项目建设】 2021年,隆子县全县开复工项目107个,完成年度任务的88%。总投资20.6亿元的隆子机场正式开工建设;华钰矿山工程、南城商业广场、扎日宾馆提升改造工程等稳步实施;总投资1.7亿元的西藏宗那建筑公司旗下格尔东赞大酒店顺利开业;投资4500万元的樟木萨路、雄哲路升级改造工程项目建设进度达95%;总投资5960万元的隆子县污水处理厂二期建设项目、老旧城区功能提升工程稳步推进,城市现代化水平不断提升。

【特色产业】 2021年,隆子县完成一期投资1.3亿元的玉麦湘万头藏香猪标准化养殖基地投产使用;黑青稞种植面积达3.05万亩,年产量达到1.38万吨;藏黑鸡养殖合作社养殖基地存栏藏黑鸡2.5万余只;黑白花奶牛养殖基地养殖奶牛达1030余头,年产鲜奶量2100余吨。

【党建工作】 2021年,隆子县始终把学习贯彻中共十九大,十九届二中、三中、四中、五中全会,中央第六、第七次西藏工作座谈会和习近平总书记系列重要指示精神,特别是给隆子县玉麦乡群众卓嘎、央宗姐妹的回信精神等作为首要政治任务,通过县委常委会学习、理论学习中心组研讨、宣讲团宣讲、媒体宣传报道等多种形式,坚持做到第一时间传达学习、第一时间安排部署、第一时间贯彻落实,做到了“家喻户晓,人人皆知”,引领全县上下切实增强了“四个意识”、坚定了“四个自信”,坚定不移维护党中央权威和集中统一领导,坚决与以习近平同志为核心的党中央保持高度一致,凝聚起推动隆子长治久安和高质量发展的强大动力。年内,先后组织召开县委常委会、县委常委(扩大)会、县委理论学习中心组学习会207次,第一时间传达学习、研究部署党中央和区党委、市委关于加强经济社会事业发展、维护社会稳定、全面从严管党治党等系列决策部署的贯彻落实举措,确保了政令畅通、行动迅速、落实有力。

持续巩固村“两委”班子成员能力提升,举办村干部能力素质提升班1期。深入实施村主干区外轮训工作,已完成区外轮训1批、45人。持续整顿软弱涣散基层党组织4个。聚焦组织“质量提升年”,深入开展党建责任抓落实、党建质量促提升、党建队伍强本领“三个专项行动”,32项工作任务全面落实。深入实施玉麦乡“三示范一基地”自治区级党建示范点打造工程,在边境6个乡、30个村全面推广“五共五固”军地基层党组织结对共建,边境党建红色长廊建设成效凸显。深入开展清理规范村级组织挂牌工作,分类施策、精准整治,保留牌子273个、整合46个、取消39个。

大力实施“两新”组织党的组织和工作覆盖攻坚行动,成立3个“两新”组织行业系统党委,理顺“两新”组织党建工作管理体制,优先选派业务能力突出的21名党务工作者担任“两新”组织党建指导员,通过集中摸排、建立台账、实地调研、建章立制,40家非公有制企业和社会组织的党组织和群团组织有效覆盖,“两新”组织的体系建设更加严密、整体素质更加优良、作用发挥更加有力。实施“两新”组织党的组织和工作覆盖攻坚行动,新成立3个“两新”组织行业系统党委,非公有制经济组织和社会党组织覆盖率均达到100%。

【党风廉政建设】 2021年,隆子县严格落实“两个责任”,强化党对反腐败工作的全面领导,召开县委常委会会议多次听取全面从严治党主体责任落实情况汇报,研究制定《隆子县委落实全面从严治党主体责任清单》和《隆子县委落实全面从严治党主体责任2021年度任务安排》，及时召开县委全面从严治党专题会议，研究部署全面从严治党工作。坚持无禁区、全覆盖、零容忍，坚持重遏制、强高压、长震慑，一体推进不敢腐、不能腐、不想腐，县纪检监察机关全年共受理问题线索33件（含遗留件12件），合并处置30件，已办结13件。运用监督执纪“四种形态”处理25人次。九届隆子县委巡察实现全覆盖，十届隆子县委第一轮巡察工作基本完成。坚决贯彻落实中央八项规定及其实施细则精神，开展监督检查73次，发现问题24条，责令5人作出深刻检讨。

中共隆子县委员会

综述

【概况】 2021年,在党中央、自治区党委、市委的坚强领导下,隆子县委始终坚持以习近平新时代中国特色社会主义思想为指导,深入贯彻落实党的路线方针政策,贯彻落实习近平总书记关于治边稳藏的重要论述和系列重要指示批示精神,按照区党委、市委明确的各项重点工作,立足隆子实际,以学习宣传贯彻落实党中央第七次西藏工作座谈会精神以及习近平总书记关于西藏系列重要论述和视察西藏重要指示批示精神为主线,抓好稳定、发展、生态、强边“四件大事”,着力统筹推进新冠肺炎疫情防控和经济社会发展,大力弘扬和践行“爱国守边精神”“列麦精神”“沙棘精神”,砥砺奋进,坚决推动隆子各项事业取得了新成效。2021年,地区生产总值完成18.33亿元,同比增长7%,总量和增速分别位居全市第六和并列第六,增速高于全市0.1个百分点。其中第一产业、第二产业、第三产业分别完成0.93亿元、9亿元和8.39亿元,同比分别增长6.6%、11.1%和6.1%。地方税收完成0.79亿元,同比增长12.1%,完成度111%。农村居民人均可支配收入为17291元,同比增长16.3%,总量和增速分别位居全市第八和第三,增速高于全市水平0.2个百分点,年完成度102.9%。累计接待游客63380人次,同比增长22.5%。实现旅游综合收入1630.4万元,同比增长26.3%。“十三五”时期隆子县实施以黑青稞、黄牛改良、菜篮子工程为特色产业的扶贫项目33个,总投资3.4亿余元,开工率、完工率均达到100%,项目总体运行良好,带动群众增收明显。

【思想政治】 2021年,隆子县委扎实贯彻习近平新时代中国特色社会主义思想,学习贯彻习近平总书记关于西藏工作的重要论述和新时代党的治藏方略,严格贯彻落实区党委、市委的安排部署以及相关要求。有序推进“三更”

2021年7月16日,西藏自治区人大常委会副主任、山南市委书记许成仓(前中)到隆子县调研指导工作

专题教育活动和“党史”学习教育活动开展，县委开展了理论学习中心组专题学习研讨8次，各级党组（党委）专题学习研讨166场次；全县各级党组织书记完成讲党课活动49场次；全县统一配发了2510本学习资料，开展各类学习宣讲实践活动1120场次，受众达6.65万人次。

【理论学习】 2021年，隆子县委自觉在学懂弄通做实上身体力行，充分发挥理论示范引领作用，先后组织召开35次常委会会议、13次县委理论学习中心组学习会议，坚持读原著、学原文、悟原理，及时跟进学习习近平总书记系列重要讲话、重要指示批示精神以及中共十九届五中、六中全会精神和自治区第十次党代会、山南市第二次党代会精神，深刻领悟贯穿其中的马克思主义立场观点方法，不断提高政治判断力、政治领悟力、政治执行力，广泛教育引导党员干部始终做到以理论上的清醒铸就忠诚核心、信赖核心、维护核心的政治自觉。

【学习教育】 2021年，隆子县委围绕学史明理、学史增信、学史崇德、学史力行，常委以身作则，带头深入学习党的百年历史，采取集体学习、个人自学、专题研讨等方式，示范带动全县各级党组织深入学习习近平总书记关于党史学习教育的系列重要论述、党的百年历史和西藏和平解放后的70年历史，年内，全县各级党组织开展党史学习教育专题研讨436场次，交流发言467人次。深入开展“我为群众办实事”活动，以调研为基础，大力开展“我为群众办实事”活动，形成各类调研报告65篇，累计为群众办实事712件次，受众4.9万人次。开展“政治标准要更高 党性要求要更严 组织纪律性要更强”专题教育集中学习235场次，县委班子成员带头讲党课3次，各级党委（党组）书记讲党课46场次，专题研讨330场次，参与研讨3185人次。

【宣传宣讲】 2021年，隆子县委研究制定《中央第七次西藏工作座谈会精神学习宣传方案》《关于做好党的十九届六中全会精神学习宣传工作的通知》《党的十九届六中全会和自治区第十次党代会精神领导干部示范宣讲和集中宣讲工作方案》等宣传宣讲工作方案21份，县委班子成员率先垂范，带头宣讲，组织县、乡、村三级宣讲队伍，以“党的光辉照边疆、边疆人民心向党”“四讲四爱”等活动为契机，扎实推进“管肚子”与“管脑子”双管齐下，通过巡回宣讲、基层宣讲、驻村宣讲、入户宣讲、深入虫草采挖点和施工地宣讲等多种方式开展群众思想教育，推动宣传宣讲教育深入人心，全面覆盖。全年开展各类宣传宣讲1153场次，受教育5.1万余人次。

【基层党组织建设】 2021年，隆子县委采取集中轮训、党委（党组）理论学习中心组学习、组织生活、在线学习培训等方式，组织党员、干部深入学习贯彻习近平新时代中国特色社会主义思想，牢固树立以人民为中心的发展思想，做到人民群众反对什么、痛恨什么，就坚决防范和纠正什么。弘扬法治精神，深入开展法治宣传教育，推动党员、干部带头遵法学法守法用法，引导广大群众树立法治意识，办事依法、遇事找法、解决问题用法、化解矛盾靠法，切实增强运用法律同黑恶势力作斗争的信心和能力。认真组织实施“五共五固”军地基层党组织结对共建活动，推动军政同呼吸、军民共命运的意识深入人心，军民共建的鱼水情不断深化。立足玉麦乡处在守边固边最前沿实际，坚持高站位、高标准、高质量、高起点、严要求开展工作，牢记“神圣国土的守护者、幸福家园的建设者”职责使命，在玉麦乡深入打造“边境党建示范点、乡村振兴示范点、军地共建示范点、爱国守边红色教育基地”自治区级示范点。大力倡导“学习先进典型，争当榜样先锋”，以支部集中学习、党员座谈会、专题党课、卓嘎、央宗姐妹先进事迹学习宣讲的方式，深入学习“时代楷模”卓嘎和央宗姐妹先进事迹，激励党员，培育党员群众感恩、自强、爱党、爱国、爱家意识。积极发挥军地爱国资源优势，先后举办军地“共学课堂”13期，受教育群众400余人次。采取理论授课与实践活动相结合的方式，先后开展“话鲜活见闻、谈发展变化”“瞻仰将军崖，追忆红色故事”“守共产党员初心、牢军地共建堡垒”等群众喜闻乐见的活动68场次，受教育党员达1203人次。

【党风廉政建设】 2021年，坚持以全面从严治党引领保障推进社会主义现代化建设，及时召开县纪委九届六次全会，深入学习贯彻十九届中央纪委五次全会精神和自治区纪委九届六次全会、市纪委一届六次全会精神，全面阐述新时代习近平总书记全面从严治党思想，充分肯定党风廉政建设和反腐败斗争取得的成绩，明确了全年党风廉政建设和反腐败工作重点任务，明确要求全县各级党组织要自觉增强“四个意识”、坚定“四个自信”、做到“两个维护”，切实把各级纪委全会精神贯彻到行动中、落实到任务上，坚持党风廉政建设永远在路上、全面从严治党永远在路上，以坚韧不拔的执着和坚持不懈的韧劲，把党的建设伟大工程向前推进，引领保障“十四五”规划开好局、起好步，为隆子长治久安和高质量发展提供坚强保障。始终强化党对反腐败工作的全面领导，多次召开县委常委会会议听取全面从严治党主体责任落实情况汇报，研究制定《隆子县委落实全面从严治党主体责任清单》和《隆子县委落实全面从严治党主体责任2021年度任务安排》，及时召开县委全面从严治党专题会议，专题听取上半年党风廉政建设和反腐败工作开展情况汇报，对全面从严治党、党风廉政建设和反腐败工作进行再强调、再安排、再部署。坚持在县委常委会会议上听取党风廉政建设责任制落实情况汇报，传达学习各类典型案例通报15期，每季度听取各党委（党组）落实党风廉政建设责任制汇报，听取11个乡（镇）和39个党委（党组）党风廉政建设责任制落实情况汇报4次，不断压实党风廉政建设和反腐败斗争工作责任。坚持把“两个维护”作为最高政治原则和根本政治规矩，聚焦“七个有之”，突出反分裂斗争纪律，严格执行违反党的政治纪律行为的处分规定。年内，开展明察暗访监督检查56次，坚决查处政治上的“两面人”和“骑墙派”，严肃查处违规违纪发展党员126人，坚持只要违犯党纪国法坚决一查到底，全县纪检监察机关共受理问题线索33件，线索受理较上年同期下降25%，已办结20件，办结率达60.3%。精准运用监督执纪“四种形态”，使用第一种形态处理27人次，占84%；运用第二种形态处理8人，占8%，均为党内严重警告，挽回经济损失1.7万余元；运用第三种形态处理1人次，占8%，给予2人开除党籍处分，及时清除破坏政治生态的“污染源”。

【专项治理】 2021年，隆子县委聚焦“七个有之”，紧盯贯彻习近平总书记重要讲话和指示批示精神贯彻落实情况，围绕中央和区党委、市委重大决策部署主动出击、精准发力，开展监督检查2次，发现问题10条，督促整改完成10条。

聚焦县乡村换届选举工作，全程督导检查74次，县乡村三级换届选举工作圆满完成；聚焦脱贫攻坚成果巩固和乡村振兴有效衔接，发现5个方面63条问题，下发问题整改函18件次，对19条问题重点关注、动态跟进，与相关部门沟通对接协调解决群众急难愁盼问题3条，会议推进解决7条，系统培训解决1条；聚焦乡村安全饮水工程专项监督，实地抽查农村饮水工程项目点57个，发现和整改问题46条；聚焦项目建设监督，对全县17个蔬菜生产基地、345座温室项目建设和运行情况开展监督检查，发现并整改问题12条；聚焦政法队伍教育整顿，受理政法干警问题线索10件11人，并案处置8件11人，已办结4件5人；聚焦生态环境保护、农村乱占耕地建房等突出问题，开展监督检查4次，发现并督促整改违规乱占耕地问题2条；聚焦公车使用，深化公车二维码检查专项行动，累计开展监督检查20次，发现并整改问题3条；聚焦新冠肺炎疫情防控，对全县5个边境疫情防控卡点及各乡镇、村、寺管会、县直部门落实疫情防控工作要求开展全覆盖式监督检查50余次，下发督查通报3期，通报处理11人，发现共性问题6条，个性问题9条，已全部整改完成。

【监督机制】 2021年，隆子县委坚持把落实中央八项规定精神作为执纪审查重点，将“私车公养、公车私用”问题作为整治“四风”隐形变异的突破口，开展“私车公养”问题专项治理工作，全年累计开展监督检查15次，自查发现问题4类，共计17条，涉及金额32.874421万元，并对2020年违反中央八项规定精神问题自查清理纠治和“私车公养”问题专项治理工作清理、处置。紧盯“四风”新形势、新动向，紧密围绕违规接受宴请、发放津补贴、收受名贵特产等典型问题，突出节假日、双休日等“八小时以外”时段重点开展监督检查163次，累计发现问题24条，责令5人作出深刻检讨。紧盯作风顽瘴痼疾，开展专项治理，坚持每年聚焦一两个问题盯住不放、一抓到底，结合党史学习教育，认真践行群众路线和“一线工作法”，以钉钉子的精神抓好“三包五带五促”、党员干部“四下沉”工作，开展“我为群众办实事”活动1435场次，全年形成各类调研报告65篇，为群众办实事712件次。着力发现和整治“脸难看、门难进、事难办”等形式主义、官僚主义问题3次，对餐饮浪费等歪风陋习露头就打，全年开展监督检查10次，发现并督促整改问题3条。采取“四不两直”的方式对各乡(镇)、各单位遵守“六大纪律”情况进行监督检查，开展会风会纪监督检查7次、上下班制度执行情况监督检查2次，责令11人作出深刻检讨，通报34人，约谈7人，提醒谈话1人。针对公私不分、贪占公家便宜等突出问题，紧盯违规占用周转房，督促集中整治清退周转房20余套，极大缓解干部职工住房难问题；督促财政部门清理个人欠款及项目预付财政资金76.01万元。坚持从政治视角、思想根源看形式主义、官僚主义，持续为基层减负，精准施策、层层把控、删繁就简，全年发文次数同比减少43.2%，会议数量同比减少53.3%，督检考次数同比减少50%。

2021年6月23日，隆子县委副书记、县长李宁（前排左）到日当镇为老党员颁发“光荣在党50年”纪念章

【廉政宣教】 2021年，隆子县委坚持以身边人和身边事为“活教材”，深刻汲取扎西罗布贪腐案教训，加强对县乡财务人员监督监管，强化“村财乡管村用”制度落实情况的监督检查，落实一案一总结、一案一整改机制，在财政、政法等领域持续开展专题警示教育大会2次，组织300名党员干部观看警示教育宣传片2部，及时更新廉政建设长廊，先后组织16批283名党员干部陆续到县廉政警示教育基地参观学习，教育警示全县党员干部和公职人员，敲响自律廉政警钟，形成强烈震慑。坚持党史学习教育、“三更”专题教育、政法队伍教育整顿，全年召开“以案促改”专题会议18次，参观红色基地、廉政文化教育基地24批次，观看英模事迹宣传片18次，各类警示教育125场次，受教育2023人次，各级党组织提交专题警示教育开展情况报告66份。下发各类典型警示案例通报18期，开展廉政讲课谈话6次，发放忏悔录81本，广大干部职工廉洁从政、廉洁用权意识得到明显提升。注重节前提醒，突出重点时段、节假日、重要节点，通过“廉节短信”的方式提醒党员干部不触底线、不越红线，全年累计发送廉洁提醒短信1.8万余条。

【民生改善】 2021年，隆子县委深入推进以“神圣国土守护者、幸福家园建设者”为主题的乡村振兴战略，接续推进脱贫攻坚与乡村振兴有效衔接，坚决守住了不发生规模性返贫致贫的底线。2021年，累计投入18322.86万元的29个乡村振兴项目全部开工建设。总投资9400万元的11个乡村振兴示范项目稳步推进。严格落实县乡村党组织书记抓群众增收工作责任制，提高就业组织化程度，全年实名转移就业人数1.2万人，累计创收1.28亿元，完成年度目标任务的152.3%。依托42个农牧民民工联队，带动1047人增收，创收1020万元。整合培训资源，加大农牧民“工匠”和技术人才培养力度，全年开展技能培训28期1076人，完成年度目标任务的102.47%，培训后就业率达到40%以上。健全完善鼓励高校毕业生返乡创业、参与乡村振兴等政策措施，全年累计开发高校毕业生就业岗位1075个，2021年高校毕业生就业率达99.7%。坚持“应保尽保、应退尽退”的审批原则，全年落实农村低保、城镇低保等民生资金1010.72万元；特困人员集中供养服务中心改扩建项目和残疾人综合服务中心建设项目完工使用，民政综合服务能力明显提升。大力推进优质医疗资源扩容下沉，总投资1622万元的日当镇、三安曲林乡卫生院项目竣工。总投资2281.7万元的高压氧舱、核酸实验室建成使用，“两降一升”工作深入开展，住院分娩率、新法接生率均达100%，慢性病管理、艾滋病监测、重点疾病预防工作有效开展。城乡居民参保缴费基本实现全覆盖，参保率达到96.82%。

【项目建设】 2021年，全县开复工项目107个，累计完成固定资产投资实物量14.96亿元，完成年度任务的88%。总投资20.6亿元的隆子机场正式开工建设，稳妥推进机场段G219改线项目，力争2022年年底建成通航；华钰矿山工程、南城商业广场、扎日宾馆提升改造工程等稳步实施；总投资1.7亿元的西藏宗那建筑公司旗下格尔东赞大酒店顺利开业；投资4500万元的樟木萨路、雄哲路升级改造工程项目建设进度达95%；总投资约3.09亿元的隆子县城集中供暖建设项目可行性研究和技术方案正在评审阶段；总投资5960万元的隆子县污水处理厂二期建设项目、老旧城区功能提升工程稳步推进，城市现代化水平不断提升。

【产业发展】 2021年，隆子县委大力实施藏粮于地、藏粮于技战略，严守耕地红线，加强高标准农田建设，实施二级种子田1700亩，全县粮食产量达1.98万吨。牧业发展稳步推进，全县牲畜存栏数达14.9万头(只、匹)，同比增长0.6%，动物疫病免疫密度达到99.3%。完成一期投资1.3亿元的玉麦湘万头藏香猪标准化养殖基地投产使用；黑青稞种植面积达3.05万亩，年产量达到1.38万吨，藏黑鸡养殖合作社养殖基地存栏藏黑鸡2.5万余只，黑白花奶牛养殖基地养殖奶牛达1030余头，年产鲜奶量2100余吨。稳步推进黄牛改良14021头，新生犊牛成活率98.2%，出售改良成年牛41头、公犊牛1692头，累计创收772.06万元。全年肉类总产量达1851吨，奶产量1.2万吨。持续推进旅游文化、清洁能源产业发展，全年接待游客6.3万人次，实现旅游综合收入1630.4万元，同比增长26.3%。

【生态文明建设】 2021年，隆子县委坚持山水林田湖草沙冰一体化保护和系统治理，投资5100万元实施隆子河谷流域污染防治项目，已完成工程量的80%。因地制宜开展国土绿化，深入实施乡村“四旁”植树和“见缝插绿”工程，巩固“两山”理论实践基地和“无树村”“无树户”消除成果，全年种植各类苗木12.09万株。投入1000余万元开展华钰矿山采空区充填及矿山整体绿化恢复工作，绿化恢复110亩。加强4处地质灾害治理项目监管，督促3家砂石料场完成地质环境恢复，持续推进增减挂钩项目，将废弃宅基地恢复为耕地、林草地，恢复耕地、林草地面积50余亩。深入开展“六大环境”专项整治和人居环境整治行动，全年累计清理垃圾约125.6吨，斗玉珞巴民族乡加麦村、雪沙乡林麦村成功创建自治区第六届文明村镇。2021年，全县空气质量达到Ⅱ类标准，空气环境质量良好天数保持在96%以上。投入1.05亿元实施中小河流治理及防洪工程项目5个、水土保持项目3个、农村饮水工程项目19个，不断完善饮用水水源地保护体系，地表水监测各项指标均达到国家Ⅲ类标准，饮用水水源地各项指标均达到国家Ⅱ类标准，达标率100%。加快城镇污水收集和处理设施短板，县城城镇生活垃圾无害化处理率、污水处理率均可达到90%以上。因地制宜推进农村厕所革命，全年完成农牧民家庭厕所改造5271户，户厕普及率达80%。严明生态环境保护责任，严格落实河、湖、林长制，及时调整县河（湖）长制工作领导小组和县级河长名录，强化制度执行，严厉打击破坏生态环境行为。严格落实生态文明建设责任制，坚守生态红线，坚持“三高”企业和项目零审批、零引进，全年累计办理环评登记备案34项，环评豁免项目1项，降低环评等级3项。严禁在公路沿线等区域采砂采石。完善生态补偿机制，落实草原、自然保护区、森林、湿地等生态补偿政策，推行生态建设保护“以工代赈”做法，完善生态保护成效与资金分配挂钩的激励约束机制，全年累计兑现3623个生态岗位资金979.05万元，兑现1633名护林员生态效益补偿资金1119.95万元，兑现退耕还林补助资金108.18万元。

【民主政治建设】 2021年，选举产生新一届县乡两级人大代表587名，圆满完成政协换届选举工作，选举新一届政协委员63名。加强民营经济人士统战工作，召开了党外代表人士迎新春座谈会，组织开展走访慰问党外人士代表36名，慰问资金1.8万元，积极配合完成38名党外政协委员的考察工作，认真做好党外知识分子和新的社会阶层人士的统战工作。

【固边守边】 2021年，隆子县委坚持党政军警民联防联控，认真落实“军管线、警管点、民管片”和“一线堵截、二线查控、三线联防”工作措施，全年累计出动边防民警和护边联防队员9142人次，开展边境巡逻1580余次；深入做好外事巡边员试点工作，组建外事巡边员队伍，选聘、培训外事巡边员；全县范围内安装视频监控，“智慧边防”建设进程逐步加快。突出重点地区和争议地区这个重点，以解决稳边固边急需、反蚕食斗争急用、边民群众急盼的问题为突破口，以边境地区新型城镇化建设为载体，着力推进边境地区建设。28个边境小康村全面建成，实现1874户6000名群众的安置入住。规划建设抵边搬迁安置点20个、拟搬迁群众4620人，按照先行先试的指导意见，已完成5个抵边搬迁安置点建设，并实现181名搬迁群众搬迁入住。玉麦乡、扎日乡、斗玉珞巴民族乡3个边疆明珠建设项目加快推进。通过国网通大电网项目改造，全县实现国网全覆盖，覆盖率达100%。4G网络信号、广播电视信号实现乡村全覆盖，边境地区基础设施不断完善。

【重要会议】 1月14日，召开县委经济工作会议。1月15日，召开九届县委第八次全体会议。6月25日，召开隆子县第九届委员会第十次全体会议。8月5日，召开县委全面从严治党专题会议。8月23日，召开隆子县第十届委员会第二次全体会议。

1月13日，县委书记次仁加措主持召开中国共产党第九届隆子县委员会第119次常委会（扩大）会议，传达学习习近平总书记在中共中央政治局常务委员会、中共中央政治局民主生活会、中央农村工作会议上的重要讲话精神等内容，传达学习区、市两级文件会议精神，安排部署贯彻落实工作。研究事宜3项。

1月15日，县委书记次仁加措主持召开中国共产党第九届隆子县委员会第120次常委会会议，研究事宜13项。

2月4日，县委书记次仁加措主持召开中国共产党第九届隆子县委员会第121次常委会（扩大）会议，传达学习习近平总书记在1月28日中共中央政治局会议等会议上的系列重要讲话精神，传达学习区、市两级文件会议精神，安排部署贯彻落实工作。研究事宜8项。

2月25日，县委书记次仁加措主持召开中国共产党第九届隆子县委员会第122次常委会（扩大）会议，传达学习习近平总书记在贵州考察时的重要讲话精神、在中央全面深化改革委员会第十八次会议等会议上的系列重要讲话精神，传达学习全国、区、市两级会议文件精神，安排部署贯彻落实工作。研究事宜2项。

3月4日，县委书记次仁加措主持召开中国共产党第九届隆子县委员会第123次常委会（扩大）会议，原文传达学习习近平总书记在中央农村工作会议上的重要讲话精神和《中共中央 国务院关于全面推进乡村振兴加快农业农村现代化的意见》文件精神，传达学习十九届中央第六轮巡视反馈会议精神和吴英杰书记在西藏自治区党委落实中央第十巡视组巡视反馈意见整改工作动员会上的讲话精神，传达学习区、市两级会议精神，安排部署贯彻落实工作。研究事宜3项。

3月12日，县委书记次仁加措主持召开中国共产党第九届隆子县委员会第124次常委会（扩大）会议，传达学习习近平总书记在参加内蒙古代表团、青海代表团审议和参加全国政协十三届四次会议医药卫生界、教育界委员联组会时的重要讲话精神，传达学习习近平总书记在2月26日中共中央政治局会议等会议上的系列重要讲话精神，传达学习全国、全区、全市有关会议文件精神，原文传达学习关于扎西罗布严重违纪违法典型案例及其教训警示通报精神，安排部署贯彻落实工作。研究事宜3项。

3月24日，县委书记次仁加措主持召开中国共产党第九届隆子县委员会第125次常委会会议，专题研究相关干部违纪问题处理事宜。

3月26日，县委书记次仁加措主持召开中国共产党第九届隆子县委员会第126次常委会（扩大）会议，传达学习全区市县乡换届工作电视电话会议精神和《山南市县乡党委领导班子换届工作方案》精神，安排部署贯彻落实工作。研究事宜2项。

3月30日，县委书记次仁加措主持召开中国共产党第九届隆子县委员会第127次常委会（扩大）会议，传达学习全国“两会”精神、习近平总书记在中央财经委员会第九次会议上的重要讲话精神，传达学习党中央和区党委、市委有关文件、会议精神，听取县委落实中央巡视反馈意见整改工作开展情况汇报和全县农村集体产权制度改革工作开展情况汇报，安排部署贯彻落实工作。研究事宜15项。

2021年11月26日，西藏自治区第十次党代会代表、隆子县政府副县长贡觉曲珍（后排左）到加玉乡宣讲党的十九届六中全会精神

4月7日，县委书记次仁加措主持召开中国共产党第九届隆子县委员会第128次常委会会议，研究事业干部推优事宜。

4月8日，县委书记次仁加措主持召开中国共产党第九届隆子县委员会第129次常委会（扩大）会议，传达学习习近平总书记在福建考察、在参加首都义务植树活动时的重要讲话精神，习近平总书记对革命文物工作作出的重要指示精神；传达学习《中共中央关于开展全国政法队伍教育整顿的意见》《中共中央办公厅 国务院办公厅关于常态化开展扫黑除恶专项斗争巩固专项斗争成果的意见》《中国共产党组织处理规定（试行）》精神；传达学习自治区、山南市有关会议、文件精神，听取全县第一季度“三条底线”、“三个专项斗争”、经济运行工作开展情况汇报，听取全县政法队伍教育整顿工作开展情况汇报，安排部署贯彻落实工作。研究有关事宜2项。

4月11日，县委书记次仁加措主持召开中国共产党第九届隆子县委员会第130次常委会会议，研究有关事宜5项。

4月25日，县委书记次仁加措主持召开中国共产党第九届隆子县委员会第131次常委会会议，研究有关事宜3项。

5月14日，县委书记次仁加措主持召开中国共产党第九届隆子县委员会第132次常委会（扩大）会议，传达学习习近平总书记对深化东西部协作和定点帮扶、打击治理电信网络诈骗犯罪、职业教育工作作出的重要指示批示和致贺信精神以及在清华大学考察时的重要讲话精神；传达学习党中央、自治区、山南市有关会议、文件精神，听取全县招商引资、电信网络诈骗工作开展情况汇报，安排部署贯彻落实工作。研究有关事宜2项。

5月18日，县委书记次仁加措主持召开中国共产党第九届隆子县委员会第133次常委会会议，研究事宜3项。

5月31日，县委书记次仁加措主持召开中国共产党第九届隆子县委员会第134次常委会（扩大）会议，传达学习习近平总书记在4月30日中共中央政治局会议上的重要讲话精神等内容，传达学习中央、区、市会议、文件精神，安排部署贯彻落实工作。

6月7日，县委书记次仁加措主持召开中国共产党第九届隆子县委员会第135次常委会会议，研究有关事宜2项。

6月8日，县委书记次仁加措主持召开中国共产党第九届隆子县委员会第136次常委会会议，听取关于中国共产党隆子县第十届委员会委员、候补委员和县纪律检查委员会委员候选人预备人选建议名单的说明，研究确定中国共产党隆子县第十届委员会委员、候补委员和县纪律检查委员会委员候选人预备人选建议名单。

6月10日，县委书记次仁加措主持召开中国共产党第九届隆子县委员会第137次常委会会议，传达学习习近平总书记在5月31日中共中央政治局会议等会议上的重要讲话精神，传达党中央、区党委、市委有关文件、会议精神，安排部署贯彻落实工作。

6月17日，县委书记次仁加措主持召开中国共产党第九届隆子县委员会第138次常委会会议。研究有关事宜2项。

6月18日，县委书记次仁加措主持召开中国共产党第九届隆子县委员会第139次常委会会议。研究有关事宜2项。

6月22日，县委书记次仁加措主持召开中国共产党第九届隆子县委员会第140次常委会（扩大）会议，传达学习习近平总书记对湖北十堰市张湾区艳湖社区集贸市场燃气爆炸事故作出的重要批示精神和李克强总理批示精神、全国安全防范工作会议、6月13日和17日全区安全生产工作会议精神；原文传达学习《党委（党组）落实全面从严治党主体责任规定》《中共中央关于加强党的政治建设的意见》《中共西藏自治区委员会办公厅关于违反党的政治纪律行为处分规定》精神；传达学习九届自治区党委第181次、182次常委会会议精神，一届市委第150次、151次常委会会议精神等内容，听取全县维护稳定、安全生产、生态环境保护工作开展情况汇报，安排部署相关工作。研究事宜7项。

6月28日，县委书记次仁加措主持召开十届县委第1次常委会会议。研究有关事宜9项。

7月9日，县委书记次仁加措主持召开中国共产党隆子县第十届委员会第2次常委会（扩大）会议，传达学习习近平总书记在庆祝中国共产党成立100周年大会上的重要讲话精神和《中共中央办公厅关于认真学习贯彻〈习近平总书记在庆祝中国共产党成立100周年大会上的讲话〉的通知》等内容，听取有关工作情况汇报，安排部署相关工作。研究有关事宜1项。

8月2日，县委书记次仁加措主持召开中国共产党隆子县第十届委员会第3次常委会（扩大）会议，原文传达习近平总书记在西藏考察时的重要讲话精神和《中共西藏自治区委员会关于深入学习贯彻〈习近平总书记在西藏考察工作结束时的讲话〉的通知》，传达学习习近平总书记系列重要指示、讲话精神等内容，传达学习党中央、区党委、市委有关文件、会议精神，听取有关工作情况汇报，安排部署相关工作。研究事宜6项。

8月10日，县委书记次仁加措主持召开中国共产党隆子县第十届委员会第4次常委会（扩大）会议，传达学习习近平总书记在中共中央政治局第三十二次集体学习时的重要讲话精神等内容，听取有关工作情况汇报，安排部署相关工作。研究事宜1项。

8月22日，县委书记次仁加措主持召开中国共产党隆子县第十届委员会第5次常委会会议，原文传达《中共中央 全国人大常委会 国务院 全国政协 中央军委关于庆祝西藏和平解放70周年的贺电》和汪洋主席在庆祝西藏和平解放70周年大会上的讲话精神，安排部署相关工作。研究事宜13项。

9月2日，受县委书记次仁加措委托，县委副书记、县长李宁主持召开中国共产党第十届隆子县委员会第6次常委会（扩大）会议，传达学习习近平总书记给云南省沧源县边境村老支书们的重要回信精神，习近平总书记在中央财经委员会第十次会议、中央审计委员会第4次会上的重要讲话精神，传达学习《中央审计委员会关于加强地方党委审计委员会工作的指导意见》《关于扎西罗布违纪违法案追责问责及其警示教育的通报》等内容，研究贯彻落实工作。

9月27日，受县委书记次仁加措委托，县委副书记、县长李宁主持召开中国共产党第十届隆子县委员会第7次常委会会议，研究关于征求隆子县相关干部严重违纪违法问题处理建议的事宜。

9月30日，受县委书记次仁加措委托，县委副书记、县长李宁主持召开中国共产党隆子县第十届委员会第8次常委会（扩大）会议，传达学习习近平总书记在中央党校（国家行政学院）中青年干部培训班开班式上的重要讲话精神、习近平总书记在中央民族工作会议上的重要讲话精神和中央民族工作会议精神、习近平总书记在8月31日中共中央政治局会议上的重要讲话精神等内容，安排部署贯彻落实工作。研究事项3项。

10月14日，受县委书记次仁加措委托，县委副书记、县长李宁主持召开中国共产党隆子县第十届委员会第9次常委会（扩大）会议，传达学习习近平总书记在纪念辛亥革命110周年大会、中共中央政治局第三十三次集体学习会议、中央人才工作会议上的重要讲话精神等内容，安排部署贯彻落实工作。研究事项8项。

10月28日，受县委书记次仁加措委托，县委副书记、县长李宁主持召开中国共产党第十届隆子县委员会第10次常委会会议，传达学习自治区党委书记王君正在山南考察调研时的讲话精神，安排部署贯彻落实工作。研究事项5项。

11月9日，受县委书记次仁加措委托，县委副书记、县长李宁主持召开中国共产党第十届隆子县委员会第11次常委会（扩大）会议，传达学习10月18日中共中央政治局会议精神、习近平总书记在中共中央政治局第三十四次集体学习和在中央人大工作会议、深入推动黄河流域生态保护和高质量发展座谈会上的重要讲话精神等内容，听取第三季度经济运行情况汇报，安排部署相关工作。研究事宜5项。

11月16日，受县委书记次仁加措委托，县委副书记、县长李宁主持召开中国共产党隆子县第十届委员会第12次常委会（扩大）会议，传达学习中国共产党第十九届中央委员会第六次全体会议精神、九届区党委第203次常委会会议精神等内容，安排部署相关工作。研究事宜1项。

11月25日，受县委书记次仁加措委托，县委副书记、县长李宁主持召开中国共产党隆子县第十届委员会第13次常委会（扩大）会议，传达学习《中共中央办公厅关于做好党的十九届六中全会精神学习宣传的通知》《中共中央关于党的百年奋斗重大成就和历史经验的决议》《〈中共中央关于党的百年奋斗重大成就和历史经验的决议〉的说明》及习近平总书记在9月10日党外人士座谈会上的重要讲话、王鸿津在全国新任职

2021年9月27日，西藏昌都考察团到隆子县考察交流学习

县级巡察办主任提级培训班上的讲话、山南市纪委监委重要提醒、书记许成仓关于打着领导旗号从事有关活动的事项通知精神、《中共山南市委组织部关于进一步加强干部外出管理的通知》和书记许成仓在市国安指挥部视频调度会议上的讲话精神等内容，听取2021年维护稳定、生态环境保护、安全生产、工作开展情况汇报，安排部署相关工作。研究事宜1项。

12月6日，受县委书记次仁加措委托，县委副书记、县长李宁主持召开中国共产党隆子县第十届委员会第14次常委会（扩大）会议，传达学习习近平总书记近期重要讲话和致首届中国网络文明大会的贺信精神，传达学习中国共产党西藏自治区第十次代表大会等相关会议精神，传达学习九届区党委第206次、207次常委会会议和市委二届3次常委会会议精神等内容，安排部署相关工作，听取有关工作情况汇报。研究事宜1项。

12月22日，受县委书记次仁加措委托，县委副书记、县长李宁主持召开中国共产党隆子县第十届委员会第15次常委会（扩大）会议，传达学习习近平总书记近期系列重要讲话精神和中央有关会议精神，传达学习习近平总书记关于粮食安全系列重要论述和《政府储备粮食质量安全管理办法》精神，传达学习《中共西藏自治区委员会关于加强自治区党委常委会自身建设的意见》《中共西藏自治区委员会关于进一步改进作风狠抓落实的意见》精神及十届区党委第2次、3次常委会和相关会议精神，传达学习二届市委第4次常委会会议精神等内容，安排部署相关工作，研究事宜2项。

【机构领导】

县委书记

次仁加措（藏族）

县委副书记、县长

刘圣育（5月免）

李　宁（6月任）

县委副书记、人大常委会主任

廖仕平

县委常务副书记

李　进（援藏）

县委副书记

徐明山

县委常委、人武部政委

黄世荣

县委常委、常务副县长

巴桑旺堆（藏族，6月免）

欧　珠（藏族，6月任）

县委常委、统战部部长

罗布扎西（藏族）

县委常委、副县长

孙彬彬（土家族，援藏）

马廷峰（6月免）

县委常委、宣传部部长

顿珠曲杰（藏族）

县委常委、县委办公室主任

白　洁（女，5月任）

县委常委、纪委书记、监委主任

次仁多布杰（藏族，6月免）

罗廷坤（6月任）

县委常委、组织部部长

陈洪久（5月免）

侯文斌（6月任）

县委办公室常务副主任

李　胜（5月任）

县委办副主任、档案局局长

索朗卓玛（女，藏族）

县委办副主任、机要局局长、密码管理局局长、保密局局长

罗璐璐（女，藏族）

组织工作

【概况】2021年，中共隆子县委组织部以组织体系建设为重点，着力培养忠诚干净担当的高素质干部，着力集聚爱国奉献的各方面优秀人才，充分发挥基层党组织战斗堡垒作用和党员先锋模范作用，为隆子长治久安和高质量发展提供坚强组织保证。

2021年，隆子县委组织部核定行政编制6名，科级领导职数6名。实有人员9人，其中县级干部1人，科级干部5人，二级主任科员1人，四级主任科员1人，一级科员1人。挂县委机构编制委员会办公室、县委老干部局、县公务员局、县直属机关工委县委“两新”工委牌子。隆子县委机构编制委员会办公室事业单位电子政务中心核定事业编制4名，科级领导职数1名，实有人员3人；隆子县委党校（县行政学校）核定事业编制5名，科级领导职数3名，实有人员11人。共计实有人员23人。

【理论思想教育】2021年，中共隆子县委组织部认真研读《习近平谈治国理政》和习近平总书记重要论述，组织各单位、乡镇召开党委会、党组会、支委会会议、理论

学习中心组学习会等849次,深入学习习近平总书记"七一"重要讲话精神、视察西藏时的重要讲话和重要指示精神。以"三更"专题教育和党史学习教育为主要抓手,深入开展学习824场、研讨173次、调研183次、主题党日活动1548次、讲专题党课725次、观看警示教育片和红色影片470余场,做到理论创新前进一步,理论武装就跟进一步,坚持不懈锤炼全县党员干部忠诚干净担当的政治品格,利用隆子县玉麦乡、列麦乡的红色资源滋养初心、淬炼思想、洗礼灵魂,把讲政治落实在执行上级决策部署、敢于直面问题、勇于开展斗争上,不断提高政治判断力、政治领悟力、政治执行力,切实把"两个维护"落实到具体工作中、体现到一言一行上。

2021年7月1日,隆子县委常委、组织部部长侯文斌以《回顾党的组织工作历史,吸取组织工作经验智慧,学习贯彻组织工作条例,推动隆子组织工作科学化制度化规范化》为主题讲党课

【干部选拔任用】 2021年,中共隆子县委组织部坚持把政治标准放在首位,注重做细政治考察,把党管干部原则贯穿干部选拔任用全过程。2021年,县委分两批提拔调整干部207名(不含职级晋升),提拔74名、进一步使用14名、平职调整94名、免(兼)职25名。12名专招生、8名优秀事业干部、1名优秀村党组织书记进入乡镇党委领导班子,35岁以下有93人,每个乡镇30岁以下的年轻干部至少2名,形成合理的老中青梯次结构。

【干部轮岗交流】 2021年,中共隆子县委组织部总结提炼干部交流工作经验,探索建立了隆子县县乡轮岗交流机制,县乡交流干部70人,高低海拔交流干部36人。对在同一岗位、同一部门或同一地区工作时间满5年的干部开展梳理摸底,交流调整同一个正职岗位任职超过5年的干部9名。

【年轻干部培养】 2021年,中共隆子县委组织部建立落实优秀年轻干部常态化培养机制,分层分类完善优秀年轻干部信息库,对年轻干部开展集中分析研判,实时跟踪了解履职表现、工作实绩。建立优秀年轻干部动态管理机制,实行优进绌退、动态调整,85后正科级多达35名,其中90后正科3名,90后副科级多达98人,95后副科2人。

【激励保障】 2021年职级晋升77名,其中晋升一级主任科员17人、晋升二级主任科员11人、晋升三级主任科员17人、晋升四级主任科员32人。提拔进入寺管会领域7人,提拔事业编制干部20人。

【党员干部管理】 2021年,全县共有党组织278个,包括乡镇党组织187个,党委11个,总支26个,支部150个,其中农牧区党支部114个,乡镇机关13个,寺管会党支部11个,派出所党支部4个,小学党支部8个;县直党组织70个,党总支11个,党支部56个,两新21个。全县共有党员5342名,包括预备党员200名。开展信教党员摸排工作56次,组织全县党员签订不信仰宗教承诺书。组织1866名党员成立106支党员志愿服务队,结合"三包五带五促"、八星党支部建设、主题党日、新时代文明实践推动日等活动,积极开展志愿服务、到村报到服务和"我为群众办实事"等活动1435场次,全年累计为群众办实事668件,涉及资金达1682.6万元,党员在重点工作中主动作为、冲锋在前、迎难而上,先锋模范作用进一步凸显。

【人才队伍建设】 2021年，全县有党政人才719人、专技人才465人、企业经营管理人才20余人、高技能人才73人、社会工作人才72人、农村实用人才150余名、致富带头人170人、非遗传承人24人、旅游从业者282人、民族手工艺人580余人。2021年，县委组织部坚持人才工作为经济社会发展中心任务服务的根本，紧紧围绕乡村振兴、脱贫攻坚、生态环境保护等重点工作，加大各级干部和相关行业领域人才培养开发力度，全年举办2期发展对象培训班、一期村干部国家通用语言集中培训班、1期浙江大学乡村振兴领导干部培训班、1期常德村级主要负责人培训班，并配合上级选派村干部参加各类区外培训班；采取上挂下派、岗位交流等方式，提升各类人才素质能力，先后选派7名骨干前往区外挂职锻炼和岗位实践培养。

2021年，引进短期援藏人才6名和“医疗式组团援藏”人才8名，为充分发挥医疗援藏人才资源和先进的教育管理经验，便于工作开展，进一步带动和提高县人民医院医疗水平和管理水平，1名医疗人才任县卫生服务中心主任、1名医疗人才任医务部副主任、1名医疗人才任护理部副主任。

【“两学一做”学习教育】 2021年，县委组织部以“党章党规、系列讲话”为基本内容，以“三会一课”和每周“学习日”为基本制度，以党支部为基本单位，各党支部均能坚持每周召开一次学习例会、每月召开一次支委会、每月上一次党课、每季度召开一次党员大会，推动学习教育融入日常、抓在经常。要求各党支部组织党员干部职工读原著、学原文、悟原理，如学习读本、党章党规，特别是习近平总书记的系列重要讲话精神，同时撰写心得体会，设立宣传栏公示，促进党员思想碰撞、深入学习、取长补短。全年累计集中学习500余次，撰写心得300余份，制作宣传栏42个。

2021年11月6日，隆子县委常委、组织部部长侯文斌（右二）到扎日乡指导工作

【换届工作】

村党组织换届工作。2021年，新选举村“两委”班子共计454名，其中选派干部12名，懂藏汉双语的292名，妇女干部115名，初中及以上学历262名，平均年龄40.8岁，年龄与学历“一降一升”，巩固村“两委”班子成员100%是党员成果；拨付28.6万元用于慰问离任退职村干部，做好离任村干部思想工作。

县乡换届工作。严肃“两代表一委员”资格审查，及时考察、公示、政审，选出党代表171名，以“八个一”先行，强化换届纪律宣传和舆论引导，顺利召开县乡两级党代会，选举产生新一届班子。

【公务员队伍管理】

坚持严管厚爱。加大对不担当不作为干部的发现和处置力度，年内开展干部考勤监督检查4次，加大追责问责力度，警醒和惩戒慢作为、不作为、乱作为的干部，14名科级干部因履职不力、违纪违法、身体健康等因素不适宜担任现职被免职、降职或撤职。为落实好干部体检、就医、休假等待遇，持续关心关爱干部身体生活情况，给全县干部职工发放包干路费1182.96万元、体检费162.11万元。

坚持自我管理。2021年，县委组织部坚持考勤制度，从严管理干部，要求干部上班签到、有事请假，干部去向牌必须及时更新，切实杜绝干部无故脱岗。加大对县直和乡镇干部的管理力度，形成县直干部月查岗、乡镇干部周报告的制度，截至年底，县委组织部联合县纪委监委开展临时查岗5次，共查处32名干部职工违反上下班制度，通报32名干部，由组织部和纪委监委采取个别谈话，责成当事人在干部职工大会上作书面检查。

公务员考核。2021年，县委组织部根据《公务员考核规定（试行）》《公务员奖励规定》要求，结合公务员的德、能、勤、纪、廉等方面组织各乡镇、县直单位对731名公务员进行了严格考核，评选出182名优秀公务员（其中记三等功公务员15名）、称职公务员523名、基本称职公务员4名、不确定等次公务员21名、不称职公务员1名。

【强基惠民】 2021年全县共有82个驻村点，其中县、乡（镇）派驻53个驻村点、市直单位派驻26个驻村点、区直单位派驻3个驻村点，共派出246名驻村干部，全年县强基办联合县委组织部对驻村工作开展了5次巡回检查，12次不定期随机抽查督导工作。重点对驻村七项任务工作进行了督导检查，在此期间注重挖掘特色亮点工作和及时整改存在问题，共下发通报6次，向派出单位发函4次，整改问题50余件。

82个驻村工作队协助村党组织开展组织生活会97场次、民主评议党员81场次、主题党日活动743场次、党务村务财务公开470场次；协助召开党员大会500余场次、党支部委员会740场次、党小组会579场次、讲党课535场次；协助发展党员597人；协助开展群团活动371场次，参加人数21475人次；推进“两学一做”“新时代文明实践”“不忘初心、牢记使命”等学习教育常态化制度化工作，发放宣传学习资料3090余份，组织群众学习330余次、党员学习409场次，查摆问题43个，解决问题43个。

2021年，共有2710名干部帮扶2033户，7月至9月期间，县强基办对全县干部结对帮扶进行了调整，并于9月末下发了《关于干部结对帮扶调整的通知》（隆强基组办〔2021〕24号），切实补齐了全县干部结对帮扶工作漏洞。全年干部结对帮扶共折资158.4万余元，其中通过消费扶贫促进帮扶对象增收85.3万余元。

【党建工作】 2021年，中共隆子县委组织部召开党建工作领导小组会议2次专题研究基层党建工作；先后召开县委常委会、县委常委会扩大会议，学习全面从严治党相关文件和会议精神，专题研究部署全面从严治党工作，做到与其他工作同谋划、同部署、同推进、同考核。制定《隆子县委落实全面从严治党主体责任清单》和《隆子县委落实全面从严治党主体责任2021年度任务安排》。立足隆子县实际和中心任务，深入推进“六六五”工程，争取援藏资金1200万元，打造玉麦“三示范一基地”创建活动。在边境6个乡33个村全面推广军（警）地基层党组织结对共建“五共五固”工作，互聘党建指导员59人、边境顾问41人，结成帮扶对子22对。边境6乡制定边境乡村与驻地部队、边防派出所共学计划，开展“共学课堂”、座谈交流、知识竞赛等活动124场次；开展学习宣讲进村入户、进连队（执勤点）等活动63场次；组建9支政治教育骨干队伍，通过专题讲座、主题党课等方式，开展党员政治教育、反分裂教育、爱国主义教育和民族团结教育132场次；军（警）和地方发挥自身优势，互相搭建培养骨干队伍平台，驻地部队、边防派出所帮助边境村培养党员致富带头人、技术能手6人。年内，军（警）地基层党组织共同开展党内组织生活36次、主题党日48次，共上党课15次，进一步加强党员教育、管理、监督。深入开展“两支部”共建活动和军事教育进学校、军人作风进机关、军医教学进卫生院“三进”活动，不断建强党在边境一线的先锋模范队伍；驻地部队、边防派出所党组织协助地方党组织举办致富讲堂、技能培训13场次，讲解传授先进发展理念和生产技术。采取“1班+1户”助产模式，驻地军（警）与16户边民结成帮扶对子，帮助打造家庭旅馆、农家乐、餐馆、大棚基地等产业6个；实施军民共建发展项目，推动边境地区基础设施建设，带动34名边民不离乡、不离土增收致富。坚持改善民生、凝聚人心，组织6名优秀官兵、民警到驻地学校担任“校外辅导员”“国防教育员”；开展“1对1”捐资助学，5名官兵、民警与学生结对认亲，坚决从教育上阻断隔代贫困。坚持军（警）地医疗卫生设施设备共享，设立军（警）地卫生保健室，组织76次军医坐诊、巡诊、送药，经常组织军医、乡医、村医“会诊”，促进医护交流。以村“两委”换届为契机，军（警）基层党组织帮助30个边境村健全完善村规民约，推动群众移风易俗、破除陈规陋习。年内，开办“夜校”、短课堂等58场，军（警）党组织教授边民群众国家通用语言，边民群众帮助驻地官兵、边防战士学习少数民族语言、歌曲、舞蹈，促进民族团结。

对现有党组织进行逐一研判，逐一摸排，根据2020年全县党建考核结果，重点对机关事业单位、学校、寺管会、派出所等4个行业系统软弱涣散基层党组织进行整顿，向县直单位征求意见发函4份，研究确定软弱涣散党组织2个，指定县级领导联系、要求县委组织部挂牌督办、定期分析研究、分类“对症开方”，细化整改措施17条，不定期深入开展督查，及时掌握整顿进度，发现并推动解决问题，顺利完成全县2个行业系统软弱涣散党组织整顿转化工作。

2021年6月15日，隆子县委组织部党支部组织召开《中国共产党组织工作条例》专题学习会

【基层党组织建设】 大力实施“两新”组织党的组织和工作覆盖攻坚行动，成立3个“两新”组织行业系统党委，理顺“两新”组织党建工作管理体制，优先选派业务能力突出的21名党务工作者担任“两新”组织党建指导员，通过集中摸排、建立台账、实地调研、建章立制，40家非公有制企业和社会组织的党组织和群团组织有效覆盖，“两新”组织的体系建设更加严密、整体素质更加优良、作用发挥更加有力。深入开展党建责任抓落实、党建质量促提升、党建队伍强本领“三个专项行动”；深入开展清理规范村级组织挂牌工作，分类施策、精准整治，保留牌子273个、整合46个、取消39个，切实做到剔除形式主义、夯实基层治理基础。

【党员队伍建设】 2021年，县委组织部开展信教党员摸排工作56次，组织全县党员签订不信仰宗教承诺书。深入排查整顿违规违纪发展党员违规违纪问题，以十八大以来全县发展的1706名党员为重点对象，排查出发展党员126人，按照区党委组织部的答复，对1名党员不予承认党员身份处理、125名党员限期改正、批评教育、提醒谈话等处分。年内，组织1866名党员成立106支党员志愿服务队，结合“三包五带五促”、主题党日、新时代文明实践推动日等活动，积极开展志愿服务、到村报到服务和“我为群众办实事”活动等1435场次，累计为群众办实事668件，涉及资金达1682.6万元，党员在重点工作中主动作为、冲锋在前、迎难而上，先锋模范作用进一步凸显。

【机构编制管理】 县委编办于11月9日召开机构编制核查部署暨培训会，对核查工作进行部署和培训，对全县170家机构开展全面核查工作。结合实际起草了11个乡镇事业单位编制调剂意见，对20家事业单位的编制、职能进行了调整优化，通过合理调整行政事业编制，解决了部分单位编制不足和人员紧张的问题，最大程度地优化了全县编制资源。隆子县网上登记单位共76家，2021

年应换证件单位38家，已换38家；其中群团登记5家，应换4家，已换4家；垂直管理登记2家无变化；党政机关登记69家，应换32家，已换32家。

【老干部工作】 截至年底，全县退休老干部职工249人，其中干部122人，工人127人，居住区内的238人，居住区外的11人。三老人员共计168人，其中老劳模5人，老党员131人，老干部32人。

年内，县委组织部认真落实离退休老干部的相关待遇，及时足额发放“两费”（离休费和医疗费），进一步提高老干部服务管理水平。在“三大节日”“重阳节”“七一”期间，组织开展各类慰问活动，全年累计为离退休老干部、遗属和“光荣在党50年”等老党员送去慰问金31.5万元；开展以“走进养老院、集体送温暖”为主题的慰问演出活动，离退休党总支党员自筹资金为养老院的老人送去藏式帽子和护腰带等共计4500余元的慰问品；“光荣在党50年”纪念章获得者多吉个人慰问隆子县集中供养中心的160名老人，为他们送去了总计8800元的慰问金和慰问品，切实以实际行动践行了共产党员的初心和使命。组织25名离退休干部职工到福建厦门开展健康疗养，及时送去了组织的温暖，让离退休老干部时刻感受到县委、县政府的关心关怀。同时，积极响应国家号召，主动邀请县疾控中心工作人员到退休党支部活动中心为老干部接种新冠肺炎疫苗，真正把工作做到退休干部心坎上。

【机构改革】 2021年，县委编办向县乡两级开展了问卷调查，发放问卷共计575份，其中县直部门发放问卷共计304份，乡镇发放问卷271份。先后5次征求了乡镇机构设置、编制调剂、职数核定、职能划转等意见。6月2日、11月10日两次召开座谈会，充分沟通交换意见，认真分析机构设置中存在的问题，初步明确了各乡镇机构设置方向、自设机构名称等，梳理出了各机构工作职能。确定11个乡镇设立5个行政内设机构，4个副科级事业单位；按照“撤一建一、撤多建一”的要求整合“小、散、弱”事业单位2家，在设置事业单位时充分研究论证设立机构的必要性，对一些职能相近或融合性强的职能充分整合，撤销大而散、小而弱、职责不饱满的事业单位2家，坚决做到了全县机构只减不增。

2021年4月8日，隆子县玉麦乡村党组织换届选举

【“三更”专题教育】 2021年，县委组织部党支部认真学习贯彻区党委书记吴英杰在“三更”专题教育动员部署大会上的讲话精神，强化组织调度、创新活动形式、抓实专题教育，取得一定成效。年内，召开6次党员大会学习、90次每日学习，按照“五个专题”进行集中学习和专题学习，组织全县开展党政机关、事业单位开展专题教育实践活动和特色活动近60场次、集中学习200余次、专题研讨180人次、警示教育（活动）40余次，开展“每日学习”活动3600余次，完成专题教育考试测评970人次。

【机构领导】

县委常委组织部部长

陈洪久（4月免）

侯文斌（4月任）

县委组织部常务副部长

洛桑曲旦（藏族）

县委组织部副部长、编办主任

余志平（4月免）

王　　洁（6月任）

县委组织部副部长、老干部局长

旦增卓玛（女，藏族）

县委组织部副部长、公务员局局长

王　　洁（6月免）

张　　琴（女，6月任）

县委组织部副部长

旦增占堆（藏族）

宣传工作

【概况】2021年，县委宣传部编制6人，实有6人（包括宣传部部长），本科6人；县电影队实有4人（其中1人为行政工人，2人为公益性岗位，1人为临时工）；新华书店实有公益性岗位1人；县影剧院实有公益性岗位1人。网评中心为事业单位，编制2人，实有4人，本科4人，其中1人长期抽调县强基办。隆子县政府新闻办公室、新闻出版局、广电局、互联网信息办公室均为县委宣传部挂牌机构，无编制。

【宣传思想文化工作】2021年，全县宣传思想工作在上级业务部门的大力支持和指导下，在县委、县政府的正确领导下，全县宣传思想战线坚持以习近平新时代中国特色社会主义思想为指导，深入学习宣传贯彻中共十九大和十九届历次全会精神，中央第七次西藏工作座谈会精神和新时代党的治藏方略，习近平总书记"七一"重要讲话以及在西藏考察时的重要讲话精神，自治区第十次党代会和山南市第二次党代会精神，贯彻落实习近平总书记关于治边稳藏的重要论述和一系列重要指示批示精神，贯彻落实全国、全区、全市宣传思想工作会议精神，紧紧围绕学习宣传贯彻习近平新时代中国特色社会主义思想这个首要任务，紧紧围绕庆祝中国共产党成立100周年和西藏和平解放70周年这条主线，牢牢把握统一思想、凝聚人心这一中心环节，自觉承担起举旗帜、聚民心、育新人、兴文化、展形象的使命任务，着力强化理论武装、群众教育、舆论宣传、文明实践，着力深化精神文明创建、丰富基层文化供给、维护意识形态领域安全，为推进隆子长治久安和高质量发展提供有力思想保证和强大精神力量。

2021年6月29日，隆子县举办"传唱红色经典　赓续红色基因　争当先进模范"红歌比赛。图为县级领导干部风采

召开会议、统一思想。按照全国、全区、全市宣传部长会议精神和县委统一安排部署，于4月9日召开落实党委（党组）意识形态工作责任制电视电话会议、宣传思想工作座谈会、网信工作会议，认真传达学习各级宣传部长会议、意识形态工作会议、网络安全和信息化工作会议精神，全面部署各项工作，明确了任务、目标、措施和责任人。

落实意识形态安全工作。县委书记切实担起主体责任人的职责，在全县范围内召开了落实意识形态责任制工作电视电话会议，听取意识形态责任制落实情况汇报2次以上，解决存在问题，形成了主要领导亲自过问、各部门发挥职能的强大合力。

强化组织领导。结合全县人事调整等实际，调整充实了宣传思想文化工作领导小组、县委网络信息安全委员会、"扫黄打非"工作领导小组以及县委宣传部班子。

保障工作经费。上级拨付融媒体中心建设经费40万元、新时代文明实践中心（所、站）建设经费60万元纳入2021年财政预算。

【主题宣传】2021年，隆子县委

宣传部把新冠肺炎疫情防控、3月综治宣传月、“三大节日”、全国全区“两会”、中国共产党成立100周年、西藏和平解放70周年期间的主题宣传工作作为重中之重。坚持“三级审批”制度，通过网站、公众号等平台传播正能量。紧紧围绕“网络安全为人民，网络安全靠人民”网络安全宣传周，利用综治宣传、平安山南宣传、保密宣传、民族团结宣传等活动，大力宣传网络安全相关知识，全年开展网络信息安全宣传95次，使网络安全知识入脑入心，全民维护网络安全意识不断提升。截至年底，共处置涉及隆子县网络舆情8起，确保了全县网络空间日益清朗清净。

【新闻宣传】 2021年，隆子县始终把新闻宣传工作的着眼点和着力点放在服务县委政府的中心工作上，把庆祝中国共产党成立100周年和西藏和平解放70周年作为首要任务，坚持正面宣传和典型宣传相结合，社会面宣传和新闻宣传相结合，阵地宣传与新媒体宣传相结合的方式，利用各级各类媒体宣传报道全县经济发展、民生改善、社会稳定、乡村振兴、边境巩固等内容，扩大了隆子的影响力，提高了知名度。

对外宣传力度不断加大。CCTV-1综合频道《新闻联播》——“履职答卷一年间”专栏播发《改善人居环境 助力乡村振兴》，CCTV-13新闻频道《履职答卷一年间》专访全国政协委员贡觉曲珍，央视网播发《数说宝“藏”》这五年，“小康玉麦”人均纯收入增至3.4万多元，新华社推出的《沙棘传奇——西藏隆子跨越半个世纪的生态革命》专题报道点击量达130万人次，并被新浪网等200多家媒体转载转发。全年中央广播电视总台央视新闻、CCTV-17农业农村频道、央视网、央广网、央视新闻客户端、人民网、《人民日报》、新华社、新华网、中国新闻网、中国西藏新闻网、中国西藏网、今日头条、《光明日报》、澎湃新闻、湖南卫视、《湖南日报》等区外主流媒体播发隆子县新闻467条次；“学习强国”学习平台播发49条次；《西藏日报》、山南网、《山南报》、微山南官方等区内媒体播发466条次。

对内宣传能力不断提升。挂牌成立隆子县融媒体中心，整合县广播电视台和网信办优势平台资源，开设“隆子融媒”抖音官方账号，充分发挥传统媒体和新媒体作用，实现网上网下媒体传播全域覆盖，全面宣传隆子县各级各部门工作动态，特别是对党史学习教育、新时代文明实践和疫情常态化防控的典型做法和良好成效的报道，完成上级约稿《传承爱国守边精神 开创强边固边新局》《用好用活本土红色资源 助推党史学习教育走深走实》等稿件。2021年，制作隆子新闻114期，采播新闻352条次，“网信隆子”微信公众号刊播各类新闻2826条。“隆子融媒”抖音号发布正能量作品68条，播放量达46.5万次。用好用活公路挡墙、立柱广告、LED电子显示屏、宣传栏、重点网站和微信公众号等媒介，紧紧围绕县委、县政府中心工作，制作发布“党史”学习教育、疫情防控、庆祝中国共产党成立100周年和西藏和平解放70周年、中共十九届六中全会、自治区第十次党代会等宣传标语，使宣传标语随处可见、深入人心。全年制作更换大型宣传广告牌、宣传栏、宣传标语189个，在网站和微信公众号刊发标语2800余条。为全县农牧民

2021年7月5日，隆子县召开第十四届人民代表大会第一次全体会议。图为代表们有序入场

2021年9月15日，苏藏两地“全国时代楷模”结对共建活动在西藏隆子县玉麦乡举行。图为王仕花为卓嘎央宗姐妹介绍开山岛情况

群众配发价值30万元的国旗以及价值5.8万元的领袖像。

【精神文明建设】 2021年，隆子县始终把新时代文明实践工作，作为不断提高农牧民群众的思想觉悟、道德水准、文明素养、法治观念，推动农牧民全面发展、农牧区全面进步打造精神文明高地的前沿阵地。县委书记在全县宣传思想工作会上专题部署全县新时代文明实践和精神文明工作，明确重点任务、规定工作完成时限、明晰各级职能责任。

“七个起来”让文明实践在全县流行起来。在山南市新时代文明实践“五个起来”的基础上，结合隆子实际创造性提出“七个起来”活动，依托各乡镇、村新时代文明实践所(站)，大力开展理论宣讲讲起来、小喇叭响起来、爱国歌曲唱起来、党史电影放起来、志愿服务动起来、党的恩情讲起来、国家通用语言学起来活动，进一步铸牢了中华民族共同体意识，不断推动党史学习教育向纵深发展。通过“党的恩情讲起来”活动，让农牧民群众讲述自己切身感受到的党中央关怀和总书记厚爱，在玉麦乡，组林塘村民洛桑扎西讲述了自己的成长经历，在他的带动下越来越多的群众走上讲台用自己的方式讲述在党中央的坚强领导下，在习近平总书记的特殊关心下脱贫致富奔小康的故事，以此带动更多农牧民群众一起感恩党中央感谢总书记。通过“国家通用语言文字学起来”活动，让广大农牧民群众特别是村主干说普通话、写汉字的热情空前高涨，县委组织部组织全县427名村干部进行国家通用语言考试；三安曲林乡堆西村举办了为期15天的培训活动，很多农牧民群众到村委会学习。2021年，累计开展国家通用语言文字教育培训494次，受众11825人次。全县累计开展“七个起来”活动7127场次，受众15.6万余人次。

深化精神文明创建。全县开展“自治区文明城市创建”，配合协助山南市开展“民族团结进步示范市”创建，雪沙乡米西村获评“全国文明村镇”，斗玉珞巴民族乡获评“全国民族团结进步示范单位”“自治区民间文化艺术之乡”，玉麦乡玉麦村获评“全国民主法治示范村”，县妇联获评“自治区最美基层妇联组织”，县退役军人事务局获评“自治区退役军人工作模范单位”，卓嘎获全党最高荣誉“七一勋章”，古桑旦增获全国“道德模范”提名。

扎实开展群众性文艺文化活动。以各类重大节庆为契机，组织全县各级文艺团体大力开展群众性文化活动。组织县艺术团举办了春节藏历新年晚会、“翻身农奴把歌唱　永世不忘共产党”等主题演出，精心组织开展了“五下乡”“我们的中国梦　文化进万家”及“永远跟党走”群众性文化活动等文艺演出73场次，热烈庆祝西藏百万农奴解放纪念日和西藏和平解放70周年。积极开展村级文艺演出队组建工作，全县共组建文艺演出队82个，县艺术团完成全县82个村级文艺演出队的培训工作，全年各村级文艺演出队开展各类文艺演出322场次；5月，由艺术团演职人员和各乡镇文化站工作人员带头开展县乡广场舞活动，鼓励村级文艺演出队带领本村农牧民群众开展村级广场舞活动，极大地丰富了农牧民群众的精神文化生活；投资24万元修缮县综合文化活动中心，为全县80个行政村农家书屋配发价值113万元的图书；全县各文化活动中心(站)保持正常开放,确保每周开放时间不少于56个小时,有效满足了县城周边农牧民群众、干部职工、个体商户日益增长的美好生活需要。认真履行文物安全管理责任,组织开展具有隆子特色的"文化和自然遗产日"系列活动,充分展示隆子县非物质文化遗产保护成果。

加强未成年人思想道德建设。全县各学校以党史学习教育为契机,以主题班会、思政教育、实践活动等为载体,积极组织开展"童心向党 薪火相传""童心向党 学党史向党旗敬礼""读书日 读党史""道德讲堂 党史学习进校园""党史故事进课堂""从小学党史 永远跟党走"等系列活动,坚持从家庭做起、从娃娃抓起,教育引导中小学生从小学党史永远感党恩,引导广大青少年学生扣好人生第一粒扣子。

用好用活新时代文明实践"10+N"志愿服务队。全县各级新时代文明实践中心(所、站)积极组织动员志愿者投身到人居环境整治、理论政策宣讲、文艺文化惠民、新冠肺炎疫情防控宣传、爱国卫生运动等领域开展志愿者服务活动。山南市"文化润边"理论+文艺宣传边境行活动在隆子启动,创新开展"学习宣传贯彻习近平总书记视察西藏时重要讲话精神文艺宣讲",扎实开展"新时代文明实践推动日"活动,每月定推动日主题,组织各文明实践中心、所、站志愿者队伍扎实推进新时代文明实践工作。全县开展各类文明实践活动共计1453场次,出动志愿者10100余人次,受众50874人次。

开展苏藏两地全国"时代楷模"共建活动。9月,隆子县在玉麦乡组织开展了苏藏两地"全国时代楷模"结对共建系列活动,江苏省"全国时代楷模"王仕花应邀到玉麦与隆子县"全国时代楷模"卓嘎、央宗开展结对共建活动,此次活动,充分体现了苏藏两地各级党委政府对深化结对共建活动的坚定决心,充分展示了江苏人民心系祖国边疆的家国情怀,也充分显现了"守岛精神"和"爱国守边精神"在两地深入人心、开花结果的实践成效。

持续深化农村电影放映。县电影队全年行程3500余公里,持续开展优秀影片巡映活动,截至年底,共放映党史、爱国主义等各类优秀电影970余场次,观众达72750余人次。

【理论武装】 2021年,隆子县始终坚持把学习宣传贯彻习近平新时代中国特色社会主义思想作为思想教育的首要任务,推动全县理论学习不断往深里走、往实里走、往心里走,把习近平新时代中国特色社会主义思想深深融入各族群众的血脉。及时制定印发《全县各级党委(党组)理论学习中心组2021年专题学习重点内容安排》,深入学习贯彻中共十九届五中、六中全会和中央第七次西藏工作座谈会精神,专题学习中共十九届六中全会精神,习近平总书记"七一"重要讲话和在西藏考察时的重要讲话精神,认真研读党史学习教育4本必读教材和"三更"专题教育读本。2021年,全县各级党委(党组)开展理论学习中心组学习436次,研讨发言467人次。县委宣传部开展中心组学习巡听旁听4次。不断深化群众思想教育,扎实推进"管肚子"与"管脑子"双管齐下,以"永远跟党走"群众性主题教育活动为契机,结合党史学习教育,组织县乡村三级宣讲队伍,围绕习近平新时代

2021年9月15日,苏藏两地"全国时代楷模"结对共建活动在西藏隆子县玉麦乡举行。图为参观桑杰曲巴故居

中国特色社会主义思想、习近平总书记核心地位、民族团结共创共建、疫情防控爱国卫生运动、《党史学习教育基层群众宣讲提纲》、《四讲四爱宣讲提纲》等基本内容，通过巡回宣讲、基层宣讲、驻村宣讲、入户宣讲、深入虫草采挖点和施工地宣讲等多种方式开展群众思想教育。全年共计开展宣讲1153场次，受教育5.1万余人次。继续发挥“网信隆子”微信公众号作用，向全县网民推送习近平总书记系列重要讲话精神及《党史百年》《中共党史专题讲座》《党史故事100讲》《纪念西藏百万农奴解放62周年宣讲藏语音频》《“时代楷模”主题作品展播》《西藏翻身农奴影像档案》《老西藏故事》和疫情防控科普知识等共计400余篇次。继续强化“学习强国”学习平台使用监管，明确每日学习任务标准，定期对“学习强国”平台使用情况进行通报，通过学习排名激励全县各级党员干部学习主动性。县委书记围绕党史学习教育、“三更”专题教育、政法队伍教育整顿等主题，精心准备课件，带头讲授党课；县委副书记、政府县长就学习贯彻中共十九届六中全会精神和山南市第二次党代会精神作专题授课，县委班子以身作则、率先垂范，全县县级领导和各级党组织书记累计开展理论授课195场次。

2021年6月29日，隆子县组织集中收听收看“七一勋章”颁授仪式

【党史学习教育】 2021年，隆子县始终把党史学习教育作为重要的政治任务抓紧抓细抓实，确保真正实现学党史、悟思想、办实事、开新局的目标任务。

*以政治引领确保党史学习教育稳步起航。*县委常委会第一时间集中学习了习近平总书记在全国动员大会上的重要讲话精神，研究隆子县贯彻意见。县委书记主持召开全县党史学习教育动员大会，成立领导小组，安排部署党史学习教育各项工作，印发全县实施方案；县委抽调3名精干力量确保县委党史学教办工作运行，党史学习教育工作5万元工作经费纳入财政预算，为开展好党史学习教育各项活动提供有力保障。

*以思想引领推动党史学习教育走深走实。*开展县委理论学习中心组党史学习专题研讨，邀请市人民检察院检察长刘志刚到隆子县开展主题为“不忘初心、牢记使命”的党史学习教育专题讲座。在集中学习的同时，及时为全县四级调研员及各乡镇、单位党政主要领导统一配发了640本学习书籍，为党史自学提供学习资料。全面推行党史“七进”，实现党史宣讲全覆盖。全县各级宣讲员，面向机关干部、部队官兵、学校师生、寺庙僧尼、企业职工、农牧民群众和网民开展党史宣讲，实现隆子县党史学习全覆盖、对象全员化。全县开展党史学习教育宣讲1712场次，受众达119412人次。在机关，县委书记、县党史学习教育领导小组组长次仁加措以“学习百年历程，锤炼优秀品质”为主题，为全县党员干部讲了一堂专题党课，县委副书记、政府县长李宁就学习贯彻中共十九届六中全会精神、自治区第十次党代会精神和山南市第二次党代会精神进行专题授课；在校园，全县各学校以主题班会、思政教育、实践活动等为载体，积极组织开展“童心向党　薪火相传”“童心向党　学党史向党旗敬礼”“读书日　读党史”“道德讲堂　党史学习进校园”“党史故事进课堂”“从小学党史　永远跟党走”等活动；在企业，“两新”党支部充分发挥支部堡垒作用，扎实开展“学党史、守

初心、勇担当”主题党日活动，“世界读书日　一起读党史”“党史快问快答”“扬艰苦奋斗之风　颂西藏和平伟业”等活动；在牧区，积极动员各级农牧民宣讲员以“永远跟党走”群众性主题教育活动为契机，重点围绕《党史学习教育基层群众宣讲提纲》《纪念西藏民主改革62周年宣讲提纲》《习近平总书记“七一”重要讲话精神宣讲提纲》，走进田间地头、农家院落，以讲述红色事迹、新旧西藏对比，分享脱贫攻坚故事等形式面向农牧民群众开展党史学习教育。

以“三大精神”为支撑让“红色教育基地”火起来。围绕“爱国守边精神”“列麦精神”“沙棘精神”，以玉麦桑杰曲巴旧居、列麦精神纪念馆、隆子河谷沙棘林带为主，打造具有浓厚地域特色的红色教育基地，这些红色教育基地已逐渐成为全县甚至全市党员的热门“打卡点”，重走巡边路、再登“革命坝”，探访沙棘林，在隆子到红色教育基地实地参观学习俨然成为一种“新时尚”。践行“爱国守边精神”，各边境乡镇在抵边牧场、山口、新冠肺炎疫情防控卡点等地，组织开展“学楷模、听党史、重走巡边路、手绘爱国情”实践活动，各涉边乡镇共计开展巡边护边活动77场次，在边境山口手绘国旗、党旗等各类标示标语56幅，彰显了边境一线干部群众守边固边、宣示主权的坚定决心，践行争做“神圣国土守护者、幸福家园建设者”铮铮誓言。感悟“列麦精神”，县委党史学教办组织在家县级领导和四级调研员前往列麦乡开展“重温党的历史　弘扬列麦精神　践行初心使命”主题活动，参观“列麦精神纪念馆”重登“革命坝”再饮“幸福渠”，感受自力更生、艰苦奋斗、军民团结、守护国土、建设家园的“列麦精神”，各级党组织纷纷自发前往玉麦桑杰曲巴旧居、列麦精神纪念馆、张贵荣将军烈士纪念碑进行参观学习348场次，缅怀革命先烈，赓续红色血脉，汲取奋进力量。坚守“沙棘精神”，隆子县围绕“弘扬沙棘精神，建设美丽家园”主题，在日当镇曲古塘村启动春季义务植树造林活动，全县累计植树造林85352株，让隆子的天更蓝、水更清、山更绿、空气更清新，不断巩固全国“两山”实践基地创建成果。

2021年12月28日，隆子县开展以“腾飞的事业、火红的青春”为主题的元旦联欢晚会。图为主持人风采

以“13+N项活动”为平台让党史学习教育热起来。以“13+N”为载体，开展形式多样、内容丰富的实践活动。拍摄《永世不忘党的恩　再唱山歌给党听》庆祝中国共产党成立100周年和西藏和平解放70周年主题视频；组织开展“升国旗唱国歌”暨“学党史、悟思想、办实事、开新局”签字承诺仪式；集中收听收看庆祝中国共产党成立100周年和西藏和平解放70周年大会盛况；组织开展重温入党誓词、爱国电影周周看、读书班、“学党史悟初心　坚定不移跟党走”党史故事分享会、“传唱红色经典　赓续红色基因　争当先进模范”红歌比赛、“奋斗百年路　感恩新时代　启航新征程”党史知识竞赛等系列活动，开展“学习贯彻习近平新时代中国特色社会主义思想和习近平总书记西藏工作重要论述在隆子的成功实践”大调研活动，以调研为基础，大力开展“我为群众办实事”活动，全县形成各类调研报告65篇，累计为群众办实事712件次，受众达49055人次。

【队伍建设】

加强宣传思想战线队伍建设。把加强队伍建设，培养宣传骨干作为宣传思想工作的一项重要任务之一，一方面加强干部作风建设，强化干部管理，提高整体队伍的思想理论素质和创新思维能力；另一方面，加大衔接汇报力量，争取相关部门的重视和支持，不断充实宣传思想工作战线队伍力量；同时，加大选派干部学习培养力量，丰富干部阅历和知识，促进宣传思想战线干部为民服务的信心更加坚定，工作热情更加高涨，推动工作效率和水平明显提高。

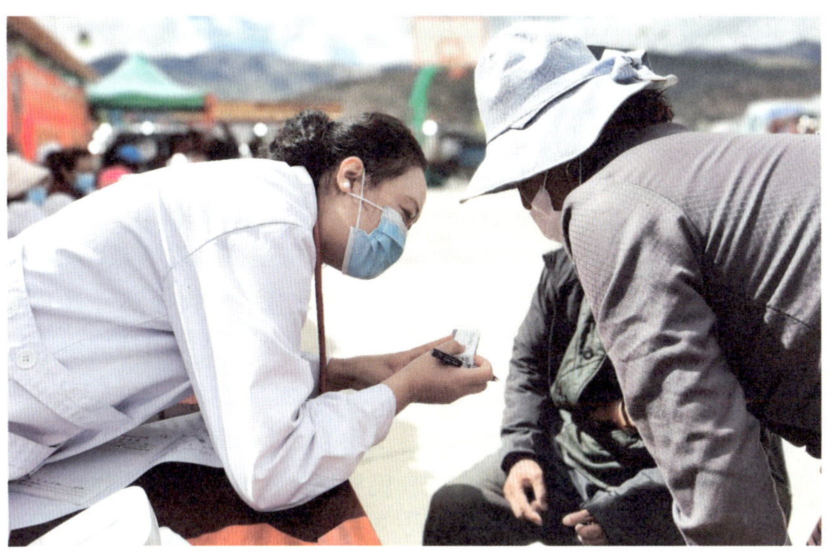

2021年9月5日，隆子县新时代文明实践推动日启动仪式在隆子镇新巴村举行。图为义诊现场

推进新时代文明实践志愿服务队伍建设。为切实推进新时代文明实践中心（所站）建设，打通与群众“最后一公里”问题，根据《西藏自治区新时代文明实践中心试点建设实施方案》精神和各级宣传部的部署要求，2021年，全县已建新时代文明实践中心1个，所10个，站75个。筹建所1个、在建站8个。以“1+10+ N”模式招募组建志愿者队伍，建立1支由县级领导干部组成的志愿服务总队，9支由县直机关干部职工和社会各界人士组成的志愿服务分队和451支乡镇、村志愿服务队伍，6786名志愿者。同时，突出宣传群众、服务群众这个主题，积极动员全县461支志愿队伍，形式多样的文明实践活动。

【阵地管理】 2021年，隆子县制定了2021年“三大节日”、3月维稳重点工作方案及意识形态领域突发事件应急处置预案；4月组织召开全县宣传思想暨意识形态工作部署会，对全县意识形态工作进行全面系统的安排部署，县委书记与各级党委（党组）第一责任人签订意识形态责任书。

坚持党管媒体原则。新闻舆论工作处在意识形态斗争最前沿，为做好党的新闻舆论工作，继续严格执行新闻“三审制度”，强化网络新兴媒体的登记、备案、审批和网上舆情监管监测。坚持正确舆论导向，坚持正面宣传为主，唱响主旋律，弘扬正能量，做大做强主流思想舆论，提高新闻舆论传播力、引导力、影响力、公信力，确保网络意识形态领域绝对安全。

压实安全播出责任。挂牌成立隆子县融媒体中心，整合县广播电视台和网信办优势平台资源，严格执行安全播出规章制度，及时修订安全播出应急方案、预案，加强应急预案演练，加大设备检修频次，将安全播出隐患消除于萌芽。全县92个应急广播站点在党史学习教育、疫情防控、扫黑除恶、新时代文明实践、脱贫攻坚中发挥作用明显。

大力开展综合执法检查。把“扫黄打非”作为“三个专项斗争”中的重要一环，联合各职能部门开展联合检查50余次，共出动执法人员320余人次。以严厉查处打击政治性非法出版物及宣传品、淫秽色情、非法音像制品，非法销售广播电视地面接收设备为重点，持续净化文化市场、净化网络空间、净化出版领域、净化娱乐场所、净化舆论环境。联合县文化执法队，深入隆子县各歌曲下载点、音像制品零售店和经幡店，通过查看问等形式，摸清文化市场的真实情况，了解是否存在传播“藏独”反宣品、违禁歌曲和政治性非法出版物，每次出勤，都做详细的检查记录，严厉查处和打击非法销售盗版光碟，传播非法歌曲，尤其加大了对网吧接纳未成年人和超时营业的打击力度。通过开展专项行动，加大了对文化市场的督导检查力度，规范了市场秩序。向各娱乐场所经营业主宣传“扫黄打非”知识、法律法规知识、新冠肺炎疫情防控最新政策要求，定期不定期开展专项检查清查行动，确保全县各类娱乐场所合法合规经营。

【机构领导】

县委常委、宣传部部长

　　顿珠曲杰（藏族）

县委宣传部常务副部长

　　格桑卓玛（女，藏族，5月免）

　　王金风（女，5月任）

县委宣传部副部长、政府新闻办公室主任

　　白玛索朗（藏族，4月任）

县委宣传部副部长、广电局局长

　　白玛曲珍（女，藏族，4月任）

县委宣传部副部长、新闻出版局局长

　　冯世祥

县文化市场综合执法大队副队长

　　陈　垞（4月免）

统一战线工作

【概况】 2021年，县委统战部、县民宗局编制为9名，部门领导职数为4名。实有在编9人，其中副县级领导1名、常务副部长1名、副部长2名、统战部一级科员5名。

【民族团结】 2021年，隆子县委统战部认真学习贯彻习近平总书记关于民族工作的重要论述，特别是在全国民族团结表彰大会上的重要讲话精神，全面贯彻落实中央民族工作会议精神和中央、区党委、市委、县委关于民族工作决策部署，县委、县政府高度重视民族团结进步创建工作，积极研究、认真谋划，有序、有效开展民族工作，促进隆子县各民族交往交流交融。

思想上高度重视。为认真贯彻落实全市创建全国民族团结进步示范市工作推进会议精神，县委、县政府主要领导部署召开了全县创建全国民族团结进步示范市工作领导小组2020年第1、2次会议，对如何做好隆子县创建民族团结进步示范市工作提出了明确要求。从县直单位、寺管会中抽调了3名工作人员到民创办工作，同时在边境小康示范村建设和脱贫攻坚工作任务十分繁重的情况下县政府解决了100万元作为创建经费，为开展好民族团结进步示范市创建工作提供强有力的人员保障和经费保障。

宣传上营造氛围。根据《隆子县创建全国民族团结进步示范市重点工作方案》要求，为深入推进民族团结进步事业，使各族群众深刻认识到民族团结的重大意义，各单位、各部门把学习民族团结理论知识纳入各级党（委）组理论学习中心组学习计划中，在全县干部职工及群众中学习了“党的十九届四中全会精神”“习近平总书记关于治边稳藏的重要论述”和给隆子县玉麦乡群众回信精神，以及《习近平总书记在全国民族团结进步表彰大会上的重要讲话精神》和《西藏自治区民族团结进步模范区创建条例》。全年共制作灯杆广告25条、发放各类学习宣传册5000余册、在全县移动手机用户上共发放了35000余条民族团结宣传教育短信，在全县范围内营造了浓厚的民族团结进步宣传氛围。

活动上丰富多样。从全县实际情况出发，以植树节和百万农奴解放纪念日等节日为契机，各创建成员单位精心策划开展了“军民共庆春节”活动、“民族团结一家亲　爱心捐款暖人心”活动、“双语互学”活动、“中华民族一家亲　同心共筑中国梦”主题书法绘画大赛活动、“民族团结线上教

2021年4月23日，隆子县召开2021年统战民族宗教工作会议暨民族团结进步创建工作推进会

2021年11月12日，自治区民宗委工作人员在斗玉乡斗玉村驻村点指导驻村工作

育宣传活动”“党外代表人士慰问”“民族知识齐学 民族团结共建”等20余场实践活动。开展民族团结进步学习宣传260余场次，张贴悬挂宣传横幅标语100余条，全年共表彰先进集体12家，先进个人17人。

【寺庙管理】 全面落实好主体责任、统筹协调责任、具体管理责任和领导干部联系寺庙责任，确保宗教活动场所和谐稳定。

【法治宣传】 为进一步提升“法律进宗教场所”法治宣传教育活动宣传覆盖面，进一步提高寺庙僧尼法治意识、公民意识，广泛动员全县寺庙僧尼和信教群众自觉尊法、学法、守法、用法，根据2021年全市普法与依法治理工作的要求，隆子县开展3月“宗教活动场所法治宣传月”普法活动。

3月25日，隆子县委统战部、民宗局，司法局联合宣讲团到仲嘎曲德寺开展依法管理宗教事务专题普法活动，共计50余人参加此次宣讲活动。隆子县司法局负责人向寺庙僧尼和信教群众阐释了“法律进宗教活动场所”活动的重要意义，随后全面阐述、宣讲了《中华人民共和国民法典》《中华人民共和国宪法》，教育引导僧尼要在国家法律框架体系下依法开展各项宗教活动，争做懂法、守法、传法的新时代先进僧尼。此次普法活动受到了寺庙僧尼和广大信教群众的热烈欢迎和配合，进一步加强了宗教政策法规的学习宣传，增强了教职人员和信教群众的国家意识、公民意识和法律意识。

【党外人士联系】 2021年，隆子县委统战部不断加大对党外人士关心关爱力度。为了充分发挥党外人士的积极作用，在县委、县政府的高度重视和关心支持下，“三大节日”前，召开了党外代表人士迎新春座谈会，组织开展走访慰问党外人士活动，每人按500元的标准进行慰问，使全县党外人士切实感受到了党和政府的亲切关怀。

【藏胞工作】 为全面贯彻落实中共十九大、十九届历次全会精神及中央第七次西藏工作座谈会精神和区市县关于做好藏胞工作的决策部署，切实开展好境外藏胞境内亲属相关工作，确保把党和政府对于境外藏胞境内亲属的关心关怀落实到位，结合隆子县境外藏胞境内亲属的实际情况，年底，对隆子县境外藏胞境内亲属，每户发放500元慰问金。

【机构领导】

县委常委、统战部部长、民宗局局长

罗布扎西（藏族）

统战部常务副部长

索朗欧珠（藏族，5月免）

叶 措 吉（女，藏族，5月任）

统战部副部长

李 长 辉

统战部副部长、民宗局副局长

甭　　多（女，藏族，5月免）

索朗巴珠（藏族，5月任）

强基惠民活动

【概况】 隆子县创先争优强基础惠民生活动领导小组办公室成立于2011年10月，属于县委组织部下设长期临时性机构，无正规编制，办公室干部5人。2021年，全县共有82个驻村点，其中县、乡（镇）派驻52个驻村点、市直单位派驻27个驻村点、区直单位派驻3个驻村点，共派出246名驻村干部。

【“七项任务”推进情况】

推动习近平新时代中国特色社会主义思想扎根铸魂。各驻村工作队深入学习宣传习近平新时代中国特色社会主义思想，学习贯彻党章党规党纪和党的路线方针政策，学习宣传中共十九大和十九届历次全会精神483场次，受教育群众46298人次；深入学习宣传习近平总书记关于西藏工作的重要论述和新时代党的治藏方略以及中央第七次西藏工作座谈会精神405场次，受教育群众36598人次；大力宣传总书记对西藏各族群众的深情牵挂和特殊关爱490场次，覆盖群众44325人次；组织村党员、群众学习宣传贯彻习近平总书记在庆祝中国共产党成立100周年大会上的重要讲话311场次，受教育31698人次；学习宣传习近平总书记在西藏视察时的重要讲话精神286场次，受教育党员、群众23296人次。

铸牢中华民族共同体意识。工作队以结对帮学、文化补习夜校等形式实施村干部国家通用语言文字教育培训974场次，覆盖村（社区）1729人次；大力开展党史、新中国史、改革开放史、社会主义发展史以及西藏地方和祖国关系史宣讲教育活动480场次，受教育群众29750人次；广泛开展“中华民族一家亲，同心共筑中国梦”主题宣传147场次；在重要节庆日、民族传统节日等广泛开展群众性民族团结进步创建活动172场次；组织开展各类文艺活动237场次；协助组织党员、群众参观爱国主义教育基地52场次，受教育党员、群众2575人次；开展民族团结教育196场次，受教育群众16744人次；开展弘扬“老西藏精神”、“两路”精神，举办“争做神圣国土守护者、幸福家园建设者”专题讲座139场次，参与群众10117人次；在群众中广泛宣传民族团结中涌现出的先进个人事迹90余场次，受教育群众8896人次。

2021年8月16日，县强基办副主任边巴顿珠（中）带队检查指导加玉乡庞村工作

维护社会稳定。协助村“两委”制订维稳方案和应急预案466个，组建护村队、护路队、护校队等357个。发挥协调联动机制作用，在重要时段、重要节点开展巡逻9638余次；协助做好重点领域排查3036余次、排查重点人员1540人次；积极化解和妥善处理与邻乡、近村之间草场、水源、矿产等各类矛盾纠纷22件，防范化解各类风险隐患24次。

建强村党组织。工作队协助村党组织开展组织生活会97场次、民主评议党员活动81场次、主题党日活动743场次、党务村务财务公开活动470场次；协助召开党员大会500余场次、党支部委员会740场次、党小组会579场次、讲党课535场次；协助发展党员597人；协助开展群团活动371场次，参加21475人次；推进“两学一做”“四讲四爱”“不忘初心、牢记使命”等学习教育常态化制度化工作，发放宣传学习资料3090余份，组织群众学习330余场次、党员学习409场次，查摆问题43个，解决问题43个。

推进乡村振兴。宣传巩固拓展脱贫攻坚成果、实施乡村振兴战略相关政策226场次，受教育群众21063人次；协助做好易返贫致贫人口常态化监测447次，协助做好36个扶贫产业项目清产核资工作，配合村党组织、乡镇和县乡村振兴等部门，对1630余户开展返贫监测，制定有针对性的防返贫措施93条；从各渠道争取推进乡村振兴计划帮扶项目25个，资金385万余元，落实项目

15个，资金227万余元；统筹用好强基惠民经费，帮助20个村级党组织兴办符合产业政策、市场前景好、就业带动强的集体经济组织8个、专业合作社8个，已产生稳定收益的有8个，协助发展乡村旅游项目5个；协助开展农牧民实用技能培训33场次，受益群众1560人次；开展勤劳致富典型人物宣传120场次，受教育群众14987人次，开展移风易俗活动91场次，参与群众13419人次；协助开展植树种草、整治脏乱差、建设美丽乡村活动492场次，参与农村"四旁"植树32850余棵、种草560余亩。

加强乡村治理。开展普及防灾抗灾和自救互救、避险逃生等知识宣传教育活动223场次，受教育群众23743人次；开展破除封建迷信宣传教育活动172场次，帮助村级组织完善村规民约611条，落实"四议两公开"解决事情237件。开展认清"村霸"问题的表现、危害及实质宣传活动114场次，受教育群众13994人次；加强对农牧民群众疫情防控相关知识的宣传教育，提高群众健康意识和防控意识，协助开展常态化疫情防控知识宣传531场次，受教育群众46903人次；开展《中华人民共和国宪法》《中华人民共和国民法典》《中华人民共和国刑法》《中华人民共和国道路交通安全法》《中华人民共和国国家安全法》《中华人民共和国治安管理处罚法》《中华人民共和国乡村振兴促进法》等法律法规宣讲教育活动328场次，受教育群众31265人次；宣传防范电信网络诈骗、禁毒知识教育等活动237场次，参与群众19706人次；宣传党的民族宗教政策219场次，受教育群众16993人次。

为民办事服务。认真开展"我为群众办实事"实践活动，加强对困难人群的关爱服务，经常嘘寒问暖，及时发现并协调上级有关部门解决群众"急难愁盼"问题359件，为困难群众捐款捐物折合资金26.6万余元；发挥村级组织活动场所平台作用，协助做好"一站式服务""一门式办理"工作，推动为民服务全程代办，开展线上线下代缴代办代理等便民服务4000余件；协助相关部门在农牧民群众中宣传"厕所革命""两降一升"和结核病、肝炎、风湿病、大骨节病等地方病综合防治工作168场次、覆盖群众16101人次，帮助900余名村民解决看病问题。

【结对帮扶】 2021年，隆子县共有2710名干部帮扶2033户，为进一步解决干部因退休、离职、调动、职级变动和帮扶对象因长期在外务工、去世、搬迁等情况导致的帮扶问题，经请示市强基办和县委、县政府批准，7—9月，县强基办对全县干部结对帮扶进行了调整，并于9月下发《关于干部结对帮扶调整的通知》，切实补齐了全县干部结对帮扶工作漏洞。全年，干部结对帮扶共折资158.4万余元，其中通过消费扶贫促进帮扶对象增收85.3万余元。

【强化组织领导】 2021年，隆子县强基办以县、乡（镇）领导班子换届为契机，进一步调整充实县、乡两级强基惠民活动领导小组及办公机构。由县委常委组织部部长主管、组织部常务副部长分管，1名副科级干部具体负责，4名一般干部人均在办公室工作3年以上，有丰富的工作经验，进一步为强基惠民活动高效有序开展提供坚实保障。

2021年11月3日，县强基办督查指导雪沙乡苯扎村驻村工作

【驻村工作】 4月,隆子县委召开了县创先争优强基础惠民生活动第九批驻村工作总结暨第十批驻村工作动员大会,紧扣新时代干部驻村新七项驻村职责要求,从加强政治引领,维护稳定第一位任务,铸牢中华民族共同体意识,积极引导宗教与社会主义社会相适应,加快推进乡村振兴战略,保障民生、凝聚人心,强化为民办事服务,推进守边固边强边,加强基层党组织建设九个方面作了安排部署。5月,隆子县召开了第十批驻村工作队和第四批村党组织第一书记培训班,重点围绕习近平新时代中国特色社会主义思想、中共十九届五中全会精神、中央第七次西藏工作座谈会精神、自治区强边工作会议精神、基层党建、维护稳定、巩固拓展脱贫攻坚成果、乡村振兴、惠民政策、驻村业务知识等内容进行了培训,为第十批驻村工作队和第四批村党组织第一支部书记了解政策、熟悉基层、尽快融入角色、服务基层一线提供了有力保障。11月末,由县委组织部牵头、县强基办组织,召开了第十批强基惠民工作经费实施项目培训会,主要围绕项目管理、项目选址、项目资金使用和项目申报等工作进行讲解,进一步为乡(镇)、驻村工作队和村"两委"班子今后项目实施指明了方向、提供了遵循依据。

【经费保障】 县本级预算10万元用于强基惠民活动办公专项经费,安排8万元慰问经费,预算199.41万元用于第九批驻村工作队生活追加补助,预算336.42万元用于县级第十批驻村工作队生活补助,充足的经费保障促使工作顺利开展。2021年强基惠民工作经费1620万元,其中各村烤火费用41.4万元、成立村级文艺演出队经费162万元。6月,县强基办制定《2021年隆子县第十批强基惠民驻村工作经费使用方案》,并下发了《关于征求2021年强基惠民剩余工作经费使用意向的通知》,要求各乡(镇)认真研究,严格把关辖区内强基惠民工作经费使用意向。11月,经县级会议逐步通过:隆子镇堂徒村、麦莎村等59个村经费或部分经费共计889.2万元自行实施项目;隆子镇新巴村、叶巴村等63个村经费或部分经费共计524.8万元由县级整合使用,自行实施项目资金已拨付到各乡(镇)。

【督查指导】 2021年,县强基办联合县委组织部对驻村工作开展了5次巡回检查,12次不定期随机抽查督导工作。重点对维稳工作、人员在岗、驻村七项任务工作开展、新冠肺炎疫情防控、"八项"台账登记、驻村工作队入户走访、各类宣讲、文件阅办归档、"党史"和国家通用语言文字学习等情况进行了督导检查,其间注重挖掘特色亮点工作和及时整改存在问题,共下发通报6次,整改问题50余件。

【机构领导】

县委常委、组织部部长、强基办主任

侯 文 斌

县委组织部常务副部长、强基办副主任

洛桑曲旦(藏族)

强基办副主任

边巴顿珠(藏族)

巡察工作

【概况】 2018年1月正式挂牌成立县委巡察机构,为正科级单位,核定人员编制6名,为县委工作部门,设立县委巡察办,县委巡察一组和巡察二组,其中,县委巡察办科级领导职数2名、一正一副,巡察组核定科级领导职数2名(其中正科级组长1名,副科级副组长1名)。

【突出党委领导】 2021年,根据《中共山南市委员会关于调整充实市委巡察工作领导小组组成人员的通知》要求,成立以县委书记担任组长,县委常委、纪委书记、监委主任担任常务副组长,县委常委、组织部部长担任副组长的县委巡察工作领导小组,县委书记次仁加措先后对巡察工作作出指示批示9次,把巡察工作作为"书记工程"来抓,带头落实好主体责任,召开书记专题会1次,听取每轮巡察情况汇报,并直接点人、点事、点问题,对发现的突出问题明确提出处置意见,对做好巡察整改工作提出具体要求,推动问题解决和整改落实。

【巡察全覆盖】 2021年,隆子县委巡察办坚持稳中求进、时间服

2021年10月28日，隆子县组织召开十届县委第一轮巡察工作动员部署会

从质量，把握全覆盖时限要求，统筹新冠肺炎疫情防控和巡察工作，有针对性地开展了常规巡察、“交叉巡察”、巡察“回头看”等，坚持把全覆盖任务作为“硬要求”“硬指标”。始终坚持“发现问题、形成震慑、推动改革、促进发展”的巡视工作方针，坚持“严”的主基调，把发现问题作为巡察工作的生命线，把推动解决问题作为落脚点，确保巡察的权威性、震慑力、推动力。在九届县委换届前圆满完成了县委巡察全覆盖任务，充分彰显了党内监督无死角，全面从严治党无例外的坚定决心。

【基层延伸】 2021 年，隆子县委巡察办认真贯彻落实习近平总书记关于“坚持党组织建立到哪里，巡视巡察就跟进到哪里”的重要指示精神，紧盯被巡察村级党组织职能职责，坚持力量下沉、重心下移，面对面、问实情、访民意，形成巡察监督与群众监督整体合力，保证党的一系列为民务实好政策落到底、落到位，切实解决一批损害群众利益的突出问题，不断增强人民群众获得感、幸福感、安全感。

【教育培训】 2021 年，隆子县委巡察办坚持“一轮一培训”，通过举办专题培训、编印巡察工作手册和应知应会知识等方式，突出培训实效，提高巡察队伍发现问题能力。同时邀请县纪委、财政、审计、发改等部门的业务骨干向巡察干部进行授课，通过“以干代训”的方式，让巡察干部在学中干、干中学，强化“实战培训”，切实把上级巡视巡察的好经验好做法传导下去。采取“传帮带”作用，通过巡察办主任和巡察组组长授课的方式，对调整到县委巡察机构的 2 人进行了业务培训及指导，积极从县委巡察机构中选派 3 名骨干参加区党委巡视和市委巡察。年内，县委巡察机构开展综合性业务培训 5 次，参加培训人员达 20 人次，提升了整个巡察机构的工作能力。

【廉洁建设】 2021 年，隆子县委巡察办始终坚持“打铁必须自身硬”要求，加强巡察干部日常教育监督管理，筑牢党员干部拒腐防变、强化“不敢腐、不能腐、不想腐”的思想意识，带头遵守中央八项规定及其实施细则精神，落实新冠肺炎疫情防控要求，切实守住安全底线，并督促巡察干部严

2021年8月26日，隆子县巡察办组织召开中共十届隆子县委巡察工作领导小组第一次会议，研究审议中共隆子县委2021—2025年巡察工作规划

2021年12月17日，十届县委第一轮巡察二组在三林乡反馈巡察情况

格落实工作纪律、落实维稳值班、安全保密、请示报告等制度，组织巡察机构干部参观隆子县党风廉政警示教育基地，通过观看文字图片、案例剖析、讲解员解说等形式，给每一位巡察干部上了一堂形象、生动、直观的反腐倡廉课，积极打造一支忠诚干净担当的巡察干部队伍，严防"灯下黑"。

【信息化建设】 2021年，隆子县委巡察办深入贯彻习近平总书记关于加强巡视巡察工作信息化建设的重要指示精神，按照《关于巡视巡察信息化建设的指导意见（试行）》和《关于县（区）巡察机构全面接入纪检监察内网的通知》有关要求，研究制定了《隆子县委巡察信息化建设实施方案》，以信息化促进规范化，提升监督质量和效率，为促进巡视巡察上下联动和贯通融合提供有力支撑，极大地提升了县委巡察工作质效。

【机构领导】

县纪委常委、巡察办主任

土登益西（藏族，5月任）

县委巡察办副主任

王 玉 坤（4月免）

翟　　秦（女，4月任）

县委巡察一组组长

白玛央珍（女，藏族）

县委巡察一组副组长

鲍 春 兰（女，土族）

县委巡察二组组长

平　　措（藏族，5月免）

平措扎西（藏族，5月任）

县委巡察二组副组长

吕 兰 英（女）

隆子县人民代表大会

综述

【概况】 2021年，隆子县人大常委会机关编制共10名，实有干部16名，其中人大常委会主任1名，副主任4名（其中女性1名），人大“三委”主任委员各1名，人大常委会办公室主任1名，副主任1名，一级主任科员1名和工作人员3名（其中三支一扶1名，西部志愿者1名）。

2021年，圆满完成人大换届选举工作，共选举产生25名县人大常委会委员，其中汉族7名，藏族17名，珞巴族1名，女性2名。共选举产生市二届人大代表25名、县十四届人大代表133名（预留4名）和乡（镇）新一届人大代表454名。

【隆子县第十三届人民代表大会第八次会议】 2021年1月，隆子县召开第十三届人民代表大会第八次会议，会议应到代表97名，实到代表81名。

会议听取和审议了隆子县人民政府工作报告、隆子县人民政府关于隆子县第十三届人民代表大会第七次会议代表意见建议办理情况报告、隆子县人大常委会工作报告、隆子县人民法院工作报告、隆子县人民检察院工作报告；审查批准了隆子县“十四五”时期国民经济和社会发展规划与2035年远景目标纲要、隆子县2020年国民经济和社会发展计划执行情况与2021年国民经济和社会发展计划草案的报告、隆子县2021年国民经济和社会发展计划草案、隆子县2020年财政预算执行情况与2021年财政预算草案的报告、隆子县2021年财政预算草案。

【隆子县第十四届人民代表大会第一次会议】 2021年7月，隆子县召开第十四届人民代表大会第一次会议，会议应到代表133名，实到代表120名。

会议听取和审议了隆子县人民政府工作报告、隆子县人大常委会工作报告、隆子县人民法

2021年7月7日，隆子县十四届人大一次会议选举产生人民代表大会常务委员会成员

2021年7月7日，隆子县召开十四届人民代表大会第一次会议

院工作报告、隆子县人民检察院工作报告；审查批准了隆子县2016—2021年国民经济和社会发展计划执行情况与今后五年工作安排的报告、隆子县2016—2021年财政预算执行情况的报告；表决通过了关于隆子县第十四届人民代表大会常务委员会组成人员名额的决定、关于设立隆子县第十四届人民代表大会专门委员会的决定；选举产生隆子县第十四届人民代表大会常务委员会主任1名，副主任4名，委员20名；选举产生隆子县人民政府县长1名，副县长8名；选举产生隆子县监察委员会主任、隆子县人民法院院长、隆子县人民检察院检察长各1名；选举产生人大“三个专门委员会”主任委员各1名，委员各2名。

【隆子县第十四届人民代表大会第二次会议】 2021年10月，隆子县召开第十四届人民代表大会第二次会议，会议应到代表133名，实到代表99名。

会议传达学习了中央人大工作会议精神；选举产生隆子县出席山南市第二届人民代表大会代表25名。

【隆子县第十四届人民代表大会第三次会议】 2022年1月，隆子县召开第十四届人民代表大会第三次会议，会议应到代表133名，实到代表120名。

会议传达学习了西藏自治区第十一届人民代表大会第五次会议和山南市第二届人民代表大会第二次会议精神；听取和审议了隆子县人民政府工作报告、隆子县人民政府关于隆子县第十三届人民代表大会第八次会议代表意见建议办理情况报告、隆子县人大常委会工作报告、隆子县人民法院工作报告、隆子县人民检察院工作报告；审查批准了隆子县2021年国民经济和社会发展计划执行情况与2022年国民经济和社会发展计划草案的报告、隆子县2022年国民经济和社会发展计划草案、隆子县2021年财政预算执行情况与2022年财政预算草案的报告、隆子县2022年财政预算草案。

【视察调研和执法检查】 2021年，隆子县人大常委会始终坚持监督与支持相统一，在做好经常性法定监督工作的同时，突出落实新发展理念、民生领域热点问题、预算和计划监督等重点，听取审议专项工作报告32个，开展执法检查1次，调研3次，协助开展执法检查7次、专题调研8次。

【五个监督】

聚焦经济工作加强监督。高度重视规划对经济社会发展的引领导向作用，县人民代表大会先后审查批准了“十四五”规划和2035年远景目标纲要、国民经济和社会发展计划报告、财政预算执行报告、财政预算草案报告5次；常委会听取审议国民经济运行、预算调整、预算执行、行政事业单位国有资产管理情况等报告和审查结果报告11件。积极推进预算联网监督系统建设，确保预算审查重点向支出预算拓展，进一步增强人大预算监督的权威性和严肃性。

聚焦民生热点加强监督。协助市人大常委会对隆子县开展教育经费投入使用管理情况、农牧区学前教育发展情况和防止返贫工作开展情况等进行专题调研，对《西藏自治区实施〈突发公共卫生事件应急条例〉办法（草案）》

进行立法前期调研，并听取县政府相关工作情况报告，通过反馈问题、提出意见建议等形式，推动各项工作有效整改落实。

聚焦和谐稳定加强监督。协助自治区人大常委会和山南市人大常委会对隆子县贯彻实施《西藏自治区民族团结进步模范区创建条例》情况进行执法检查，对宗教法治化建设情况进行专题调研，听取县政府相关工作情况报告，召开人大系统深入铸牢中华民族共同体意识学习研讨会，进一步铸牢中华民族共同体意识。

聚焦生态环保加强监督。协助自治区人大常委会对隆子县贯彻实施《西藏自治区矿产资源管理条例》《中华人民共和国固体废物污染环境防治法》情况进行执法检查。听取审议政府相关职能部门关于贯彻落实《山南市砂石料开采管理条例》《山南市城市建设管理条例》《山南市城市绿化条例》《山南市河道采砂管理条例》《山南市文明行为促进条例》等报告，深入贯彻落实习近平生态文明思想，有力推进美丽幸福隆子建设。

聚焦公正司法加强监督。先后就“七五”普法宣传工作情况、县“两院”关于民事审判工作和刑事案件适用认罪认罚从宽制度落实情况、全县扫黑除恶专项斗争工作开展情况进行调研，为持续推进法治隆子建设注入人大力量。

常委会还积极协助配合自治区人大常委会、山南市人大常委会对森林法、中医药法、旅游法、食品安全法、工会法和《山南市红色文化资源保护利用条例》等进行执法检查。

【代表议案建议办理情况】 隆子县第十三届人民代表大会第八次会议期间，共收到人大代表议案建议54件，经议案审查委员会审查，与政府职能部门沟通，共受理了18件，其中办结10件，占承办总数的56%，列入计划逐步解决的6件，占承办总数的33%，不具备条件暂时无法解决的2件，占承办总数的11%，答复率100%。

2021年8月6日，隆子县召开第十四届人大常委会第一次会议

【重大事项决定】 2021年，隆子县人大常委会为保证全县重点工作的有序推进，促进政府决策的科学化和民主化，人民代表大会依法听取“一府两院”工作报告，常委会及时听取“一府两院”有关工作报告，形成决议决定。2021年，先后就“一府两院”工作报告作出决议12项，就成立人大“三个专门委员会”、表彰先进县级人大代表、推进县乡人大换届选举工作作出5个决定，就财政存量资金预算安排、收支预算调整作出2个批复。

【人事任免】 人大常委会坚持党管干部与人大依法任免相统一原则，严格遵守任前法律知识考试、表态发言、颁发任命书和向宪法宣誓等工作程序，使党组织推荐的人选通过人大法定程序成为政权机关的领导人员。2021年，常委会组织任前法律知识考试13人，依法进行人事任免75人，任职表态发言9人，举行宪法宣誓5次。

【创建“人大代表之家”】 2021年，隆子县人大常委会为深入贯彻落实《山南市人大常委会关于进一步推进“人大代表之家”规范化提升和常态化活动的实施意见》，扎实开展人大代表之家“提档升级”工作，坚持规范化管“家”，常态化用“家”。在原有的基础上投入资金30余万元，提升规范了县级“人大代表之家”1个、乡级“人大代表之家”11个、“代表联络站”45个，并建立完善了9项“代表之家”管理制度，并先后3次对乡（镇）贯彻落实情况进行督导检查，前后召开2次工作推进会，组织各乡镇人大主席和专干举办1次专题培训会议。

【代表服务和保障工作】 2021年，隆子县人大常委会坚持人大代表主体地位，进一步完善工作机制，加强监督管理和服务工作，充分发挥人大代表联系人民群众桥梁纽带作用，依托“人大代表之家”“代表联络站”等平台，认真组织人大代表开展学习交流、交办意见建议、履职培训、帮扶群众等活动，不断丰富代表闭会期间活动，进一步增强代表履职意识和工作热情。2021年，表彰先进县乡人大代表56名，兑现2020年度和2021年度代表履职奖励金7.56万元，兑现2020年度和2021年度县乡农牧民人大代表履职补贴39.6万元，兑现误工补贴和往返交通费6.22万元，组织外出考察学习2次14人，接待兄弟县交流学习7批130余人。同时，为进一步提升人大代表及干部履职能力和水平，组织基层农牧民代表履职培训3次198人，举办乡（镇）人大主席和专干履职培训专班1次29人，邀请代表列席人大常委会会议12人。

【自身建设】 2021年，隆子县人大常委会坚持聚焦政治机关、权力机关、代表机关、工作机关定位，切实加强自身建设，不断提高依法履职能力水平。

突出思想政治建设。自觉以习近平新时代中国特色社会主义思想为统领，深入学习党中央和区党委、市委一系列政策法规和“五查五增、质效提升”活动成效，扎实开展党史学习教育活动和“三更”专题教育。2021年，针对各类重要会议和总书记重要讲话精神，组织集中学习20次，人大党组书记讲党课1次，其他党组成员讲党课3次，党员撰写个人心得体会22篇，到基层宣讲6次，协助市人大召开宣讲会3次。

提升业务能力素质。2021年，集中学习《中共全国人大常委会党组关于做好全国县乡两级人民代表大会换届选举工作的意见》《中共西藏自治区委员会贯彻落实新时代党的治藏方略 加强新时代人大工作和建设的意见》等5次，开展《中华人民共和国民

2021年7月7日，隆子县第十四届人民代表大会代表合影

2021年11月17日，人大办党支部组织党员干部开展“弘扬沙棘精神，建设美丽家乡”主题党日活动

法典》专题讲座1次，宣传相关法律法规3次，为代表更好履职尽责增强了底气和专业性。

加强乡（镇）人大工作。充分考虑因换届导致大多数乡（镇）人大主席、副主席、专干调换因素，为保证换届选举工作依法有序开展，先后召开人大换届培训会2次，分组督导乡（镇）人大换届工作1次；有效推进并贯彻落实“两个实施意见”和在基层农牧民人大代表中深入推进国家通用语言文字学习使用工作，县人大常委会组织交叉督导检查11个乡（镇）45个代表联络站1次，协助市人大常委会督导检查2次，并对存在的问题提出具有针对性和指导性的意见建议。

【换届选举】 根据市委关于县乡人大换届选举工作的统一部署和市人大常委会相关要求，严格按照组织法、选举法规定，稳步有序圆满完成了隆子县人大换届选举工作，选举产生县级人大代表133名（预留4名），其中党政领导干部13人，占9.77%；农牧民代表81人，占60.9%；女性代表41人，占30.82%；少数民族代表115人，占86.47%；党员代表127人，占95.49%。

【机构领导】

县委副书记、人大常委会主任

廖仕平

县人大常委会副主任

布　琼（藏族，6月免）

叶建勇（6月免）

李　超

达　娃（藏族）

其米江村（藏族，7月任）

次旦央吉（女，藏族，7月任）

县人大常委会办公室主任

次旺普尺（女，藏族，8月免）

索朗欧珠（藏族，8月任）

县人大常委会办公室副主任

罗加中

县人大常委会法制委主任委员

高红彪

县人大常委会财经委主任委员

平措扎西（藏族，6月免）

扎西罗布（藏族，7月任）

县人大常委会教科委主任委员

常　杰

隆子县人民政府

综述

【概况】 2021年,全县地区生产总值完成18.33亿元,同比增长7%;固定资产投资完成13.9亿元,同比增长46%;财政收入完成0.7852亿元,同比增长12%;税收收入完成1.09亿元,同比下降10%;社会消费品零售总额完成2.46亿元,同比增长8%;农村居民人均可支配收入17291元,同比增长16.3%。

【项目建设】 2021年,累计开复工项目107个,完成固定资产投资实物量15.79亿元。隆子机场稳步建设,“四好”农村公路扎实推进,全县公路通车里程达1176千米。11个乡镇电商服务站全部建成,全年电商交易额达154万元。洛河景区等一批旅游项目建成投用,全年接待游客63380人次,同比增长24.4%,实现旅游综合收入1630.4万元,同比增长26.3%。

【农牧业生产】 2021年,全县总耕地面积达4.86万亩,其中粮食作物播种面积达4.03万亩,粮食产量达到19820.71吨(因机场建设征用农田2291.11亩,粮食产量有所减少),同比减少0.9%。扎实做好春耕备耕农用物资筹备工作,共筹备种子60.45万公斤,种子包衣率达100%、化肥使用量同比减少0.03%,农药使用量同比减少1.5%。扎实做好自治区储备粮储备工作,截至年底,共存储自治区储备粮95万公斤,其中青稞70万公斤、成品粮储备25万公斤。扎实做好防灾减灾物资储备工作,本级财政投入资金112万元,用于防抗灾工作经费,县级储备防灾减灾饲草料159吨,精饲料196吨。2021年,全县牲畜存栏14.9万余头(只、匹),同比增长843头(只、匹),家禽存栏39456只,同比,增长2211只。新生仔畜4.16万头(只、匹),成活数3.92万头(只、匹),成活率达94.2%。全年奶产量达1.2万吨、蛋产量达168吨、肉产量达0.19万吨。扎实做好重大动物疫病防控、动物检疫、包虫病防疫和动物疫病采样监测工作。稳步推进黄牛改良工作,全县共设47个黄牛改良点,有黄牛改良牛14021头,基础母牛6107头,完成黄牛改良4798头,超额完成任务498头,完成率达到111.5%,同比2020年完成率增长11.5%。2021年,新生犊牛5554头,成活5452头,成活率98.2%。完成人工种草3.35万亩,每年每亩产鲜草4000—6000公斤,有效缓解了草畜矛盾。全年共出售改良成年牛41头、公犊牛1692头,为群众创收772.06万元。

【文化教育】 2021年,隆子县大力推进全民阅读活动,投入资金113万元,为80家农家书屋和村文化站配备图书,组织县文化艺术团编排广场文化节目17个,开展广场文化活动120场次,大力开展隆子县热烈庆祝中国共产党成立100周年和西藏和平解放70周年等系列群众性文化活动73场次,山南市艺术团到隆子县开展演出18场次,81支行政村文艺演出队开展各类演出300余场次,极大丰富了全县干部群众文化娱

2021年9月4日，西藏自治区党委组织部副部长、第九批援藏干部人才总领队杨晓林（左三）带队的援藏工作调研组到隆子县人民医院调研，县委副书记、县长李宁（左五）陪同调研

乐生活。大力推进非物质文化遗产扶持保护工作，投入资金64万元实施国家级非物质文化遗产珞巴服饰保护工程，兑现非遗传承人补助资金9万元。强化文物保护项目申报，积极争取资金500万元实施扎果寺修缮工程。

严格落实学生资助及“三包”“营养改善”“三免一补”等政策，实现15年免费教育，共计兑现“三包”经费1383.24万元，惠及学生4667人，兑现“营养改善”经费228.88万元，惠及学生3569人。加强教育领域基础设施项目建设，累计投入资金0.84亿元，实施22个幼儿园、小学及学校配套设施建设等项目，已竣工16个，通过项目的建设，进一步提升教育硬件设施水平、教育事业发展水平。

【医疗卫生】 2021年，隆子县及时设立6个边境管控卡点并安排充足人员，强化外防新冠肺炎输入工作落实。扎实开展公共场所消杀、体温检测等工作，全年累计开展消杀72场次，各类公共活动体温检测5989人次，核酸采样2030人次，流行病学调查134人次，疾控中心PCR（聚合酶链式反应）实验室开展核酸检测3133人次，均为阴性。核酸检测实验室检测能力有效提升，累计检测11976人次，疫苗实现应接尽接，全年新冠肺炎疫苗累计接种77519针剂。投入资金5497万元，实施核酸检测实验室、高压氧舱及制氧室、传染病防治能力提升、疾控中心新冠肺炎核酸检测能力和三林乡、日当镇中心卫生院等项目，进一步完善了医疗卫生防治体系，改善基层医疗卫生条件。

【劳动就业】 2021年，隆子县千方百计稳定扩大就业，新增城镇就业700人以上，登记失业率控制在3%以内，完成农牧民技能培训1050人次以上，转移就业农牧民12953人以上，劳务组织输出7000人次以上，劳务收入1亿元以上。

【社会保障】 2021年，隆子县全面完成2021年城乡居民参保缴费工作，城乡居民参保率达96.82%。全面落实医保扶贫各项政策，严格实施城乡医疗救助托底保障，全年累计为城乡贫困患者医疗救助共计234人次，救助金额共计26.52万元；全面落实民政领域社会兜底保障资金1010.72万元、兑现救助资金51.23万元，成立农牧民民工联队42个，转移就业1.2万人，实现劳务收入1.28亿元；兑现高校毕业生创业启动资金336.1万元，应届高校毕业生就业率达99%。

【乡村振兴】 2021年，隆子县消除返贫致贫风险2户6人，脱贫人口人均纯收入达到14816.91元，同比增长18%。持续开展扶贫产业“回头看”，易地搬迁后续帮扶持续深化，启动建设扎果、加洛等乡村振兴示范村11个，完成农村户厕改造7870座。

【生态环境保护】 2021年，隆子县深入开展污染防治攻坚战，蓝天、碧水、净土的良好态势持续巩固，全县空气质量优良率达到96%以上，地表水监测各项指标均达国家III类标准，饮用水水源地各项指标均达国家II类标准，达标率100%。生态环境六大专项整治成效明显，隆子河谷流域污染防治项目加快实施，地质灾害治理项目通过验收，71个行政村创建生态文明示范建设工作通

2021年6月23日，隆子县委副书记、县长李宁（中）到日当镇看望慰问老党员

过市级预审，启动实施1.5万亩的森林抚育工程。

【廉洁建设】2021年，隆子县政府党组累计开展学习活动25次，专题研讨10次。严格执行“三重一大”事项决策制度，全年累计向县委请示“三重一大”事项48件，全面落实政府法律顾问、人大代表、政协委员列席政府会议制度，办结人大代表建议、政协委员提案44件。全年梳理权责清单事项3491项。三公经费支出472.39万元，同比下降4%。各类巡视反馈问题全部整改完毕，严查群众身边不正之风，全面营造风清气正的良好政治生态。

【项目工作】2021年，隆子县完成招商引资固定资产投资实物量2.1亿元。格尔东赞酒店顺利开业，华钰矿山、南城商业广场等工程稳步实施。成功对接拉威集团。新增各类市场主体558家，临空经济区谋划启动。受援工作不断深化，29个援建项目，完成投资7871.45万元。玉麦乡藏香猪养殖产业项目正式挂牌，引进种猪1200余头，玉麦乡史馆主体建设全面完工。

【机构领导】

县委副书记、县长

刘圣育（5月免）

李　宁（6月任）

县委常委、常务副县长

巴桑旺堆（藏族，6月免）

欧　珠（藏族，6月任）

县委常委、副县长

孙彬彬（土家族，援藏）

马廷峰（6月免）

副县长

李祎珉（土家族，援藏）

坚阿次仁（藏族）

嘎玛旦增（藏族）

贡觉曲珍（女，藏族）

王德洪（5月任）

谭世彬（土家族，5月免）

阿　林（藏族，5月免）

白　洁（女，5月免）

副县长、列麦乡党委书记

陈代军（5月任）

舒　锋（5月任）

闫　辉（5月任）

办公室主任

贾伟哲

办公室副主任

加央曲桑（藏族）

次仁加措（藏族）

周　利（5月免）

韩滨滨（5月任）

行政和审批

【概况】隆子县行政审批和便民服务局是隆子县人民政府工作部门，为正科级，一正三副。

【“放管服”改革】2021年，为进一步深化全县“放管服”改革，隆子县行政审批和便民服务局以群众和市场主体的期待与诉求为导向，着力解决困扰企业群众“办证多、办事难”和“奇葩证明、循环证明、重复证明、推责证明”等问题，共梳理出涉及证明事项清理申报120项，其中建议清理69项，保留51项。为提高工作效率，通过积极联系上级业务部门和兄弟县，及时了解各项工作的新动态和新要求，收集、解决、反馈工作中存在的问题，扎实有序地推进“互联网+政务服务”工作。

【建立健全审批事项】2021年，隆子县行政审批和便民服务局安排专人负责对全县行政审批服务事项进行梳理汇总、流程优化，对

2021年12月27日，行政审批和便民服务局到驻村点雪沙乡苯扎村宣讲中共十九届六中全会和自治区第十次党代会精神

进驻政务服务大厅的行政审批服务事项办理情况实行全天候全方位跟踪督导，及时收集、解决、反馈工作中存在的问题，积极向市局汇报在工作中需要解决的困难问题，及时公布办件结果。截至年底，电子证照采集总量80422件，签发电子证照80087件，在政务服务平台认领、发布事项总数683项。

【信息化建设】 2021年，隆子县行政审批和便民服务局根据自治区、山南市的相关要求，对全县32个单位证明事项清单进行全面梳理。截至年底，可以实行告知承诺制的证明事项共有8个部门18项证明事项，以告知承诺代替上述18项证明事项，方便了群众办理各项业务。4月，组织县人社局、公安局、文化局工作人员参加西藏自治区关于“互联网+政务服务”为期10天的培训会；组织各相关单位业务人员集中学习“一网通办”政务服务平台和系统操作，通过学习进一步提升了政务工作人员的业务水平。

【标准化建设】 2021年，隆子县行政审批和便民服务局自“好差评”工作开展以来，以政务服务大厅及其他窗口单位为载体，通过将政务服务窗口“好差评”二维码立于各窗口单位显眼位置，保证办事群众看得到、看得懂，截至年底，隆子县进驻的各窗口单位共接待群众12506人次，受理事项12492项，已办结12478项，办结率99.8%。积极协调各相关业务部门，对依申请六类、公共服务等业务历史办件和日常办件及时录入自治区一体化平台，同时协调各单位加快对电子证照数据的录入和签发。全年共受理（含历史办件）办件量60875件，办结60875件。对全县各部门权责清单进行了认真梳理，全县共有权责事项3491项，涉及部门29个；删除或未下放权限事项162项，涉及部门12个。根据《隆子县机构改革方案》机构、职责调整优化要求，涉及调出事项共341项，涉及部门17个；存在争议事项100项，涉及部门8个。根据商务局对权责清单确认后，新增事项3个。

【招投标、采购监督管理】 2021年，隆子县行政审批和便民服务局紧紧围绕经济建设大局，全方位拓展政府采购范围，着力培育

2021年3月28日，行政审批和便民服务局组织全体党员干部参观隆子县列麦乡列麦精神纪念馆

公开、公平、公正的竞争机制和市场环境，不断强化服务意识、诚信意识，全力做好采购服务，积极认真地完成各项采购任务，服务质量和公信力不断增强。2021年完成集中采购11次，采购金额477万元，有效地降低了财政支出，最大限度地发挥了资金使用效益，为维护国家和社会公共利益、保护政府采购当事人合法利益、促进党风廉政建设以及构建公开、公平、公正、和谐的政府采购环境作出了积极贡献。

【档案管理】 2021年，隆子县行政审批和便民服务局对实行政府采购过程中形成的包括招标文件、评标资料、采购合同、验收报告等大量资料，按《中华人民共和国政府采购法》规定，需要长期保存的文件，采取“专人保管、登记造册”的办法，管理现有的政府采购资料。

【机构领导】

局 长

吴 俸 宇

副局长

巴桑吉巴（女，藏族）

王 艳 红（女，6月免）

巴桑普赤（女，藏族，4月任）

信访工作

【概况】 2019年机构改革，信访局设立为正科级单位，核定人员编制3人，领导职数3人，实际配备4人。2021年，全县信访系统坚持围绕中心、服务大局，突出基础业务规范、信访问题化解、重大活动保障“三项重点”，实现分析研判和宣传引导“两大突破”，深化信访工作制度改革和信访法治化建设，加强源头治理，加大信访矛盾化解力度，强化信访应急处突工作，维护群众合法权益和社会和谐稳定。2021年，全县信访总量54件99人次，同比下降20.58%。其中县级登记办理37件69人次，占总量的68.51%。上级信访部门转送、交办17件30人次，占总量的31.49%。

【矛盾纠纷化解】 2021年，隆子县信访局启动涉信涉访矛盾纠纷、信访突出问题“月报告”机制、重大节假日“日报告”机制，加强信访信息汇总梳理，逐项建立工作台账，对全县范围内的信访突出问题实行动态式管理、列表式推进、挂图式作战，坚决做到化解一起、销号一件。全年共排查涉信涉访矛盾纠纷12起，成功调处12起，调处率达到100%。严格执行“四级信访接访日”制度，全年全县18名领导干部参与四级接访，接待来访群众3批5人次。

【督查督办】 2021年，隆子县信访局发挥信访督查督办职能，采取实地督查为主，网上督查、电话督查、文电督查相结合的方式，对乡（镇）、各单位涉信涉访矛盾纠纷排查调处、“四级信访接访日”制度落实、初信初访事项办理、信访信息系统操作应用等进行全方位督导检查。全年对各单位电话督办90余次，有效提高信访事项及时受理率和按期办结率。2021年，全县信访事项及时受理率达到100%、按期办结率达到100%。县联席办组成信访工作专项督导组到各乡镇、企事业单位开展实地督查5次，提出整改意见5条，特别就基层信访工作组织领导、机构建设、人员配备、责任落实等方面提出明确整改意见，各级各部门对信访工作的重视程度有所

2021年3月1日，县委副书记、县信访联席会议第一召集人徐明山组织召开全县第一季度信访工作联席会议

2021年7月28日，信访局局长仁增多吉（左）在乡镇排查工资拖欠工作

提高。

【宣传教育】 2021年，隆子县信访局充分利用普法宣传、综治宣传等活动精心制作发放藏汉双语宣传资料，现场进行讲解让群众更直观、更形象地了解信访相关法规知识，提高群众依法信访、依法维权意识。就《信访条例》、依法逐级走访办法、信访人员“六个不得”、公安部关于信访活动中的违法犯罪行为等法规政策开展集中宣传解读，加强正面宣传教育引导，让受教群众摒弃“信访不信法”“以访谋私利”“以闹求解决”等错误观念和违法行为，树立依法信访、违法必究的信访法治观念，有效规范受教群众信访行为，营造依法有序的信访秩序。

【机构领导】

局　长

巴　　桑（藏族，6月免）

仁增多吉（藏族，6月任）

副局长

吾色多吉（藏族，4月免）

米玛央宗（女，藏族，4月任）

王　　兴

四级主任科员

吴 跃 南（10月免）

应急管理

【概况】 2004年12月，隆子县安全生产委员、安全生产监督管理局成立，负责安全生产的监督管理工作。根据机构改革要求于2019年3月22日，正式更名为隆子县应急管理局，新增抗震救灾、抗洪抢险、地震救灾、灾害救助等职能，2021年有工作人员9名。2021年，隆子县应急管理局按照自治区应急管理厅、市应急管理局工作部署要求，在隆子县玉麦乡试点成立了全区唯一一个应急管理站，并组建了应急救援队伍，旨在打造一支统一领导、权责一致、权威高效的应急救援力量，推动形成统一指挥、专常兼备、反应灵敏、上下联动、平战结合的应急管理体制。

【事故概况】 2021年，全县共发生各类事故3起、死亡3人、受伤1人，同比上年事故起数下降25%、死亡人数持平、受伤人数下降100%，未发生较大及以上事故。

【安全生产】 县委、县政府历来高度重视安全生产工作，全年县级财政安全生产投入55万元。县委、县政府主要领导先后6次带队对各乡镇、企业安全生产情况进行督导检查，并做到逢会必讲安全生产，反复强调，强化安全生产部署。县安委会先后召开17次安全生产会议对安全生产工作进行调度，分析研判重点领域、重点行业、重点场所面临的安全生产形势，有针对性地进行安排部署和督导检查。督促全县上下时刻绷紧安全生产这根弦，切实将安全生产作为“底线”工作，牢牢抓在手中。深入贯彻落实“党政同责、一岗双责、齐抓共管、失职追责”要求，以县安委会名下发了《关于进一步明确县安委成员单位的安全生产职责的通知》，并结合隆子经济发展形势，及时制定出台《关于开展分片和线路包干的活动实施方案》和《关于建立县级干部“包项目、包进度、包安全”工作机制的通知》，全年共下发文件89份。

【宣传教育】 2021年，隆子县应

急管理局扎实开展以“生命至上、安全发展”的“安全生产月”系列活动，利用“综治宣传周”、“5·12”全国防灾减灾宣传日、“禁毒宣传日”、“国家安全宣传周”等活动，加强安全宣传，倡导“生命至上、安全发展”的文化氛围。积极开展安全生产“九进”活动，强化全民安全意识。全年共发放宣传小册子4200余份、悬挂横幅7条、LED显示屏16块，更新3个户外宣传广告牌的内容，新制作2个户外宣传广告牌。组织全县建筑施工单位和聂雄客运有限责任公司全体司助人员进行了安全培训，受训人员121人次。

【隐患排查】 2021年，隆子县应急管理局按照“全覆盖、零容忍、严执法、重实效”的总体要求，以排查整治隐患为首要任务，以预防安全生产事故为重点工作。采取“四不两直”的方式，加强督查检查。坚持做到每周两次深入矿山、施工一线督促检查安全生产工作。全面排查道路交通安全隐患，着重对华钰矿业山南分公司、各加油站、各建筑施工工地、隆子县机场建设项目和部分乡村道路建设项目进行了安全隐患排查。全年全县共出动执法人员710人次，排查出各类安全隐患1273处，已完成整改1273处，下达各类责令整改指令122份，处罚企业三家、罚款65980元。

【重点领域专项整治】 2021年交警、交通部门累计开展以道路交通安全整治为主的各类专项活动2次，累计出动警力和执法人员1800余人次、警车430余台次，受理道路交通违法行为497起。开展隐患排查7次、整改18处道路交通安全隐患。应急管理部门深入开展非煤矿山、危险化学品安全专项整治，督促企业严格落实安全生产责任，杜绝“三违”现象。全年，共排查安全隐患126处，下发责令整改书14份、责令停产停业1家。消防部门深入辖区易燃易爆场所、人员密集场所、城市商业综合体、文物古建筑和“九小场所”等单位开展消防安全检查，大力整治火灾隐患，全年共出动检查人员627人次，检查社会单位680家，发现火灾隐患或违法行为1219处，督促整改火灾隐患或违法行为987处，下发责令改正通知书487份。住建部门深入开展建筑施工领域安全专项整治，不断加强建设工程项目安全隐患排查治理工作的监督检查，全年共排查安全隐患49处、下发隐患整改书7份。

【专项工作】 2021年，隆子县应急管理局狠抓专项整治三年行动，及时召开动员部署会议，召开7次碰头会，坚持不懈把安全生产工作抓紧抓实抓细，扎实开展专项整治三年行动，守住守牢安全生产底线。

自然灾害风险普查。按照市普查办的要求，县普查办公室联合第三方机构对承灾体、减灾能力等调查对象进行数据收集、外业调查的工作。年内完成全县11个乡镇的实地踏勘及信息填报，共完成数据调查277条，其中承灾体调查124条，减灾能力调查153条。

【灾害救助】 2021年，隆子县应急管理局按照“三定”方案规定，指导协调森林和草原火灾、地震和地质灾害的防治工作，组织协调灾害救治工作，组织指导开展灾情核查、损失评估、灾情上报和救灾款物的分配工作。

【防火工作】 2021年，隆子县应

2021年3月18日，隆子县应急管理局召开建筑施工领域安全生产培训会议

2021年12月8日，隆子县安办、应急管理局开展“七进”活动——宣贯新修订《安全生产法》

急管理局坚持以“安全第一、生命至上”为中心思想，在全县范围内开展森林草原防火督导检查30余次，采取定期、不定期明察暗访等方式对重点场所、领域防火工作进行督导检查，确保了全县防火工作稳步推进。

【机构领导】

局　长

桑　珠（藏族）

副局长

王　进

边巴次仁（藏族）

罗　旦（藏族）

消防救援

【概况】 隆子县消防救援大队负责隆子县辖区的灭火及抢险救援、突发事件处置、火灾防控等工作。原副团职建制，下辖中队。2021年有水罐消防车1辆，水罐泡沫车1辆，抢险救援车1辆，多动能勤务保障车1辆，消防宣传车1辆，行政车1辆，生活保障车1辆。2021年，有干部6人，消防员8人，专职消防队员9人，消防文员4人，共27人。

【建设学习型班子】 2021年，隆子县消防救援大队统筹学习模式，全方位推动党史学习教育工作。大队党委高度重视党史理论学习，党委班子带头利用党委会全面系统学习领会习近平总书记关于西藏工作重要指示精神、授旗训词精神、党史理论知识和各级领导讲话精神，引导救援人员学党史悟思想。通过党史学习教育专题授课，组织救援人员集中学习、读原著、悟原理、强化理论思维，深入理解把握新时代中国特色社会主义思想。全体救援人员积极主动广泛阅读党史书籍，在自学和交流讨论中回顾党的光辉历程，达到统一思想，凝聚共识。

【建设民主型班子】 2021年，隆子县消防救援大队党委紧紧围绕“学党史、担使命、知藏史、感党恩”主题，组织开展系列活动，以落实党的组织生活为基础，以强化党员思想为根本，以完成重点工作为价值体现，求真务实、凝心聚力，攻坚克难、奋勇前进。

【建设务实型班子】 2021年，隆子县消防救援大队以求真务实谋划工作，坚决杜绝“政绩工程”“形象工程”“面子工程”。着重加强自身建设，牢固树立救援人员正确的发展观、政绩观，不断提高领导班子履职尽责的能力素质。坚持从实际出发，真心办实事、热心解民忧，做到既“身”入基层，也“心”到基层。

【思想政治建设】 2021年，隆子县消防救援大队把党史学习教育作为贯穿全年的重大政治任务，首位首抓、大事大抓，按照“学党史、悟思想、办实事、开新局”的总要求，通过抓实个人自学、政治轮训、专题研讨、知识竞赛、红色之旅等规定动作和配套活动，引导队伍自觉学党史、讲党史、懂党史、用党史，做到学史明理、学史增信、学史崇德、学史力行，不断提高政治判断力、政治领悟力、政治执行力。统筹抓好十九届六中全会精神、“践行训词精神、破解四个课题”学习讨论、“正确看待荣誉、岗位建功奉献”荣誉观专题教育，用鲜活的内容、丰富的形式、现代的方法，教育引导救援人员坚定听党话、永远跟党走。

【文化育警】2021年，隆子县消防救援大队始终坚持把文化建设作为加强队伍建设的强大抓手，不断加强营区文化建设，发挥文化育警功效，把文化建设融入队伍建设、管理教育和执法服务的全过程。大队建立荣誉室、红门书吧、电子阅览室、娱乐室、健身房，集中统一采购文化活动设施、器材，夯实文化育警物质基础，全面加强营区文化建设。利用各种有效载体，形成浓厚的文化氛围。开展“多读书、读好书、会读书”活动，坚定理想信念，把集中学习与自学、专题讲座与集中辅导、座谈讨论与交流心得、理论学习与调查研究有机结合起来，加强队伍建设，丰富警营文化生活，从而使消防部队产生一种巨大的向心力、凝聚力和战斗力。

【安全生产】2021年，隆子县消防救援大队制定工作方案，成立工作专班，对全县消防安全领域开展大排查大整治，对人员密集场所、公共娱乐场所、沿街铺面等重点区域集中开展夜查行动，对易燃易爆场所进行消防监督检查，对社会单位开展巡查检查与消防宣传30余次，及时消除了火灾隐患。同时，强化与社会联动力量警情互通，确保一旦遇有突发情况，能够快速高效处置，全力维护了辖区消防安全稳定。

【灭火应急救援】2021年，隆子县消防救援大队认真对照新形势下应急救援队伍建设总要求，以提高战斗力为标准，以“全员参训、管训一致、注重实效”为指导，从严从难从实战出发，打牢业务理论基础，提升能力素质。针对辖区火灾多发情况，认真分析辖区当前火灾形势，组织指战员对辖区内消防水源完好情况进行全面普查、测试，完善消防水源档案，提升攻坚能力。

【火灾防控】2021年，隆子县消防救援大队持续坚持“人民至上、生命至上”的理念，制定作战训练安全专项整治活动实施细则，强化火灾防范工作七项举措。坚持党委议防机制，落实党委主责主抓，大队党委每月议防不少于1次。建立考核机制，把议防制度落实、火灾防控年度重点任务、监督执法工作开展情况纳入大队年终考核评价内容。

【消防宣传】2021年，隆子县消防救援大队召集辖区消防安全重点单位及社会单位开展消防安全宣传培训工作12次。深入辖区机场、格尔东赞大酒店开展消防安全知识培训及灭火实战演练。对党政机关、学校、企业、寺庙、养老院等开展消防宣传30余次。开展以“落实消防责任，防范安全风险”为主题的系列消防宣传活动，利用“3·15”消费者权益日、“5·12”防灾减灾日、“119”宣传月等节点设点宣传12次，发放宣传资料8500余份。宣传人员上街，对小商铺、小餐馆等“九小场所”开展“扫街”流动宣传模式，深入各类小场所开展消防安全知识宣传活动。同时通过消防宣传车视频播放消防警示片、手机短信群发平台、社会单位微信群发送消防安全提示消息，扩大消防宣传与社会影响力。

【完善消防力量】2021年，隆子县消防救援大队成立了玉麦乡专职消防站，有效弥补了辖区应急救援力量空白，为隆子县消防工

2021年7月20日，山南消防救援支队政治委员杨毅（前排右一），隆子县委常委、常务副县长欧珠（左一），率县直相关部门在玉麦乡举行玉麦乡政府专职消防站揭牌仪式

2021年12月6日，隆子县消防救援大队开展演练

作再添一支强大的生力军。招录4名政府专职队员、2名文员，进一步充实基层灭火救援力量，优化队伍结构，逐步构建完善消防力量体系。

【后勤综合保障】 2021年，隆子县消防救援大队积极争取县人民政府及县财政部门对消防经费的投入，争取业务经费200万元，全面保障消防基础设施和消防装备建设需求。大队着力提高后勤人员素质，加强业务培训，提高财务水平。定期集中开展警示教育活动，不断强化财务人员思想政治建设，提升财务工作人员廉洁从业的自觉性和拒腐防变能力。狠抓装备管理，让各类装备真正发挥应有的效能，强化器材维护保养，确保时时发挥效能。

【廉政建设】 2021年，隆子县消防救援大队通过党委会议、党风廉政建设会议等形式，学习习近平总书记等中央领导的重要讲话精神以及相关党内法规法纪等内容，坚持每月进行一次队伍思想状况分析，定期进行谈心谈话，及时掌握人员思想动态，并通过观看警示教育片、参观廉政基地等形式，真正做到以纪为绳、以案为戒；结合党史学习教育活动，组织开展重温入党誓词、唱革命歌曲、看红色电影等活动，在学史崇德中涵养纪律作风。大队党委坚持以上率下、排查在前，先后召开15次专题党委会。精准运用"四种形态"，盯紧消防监督执法、后勤财经等重点岗位和重点人员，每月对被执法单位进行回访，同时畅通投诉举报渠道。

【机构领导】

大队长

邓宏黎

专业技术10级

加永尼玛（藏族）

专业技术11级

杨　俊（12月任）

站长（雄哲路消防救援站站长）

杨浩然

政治指导员（雄哲路消防救援站指导员）

次仁顿旦（藏族，4月任）

副站长（雄哲路消防救援站副站长）

李　渝

藏语言文字工作

【概况】 2021年，隆子县藏语文工作委员会办公室（编译局），核定编制5名，实有干部职工6名，正科级领导职数1名；副科级领导职数2名；一级主任科员1名；四级主任科员2名。

【思想建设】 2021年，隆子县藏语文工作委员会办公室（编译局）始终坚持以习近平新时代中国特色社会主义思想为引领，深入贯彻落实中共十九大和十九届二中、三中、四中、五中、六中全会及中央第七次西藏工作座谈会精神，贯彻落实自治区第十次党代会及山南市第二次党代会精神，始终把坚持党的领导贯穿于工作始终，自觉接受县委、县政府对藏语委办（编译局）工作的领导，坚持做到重大事项请示到位、汇报到位、对标到位、落实到位，聚焦县委中心工作依法开展单位各项职能，做到与县委、县政府同心同向、同志同行，始终把自身建设放在突出位置，充分发挥编译局党组（党支部）作用，全面强化政治思想教育，教育和引导编译工作者，始终增强"四个意识"、坚定

"四个自信"、捍卫"两个确立"、做到"两个维护",为建设富强、民主、文明、和谐、美丽的新隆子做出应有贡献。

【组织建设】 2021年,隆子县藏语文工作委员会办公室(编译局)党组认真落实基层党建工作责任制,全面贯彻落实基层党组织工作条例及《关于破解"两张皮"问题推动中央和国家机关党建和业务工作深入融合的意见》,着力解决机关党建"灯下黑""两张皮"弱化虚化边缘化问题。深入学习习近平总书记最新讲话精神,贯彻落实区党委九届八次、九次全会和市委一届五次、六次、七次全会精神,大力推行支部主题党日,严格执行"三会一课"、组织生活会、民主生活会、民主评议党员、谈心谈话、民主议事、志愿服务等党组织基本制度,推动"两学一做"学习教育常态化制度化,组织开展"签订党员不信仰宗教承诺书"等活动,发扬党的优良传统,推动党员将政治信仰融入情感之中、内心深处。引导党员坚定不移感党恩、听党话、跟党走,加强政治机关建设,坚持不懈锤炼党员干部忠诚干净担当的政治品格,突出打造讲政治、守纪律、负责任、有效率的模范机关;2021年,隆子县藏语文工作委员会办公室(编译局)党组班子人数2人,到了5月份党组班子人数达到3人,配齐配强了班子队伍。为进一步加强班子团结,坚持大局至上,局党支部完善了党建工作责任制,实行党员领导干部"一岗双责"制度,明确了党支部内职责分工和任务要求,并严格按照相关要求执行各项任务,同时落实管党治党责任。结合藏语文社会用字及翻译工作实际,明确目标任务、重点工作分工到每名党员干部,把组织协调推进的责任落实到党员干部,及时分析情况,协调解决问题,落实推进措施,充分发挥了党员干部的先锋模范和业务骨干作用,增强了基层党组织的战斗堡垒作用,坚持机关党建和藏语文社会用字规范及翻译工作同部署、同开展、同总结,推动了党建工作与业务工作深度融合;结合结对帮扶、"三包五带五促"工作,党员干部深入结对帮扶户家中开展慰问、宣传惠民政策共计18余次。以全县热火朝天地开展中国共产党成立100周年庆祝活动为契机,局党支部组织党员干部积极参与驻村点忙措村中国共产党成立100周年庆祝活动,活动期间给每名党员发放国旗和党旗,并在村委会醒目位置张贴宣传标语。全年通过深入开展"三会一课"、主题党日、党员志愿者、党员先锋岗及创建"八星党支部"等活动,以丰富的活动载体,确保了党建工作取得实效。

2021年4月21日,县编译局开展社会用字检查活动

【制度建设】 2021年,隆子县藏语文工作委员会办公室(编译局)在制度建设上,建立和完善了党建、廉政、保密、财务等各项制度,推进了各项工作的正规化、规范化、制度化,确保工作落到实处,更好地为县藏语委办(编译局)的法治建设、政治建设和经济建设服务,确保了各项工作的依法有序进行。

【藏语文及社会用字】 2021年,隆子县藏语文工作委员会办公室(编译局)认真贯彻落实习近平总书记关于以语言相同促进各民族沟通认同的重要论述,认真学习、使用、普及和发展藏语文工作,广泛使用西藏自治区新词术语藏汉翻译规范委员会统一审定的每期

2021年7月27日，县编译局工作人员在隆子县开展藏语文社会用字规范工作

藏文名词术语规范公报和新词术语汉藏对照词典、藏语言文字条例，定期不定期组织干部学习，从而进一步提升干部的业务水平。年内，为进一步提升社会用字规范化水平，在全县范围内营造和谐的语言文字环境，迎接“中国共产党成立100周年”和“西藏和平解放70周年”，根据西藏自治区藏语文工作委员会办公室下发的《关于做好“中国共产党成立100周年”和“西藏和平解放70周年”庆祝活动藏语文社会用字专项检查的通知》的文件精神，按照属地管理原则和“谁主管、谁负责”的原则，县藏语委办（编译局）发挥职能作用，主动协调，联合县委宣传部、县民政局、县城市管理局和综合执法局等部门，在全县范围内开展了藏语文社会用字规范排查活动。检查主要范围为县城、各乡（镇）人民政府、派出所、村、街面商铺的横幅标语、门牌、宣传栏、交通指示牌、旅游景区告示牌等，全年共排查13次，检查发现的未使用藏汉双语、译错、掉字漏字、牌子老旧、字体拼接有误等209处，通过发放整改通知单、口头提醒、立行立改等方式，大部分都已整改到位，整改率达到96%；为深入贯彻落实山南市藏语文工作委员会下发的《〈关于聘请社会用字监督员的实施方案〉的通知》文件精神，全面贯彻党和国家民族语言文字工作相关政策，进一步加强隆子县藏文社会用字规范化、标准化工作，充分利用社会监督作用，更好地消除藏文社会用字不准确、不规范、不标准等现象，减少通过微信、抖音、微博等平台发布的关于翻译错误等现象的舆论，同各乡（镇）主要领导进行面对面沟通，从每个乡（镇）选出了业务能力较强的藏语文社会用字监督员11人，并对他们讲解了监督职权相关规定，同时建立藏语文社会用字监督员微信联络群进行加强沟通衔接工作，进一步提高了全县藏语和汉语社会用字规范化程度。

【藏汉翻译】 2021年，隆子县藏语文工作委员会办公室（编译局）认真为县委县政府、县中直各单位、各乡（镇）、各行政村、个体工商户、施工单位、道路交通领域、旅游景点提供藏汉互译服务，除去日常翻译工作外，还重点翻译了县“两会”、换届、党代会、乡村振兴、党史学习教育、三更专题教育等材料，同时以高标准、严要求的工作态度对各级各部门、打字复印店及农牧民群众等送来的各种材料进行校对和排版，做到了及时准确的翻译服务，发挥了藏语委办（编译局）应尽的职能作用，全年翻译量达近40万字（原文612页，译文937页。包含文件、合同、横幅、门牌、交通标识标牌、景点名称、宣传栏、宣传手册、宣讲稿等）。按照山南市藏语委办（编译局）关于核对各行政村、自然村藏汉双语名称的通知精神，局领导高度重视，立即成立工作专班，将《山南市藏汉对照地名名录汇编》进行了再次梳理与核查，并下发至各乡（镇）社会用字监督员，要求他们针对辖区内行政村、自然村藏汉名称是否存在不一致、不完整、不规范、自然村遗漏等现象进行核对及查漏补缺，对地名书写存在疑问的经向当地群众询问名称来源及历史依据进行重新核实，最终形成了隆子县藏汉对照地名名录汇编，并上报至山南市藏语委办（编译局），得到了上级部门一致好评。

【藏语文工作宣传】 2021年，隆子县藏语文工作委员会办公室

（编译局）为进一步营造规范使用藏语文社会用字的良好氛围，以“综治宣传月”“民族团结宣传月”“全国推广普通话”等活动为契机，通过发放宣传单、张贴宣传标语等方式，给群众宣传《西藏自治区学习、使用和发展藏语文的规定》及《山南市社会用字管理办法》，同时为县大型会议、活动提供翻译服务。

【业务培训】 2021年，隆子县藏语文工作委员会办公室（编译局）为了增强干部的藏语和汉语能力，先后选派干部参加自治区举办的“西藏边境地区基层干部双语能力提升培训班”及“2021年藏语文工作者国家通用语言文字素养提升培训班”，参加培训人次2次。通过参加培训，进一步增强了藏语文翻译专业人员的业务水平，让干部对自己的业务能力有了信心，对待工作有了积极主动性和大胆创新能力，切实增强了干部的敬业精神；结合党史学习教育“我为群众办实事”活动，深入联系驻村点开展“藏语和汉语培训 提升文化素质”活动，用通俗易懂的语言为群众讲授各种场景下的汉语交际用语、生活常识、科学文化知识、法律法规、惠民政策及党中央、自治区、市重大会议精神。

【服务综治工作】 2021年，隆子县藏语文工作委员会办公室（编译局）坚持组织干部学习领会综治工作相关会议及文件精神，积极参与综治宣传日、宣传周、宣传月系列宣传活动，并为全县综治工作中积极提供翻译服务，为创建平安和谐隆子提供了有力的保障。在全县开展综治宣传日周月活动中，发放《中华人民共和国国家通用语言文字法》《西藏自治区学习使用和发展藏语文的规定》《山南市社会用字管理办法》等藏语和汉语宣传材料，共300余份。

【驻村工作】 2021年，隆子县藏语文工作委员会办公室（编译局）坚持保证派1名干部驻村，及时完成驻村各项任务，协助第一支部书记、村“两委”为群众排忧解难、办实事，并充分利用单位业务优势，开展培训活动及翻译服务。

【疫情防控】 2021年，隆子县藏语文工作委员会办公室（编译局）严格按照隆子县新冠肺炎疫情防控工作相关要求开展防疫工作，组织学习领会上级疫情防控相关会议文件和讲话精神，积极组织干部接种疫苗，同时按照县委、县政府统一要求单位内注册“藏易通”健康二维码。

【党风廉政建设】 2021年，隆子县藏语文工作委员会办公室（编译局）严格按照县委、县纪委监委的部署要求，完成交办的各项任务，积极组织干部学习中央八项规定，并按照县委要求，重点开展自查自纠“单位廉政风险点”、公务接待中“吃公函”、党员信仰宗教等违反政治纪律行为及“公车私养私车公养”等活动，通过自查未发现任何违纪违规行为。

【巡视整改】 2021年，隆子县藏语文工作委员会办公室（编译局）根据《中共隆子县委员会关于中央巡视反馈意见的整改方案》《中共隆子县委员会关于区党委第三巡视组巡视“回头看”反馈意见的整改方案》提出的整改任务，局党组全面认领，认真研究，细化部署，成立整改工作

2021年7月21日，县编译局在隆子镇忙错村开展藏语和汉语提升培训

2021年7月19日，县编译局组织党员干部到红色基地开展感悟活动

领导小组，将问题分别落实到责任领导和具体责任人，明确了整改完成时限，将反馈的问题清单建立整改台账，针对存在的问题逐一对账销号，整改工作在局党组统一领导下有序推进，严格做到守土有责、守土尽责、靠前指挥，整改任务先后于4月6日及8月10日前整改完毕。

【理论学习】 2021年，隆子县藏语文工作委员会办公室（编译局）以开展党史学习教育和“政治标准要更高，党性要求要更严，组织纪律性要更强”专题教育活动为契机，集中和自学相结合的方式，通过“三会一课”、主题党日等活动，认真学习领会党中央、自治区、市、县重要会议及讲话精神，学习领会习近平总书记系列重要讲话精神，尤其是关于西藏工作的重要论述；以读原著、学原文、悟原理的学习方式，学习了《论中国共产党历史》《毛泽东 邓小平 江泽民 胡锦涛关于中国共产党历史论述摘编》《中国共产党简史》《习近平新时代中国特色社会主义思想学习问答》等教材内容及各项规章制度、法律法规，同时要求全体党员干部坚持在“学习强国”平台开展理论学习。全年，共开展集中学习28余次，开展围绕“学史明理、学史增信、学史崇德、学史力行”专题研讨会6次，组织参观红色教育基地3次，组织重温入党誓词3次，组织观看爱国主义教育影片11次，开展专题测试3次，要求每名党员撰写心得体会5篇，结合“三包五带五促”工作开展“我为群众办实事”活动9次，开展群众性宣传2次，开展党组织书记讲党课5次。

【机构领导】

主任（局长）

洛桑旦增（藏族，5月任）

副主任（副局长）

亚　　杰（女，珞巴族，4月任）

罗　　珍（女，藏族，5月任）

档案工作

【概况】 隆子县于1959年成立档案馆，1994年9月20正式挂牌，1995—2000年由县人民政府办统一管理。2000年9月28日根据上级业务部门的文件精神和本县的实际情况划归县委办公室管理。现用的档案馆为2015年5月新建档案馆，有两个办公室、一个援藏特色展厅、两个库房。配备有档案密集柜、装订机，办公桌椅等基本的办公设施，满足办公需求，同时配备了电脑、打印机、复印机等设备，档案人员能够及时搜集档案零碎内各类文件资料。近年，档案馆先后配置了标准的档案橱，橱内设置了干燥剂，达到了档案馆防火、防虫、防盗、防鼠、防潮、防强光、防霉变等“七防”的要求，保证了档案的安全存放。档案馆工作人员经常检查案卷，对档案馆的温、湿度，每天都进行登记，并采取措施使之保持在一定范围。2021年机构改革后为县委办直属事业单位（副科级），实行局馆一体制，两块牌子，一套班子履行两种职能，既承担对档案事业的行政管理，又承担对档案的保管利用，对各门类各年度档案实行集中保管。

【档案整理及馆藏】 2021年，隆子县档案局（馆）深入贯彻国家档案局《各级各类档案馆收集档案范围的规定》依法开展档案局移交进馆工作，加强重要档案的征集、依法接收工作。档案资源增容扩量。

为规范档案整理、科学服务民生利用需求，截至年底，县档案局（馆）进馆收藏档案共接收文书档案永久4518盒/2597件、30年104盒/3270件、10年45盒/1426件，其中，县委办永久22盒/473件、定期30年31盒/561件、定期10年4盒/76件；统战（民宗）永久9盒/153件；县政协永久9盒/200件、30年3盒/48件、10年2盒/177件；教育局和体育局永久36盒/1254件、30年39盒/2287件、10年34盒/1073件；脱贫攻坚永久32盒/517件、30年31盒/374件、10年5盒/100件；退出资料共66本；县农业农村局（土地确权类）入馆永久4400余卷。进馆收藏资料档案有《国务院公报》2册/本、《求是》1册/本、《山南报》1册/本、《西藏日报》1册/本、《中国档案报》1册/本、《新西藏》1册/本。

【档案检查】 2021年，隆子县档案局（馆）不断加强对各部门、各乡镇等档案工作的业务指导力度，共开展业务指导工作30余人次，其中档案进馆前立卷归档指导13余人次、依法管理档案业务指导29人次、开展档案工作检查25家单位。

【完善制度】 2021年，隆子县档案局（馆）严格执行档案出入登记制，严禁无关人员进出档案库房；建立档案借阅登记簿和档案信息反馈表，实行借阅档案管理，建立各类档案统计台账，做到防患于未然，并对档案库房进行定期检查，确保档案存放的安全性。完善《档案库房管理制度》《档案保管保密制度》《档案查阅利用制度》《档案工作人员岗位责任制》等相关制度。

【档案法治宣传】 2021年，隆子县档案局（馆）利用3月综治宣传月、“6·9”国际档案日、6月综治宣传周、“12·4”国家宪法日等活动，采取发放宣传单、悬挂宣传标语、设立咨询台、制作宣传展板、贴宣传海报等形式进行档案法律法规集中宣传活动，共发放宣传资料1000余份，宣传横幅7条、展板8个，接受干部群众咨询50人次。通过档案法治宣传，进一步提高社会公众重视档案、利用档案、保护档案的意识和能力，增强了公民的档案法治观念、使档案工作更加贴近实际、贴近群众，取得了良好的社会效果。

2021年11月5日，档案局（馆）工作人员审核脱贫攻坚文书档案

【业务指导】 2021年，隆子县档案局（馆）先后到新冠肺炎疫情防控、脱贫攻坚、农业农村局（土地确权）等相关单位开展档案管理分类、整理、立卷、排列、编号、编目、收集、指导、接收工作进行业务指导。

【业务培训】 2021年，隆子县档案局（馆）根据中央、自治区、市三级要求，先后6次参加国家档案局在线档案统计业务培训班、全区档案信息化建设与开发利用管理培训班、全市档案业务培训、线上学习“十四五”全国档案事业发展规划公益大讲堂等培训班，通过培训，系统地了解档案与档案工作概述的基本知识，以及如何对各类档案进行收集、整理、分类、立卷、归档、利用等管理程序，全方位地了解了档案工作的重要性、档案管理人员应该具备的职业素养，为下一步开展档案工作、统计档案年报等工作指明了新的方向。

【利用工作】 2021年，隆子县档

2021年6月9日，档案局（馆）工作人员在县城开展“6·9”国际档案日宣传活动

案局(馆)在利用档案过程中，能够严格遵守各项规章制度，保守档案的秘密，防止丢失、泄密等现象。2021年，共接待查阅借阅文书档案、科技档案及各种资料利用者共50人次、60件，复印资料430余页。

【机构领导】

县委办副主任、档案局局长

索朗卓玛(女，藏族)

档案馆馆长

尼　　玛(女，藏族，8月任)

后勤工作

【概况】 隆子县机关后勤服务中心正式组建于2011年，是县人民政府管理的正科级全额拨款事业单位(不设内设机构)，主管后勤服务和保障工作。核定事业编制18名，核定领导职数4名(主任1名、副主任3名)。实有人数36人，其中，专业技术人员13人，工勤人员8人，公益性岗位15人。

【规范化管理】 2021年，隆子县机关后勤服务中心加强经费管理，规范日常会计业务处理，认真执行《党政机关厉行节约反对浪费条例》。加强公务用车管理，组织驾驶员认真学习有关公车管理文件，时刻把安全行车放在第一位。严禁公车私用，节假日车辆一律停放在指定的停车位，做好政府食堂管理工作，让每一位干部职工放心用餐，增强服务意识，改善服务态度，提高服务质量，在食品采购中，充分考虑职工的不同需求，确保干部职工满意。

【车辆管理】 2021年，隆子县机关后勤服务中心集中组织驾驶员对国家道路交通安全法律法规进行学习，要求驾驶员严格遵守公务用车、车辆停放的若干规定，确保行车安全，把车辆管理责任逐层落实到人，增强责任意识和使命意识，消除各种导致车辆安全隐患的因素。

【自身建设】 2021年，隆子县机关后勤服务中心贯彻中共十九大精神和十九届一中、二中、三中、四中全会精神，加强制度执行力建设，抓干部队伍建设，抓服务质量提升，抓党风廉政建设。抓好采购、仓管、固定资产的账务和文件管理工作，在物品采购和各项接待过程中，做好成本核算工作。

2021年7月6日，机关后勤服务中心驻三林乡边久林村工作队开展“为民办实事”活动

2021年食堂营业总收入232万元,总支出200.14万元,实际结余112.38万元。

【机构领导】

副主任

美朵拉吉(藏族,8月调出)

达瓦次仁(藏族)

蒋 亚 玲(10月任)

赵 敏 华(10月任)

外事办公室

【概况】 隆子县外事办公室(边界事务协调办公室)是2019年机构改革后新成立的单位,2019年5月开始独立办公,单位核定总编制3人,根据山机编发〔2021〕33号文件精神,增加了行政编制2名。实有干部职工5人(正科1人,副科2人,四级主任科员1人和一级科员1人)。

【县委外事工作委员会议】 8月16日,县委书记、县委外事工作委员会主任次仁加措召开了县委外事工作委员会议。会议传达学习自治区党委外事工作委员会会议、区市两级外办会议、文件精神,听取上半年县委外事工作委员会工作开展情况汇报、研究外事工作委员会组成人员建议名单,并就下一步全县外事工作进行了安排部署。

【外事调查研究】 2021年,区、市两级外办领导到隆子县开展边境一线丙类村勘定工作前期调研,初步申报了曲桑、斗玉、知能等11个行政村;根据外事巡边员试点工作,按照县委、县政府主要领导的指示,由县政协副主席苏斌率队,组织外事办公室工作人员,到扎日、玉麦、斗玉珞巴民族乡以及边防一团就外事巡边员队伍建设工作进行摸底调研,并对边境乡18岁以上人口进行了初步摸底,为外事巡边员队伍建设掌握第一手基础数据。

【队伍建设】 2021年,隆子县外事办始终将自身建设作为夯实外事工作的基础,作为提高履职能力和工作水平的重要内容来抓好抓实。以"三会一课"、党组会议为抓手,以党史学习教育和"三更"专题教育为重点,认真开展党组学习、会议8次,党支部学习、会议以及活动53次,认真学习贯彻中央第七次西藏工作座谈会精神、中共十九届六中全会精神以及习近平总书记在建党100周年重要讲话精神、视察西藏时的重要讲话精神,学习贯彻中央、区、市、县四级重要文件会议精神,坚决把各项决策部署落到实处。同时,认真开展"七一"主题党日活动,扎实开展"三个专项"行动、结对帮扶活动,组织开展警示教育等,进一步加强和改进自身建设,切实营造了良好的干事创业环境。

【外事巡边员队伍建设】 根据自治区外事办关于外事巡边员名额分配,隆子县外事巡边员共有160名,分布在5个边境乡。认真开展守土固边各项工作:自2021年7月9日全区外事巡边员试点工作动员部署以来,隆子县委通过深入基层,与乡镇主要领导、村"两委"班子、驻村工作队以及熟悉路线的人员座谈交流、相互询问,与边防部队研究讨论,确定了巡逻路线、区域等,扎实开展前期调研摸底工作;县、乡、村三级逐级召开动员部署会,强调组建外事巡边员的重大政治意义和目标

2021年11月22日,自治区外事办边界处处长张界锡(右二)带领调研组一行到隆子县检查指导工作

2021年8月16日，隆子县召开县委外事工作委员会会议

要求，并就巡边员身体素质、政治审查、履职条件等方面严格进行筛选，确保160名巡边员选聘工作稳步推进。同时，边境乡分别明确一名班子成员和一名专干负责外事工作的基础上，涉及巡边员村居分别明确1—2名村“两委”班子成员负责外事巡边员各项工作，巡边职责、目标任务更加明确；县乡两级分别召开政策宣讲、履职培训会议，并邀请乡卫生院负责人和辖区边防派出所人员，为巡边员开展新冠肺炎疫情防控、体能训练、应急处突等方面进行培训，确保政策落地营造良好氛围；县外事办深入各边境乡，通过听取汇报、查看工作日志、与巡边员代表谈话等方式就外事巡边员巡逻路线、履职情况等进行督导检查。同时，积极争取防疫物资分发给外事巡边员，确保巡边员新冠肺炎疫情防控措施落实到位，购置保密柜、文件柜等办公设备，分发相关边境乡，确保外事巡边员文件、资料专柜存档；为切实保障160名巡边员待遇，争取购买装备、器材等经费32万元列入2022年财政预算；各乡镇每月召开安排部署会，就外事巡边员巡逻、新冠肺炎疫情防控以及注意事项进行强调说明，并对巡边员外出、请（事）假情况严格执行考勤制度，确保安全巡边的基础上严格履行职责。同时，根据工作职责，外事巡边员积极协助参与乡党委、政府以及村“两委”安排的疫情防控、生态环保、维护稳定等其他工作。截至年底，根据巡逻出勤率，乡党委、政府的建议，及时兑现了巡边员工资，除1人扣减了工资的15%即225元之外，其余全额兑现，共计95.98万元。自外事巡边员试点工作开展以来，群防群治力量进一步增强；群众增收渠道进一步拓宽；群众护边热情进一步高涨。

【机构领导】

外事办党组书记、主任

次旺普尺（女，藏族，6月任）

外事办党组成员、副主任

洛桑加措（藏族）

韩　雪　莲（女，6月任）

陈　　垞（4月任）

陈　　垞（5月免）

中国人民政治协商会议隆子县委员会

综述

【概况】 中国人民政治协商会议隆子县委员会于2012年7月正式成立，设县级机构，下设政协办公室和综合委员会，机构核定编制11名；有正县级领导1名、副县级领导4名、二级调研员1名、科级领导3名、四级调研员1名，一级科员1名。

【常务委员会会议】

二届27次会议 2021年1月7日，政协第二届隆子县委员会常务委员会第27次会议在政协513会议室召开，会议由政协隆子县委员会主席索朗巴珠主持。会议应到常委10人，因事因病请假2人，实到8人。会议研究通过关于单增尼玛等4名委员因工作岗位调整、调离、退休等原因，免去二届政协常务委员及委员职务的请示。

二届28次会议 2021年1月26日，政协第二届隆子县委员会常务委员会第28次会议在政协513会议室召开，会议由政协隆子县委员会主席索朗巴珠主持。会议应到常委10人，因事因病请假2人，实到8人。会议审议通过了《县政协二届二十八次常委会会议议程(草案)》《关于召开县政协二届七次会议的决定(草案)》《县政协二届七次会议议程(草案)》《县政协二届七次会议日程(草案)》;《县政协常委会工作报告(草案)》及报告人、《提案工作情况报告(草案)》及报告人;《政协隆子县委员会关于委员参会情况的通报(草案)》。

二届29次会议 2021年1月28日，政协第二届隆子县委员会常务委员会第29次会议在政协513会议室召开，会议由政协隆子县委员会主席索朗巴珠主持。会议应到常委10人，因事因病请假2人，实到8人。会议审议通过了《县政协二届二十九次常委会会议议程(草案)》《政协常委会工作报告决议(草案)》《提案工作情况报告决议(草案)》《提案审查情况报告(草案)》《政治决议(草案)》，听

2021年2月15日，隆子县政协党组书记、主席索朗巴珠(右二)主持召开换届动员部署会

取各小组讨论情况。

二届 30 次会议 2021 年 4 月 9 日下午，政协第二届隆子县委员会常务委员会第 30 次会议在政协 513 会议室召开，会议由政协隆子县委员会主席索朗巴珠主持。会议应到常委 10 人，因事因病请假 2 人，实到 8 人。会议研究通过巴吉和索朗扎西两名委员因身体状况和年龄原因免去政协二届隆子县委员会委员职务的申请；研究通过政协二届隆子县委员会委员达桑，因履职不力，发挥主体作用不明显，免去其二届隆子县委员会委员职务的决定；研究通过政协二届隆子县委员会常务委员和委员边巴次仁，因从工作岗位上退休，并由本人提交了辞职申请，同意免去其常务委员及委员职务的决定；研究通过因界别和民族比例需要，同意免去蒋昆仑、洛桑曲旦、白旦央坚、白玛曲宗、洛桑尼玛、吾金次仁等 6 人二届政协隆子县委员会委员职务的决定；研究通过政协换届建议连任名单；研究通过换届后在原有 61 名委员基础上增加 2 名委员名额的建议；研究通过隆子县政协换届委员协商提名工作建议；研究通过 10 月初组织各界别 9 名委员，赴湖南省常德市就乡村振兴、特色产业发展、城市规划管理、基层党建等方面的成功经验和做法进行为期 7 天的考察学习；研究通过 11 月初组织各界别 10 名委员，赴贡嘎、扎囊、桑日、加查四县就城镇建设、产业发展、旅游开发等方面的成功经验和做法开展为期 7 天的考察学习活动。

2021年11月16日，隆子县政协党组书记、主席古桑旦增（左一）在隆子县加玉乡疫情防控执勤点调研指导工作

二届 31 次会议 2021 年 6 月 2 日，政协第二届隆子县委员会常务委员会第 31 会议在政协 513 会议室召开，会议由政协隆子县委员会主席索朗巴珠主持。会议应到常委 10 人，因事因病请假 2 人，实到 8 人。会议审议通过了关于召开政协第三届隆子县委员会第一次会议的决定；听取县委组织部作关于政协第三届隆子县委员会委员推荐人选建议名单及界别情况的说明；听取政协第二届隆子县委员会常务委员会工作报告（草案）起草情况的说明；听取政协第二届隆子县委员会常务委员会关于提案工作情况报告（草案）起草情况的说明；小组酝酿讨论委员推荐人选建议名单及界别、常务委员会工作报告（草案）、提案工作情况的报告（草案）；审议通过政协第三届隆子县委员会委员推荐人选建议名单及界别；审议通过提交政协第三届隆子县委员会第一次会议审议的政协第二届隆子县委员会常务委员会工作报告；审议通过提交政协第三届隆子县委员会第一次会议审议的政协第二届隆子县委员会常务委员会关于提案工作情况的报告；审议通过政协第三届隆子县委员会第一次会议议程（草案）和日程（草案）。

二届 32 次会议 2021 年 7 月 5 日，政协第二届隆子县委员会常务委员会第 32 次会议在政协 513 会议室召开，会议由政协隆子县委员会副主席巴桑次仁主持。会议应到常委 10 人，因事因病请假 2 人，实到 8 人。会议审议通过政协第三届隆子县委员会第一次会议选举办法（草案）；审议通过政协第三届隆子县委员会主席、副主席、常务委员建议人选名单（草案）；审议通过政协第三届隆子县委员会第一次会议关于政协第二届隆子县委员会常务委员会工作报告的决议（草案）；审议通过政协第三届隆子县委员会第一次会议关于政协第二届隆子县委员会常务委员会提案工作情况报告的决议（草案）；审议通过政协第三届隆子县委员会第一次会议政治决议（草案）。

二届33次会议 2021年7月6日，政协第二届隆子县委员会常务委员会第33次会议在政协513会议室召开，会议由政协隆子县委员会副主席巴桑次仁主持。会议应到常委10人，因事因病请假2人，实到8人。会议听取各讨论组讨论情况的综合汇报；审议通过政协第三届隆子县委员会第一次会议提案审查委员会关于提案审查情况的报告（草案）；审议通过政协第三届隆子县委员会第一次会议总监票人、监票人名单（草案）；审议通过政协第三届隆子县委员会第一次会议选举办法（草案）；审议通过政协第三届隆子县委员会主席、副主席、常务委员候选人名单（草案）；审议通过政协第三届隆子县委员会第一次会议关于政协第二届隆子县委员会常务委员会工作报告的决议（草案）；审议通过政协第三届隆子县委员会第一次会议关于政协第二届隆子县委员会常务委员会提案工作情况报告的决议（草案）；审议通过政协第三届隆子县委员会第一次会议政治决议（草案）。

三届1次会议 2021年7月7日，政协第三届隆子县委员会常务委员会第一次会议在政协513会议室召开，会议由政协隆子县委员会主席古桑旦增主持。会议应到常委12人，因事因病请假1人，实到11人。会议审议通过政协第三届隆子县委员会常务委员会关于设立专门委员会的决定；审议通过政协第三届隆子县委员会常务委员会办公室主任、副主任及专门委员会主任名单。

2021年8月24日，政协党组召开政协第三届隆子县委员会第3次党组会议

【政协全体会议】

三届1次会议 2021年7月5日上午，中国人民政治协商会议第三届隆子县委员会第一次会议在隆子县城开幕。会期两天半（7月5日至7月7日上午），会议应到委员63人，实到61人，因事因病请假2人。会议期间，县委书记次仁加措，县委副书记、人大常委会主任廖仕平等县级领导应邀出席开幕和闭幕会议。会议听取和审议政协第二届隆子县委员会常务委员会工作报告；听取和审议政协第二届隆子县委员会常务委员会关于县政协二届一次会议以来提案工作情况的报告；列席隆子县第十四届人民代表大会第一次会议，听取并讨论政府工作报告和其他有关报告；选举产生政协第三届隆子县委员会主席、副主席、常务委员；审议通过政协第三届隆子县委员会第一次会议关于政协二届隆子县委员会常务委员会工作报告的决议；审议通过政协第三届隆子县委员会第一次会议关于县政协二届一次会议以来提案工作情况报告的决议；审议通过县政协三届一次会议提案审查情况的报告及政治决议。

【提案办理】 三届一次会议期间，广大政协委员围绕乡村振兴、社会法治、“三农”工作等共提交提案34件，经提案审查委员会审查，予以立案32件，立案率达94%。在县委、县政府的重视和各承办单位的配合下，提案办理工作取得了较好成效；截至年底，所有立案提案全部办复，实现答复率100%，委员满意率100%，办结率78%。其中已经办结或被采纳的16件，占50%，正在办理或列入计划的14件，占44%，因不具备办理条件且向委员说明留作参考的2件，占6%。

【换届选举】 2021年，隆子县委高度重视政协换届工作，成立换届筹备工作领导小组，先后组织召开2次常委会会议研究政协委员协商提名工作，召开5次专题会议安排部署政协换届工作。政协党组主动向县委主要领导请示汇报换届有关人事安排等重大事项，并指定1名副主席作为换届工作领导小组组长，为换届工作的有序推进提供了坚强的组织保障。会同县委组织部、统战部，严格按照政协委员产生程序和上级相关文件要求做好委员协商提名工作。坚持依法按章办事，严格标准，严把政治关、素质关、廉洁关，统筹考虑统一战线各项领域代表人士和党政领导干部的安排使用，综合平衡民族、宗教和地域、年龄、性别、文化程度等方面结构，党内委员由县委组织部提名，党外委员由县委统战部协商。经充分协商酝酿，隆子县政协三届一次会议的委员拟定名额65名，预留2名。此外，政协注重做好留任委员思想工作，换届工作开展前期，政协副主席巴桑次仁到11个乡（镇）对全体二届政协基层委员进行家访，详细了解各委员履行职责、生产生活条件等情况，广泛听取意见建议，引导委员以党和人民的事业为重，正确对待个人进退留转，自觉服从组织安排。把牢纪律关。采取集中组织观看警示教育片《镜鉴》、组织委员学习政协章程、向委员交流群内转发“辽宁拉票贿选案”、与委员签订《严格遵守换届纪律承诺书》、张贴宣传标语、向县网宣办上报换届工作动态信息、向委员微信交流群内转发换届工作动态和各类换届知识等，努力营造风清气正的换届环境。把牢选举关。经过认真酝酿和精心准备，2021年7月4日至7月7日上午召开政协三届隆子县委员会第一次会议，会议选举古桑旦增为政协第三届隆子县委员会主席，巴桑次仁、张雪戈、苏斌、洛桑益西为政协第三届隆子县委员会副主席。

【视察调研】 为开阔委员视野，提高参政议政的实效，根据政协隆子县委员会2021年协商计划安排，10月，组织部分委员前往湖南省常德市围绕“乡村振兴、特色产业发展、城市规划管理、基层党建”等方面进行考察学习；11月，组织部分委员到贡嘎、扎囊、桑日、加查四县围绕“乡村振兴、民族文化传承、生态环境保护”等方面进行考察学习。考察结束后及时将考察的基本情况、主要收获、启示等形成考察报告呈送县委、县政府决策参考。

【慰问活动】 2021年，县政协班子成员和干部职工坚持每季度深入结对户，开展定点帮扶，扶智教育，全年开展帮扶人均4次，累计帮扶物资折合人民币1万余元。结合党史学习教育安排部署，聚焦群众“急难愁盼”问题，深入基层、主动作为，为桑青寺解决了办公设备问题，为加玉乡庞村群众争取2千米网围栏建设资金，为准巴乡卡雄拉、加玉乡莫嘎拉、三林乡西卡下疫情防控卡点解决8间板房建设问题。联合县委统战部组织召开新年茶话会暨“三大节日”慰问活动，慰问基层农牧民政协委员24人，共发放慰问金12000元。坚持每季度到驻村点检查指导工作并开展慰问活动，累计慰问物资折合人民币3000余元。

【提升履职能力】 2021年，县政协突出助推重要任务落实，注重发挥会议监督、委员视察监督、提案监督以及其他形式监督等基本监督形式的作用。先后组织政协委员10余人次，参加征求意见会、述职评议会、中考小考等活动，重点对社会各界关注度高的问题进行监督。广大政协委员履职中自觉加强对教育、医疗、就业和社会保障等方面的监督，有效发挥了政协协商式监督的重要作用。疫情防控常态化期间，县政协主要领导严格按照县委部署要求，主动担当责任，积极深入边境一线疫情卡点督导检查疫情防控工作，累计深入各疫情卡点30余次。其他班子成员和广大政协委员积极投身防控宣传、疫苗接种动员、物资保障第一线，着力助推疫情防控各项措施落实落地。此外，政协班子成员积极参与抵边搬迁动员、大庆物资保障、矛盾纠纷排查调处、指导村“两委”换届等县委众多重大工作。

【理论学习】 2021年，政协隆子县委员会始终坚持把学习摆在更加突出的位置，着力加强理论武装，深化思想政治建设，用新思想武装头脑、指导实践、推动工作，确保政协工作的正确政治方向。把习近平新时代中国特色社会主义思想作为统揽各项工作的总纲，把坚持和发展中国特色社会主义作为巩固思想政治基础的主轴，把习近平总书记关于加强和改进人民政协工作重要思想作为主题，把习近平总书记系列重要讲话作为基本教材，着力增强思想根基。切实增强学习的针对性和实效性，采取学习宣讲于一体，线上线下相结合，读书履职相促进的方式，做到有个人笔记、有心得体会、有感悟发言。组织党组会、主席会、常委会、支部学习会等专题学习40余次，开展警示教育5次、党员领导干部讲党课4次，召开专题研讨10余次，形成心得体会10余篇，完成专题研讨材料20余篇。

深入开展“三更”专题教育。高度重视、精心谋划、迅速行动，结合专题教育目标要求和政协实际，以最高标准推进实施，以最高要求贯彻落实。累计组织党员干部开展专题学习16次，讲党课2次，撰写研讨发言材料13篇，心得体会和观后感11篇，形成高质量调研报告6篇，共检视问题30条，问题整改率达95%以上。

深入开展党史学习教育。以学习贯彻习近平总书记“七一”重要讲话精神为核心内容，不断推动党史学习教育往深里走、往实里走。累计召开党史学习教育专题学习10余次，形成研讨发言材料12篇，调研报告5篇，心得体会6篇，开展为民办实事9件。组织政协机关党员干部、乡（镇）政协联络员到错那县红色教育基地开展“探寻红色印记，重温红色历史”主题党日活动，用实际行动赓续和传承红色基因。

【自身建设】 2021年，政协隆子县委员会积极主动汇报衔接，争取组织、统战、宣传、财政等部门的支持，因乡镇换届人员调整，政协党组重新研究调整各乡镇政协联络办人员，满足政协履职需要并争取政协综合委员会工作经费2万元，乡镇政协联络办工作经费14万元，充分保障新增机构工作运行。督导乡镇联络办建设工作。县政协班子成员深入2个镇9个乡实地查看了政协联络办机构设置及办公场所配置、规章制度建设、委员档案建立、活动开展等情况，助推政协联络办各项工作走深走实。

【维护稳定】 2021年，政协隆子县委员会认真贯彻落实县委维稳决策部署，政协班子成员积极承担维稳值班带班、蹲点指导等工作。全年累计开展维稳督导10余次，深入村（居）、寺庙、学校联系点20余次。此外，基层政协委员主动作为，积极参加所在村红袖标、护村队维稳值班、巡逻、政策宣传等，协助村“两委”做好矛盾化解、情绪疏导等工作，有力助推平安隆子建设。

【“三联两包”】 深入开展“三联两包”活动。政协班子成员深入联系乡镇、村居、学校、寺庙开展政策宣讲、督导检查。通过系列宣讲活动的开展，进一步凝聚了群众思想共识，汇聚了奋进力量。全年班子成员累计深入各联系点督导检查10余次，开展宣讲活动6场次，受教群众450余人。

【提案答复和办理】 调研委员提案答复和办理情况。11月底，政协班子成员深入2个镇9个乡走访调研政协二届七次会议和三届一次会议委员提案答复和办理情况，并对提案办理工作中存在的问题和困难进行了协商。

【机构领导】

政协隆子县委员会主席

索朗巴珠（藏族，6月免）

古桑旦增（藏族，6月任）

政协隆子县委员会副主席

王　　平（6月免）

巴桑次仁（藏族）

张 雪 戈（6月任）

苏　　斌（6月任）

洛桑益西（藏族，6月任）

政协隆子县委员会办公室主任

叶 措 吉（女，藏族，6月免）

周　　利（6月任）

政协综合委员会主任

拉巴次仁（藏族，6月任）

政协隆子县委员会四级调研员

刘 春 华

政协隆子县委员会办公室副主任

达娃央吉（女，藏族）

纪检·监察

综述

【概况】 2018年纪检监察体制改革以来，中共隆子县纪律检查委员会与隆子县监察委员会合署办公，实行一套工作机构，两个机关名称，履行党的纪律检查和国家监察两种职责，受山南市纪委监委和隆子县委双重领导。2021年，中共隆子县纪律检查委员会人员编制23人（行政编制20人，事业编制3人），实有工作人员20人。内设机构6个，分别为综合办公室、党风政风监督室、信访室、监督检查室、案件审理室、审查调查室；综合办公室下设1个纪检监察信息中心。

【落实"两个责任"】 2021年，隆子县纪委监委在市纪委监委和县委的坚强领导下，坚持以习近平新时代中国特色社会主义思想为指导，全面贯彻中共十九大和十九届二中、三中、四中、五中、六中全会精神，深入学习领会习近平总书记"七一"重要讲话精神和在西藏考察调研时的重要指示批示精神，增强"四个意识"、坚定"四个自信"、做到"两个维护"。始终把全面从严治党协助职责摆在突出位置，通过重大事项请示报告、定期汇报党风廉政建设和反腐败斗争工作、及时提出管党治党意见建议等方式，积极主动为党委主体作用发挥提供有效载体、当好参谋助手。县纪委先后在县委常委会会议上传达学习各类典型案例通报18期，听取50个党委（党组）述责述廉5次。把坚决做到"两个维护"作为根本政治任务，聚焦贯彻习近平总书记重要讲话精神，强化对中央、区党委、市委、县委决策部署落实情况及区党委第三巡视组巡视"回头看"反馈意见整改落实情况的监督检查，精准发力，开展监督检查86次，发现问题54条，整改完成53条，1条反馈问题正在整改。

【严明政治纪律】 2021年，隆子县纪委监委聚焦党史学习教育、学习贯彻中央第七次西藏工作座

2021年6月30日，县委常委、纪委书记、监委主任罗廷坤为全县副科级以上干部讲廉政党课

谈会精神、“十四五”规划实施、惠民富民政策落实、常态化疫情防控、乡村振兴等上级重大决策部署开展监督检查124次，发现问题57条，整改完成56条，1条正在整改。通过及时纠偏定向，有力有效督促全县各级党组织和党员领导干部将“两个维护”落到实处。印发《关于进一步规范党风廉政意见回复工作的通知》，规范和完善党风廉政意见回复工作，2021年共回复党风廉政意见83次2430人；制定出台《2021年隆子县纪检监察工作清单》，围绕强化基层监督3个方面罗列出14条内容，从4个方面提出12项建议，帮助县乡纪检监察干部进一步厘清责任边界、细化工作措施。

【监督检查】 2021年，隆子县纪委监委坚持上下联动、同频共振，整合县乡纪委监督力量对“私车公养、公车私用”问题开展监督检查15次，发现反馈问题2个，为规范公车使用和管理划出纪律底线，及时堵塞车轮上的腐败问题。开展会风会纪监督检查7次，下发情况通报2期，责令11人作出深刻检讨，开展上下班制度执行情况监督检查2次，通报34人，约谈7人，对1人进行提醒谈话，引导干部严守工作纪律，增强规矩意识，持续正风肃纪。紧盯“四风”新形势、新动向，紧盯违规接受宴请、违规发放津补贴和违规收受名贵特产等典型问题，突出开展节假日、双休日等“八小时以外”重点时段监督检查，共开展日常监督检查90次，中央八项规定精神监督检查73次，发现问题24条，下发通报2期，责令5人作出深刻检讨。对便民服务中心、一站式服务大厅开展监督检查3次，着力发现和整治“脸难看、门难进、事难办”等形式主义、官僚主义问题。对餐饮浪费等歪风陋习开展监督检查10次，发现并督促整改问题3个。

【查办案件】 2021年，隆子县纪委监委运用“四种形态”批评教育帮助和处理共39人次。其中，运用“第一种形态”批评教育帮助27人次；运用“第二种形态”处理8人次；运用“第三种形态”处理1人次；运用“第四种形态”处理3人次。坚持严管厚爱结合、激励约束并重，落实“三个区分开来”要求，客观公正地为1名村干部澄清正名，严肃查处诬告陷害行为。

2021年4月5日，纪委副书记、监委副主任井虎平在隆子县政法队伍教育整顿政策宣讲暨警示教育大会上作发言

【宣传教育】 2021年，隆子县纪委监委以迎接建党100周年为契机，统筹做好纪检监察宣传工作，大力宣传纪法条例，动态展示全县纪检监察工作推进情况，全年向市纪委监委发送信息简报60期，发布廉政动态35期，开展专题警示教育大会2次，组织300名党员干部观看警示教育宣传片2部，及时更新廉政建设长廊，累计组织16批283名党员干部先后到县廉政警示教育基地参观学习，下发各类典型警示案例通报18期，开展廉政讲课谈话6次，发放忏悔录81本，发送廉洁提醒短信18000余条。

【预防腐败】 2021年，隆子县纪委监委严肃换届纪律风气，严明选举纪律，联合做好换届督导和考察工作，下沉一线对换届风气开展监督检查，对违反换届纪律零容忍，严查拉帮结派、拉票贿选等行为。召开县委反腐败协调工作领导小组会议1次，听取成员单位的工作开展情况，对所发现的问题及时进行了纠治。

2021年6月28日，第十届隆子县纪委委员集体合影

【反腐倡廉】 2021年，隆子县纪委监委坚定不移推进反腐败斗争，做实以案为鉴、以案促改、以案促治，坚持以问题推动查补漏洞、以案件促进整改整治、以典型的人和事开展警示教育，把查办案件、加强教育、完善制度、促进治理贯通起来，督促全县各级各部门全面深入剖析原隆子镇会计扎西罗布典型案例，对本单位廉政风险点进行全面梳理，并指导有关单位建立健全工作制度。2021年，配合开展政法队伍教育整顿，惩治执法司法腐败问题，全年受理政法干警问题线索10件11人，并案处置8件11人，已办结7件7人，正在办理1件4人。

【执纪审查】 2021年，隆子县纪委监委共受理问题线索37件，已办结23件，函询了结1件，初核了结12件，立案审结7件，简易程序办理3件。给予党纪政务处分12人，其中乡科级干部4人，一般干部1人，农村、企业等其他人员7人。

【巡察督查】 2021年，隆子县委巡察组对9个党组织开展常规巡察，3个党组织开展巡察"回头看"，圆满完成全覆盖巡察任务。科学制定十届县委巡察工作五年规划，及时启动十届县委第一轮巡察工作，组建3个巡察组，抽调21名巡察工作人员对12个村级党组织开展巡察，共发现突出问题135条，向县纪委监委移交问题线索2条。

2022年2月24日，隆子县召开第十届纪律检查委员会第二次全体会议

【廉洁建设】 2021年，隆子县纪委监委为进一步强化干部的廉洁从政意识，形成廉政教育常态化机制，县纪委书记罗廷坤为全县副科级以上干部讲廉政党课1次；县纪委副书记井虎平为全县政法干警讲廉政党课1次；对新任的干部组织任前考试1次，开展1次廉政谈话，增强纪律意识，接种"廉政疫苗"。

【队伍建设】 2021年，隆子县纪委监委认真组织开展党史学习和"三更"专题教育，开展专题教育考试测评3次，开展党史学习、"三更"专题教育学习会议20余次，交流研讨5次，专题调研1次，教育引导纪检监察干部学史明理、学史增信、学史崇德、学史力行。选派25名干部到区市县三级纪委监委跟班；选派5名干部参加各类业务培训班；持续优化队伍结构，配齐配强纪委监委班子成员，系统内交流5人，交流到系统外4人，系统外交流到系统内3

2021年9月10日，隆子县纪检监察党支部组织党员干部在错那县勒布沟开展以“传承红色基因，牢记初心使命”为主题的党史学习教育专题活动

人。创建“纪检监察业务我来讲”课堂，每两周安排1名干部结合自身业务知识轮流上台授课，并针对工作中的重点、难点问题进行答疑解惑，让全体干部“人人上讲台，人人当讲师”，不断提升干部监督执纪能力和水平。

【专项监督】 2021年，隆子县纪委监委扎实推进“我为群众办实事”实践活动，深化整治查处群众身边不正之风和腐败问题，深入开展换届工作、巩固脱贫攻坚成果同乡村振兴有效衔接、乡村安全饮水工程、民生项目建设和运营、政法队伍教育整顿、粮食安全领域、生态环境领域、公车二维码、疫情防控措施落实专项监督150次，发现问题254个，发送工作提示15件次，责令相关单位、人员作出情况说明3件次，发送问题反馈函10件次，下发问题整改函18件次，对19条问题重点关注、动态跟进，与相关部门沟通对接协调解决群众急难愁盼问题3件，会议推进解决7件，系统培训解决1件，讲党课3次，现场作报告1次，形成调研报告1篇，联合县委督查室下发督查通报3期，督办通知1期，通报处理11人。

【机构领导】

县委常委、纪委书记、监委主任

次仁多布杰（藏族，5月免）

罗 廷 坤（5月任）

县纪委副书记、监委副主任

井 虎 平

阿　　西（女，回族，5月任）

县纪委常委、巡察办主任

阿　　西（女，回族，4月免）

土登益西（藏族，5月任）

县纪委常委、监委委员

蒋　　波（4月任）

县纪委常委

扎西顿尼（藏族，4月免）

白玛卓玛（女，藏族，5月任）

县监委委员、信访室主任

仁增玉珍（女，藏族，8月任）

县纪委监委党风政风监督室主任

白 金 星（4月免）

洛桑卓嘎（女，藏族，4月任）

县纪委监委审查调查室主任

益西卓嘎（女，藏族，4月免）

米　　玛（女，藏族，4月任）

援藏工作

综述

【概况】 常德市第九批援藏工作队自2019年7月进藏以来，始终坚持以习近平新时代中国特色社会主义思想为指导，深入贯彻习近平总书记关于治边稳藏的战略思想和新时代党的治藏方略，全面落实习近平总书记视察西藏时的重要讲话重要指示精神，紧跟常德、隆子两地部署，坚持实干援藏、理念援藏、形象援藏，最大程度发挥援藏团队作用，扎实推进援藏工作开展，取得了较好成效。特别是2021年，常德援藏工作队集中攻坚，产业援藏项目得到了自治区的肯定。常德援藏工作队被山南市委授予第一批民族团结示范单位称号，有数名队员获自治区、山南市、湖南援藏总队表彰。

【资金到位及管理情况】 截至年底，常德市第九批援藏工作队在民生和基础设施领域共投资项目39个，总投资10036.45万元，其中计划内项目29个，总投资7810.8万元，计划外项目10个，总投资2225.65万元，为改善隆子民生和助推乡村振兴贡献了常德力量。2021年“十四五”援藏计划内到位资金2555万元，主要用于乡村振兴、医疗综合提升、偏远农牧区基础设施建设、产业发展扶持、固边富民强边和军地共建、基层组织建设、教育提升等多个方面的项目建设及与内地的交往交流交融。全年开工建设项目16个，完工项目13个。

【智力援藏】 常德援藏工作队把智力援藏作为援藏工作的重头戏，通过干部派驻、结对帮扶、“走出去”“请进来”等方式，不断加大干部人才智力援助力度，在推动两地人员交往、工作交流、文化交融、情感融合的基础上，实现资金援助与智力援助相结合、输血与造血并重、硬件与软件同步提升，助力隆子可持续发展水平不断提升、内生发展动力不断增强。

【产业援藏】 常德市第九批援

2021年7月1日，建党100周年之际，常德市第九批援藏工作队领队李进带领援藏队员慰问隆子县集中供养中心老人

藏工作队进藏以来，根据山南市委“产业立市”的要求，把产业援藏作为援藏工作的重点，努力把特色资源优势转化为经济发展优势。2021年，在湖南援藏总队关心支持下，成功引进了湖南省第二工程有限公司和湖南省新五丰公司，从事藏香猪饲养及其相关产业链建设，采取“企业+基地+合作社”的模式带动藏香猪产业发展。项目计划总投资3.5亿元，规划年出栏藏香猪35000头。截至年底，一期完成投资1.3亿元，项目占地163.83亩，已建成隆子万头藏香猪标准化养殖基地和玉麦乡藏香猪生态养殖和保种基地，年可出栏藏香猪1万头。项目得到了自治区、山南市主要领导的充分肯定，成为湖南产业援藏的示范项目。牵头做好隆子机场建设工作。为推进西藏“十四五”时期支线机场建设，提高西藏民航服务边境地区经济社会发展水平，前期经援藏工作队牵头争取，西藏自治区发改委会同民航西藏区局通过调研选址、实地勘察，确定了山南市隆子县机场建设的预选场址，已动工建设，在项目推进最困难的时候，县委明确由援藏工作队牵头机场建设期间的征地补偿、农牧民搬迁、临空经济规划等工作，工程进展顺利，将在2022年年底建成通航。

【脱贫攻坚】 2021年，常德市第九批援藏工作队通过引进万头藏香猪标准化养殖基地项目建设，解决了10名应届大学生就业的同时，建设过程还解决了隆子当地200余名劳动力就业增收，其中玉麦乡生态养殖基地与当地乡镇及村委签约，雇佣当前农牧民从事养殖事业，为玉麦乡玉麦村、纽林塘村实现收益分红14余万元。同时工作队还通过其他项目为隆子县多个乡镇及行政村改善道路、修缮房屋、饮水改造等，极大地改善了当地群众的生活及出行条件。援藏工作队还组织队员对困难家庭进行针对性帮扶，解决了多名藏区同胞重大疾病的诊疗问题，让他们重返健康的同时，避免了其家庭因病返贫情况的发生。

【教育援助】 探索“全领域覆盖、全过程培育、全方位结对”的“三全”教育模式，自治区教育厅明确隆子县中学为“边境示范校”创建工作要求，2020年在“万人援疆援藏”安排的4名教师计划外，常德市本级组织选派6名骨干教师开展“组团式”援藏支教，持续到2021年7月。援藏教育团队结合隆子县中学实际，制定了《援藏教师示范引领三年行动计划》，推动学校教研教改常态化、规范化。实施青蓝工程，就教学环节、教学技巧、教学艺术等细节进行广泛、充分的探讨、交流、互动、反思和总结，有力地推动了隆子教育教学水平的提升。

【医疗援助】 2021年，常德市卫生健康系统共选派专业技术人才12人次参与援藏工作。8月，6名队员参与国家医疗人才“组团式”援藏工作，第一次支援县级人民医院。探索“1+2+N”的传帮带模式（1名援藏医生必须带好2名徒弟，辐射带好多名医护人员）；组建外科手术团队，开展了多项新技术医疗手术：髓内钉微创接骨术、骨移植术、膝关节侧副韧带重建术、局部皮瓣移植修复术等手术，共100余台次，其中包括西藏自治区首例胫骨远端逆行髓内钉微创截骨术、西藏县级医院小儿全麻手术等，提高了医院的综合

2021年8月31日，全国第一批支援县级人民医院的常德市医疗人才“组团式”援藏工作队抵达隆子

诊疗能力,降低患者的就医转诊率;组织开展医护人员技能培训,常规开展临床基本技能培训,急危重症抢救技能培训,邀请常德市第一人民医院专家临时入藏支援协助完成危重患者救治及临床技能培训工作。

【文化及社会事业援助】 2021年,常德市第九批援藏工作队协助举办雅砻文化旅游节、玉珞民族文化节,参与拍摄各类民族团结进步及爱国守边主题宣传片,湘藏文化得到充分交流交融,在隆子中小学推行“爱党爱国红色基因”教育工程,深入开展红色教育,建设红色校园、培育红色标兵、打造红色课堂,让“从娃娃抓起”的爱国文化教育,潜移默化感染各族群众,增强“五个认同”。积极协助常德党政团体及企事业团体入藏考察交流。协助并参与湖南卫视、西藏卫视等多家知名媒体针对西藏隆子县的各类宣传片的拍摄工作,促进隆子与湖南文化交流与推介。

【就业服务】 2021年,通过湖南省援藏工作总队协调,常德市高等职业技术学院解决了4名山南籍应届大学毕业生就业问题,4名毕业生经岗前培训后顺利走上学校教学及管理岗位。

【经济技术交流合作】 因新冠肺炎疫情影响,主要围绕藏香猪养殖产业发展,协调湖南建工集团、湖南新五丰有限责任公司代表到隆子指导藏香猪养殖工作。

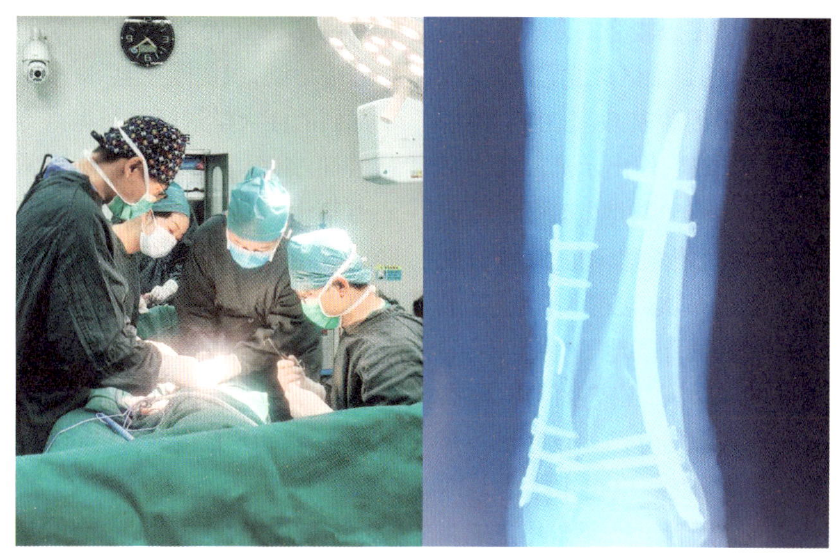

2021年7月11日,常德援藏医生带领隆子县人民医院外科手术团队完成西藏自治区第一例胫骨逆行髓内钉微创内固定截骨手术

【推动特色产业发展】 2021年,常德市第九批援藏工作队根据山南市委“产业立市”的相关要求,把产业援藏作为援藏工作的重点,努力把特色资源优势转化为经济发展优势,把千家万户的小生产与千变万化的大市场充分结合起来,根据隆子县的产业基础大力发展藏香猪养殖产业。

在湖南援藏总队、湖南建工集团、湖南新五丰公司的大力支持和参与下,2020年4月签订了隆子县藏香猪产业发展合作协议,同年5月正式动工建设。

项目总投资3.5亿元,一期万头藏香猪标准化养殖基地、玉麦乡藏香猪生态养殖基地投资1.36亿元,已建成投产,实现了农户分散低水平养殖到专业企业精细化、标准化、规模化养殖的转变,年出栏藏香猪1万头、种猪3000头,成为推动隆子高质量发展的特色产业援藏项目,也是西藏自治区海拔最高、规模最大的藏香猪标准化养殖基地。

【对口项目】 2021年,常德市第九批援藏工作队全年开工建设项目16个,完工项目13个。三安曲林乡及日当镇中心卫生院卫生服务综合提升项目:该工程由常德援藏工作队援建,建设周期10个月,总投资1600万元。两所卫生院新院主体工程为框架结构,建筑面积约2000平方米,设计使用年限50年,包括办公用楼及职工生活服务楼。建筑条件及功能设置均达到自治区内同级医院先进水平,项目已完工并投入使用。玉麦乡“三示范一基地”建设及玉麦乡综合提升建设项目:为深入贯彻习近平总书记给隆子县玉麦乡群众卓嘎、央宗姐妹的回信精神,积极响应做“神圣国土的守护者、幸福家园的建设者”号召,根据西藏自治区党委组织部、山南市委组织部及隆子县委的指示要求,常德市第九批援藏工作队在协助完善边境小康村建设的同时,积极加强玉麦乡基层组织建设,科学谋划,精心调研,提出进一步将在玉麦乡打造“三示范一基地”的自治区级党建示范点，为抓党建促脱贫攻坚、促乡村振兴，探索经验、作出示范。具体来说，“三示范一基地”工程就是着力打造“边境党建示范点、乡村振兴示范点、军地党建示范点、爱国守边红色教育基地”。截至年底，工程进展顺利，玉麦乡门楼、桑杰曲巴老人故居等已建设完毕并开放使用，玉麦乡史馆主题建筑即将完工，预计2022年5月完工并投入使用。隆子小学教师周转房建设项目：两栋4层建筑楼房总面积1756平方米，共计32户，于2020年9月1日开工，于2021年9月2日通过竣工验收。另外还有隆子小学提质改造项目、才麦村周边环境改造建设项目、准巴乡达村放牧道路建设项目、加玉乡切麦村温泉道路提质改造建设项目、列麦乡念荣俄路桥建设项目、桑玉村周边环境改造建设项目、扎日乡基础配套建设项目、三林乡珠康坝场地平整、准巴乡政府值班室、卡点阳光房、加玉小学校、内管网改造项目等。在项目建设过程中，援藏工作队为强化监督管理，主抓项目建设过程中的质量、安全、进度管理和现场的文明施工，确保援藏项目落到实处，多优良工程、精品工程。

【人才培训】 2021年，常德援藏工作队推动隆子县100余名干部人才到常德开展交流考察、学习培训等活动，组织隆子县50多名干部到浙江大学进行乡村振兴专题培训，组织学习教师团队到常德市第十一中学、白马湖中学开展交流活动，组织隆子县卫生服务中心5名业务骨干前往常德市第一人民医院进修，形成了援藏干部与本地干部共同维护稳定、推动发展、治理社会的新格局。

【队伍建设】 2021年，常德市第九批援藏工作队坚持“严管就是厚爱”，紧紧抓住队伍建设关键环节，做到政治上激励、管理上从严、工作上支持、身体上关心、服务上保障。坚持党建引领，严管厚爱，严格执行《第九批援藏工作队从严管理“十条禁令”》，明确划定了严禁违反政治纪律和政治规矩、严禁违反党的民族宗教政策、严禁驾驶机动车、严禁工作日饮酒等纪律红线。制订了《援藏工作队医疗保障方案》，成立了医疗保障小组，建立了健康档案，为援藏队员提供医疗保障。打造援藏温馨小食堂，坚持所有援藏队员集中用餐，为援藏队员集体庆祝生日，让队员有家的归属感，努力形成一家人、一条心、一起干的良好氛围。积极组织队员参与援藏总队“两优一先”以及自治区、山南市的各类评先创优活动，激励积极向上、你追我赶的干事创业氛围，引导队员创先争优、担当作为。2021年，多名工作队员先后被评为西藏自治区招商引资先进个人、自治区基层工作先进个人、山南市民族团结进步先进个人、湖南援藏工作队优秀党员、宣传工作先进个人、隆子县民族团结先进个人，多人受到政府嘉奖奖励。常德援藏工作事迹先后受到中宣部“学习强国”平台、全国援藏网、西藏卫视、湖南卫视、《湖南日报》、红网、湖南援藏“湘遇山南”微信公众平台、《常德日报》、常德电视台等媒体宣传报道。强化人文关怀。援藏工作队明确专人负责工会工作，定期组织队员开展各类兴趣活动，设立援藏队书吧，学藏语、唱藏歌、读藏史，着力营造温馨友爱舒适的援藏干部之家。

【机构领导】

隆子县委常务副书记
　　李　进（援藏）

隆子县委常委
　　孙彬彬（土家族，援藏）

县人民政府副县长
　　李祎珉（土家族，援藏）

隆子县住建局副局长
　　颜克红（援藏）

隆子县人民医院副院长
　　闫振升（援藏）

隆子县人民医院院长
　　周诗孝（8月任）

人民团体

工会

【概况】 2021年，隆子县总工会干部职工6名(其中社会化工作者3名)；下辖工会组织45个，其中县直联合工会委员会18个，全县均按要求配备了兼职工会主席。

【慰问帮扶】 2021年，隆子县总工会按照县委、县政府和上级业务部门的安排部署，强化服务意识，扎实开展以帮扶企业困难职工、机关干部职工为主体的“惠民行动”，努力为全县困难职工办实事、办好事、解难事。“三大节日”慰问活动。为了让困难职工家庭都能过上一个快乐、祥和、平安的节日并感受到党和政府的关怀、工会“娘家人”的温暖，县总工会在“三大节日”期间，为4名在档困难职工开展慰问活动，慰问金额共计4000元。县总工会以“情系女职工·法在你身边”为主题，为环卫工人和公益性女职工开展“女职工维权行动月”活动，免费为女职工发放价值3126.9元的西药。邀请县人民医院医生开展送医送药活动，并发放价值2666.25元的西药。深入西藏山南宗那建筑有限公司塔新村施工地，开展工会服务在基层“五送”活动，活动邀请县人民医院医生，向农民工、群众发放各类西药22种，总价值达3031.55元。为企业农民工送去饮料、牛奶、饼干、方便面、手套等用品，共计900余元。在日当镇小学开展“童心向党礼赞百年”关心关爱农牧民工子女和留守儿童主题慰问活动，将党的温暖与工会组织的关爱送到农牧民工子女、留守儿童的身边，并发放书包、笔记本、铅笔、杯子、削笔刀、文具盒等学习用品，共计5112元。为扎日乡珞瓦新村驻村工作队送去价值2000元的慰问品。

【文体活动】 12月30日，县总工会在县影剧院举办了以“腾飞的事业、火红的青春”为主题的元旦联欢晚会。演出让广大职工群众

2021年7月22日，中国工运研究所所长闫宇平（左二）、西藏自治区总工会副主席张福山（左一）在隆子县玉麦乡调研

在这喜庆祥和的节日氛围中，释放一年的辛劳和疲惫，以更加饱满的热情迎接新一年的到来。

【服务职工在基层】

工会会员福利发放。为了让全县干部职工感受到县委、县政府及工会"娘家人"的关心，在"清明"期间为全县1427名工会会员，发放烤涮一体锅，价值共计38.6万元。在中秋节、国庆期间，先后在加玉荞麦产品合作社、洛旦农畜产品加工合作社购买菜籽油7050公斤、藏鸡蛋1410盒、荞麦面1410盒、荞麦枕头1427个、荞麦头颈组合枕头1427个、隆子礼盒1427盒，发放福利共计84.68万元。为全县1427名工会会员，发放生日蛋糕券，共计42.67万元，让广大职工切身体会到工会的温暖。

建设乡镇职工之家。为了丰富乡镇干部职工业余时间休闲娱乐，先后在列麦乡、隆子镇、雪沙乡购买职工之家设备，并筹备为三安曲林乡、准巴乡职工之家购买设备。

"两新"组织和协会建会。始终将建会入会作为重中之重，工作常抓不懈，采取多种措施，把各类就业群体吸引到工会组织中来。为更好地凝聚优秀，大力开展"两新"组织和协会建会入会工作，进一步向新兴领域、新兴群体延伸工作触角，同时有效维护这些职工合法权益。截至年底，"两新"组织和协会建会达到38家。

解困脱困。为进一步提升隆子县困难职工解困脱困工作精准度，准确掌握隆子县困难职工基本情况，总工会组织干部定期和不定期开展困难职工解困脱困精准识别"回头看"入户调查工作，切实摸清困难职工的底数，全面、系统地掌握困难职工的致贫原因、脱困诉求，做到和困难职工面对面全面了解困难职工生活和家庭情况，为实施精准帮扶打下坚实基础。

2021年9月30日，隆子县总工会主席陈坨在日当镇小学开展"童心向党礼赞百年"关心关爱农牧民子女和留守儿童慰问活动

【政治思想学习】 2021年，隆子县总工会及时召开党史学习教育、"三更"专题教育动员部署，成立领导小组，全年专题研讨相关工作4场12人次，组织开展集中学习活动65场、交流研讨5场15人次，组织干部职工到红色纪念馆等参观学习8人次，观看警示教育片5场15人次，观看红色电影11场25人次，干部撰写心得体会25篇；结合党史学习教育活动，制定"我为群众办实事"活动方案，切实开展实践活动。截至年底，共开展"我为群众办实事"法制宣传活动7场，开展慰问活动6次，发放慰问金1.99万余元，开展结对帮扶慰问活动12次，发放慰问金2600余元。

【基层组织建设】 2021年，隆子县总工会在区、市总工会的正确领导和大力支持下，积极开展全县40家"三有"企业、6家社会组织组建基层工会委员会，截至年底，全县共有26家"三有"企业工会组织，工会组织覆盖率为65%，有5家社会组织组建了基层工委委员会，工会组织覆盖率为83%，工会会员达700余人。隆子县总工会围绕中心、服务大局，积极履行职能，做了大量卓有成效的工作，基层工会基础不断夯实、活力不断增强。

【机构领导】

主　席

陈　　坨（5月任）

陈　　城（4月免）

副主席

贡觉卓玛（女，藏族）

共青团

【概况】 共青团隆子县委员会按照正科级单位建制,行政编制数2名,领导职数2名。在职人员共4人,1名书记、1名副书记、1名二级主任科员、1名一级科员。各乡镇团委均配备1名团委书记和1名兼职团干部。团隆子县委共有下级团组织128个,其中乡镇团委9个,团总支3个,团支部91个,团工委1个,中学24个团支部。

【思想道德宣传教育】 2021年,共青团隆子县委员会以思想建设为核心,进一步加强和改进团员青年思想政治工作;以组织建设为基础,努力推进各级团组织的自身建设;以文化建设为主线,塑造有特色的校园文化;以社会实践、志愿者活动为支点,帮助大学生在实践中"受教育、长才干、做贡献";使团员的思想政治教育有了明显的起色。贯彻落实习近平总书记关于少年儿童和少先队工作的重要论述,大力培养少先队员对党和社会主义祖国的朴素情感,铸牢中华民族共同体意识,结合全团正在开展的"学党史 强信念跟党走"学习教育活动和西藏共青团"中华民族一家亲 同心共筑中国梦"铸牢中华民族共同体意识主题教育实践活动,共青团隆子县委员会积极组织各学校开展"红领巾心向党"主题队日系列活动之"读红色经典,讲家乡变化"故事会。

【法治宣传教育】 2021年,共青团隆子县委员会在县各中小学设了法治副校长、配齐了少先队辅导员,健全了管理制度,保障了每学期开学第一堂法治课。随着学校法治教育活动的正常化、规范化,让学生懂法、守法,学会应用法律来保护自己的利益不受到侵害。团委充分利用"平安建设"宣传日、"禁毒日"等契机,开展"青春与法同行,法律助我成长"等法治宣传活动,充分发挥法治副校长作用,深入村居学校开展法治讲座,主要以《中华人民共和国未成年人保护法》《中华人民共和国预防未成年人犯罪法》《西藏自治区实施〈中华人民共和国未成年人保护法〉办法》(简称"两法一办法")为基础,围绕全面提高青少年的法律素质,加强《中华人民共和国义务教育法》《中华人民共和国治安管理处罚法》《中华人民共和国刑法》等与青少年成长紧密相关的法律法规的宣传教育。2021年,到各乡镇、村居、各中小学举办法治专题宣讲17次,寒暑假期间"青春自护"宣讲活动3次,全县各中小学学生发放自护教育常识彩页1700余份。通过开展法制宣传教育和法治实践,提高了全县青少年的法律素质,增强了全县青少年的学法、知法、守法、护法意识,引导和帮助青少年健康成长,使其掌握必需的法律知识,具备基本的法律意识。

【民族团结教育】 2021年,共青团隆子县委员会在开展民族团结教育活动中,通过多种形式宣传活动,学习宣传党的民族宗教政策,学习中央和自治区党委关于维护稳定的一系列重要指示精神,采取多种形式和方法加大宣传力度,不断探索和创新,努力增强宣传教育的针对性、吸引力和感染力。年内,组织中小学生开展以"中华民族一家亲,同心共筑中国梦"为主题的民族团结教育宣传活动8场次,参与人数达4800余人。提升中小学学生民族

2021年3月5日,团县委组织各村级团组织开展学雷锋活动

一家亲认同感，增强学生爱国之情，11月15日，隆子县派出3名学生参与团市委举办的为期5天的“民族团结代代传”研学活动。

【预防青少年违法犯罪】 2021年，团县委在团市委预青办的业务指导和县委、县政府的领导下，始终高度重视预防青少年违法犯罪工作并发挥统筹协调作用，切实做实、做深、做细隆子预防青少年违法犯罪工作。适应形势，创新思路，切实加强青少年思想政治教育，牢牢把握青少年政治和精神追求的主导方向，用中国特色社会主义的共同理想感召青少年，用民族精神和时代精神激励青少年。日常工作中充分发挥法治副校长作用，全县9所中小学全部聘请了以政法干警为主的法治副校长，开展法制专题讲座11次，下乡开展宣传活动，全年共宣传22次，发放相关宣传资料1600余份，切实增强了广大青年全体的自护意识；始终把整治校园及周边治安环境作为保护青少年合法权益、预防青少年违法犯罪的一个重要手段，全年开展2次以上全县范围内校园及周边治安环境整顿行动，未发现网吧及营业场所有未成年人进出状况。

【西部计划志愿者专项工作】 2021年，团市委下派1名西部计划志愿者，团县委积极组织大学生西部计划志愿者参加各类志愿活动，使志愿者更好地融入隆子、融入工作岗位；经常性开展志愿者安全提醒教育，提高志愿者安全意识，坚定志愿者理想信念，积极投身于志愿服务活动，按规定落实志愿者伙食补贴和生活补助；每季度组织开展一次志愿者座谈会，了解志愿者生活及近期思想动态，及时发现问题，解决志愿者生活、工作中的困难，增强服务工作的自信，排除志愿者思想困惑，以端正的工作态度，较高的政治素质和良好的道德品质投入服务单位和隆子发展中；节假日、日常工作中，团县委一直严格要求志愿者执行签订安全责任书和请销假制度，重要节点严格落实团市委志愿者安全管理要求，执行相关制度，密切关注志愿者动向，未出现任何违规违纪之事。

【关爱帮扶】 为了进一步营造留守儿童和贫困学生学习、生活、健康成长的良好氛围，团县委充分利用“六一”、“七一”、春节、藏历新年等重大节日，开展了留守儿童和建档立卡贫困户学生送爱心活动。建档立卡贫困学生3名，救助金共3000元；服刑人员子女3名，救助金共500元；芙蓉学子帮扶学生3名，救助金共3000元；为隆子县高寒边境小学争取“中国茅台国之栋梁：2021希望工程国梦行动大型公益活动”等捐赠爱心物资共计1.5万余元。

【志愿者服务活动】 2021年，团县委组织志愿者深入各乡镇村、学校开展政策宣讲11次；深入开展“学雷锋”“暖冬行动”及“平安志愿者”巡逻等志愿服务活动10余次，累计参与服务520余人次。抓住“3·28”百万农奴解放日、“五四”、“六一”、“七一”等重要节点开展“保护母亲河、争当河小青”“团青联合行动、共建绿色隆子”“红领巾心向党”“平安志愿我先行”“今天，我与党一起过生日”等主题团日活动，引导青少年重温革命历史、传承红色基因，增强“四个意识”、坚定“四个自信”、做到“两个维护”。在新冠肺炎疫情防控常态化下，各级基层团组

2021年3月25日，团县委组织干部参观学习列麦纪念馆

2021年6月16日，团县委组织全县各党委、党组、党支部开展聂雄杯篮球比赛

织成立青年志愿服务队，共70余名青年参与疫情防控志愿服务。

【青少年权益保护】 2021年，团县委为了保障未成年人身心健康，培养未成年人良好品行，有效地预防未成年人犯罪，为未成年人身心健康发展创造良好的社会环境。针对隆子县法律服务人员相对匮乏的现状，经共青团隆子县委员会与合肥市律师协会友好协商，决定成立合肥律师隆子县预防青少年犯罪远程服务团。主要采取微信视频远程服务方式，由合肥市律师协会组织遴选政治立场坚定、法律业务精湛、热心公益事业的律师组建合肥律师52公益行之隆子县预防青少年犯罪远程法律服务团，为隆子县法制宣传教育工作保驾护航。

【自身建设】 2021年，团县委严把数量关和质量关，严格履行入团程序，不断增强团员仪式感，提升团员的先进性与光荣感；严把团费关，提升团员履行义务的自觉性；严把“推优入团”关，提升团组织公信力。年内，持续推进“智慧团建”工作，全县已完成团组织、团员、团干部的录入和学社衔接团支部建立、学校团支部毕业时间和标记，大学毕业生团员组织关系转接工作。

【机构领导】

共青团隆子县委书记

李　　端（4月免）

王 艳 红（女，6月任）

共青团隆子县委副书记

格桑群宗（女，藏族）

妇联

【概况】 隆子县妇女联合会成立于1960年，简称“隆子县妇联”。核定编制2人，实有干部4名，其中实有正科级干部1人、副科1人、三级主任科员1人，平均年龄为34岁。截至2021年10月，按照区、市、县三级要求，全县11个乡镇、82个行政村均已完成换届工作，其中82名村妇联主席100%进入了“两委”，确保了妇女参与村务的决策与管理，充实了基层组织力量。2020年年底新建的2个行政村（珞瓦新村和纽林塘村），在2021年召开了第一次妇女代表会。

【节日活动】 2021年，隆子县妇联联合县政法委、县公检法司等部门在扎日乡珞瓦新村、隆子镇新巴村等部分乡（镇）村开展中国共产党党史、《中华人民共和国民法典》《中华人民共和国道路交通安全法》等，受益农牧民妇女群众300余人次。在“七一”建党100周年来临之际，组织全县妇女干部职工召开了“光荣在党50年心怀党恩跟党走”座谈会，参与人数共计45人次。8月25日，县妇联在驻村点隆子镇桑玉村组织妇女群众传达学习习近平总书记“七一”重要讲话精神，参与学习妇女群众40余人次。10月20日，隆子县妇联深入玉麦乡组织妇女群众开展了“巾帼心向党 奋进新时代”群众性爱国主义教育宣传活动，引导广大妇女群众厚植爱国主义情怀。

【慰问救助】 2021年，隆子县妇联在“三八”期间，组织慰问组对一线的环卫女工和公益性女职工中开展“民族团结一家亲 巾帼关爱暖人心”为主题慰问活动，慰问活动共送去3865元的慰问金和慰问品，使她们感受到了党和政府关怀以及妇联组织温暖的节日。在儿童节当天，为桑玉村困境儿童送去书包、文具等折合人民币980元的慰问礼物，并送去了节日的祝福。为边境易地搬迁点（扎日乡、玉麦乡、列麦乡）10名困境母亲送去母亲邮包，让每个母亲感受到了妇联“娘家人”的温暖以及社会的尊重与关爱，每个“母亲邮包”价值500元，共计价值5000元。8月24日，隆子镇桑玉村1名妇女群众在田间被雷电击中，抢救无效身亡。得知消息后，县妇联积极走访慰问因灾去世的妇女群众家属，并送去慰问金500元。9月30日，为党内功勋荣誉的女党员、女性老党员、生活困难女党员、为妇女事业作出贡献的老妇干以及中共十八大以来的三八红旗手等5人进行走访慰问。10月26日县妇儿工委在玉麦乡幼儿园开展了“情暖童心 送关爱”活动，并为玉麦乡幼儿园18名学生发放了保温杯、彩笔、积木等价值1989元的慰问品，活动的开展让孩子们感受到党和政府的关爱与温暖。

2021年12月14日，县委常委、组织部部长侯文斌参加自治区妇女儿童爱国主义教育基地在列麦精神纪念馆挂牌仪式

【维护妇女儿童权益】 2021年，隆子县妇联以“三八”维权周、3月综治宣传、6月综治宣传、9月综治宣传、禁毒宣传日、民族团结宣传月、残联日、艾滋病日等宣传节点为契机，通过集中和联合妇儿工委成员单位深入各乡镇的方式宣传教育广大妇女远离黄赌毒，提高广大妇女群众对社会治安综合治理重要性和必要性的认识，增强她们自觉遵守社会秩序，维护社会稳定意识。截至年底，开展宣讲12场次，受益4500余人，悬挂各类宣传横幅及电子横幅12条。2021年，化解婚姻家庭纠纷案件33起，其中离婚25起、反家庭暴力案件2件。各乡镇、村级妇联组织在本辖区内调解婚姻家庭纠纷类13起，其中离婚4起、反家庭暴力案件1件，调解率达100%。

【感党恩教育】 10月10日至15日，自治区妇联联合山南、林芝两市、隆子县妇联策划组织了“回信记心间 争做戍边人”隆子县玉麦乡36名农牧民妇女群众前往林芝市巴宜区、墨脱县开展为期6天的边境研学活动。本次研学行活动是自治区妇联第一次组织边境一线妇女群众开展交流学习、互促共进的大胆尝试，是铸牢边境妇女群众中华民族共同体意识的具体体现，是巩固脱贫攻坚成果、助力乡村振兴的生动实践。通过研学，开阔了边境妇女的眼界，加强了边境妇女之间相互学习、相互帮助的友情，引领广大边境妇女群众听党话、感党恩、跟党走，用实际行动牢记习近平总书记嘱托，争做“神圣国土守护者 幸福家园建设者”。开展“追忆峥嵘岁月，培育爱国情怀”活动，县妇联联合曲松县妇联前往玉麦乡红色基地参观学习，开展红色教育。

【妇女工作】 2021年，隆子县妇联按照上级妇联的要求，以学习好、贯彻好，落实好习近平总书记重要系列讲话精神团结引领广大妇女在巩固拓展脱贫攻坚成果、全面推进乡村振兴中发挥半边天的作用，要求全县各级妇联组织深入学习《习近平关于注重家庭家教家风建设论述摘编》指示精神，掌握和领会区、市两级妇联的各项会议精神实质，用于指导实践、推动工作。妇联主动适应新形势新发展新变化，运用互联网

2021年6月28日，县妇联主席袁娇带队在日当镇开展“关爱劳务工巾帼送温暖”活动

思维活跃妇女工作，“占领”联系妇女、服务妇女的网络阵地，建立微信公众平台、建立隆子县乡镇妇联工作联络群1个、县妇联办公微信群1个，积极把党的政策、党的精神和近期妇联工作的重点和亮点，加大新闻信息推荐报送力度，包括三级（县、乡、村）基层妇联及妇联工作亮点推荐，尤其是加大向微隆子、网信隆子、雅砻女性、西藏女性等平台的主动推送力度，提升宣传层次，充分调动各级微信公众号、微信群等新媒体平台集中发力，与上级妇联网络及新媒体宣传上下联动，同步呼应，切实转发呼应并点赞上级妇联相关微信。隆子县非公企业共有44家，其中涉及妇女的26家。截至年底，妇联社会组织中覆盖率62.5%，非公有制企业覆盖率65%。

【关爱女性健康】 2021年，隆子县妇联邀请县医院医生深入日当镇色龙日追和雪沙乡松宁寺为尼姑们发放常用药品，同时用通俗易懂的语言为尼姑们讲解妇科疾病、“两癌”筛查的相关预防知识和日常保健知识，活动共为19名尼姑发放了价值8535元的慰问品和常用药品，同时发放了自治区妇联下发的藏语版宣传册《西藏妇女》杂志40余份。5月25日，市、县两级妇联在隆子县日当镇日当村举行湖南省援助山南市“两癌”救助资金发放仪式。山南市各级妇联组织为了让更多的“两癌”妇女获得救助，为隆子县7名“两癌”妇女救助对象按照每人5000元发放救助金，共计35000元。年内，县妇联联合县卫健委组织县直干部及县城流动人员集中开展“生命至上 终结艾滋 健康平等”主题宣讲活动。此次宣讲活动由县疾控中心和医院医生讲解相关政策及知识，并发放宣传资料50余份及价值3353.5元常用药品等。

【帮扶救助】 2021年，隆子县妇联联合县政法委、县公检法司等部门在扎日乡珞瓦新村、隆子镇新巴村等部分乡（镇）村开展中国共产党党史、《中华人民共和国民法典》《中华人民共和国道路交通安全法》讲解宣传，受益农牧民妇女群众300余人次。“三八”节期间，县妇联组织慰问组对一线的环卫女工和公益性岗位女职工开展以“民族团结一家亲 巾帼关爱暖人心”为主题的慰问活动，此次慰问活动共送去3865元的慰问

2021年10月26日，县妇联在玉麦乡小学开展中国儿童少年基金会“HELLO小孩”爱心套餐发放活动

金和慰问品。6月28日,联合县总工会在两新组织中开展"关爱劳务工 巾帼送温暖"活动,活动发放资料20份,为4名困境女劳务工送去市妇联捐助的鞋子。

【党风廉政建设】2021年,隆子县妇联利用"三八"维权周、母亲节等重大节日为契机,通过悬挂廉政宣传标语、发放廉政文化宣传资料等方式,使广大干部群众深刻认识腐败对党和国家、对社会和家庭的严重危害性,提高了广大家庭成员在反腐倡廉中的自觉性、主动性和责任感,切实增强了家庭成员拒腐防变意识。结合妇联组织开展的"五好文明家庭""平安家庭""最美家庭"等创建活动,把家庭助廉教育融入妇联工作、渗进千家万户,进一步营造和谐清廉的家庭环境,共建亲情清廉防线,从源头上预防腐败,促进干部廉洁从政,推进惩治和预防腐败体系建设。用典型案例教育人,警钟长鸣,防患于未然。组织妇联干部职工和家庭成员学习先进事迹,进一步增强干部的责任意识和家庭成员的拒腐防变意识。

【党建工作】2021年,隆子县妇联按照上级妇联要求,以"哪里有妇女,哪里就有妇女组织"为重点目标,坚持"党建带妇建""妇建促党建",深入企业、合作社,本着服务企业、服务妇女的原则,按照"先建立、后完善、再提高"的工作思路开展党建工作。

【机构领导】

主　席

达瓦卓嘎(女,藏族,6月免)

袁　娇(女,6月任)

副主席

韩雪莲(女,6月免)

副主席(三级主任科员)

拉巴仓决(女,藏族,6月任)

三级主任科员

洛桑土旦(藏族)

工商联

【概况】2012年8月,隆子县工商业联合会正式挂牌成立,属正科级建制。2015年10月隆子县工商联召开一届一次会员代表大会暨商会成立大会,2021年有主席兼商会会长1名,专职副主席1名,兼职副主席5名、常委17名、执委31名。商会副会长5名、常务理事15名、理事25名。隆子县工商联党组于2018年5月正式成立。截至年底,隆子县已成立14个非公党支部,正式党员有420名,完成了非公企业党组织建设的65%,发展会员企业68家。

【工作开展】隆子县工商联成立以来,在各级党委政府的正确领导和市工商联的有力指导下,紧紧围绕县委、县政府和市工商联的工作任务,按照工商联"三性"工作特征,充分发挥工商联职能作用,创新服务举措,积极引导会员企业率先发展、科学发展、和谐发展,各项工作取得了明显成效。

优化班子结构。将在全县有影响的非公有制企业代表人士吸纳到工商联班子。同时,实行届中调整机制,增补有影响力、热爱工商联工作的非公有制经济代表人士进入班子,使工商联组织始终充满生机和活力。

加强调研力度。隆子县工商联经常深入非公企业进行调研,了解企业的发展思路、发展目标和存在问题,并形成高质量的调研报告,上报至相关部门和领导,为领导正确决策提供有力依据。

会员管理服务。在会员管理上实行动态管理,会员能够在自愿择优的基础上能进能出,每季度都要对会员工作开展情况进行了解,主动为会员提供服务,积极主动维护会员合法权益。

非公经济人士参政议政。充分发挥非公经济人士在经济社会建设中的积极作用,引导他们积极参政议政,在会员企业中,自治区工商联执委2名;市工商联副主席1名,一届执常委2名,代表4名;一届商会副会长1名,理事4名;市党代表1名,市人大代表1名,市政协委员1名;县级党代表4名,县级人大代表1名,县级政协委员3名。

社会公益事业。县工商联积极发动非公经济人士参与社会公益事业、光彩事业等各项活动,隆子县民营企业家分别为困难群众办实事好事,在教育、卫生、文化、救济、救助、公共建设、扶贫等领域捐物捐资达4000余万元。

精准扶贫。隆子县21家会员企业按照行业分类开展了包村、包户、捐款等不同形式的帮扶

2021年7月2日，统战民宗（工商联）党支部开展“庆祝建党100周年和西藏和平解放70周年”“我为群众办实事”实践活动

活动，累计投入资金680余万元。截至年底，吸纳大学生就业98人。2021年，全县参与“百企帮百村”精准扶贫行动的企业有4家，带动贫困户数290户，带动贫困人口809人。民营企业社会帮扶累计投入资金790余万元。

【民营经济】 长期以来，不断解放思想，与时俱进，把推动民营经济发展作为富民强县的重要内容来抓，不断优化政策环境和服务质量，积极为民营企业排忧解难，大力扶持，营造政治上认同、社会上尊重、政策上支持、方向上引导、法律上保护、经济上实惠的民营经济发展的良好氛围，民营经济加快发展壮大，在国民经济中的比重不断上升，有效地支撑了县域经济社会高质量发展。截至年底，全县民营经济市场主体达到4270户，注册资金25.72亿元，同比分别增长22.8%、42.2%。其中，登记注册私营企业298户，注册资金18.8亿元，同比分别增长30.1%、54.9%。民营企业入库税收9538万元，同比下降1154万元，下降率10.79%，占全县税收总量的87.84%，民营经济已成为隆子县经济发展中比重高、活力最强、贡献最大的经济增长群体，为隆子县经济发展、农村富余劳动力转移和高校毕业生就业等发挥了重要作用。

【机构领导】

工商联主席

德庆罗布（藏族）

副主席

德吉央宗（女，藏族）

军事

人民武装

【概况】 2021年，隆子县人民武装部（以下简称县人武部）在分区党委领导下，牢固树立习近平强军思想的指导地位，全面落实军委基层建设会议精神，坚决贯彻上级党委决策指示，强化政治引领铸魂固本，着眼应对强敌备战强能，注重战略管理深化转型，扭住“三个过硬”夯基垒台，坚持质量第一狠抓落实，贯彻全面从严正纲肃纪，部队建设稳中有进。认真参加上级业务培训，落实每天抽查值班制度，对各类库室进行重新规范。进一步规范值班秩序，严格每天抽查每周讲评制度，开展了值班操作系统培训。组织交通、电信、网信、公安、卫健等部门修订完善非战争军事行动方案，确保每类行动有案可依、快速行动。完成基干民兵组织调整和整组任务，周密组织，科学统筹，圆满完成出入列各项工作，抓好“两季征兵、四季宣传”，先后召开征兵工作部署会、参加分区的业务培训会，开展征兵培训到基层。深入宣传动员，兵役登记率实现100％。集中全县专武干部先后开展理论学习，通过观看视频、专业知识辅导、经验交流、技能考核等方式，围绕各级国防和后备力量建设指示要求，结合隆子县地理位置实际，以使命任务需求为牵引，着力培养和造就一支听党指挥、军事素质强、综合能力强的高素质民兵队伍。

【思想建设】 2021年，县人武部严格按旅团级单位每两个月组织一次党委专题议教制度的规定，克服畏难情绪，切实提高站位，突出阶段工作重点和官兵思想实际，按上级下发的学习计划，组织过好组织生活，做好每月最少一次党员汇报思想、上好党课等组织生活制度。组织部党委认真学习相关要求，压紧压实党委主体责任和纪委监督责任，进一步明确人员分工、细化具体责任，形成抓训合力。

【边防执勤】 2021年，县人武部按照军区系统新大纲集训精神，特别是边防巡逻示范片的规范和要求，切实抓好边防执勤秩序。坚持主官带队参加边境驻哨和巡逻，完成上级赋予的各项任务。

【应急民兵处突演练】 2021年，县人武部在元旦、春节、藏历新年和国庆节等节日期间，开展军警民联合演练，同时担负重要目标警卫警戒任务，确保节日期间安全，有效维护隆子地区的社会稳定。

【国防宣传教育】 2021年，县人武部组织人员走进学校、厂矿企业、乡村街道进行征兵工作宣传，建立乡镇报名参军宣传点和网上报名点，向适龄青年、学生宣传宣讲国防知识，举行国防教育图片巡展，极大地提高了适龄青年踊跃报名参军的积极性。

【征兵工作】 2021年，在县委县政府的领导下，在教（体）育局、公安局和学校密切配合下，经过人武部官兵、职工和乡（镇）专武干部的努力，首次实现全县符合条件青年全员网上登记，征兵“报名率、上站率、合格率、择优率”继续保持在分区前列，无退兵现象发生。

【基础建设】 2021年，县人武部结合强军兴军使命任务要求、官兵精神需求和驻地文化特色，按照把军人样子立起来的抓建模式，改造完善营区标语、标牌等，新建文化宣传灯箱6个。为方便和改善民兵生活，配备洗澡淋浴设备，修建厕所，装修升级饭堂；修建营区塑胶篮球场；规范办公场所设施设备，采购办公桌椅，取暖空调等；为保障冬季取暖需求，改造取暖供电线路；针对路面老化破裂损毁情况，重新硬化路面。

武警隆子中队

【概况】 武警山南支队执勤二大队隆子中队（以下简称武警隆子中队）担负隆子县社会面联勤武装巡逻、隆子县看守所看守以及维护隆子县社会稳定等任务。2021年，圆满完成上级赋予的各项任务，确保了社会面稳定。

【队伍建设】 2021年，武警山南支队执勤二大队隆子中队坚持党对军队的绝对领导，增强“四个意识”、坚定“四个自信”、做到“两个维护”，贯彻军委主席负责制，打牢听党指挥、献身强军事业的思想政治根基；党组织政治功能和组织力强，战斗堡垒作用好；党员骨干素质过硬，模范作用明显；共青团、军人委员会组织健全、工作活跃，作用发挥好。坚持党管干部原则，加强对党员的教育、管理、监督和服务，建设政治合格、执行纪律合格、品德合格、发挥作用合格的党员队伍、落实基层军官管理规定，建设对党忠诚、善谋打仗、敢于担当、实绩突出、清正廉洁的军官队伍，落实军士管理相关规定，建设对党忠诚、专业精通、爱岗敬业、作风过硬的军士队伍。

【军事训练】 2021年，武警隆子中队按纲施训科学组训，正规军事训练秩序，训练制度落实有效。突出干部和士官训练，落实官兵分训，提高干部和士官指挥、组训、教育和管理能力；结合教练员队伍素质，抓好教练员的教学法训练，训练中采取以老带新、以强带弱结对训练，增强训练的灵活性，寓训于快乐训，评比奖励激励训，营造“训练有为、训练有功、训练有责”的氛围，调动官兵“尚武、练武、精武”的积极性；加强训练场地建设，抓好训练场地修建工作，监督施工保质保量完成。

【政治教育】 2021年，武警隆子中队开展以“传承红色基因，担当强军重任”为主题的政治教育，搞好党史、军史专题教育，注重把课堂教育与随机教育相结合、理论教育与现实教育相结合、集中教育与个别教育相结合、正面教育与警示教育相结合、突出强化官兵的政治意识、大局意识和服从意识，确保官兵思想稳定。以人民武警、西藏武警和军职在线等平台的方式引导官兵学习上级精神，关注时政热点。

【武警出勤】 2021年，武警隆子中队主要担负隆子县城元旦、春节、藏历新年、“五一”、“十一”等节假日期间及十九届六中全会期间的联勤武装巡逻任务。圆满完成县和支队赋予的各项工作。

【后勤保障】 2021年，武警隆子中队进一步修订完善后勤应急保障预案，加强后勤战备教育，增强战备观念，配齐战备物资和经费，搞好战备演练，提高快速出动能力，确保遇有处突、反恐、维稳、抢险救援等任务，后勤工作能够提供保障支撑，做到保障不断线。加强后勤队伍管理教育，强化后勤人员服务意识，做到安心本职，爱岗敬业，努力工作，加强后勤队伍监管检查，提高后勤队伍业务水平。

【结对共建】 2021年，武警隆子中队根据县“强基办”扶贫分配名额，对接日当镇曲古塘村贫困户6户，根据扶贫对象情况积极对接所在村委会，了解相关情况和有关扶贫政策，并与县有关单位积极协调，为贫困户送去慰问品，切实为贫困户解决实际问题。中队7月开始修建新营房，要求施工方必须招聘当地工人，截至年底，使用当地工人2128人次，一定程度上解决周边乡村人员就业问题。

法 治

政法委与综治工作

【概况】 2021年，隆子县政法委在县委的正确领导和市委政法委的大力指导下，在各级各部门的全力支持配合下，县委政法委按照中央、自治区、市政法工作会议要求，以提高执法能力为核心，以加强基层基础工作为重点，深入开展政法队伍教育整顿，大力加强队伍建设，顺利完成了各项工作任务，政法、平安建设（综治工作）、双联户、扫黑除恶专项斗争各项工作取得了显著成绩，为维护全县的政治安定和社会稳定、促进经济发展做出了应有的贡献。截至2021年年底，隆子县政法委有行政编制4名，实有8人（含工人1人）。

【平安隆子】 2021年，隆子县委政法委全力做好各大节点和重大活动期间的安保维稳工作。始终把维护社会大局稳定作为政法工作的主线，全面落实责任，强化措施。扎实做好"两大庆典"安保维稳工作，坚持周密部署，抓防控。县委先后召开县委常委（扩大）会、动员部署会、视频调度会等会议5次，周密部署大庆安保重要节点关键时段和重点领域的安保维稳工作，科学制定分类方案预案，确保措施稳、行动稳。20名县级领导，80余名科级干部分包乡镇、村居督导全覆盖，县委巡回督导组深入乡镇开展明察暗访，确保了各项维稳措施落到实处；充分发挥党政军警民联合护边的作用，严格管控边境新冠肺炎疫情，按照区党委"一个出不去、一个进不来"的工作要求，认真开展隐患排查、设卡查验，一线巡逻、二线查控、三线堵截等方面工作，确保了边境一线和谐安宁。严格落实"一对一""多对一""三包一"工作措施，积极开展定期家访和电话回访等工作。

2021年10月14日，隆子县政法委组织11个乡镇政法委员、综治专干开展培训

平安隆子建设。为深入贯彻落实县委关于确保社会局势持续和谐稳定的要求，严防疫情输入隐患，充分发挥"双联户"等群防群治组织作用，进一步织密维护

稳定网。在年初县委政法工作会议上明确把平安建设(综治)工作各项责任目标细化分解到部门、单位,确保平安建设各项目标任务得到落实;坚持稳定压倒一切的方针不动摇,本着"露头就打、打早打小、除恶务尽"的原则,从人民群众最关心、反映最强烈的社会治安突出问题入手,着力打击暴力犯罪、黑恶势力犯罪、经济犯罪、涉赌涉毒犯罪等多发性侵财犯罪,始终保持对各类刑事犯罪的高压态势;进一步强化技防措施,对县城区街巷、广场等主要部位加强视频监控,实现县城区、乡镇街面、主要路段等重点部位视频监控全覆盖。继续加强公安专业防控队伍建设,加大巡防密度,特别是加强背街小巷和夜间犯罪高峰期的巡防力度,确保城区及乡镇驻地街道24小时见警察、见警车、见警灯,切实增强群众安全感。按照"属地管理"和"谁主管、谁负责"的原则,落实机关、企事业单位及辖区居民小区、物业公司的治安防控责任;进一步健全完善司法调解、行政调解、人民调解"三调联动机制",健全完善县、乡(镇)、村矛盾化解网络体系,初步建立起交通事故、劳动争议、医疗纠纷、婚姻纠纷等行业性专业性调解组织,定期开展矛盾纠纷排查化解,确保把各类问题解决在基层、解决在单位内部、解决在萌芽状态。

2021年3月16日,政法系统参观列麦精神纪念馆

【政法队伍建设】 2021年,隆子县政法委成立了以县委书记次仁加措为组长,县委副书记徐明山为常务副组长,各政法单位及其他相关单位主要负责人为副组长的县政法队伍教育整顿工作领导小组,并组建工作专班,严格按照各个阶段开展教育整顿活动。

【先进"双联户"创建评选】 2021年,隆子县政法委严格按照区、市两级政法工作会议精神,以及县委、县政府工作安排部署,扎实有序地开展了"先进双联户"创建工作。全县2020年"先进双联户"家庭直系子女参加2021年公务员考试享受加分政策的共有19名考生,其中市级"先进双联户"直系子女2名,县级"先进双联户"直系子女17名。兑现了2021年全县联户长交通费、通信费及杂费每人960元,共计125.57万元;在2021年度"先进双联户"创建评选活动方面,完成2021年村、乡(镇)、县三级"先进双联户"评选表扬推荐工作,共表扬了2444户家庭村级"先进双联户"、499户家庭乡镇级"先进双联户"、146户家庭县级"先进双联户",两级联户增收扶持项目实现经济效益73万元,累计发放工资12.34万元,纯利润29.8万元,帮扶群众资金1.1万元。

【宣传活动】 2021年,隆子县政法委认真贯彻落实中共十九大和十九届历次全会及自治区、市委、县委工作会议精神,以深化"平安隆子"建设为主线,以进一步提高群众知晓率、参与率、满意率为着力点,利用"3月宣传月""6月宣传周""9·16宣传日"开展各类宣传活动,截至年底,全县共开展集中宣传12次,各项活动受教群众1.4万余人,宣传活动共悬挂横幅29条,设立咨询台8个,发放宣传资料14800余份、宣传品8000余份。

【扫黑除恶】 2021年,隆子县政法委常态化开展扫黑除恶专项斗争,坚持稳定压倒一切的方针不动摇,持续开展断血断勾连活动,本着“露头就打、打早打小、除恶务尽”的原则，从人民群众最关心、反映最强烈的社会治安突出问题入手，着力打击暴力犯罪、黑恶势力犯罪、经济犯罪、涉赌涉毒犯罪等多发性侵财犯罪，始终保持对各类刑事犯罪的高压态势。组织召开专题会议，对常态化开展扫黑除恶专项斗争进行安排部署，各乡镇、各成员单位均把常态化开展扫黑除恶专项斗争纳入工作中，全局谋划推进，将扫黑除恶专项斗争作为综治（平安建设）的重点任务进行部署。继续发挥行业监管职能，组织力量深入一线、深入群众，对所辖区域、行业、领域的涉黑涉恶、非法组织、治安乱点问题深入开展线索摸排。

2021年3月11日，隆子县政法委组织相关部门到扎日乡珞瓦新村宣传国家安全相关知识

【社会治理】 2021年，隆子县政法委为切实提高隆子县市域社会治理系统化、社会化、精细化、法治化、智能化水平，扎实推动隆子县市域社会治理现代化试点工作落地生根、取得实效，全面营造人人有责、人人尽责、人人享有的社会治理共同体。同时，按照问题导向、目标导向、结果导向，进一步调整充实隆子县市域社会治理现代化工作领导小组，明确各成员单位任务职责，进一步细化措施，强化社会系统治理、依法治理、综合治理、源头治理，狠抓隆子县市域社会治理现代化试点工作，并严格按照市委政法委通知要求，率先配齐配强各乡（镇）政法委员，不断夯实各乡（镇）政法委员职责任务，跟踪推进落实落细落好基层平安建设（综治）工作，及时调度市域社会治理现代化工作推进情况，充分发挥平安建设（综治）便民服务站平台，有序有力有效推动隆子县社会治理能力和平安隆子建设再上新台阶。通过深入实地调研，总结经验，结合隆子县实际，按照属地管理、分级负责和“谁主管、谁负责”的方式，明确市域社会治理现代化工作的主体责任和第一责任人的责任，以开展市域社会治理试点为抓手，以打造市域社会治理现代化亮点为核心，以防范化解市域各类矛盾风险隐患为落脚点，进一步落实共建共享共治理念，充分发挥县维稳指挥中心与网格化服务中心相结合、党群综合服务中心与综治便民服务中心相结合、聚焦农牧民群众最关心、最现实、最突出问题，把社会治理现代化工作贯穿到基层社会治理全过程、各环节，不断增强隆子县各族人民群众的幸福感、安全感、获得感，切实做到社会治理现代化成果惠及农牧民群众。

【机构领导】

县委政法委常务副书记

巴桑次仁（藏族）

县委政法委副书记

钟　诚

央　珍（女，藏族，5月免）

卓玛次仁（女，藏族，5月任）

二级主任科员

次仁罗布（藏族）

四级主任科员

梁煜毅

一级科员

格桑白玛（女，藏族）

李永嘉

公安

【概况】 隆子县公安局为正科级单位，共有政法专项编制55个，警力共计200余人；公安局下设9个副科级内设科室，分别为办公室（含局党委办、政工监察室、督察大队、警务保障室）、指挥中心、交通警察大队、治安管理大队（含爆炸危险物品监管大队、法制室、户籍室)、公共信息网络安全监察室、看守所、刑事侦查大队(含禁毒委员会办公室、经济犯罪侦查大队、打击治理电信网络新型违法犯罪中队)、国内安全保卫大队(出入境管理大队)、森林警察大队。

【打击违法犯罪】 2021年,隆子县公安局在各级党委政府及上级公安机关的正确领导下,"110"接报警服务台做到了及时接警、记录准确、指挥有力、处置迅速。全年共接报警电话5128次,其中有效接警526起,无效接警4602起。在有效接警中,行政(治安)警情15起、交通类警情237起、纠纷155起、举报2起、其他警情12起、群众求助98起、刑事警情7起。

2021年,刑事侦查大队共立刑事案件20起,其中盗窃案7起,电信诈骗10起,传销案1起,合同诈骗案2起,抓获犯罪嫌疑人6人,新型电信网络诈骗案发案率上升50%,传统案件破案率上升40%;深入开展全国公安机关"团员"行动,2021年8月,隆子县公安局成功从河北省解救疑似被拐的央某母子3人,帮助央某母子3人与分别14年的家人团聚。

【治安管理】 2021年,隆子县公安局认真做好治安案件查办任务,强化打击能力和打击力度,切实发挥打击震慑作用。全年共受理治安案件32起(赌博案件7起、打架斗殴1起、盗窃7起、拒不执行紧急状态的发布的决定命令1起、违法收购废旧器材1起、谎报警情1起、殴打他人14起),共查处行政违法人员100人,其中行政拘留19人,罚款30300元,收缴赌资58730元,收缴赌具麻将机8台、扑克牌17副。

【道路交通管理】 2021年,隆子县公安局紧紧围绕"平安交通 百日会战"整治行动暨道路交通事故预防"减量控大"专项行动和秋冬季道路交通安全百日整治等专项行动,持续开展各项道路交通整治工作,对无牌无证、酒驾醉驾、超员、超速、超载、驾乘车辆不系安全带、骑乘摩托车不佩戴安全头盔等违法行为进行了严厉打击整治。全年共开展各类违法行为专项整治行动130余次,开展酒醉驾夜查行动70余次(150余天),出动警力1750余人次、警车470余台次,查处各类交通违法行为1464起,处理交通违章1979起(包括异地违章);共受理刑事案件17起,其中危险驾驶罪立案16起、不予立案1起;开展道路交通安全隐患排查23次,排查出隐患20处;在重点节假日及特殊节点通过微信、短信平台开展"两公布一提示"工作,共发布微信提示8次、短信提示2次(23535条);不定期曝光辖区重点、典型违法行为556人次;以各类主题宣传活动为契机,认真开展道路交通安全宣传活动37次,悬挂横幅4条、发放宣传资料3900余份、张贴海报52张、受教育群众2650人次。

【社会面防控】 2021年,隆子县公安局紧紧围绕中国共产党成立100周年、西藏和平解放70周年、习近平总书记在西藏考察期间的维稳安保主线,深入开展社会面巡逻防控工作,切实提高路面见警率、管事率,以实际行动维护社会大局持续和谐稳定。

【安全隐患排查】 2021年,为确保隆子县社会大局稳定,严防各

2021年6月23日,隆子县公安局交警大队开展公路重点交通违法行为专项整治行动

类安全事故发生。隆子县公安局切实加强对涉爆、危化品、加油加气站、油料使用单位的安全检查,确保不出现安全生产事故。全年共检查民爆单位23次,危化品使用单位25次,加油加气站和施工单位35家次,共发现问题31处,均已整改完毕。检查旅店356家次、出租房屋1500余间次、娱乐场所523家次、茶楼85家次,未发现风险隐患。

【矛盾纠纷排查】 2021年,隆子县公安局坚持源头治理,及时掌握群体性事件的苗头、动向,坚决做到矛盾纠纷早发现、早报告、早化解。全年摸排走访村居221次、企事业单位153家次、工地156家次,排查矛盾纠纷322起,已化解33起,移交289起,无信访类、涉稳类、群体性案件。

【法治宣传教育】 2021年,隆子县公安局积极组织各部门、派出所参加"110"宣传日、3月综治宣传月、9月综治宣传周等重要宣传活动,积极组织各警种定期不定期开展进寺庙、进学校、进村居等法治宣传活动,有针对性地开展法治宣传,将普法宣传教育贯穿到执法办案的全过程。2021年,累计开展法治宣传活动130余次,制作宣传横幅9条,发放宣传资料1.5万余份,受教育群众1.2万余人。

【出入境管理】 在山南市公安局和局党委的指导帮助下,2021年上半年,隆子县公安局完成了出入境管理业务受理点办公选址建设等工作,并选派民警参加市局举办的出入境管理业务培训,2021年下半年隆子县公安局出入境管理业务受理点正式投入使用。

【车辆管理】 2021年,隆子县公安局共有警用车辆35台,不存在超编现象。在日常工作中,警务保障部门负责车辆加油、维修、保养工作,督察、政工部门负责车辆使用监督工作,不存在私车公养、公车私用等现象。

【禁毒工作】 2021年,隆子县公安局禁毒办开展排查涉毒人员专项行动9次,对150余名从业人员以及6名吸毒前科人员进行尿检,与全县易制毒企事业单位、娱乐场所签订责任书10余份,开展禁毒宣传活动15次,悬挂横幅10条,发放各种禁毒宣传资料1000余份,组织县中小学师生参观隆子县禁毒教育基地5次,参观师生达700余人。

【扫黑除恶打非治乱专项工作】 2021年,隆子县公安局紧紧围绕上级公安机关关于扫黑除恶工作的决策部署,持续深化扫黑除恶打非治乱专项斗争工作,全年开展线索摸排70余次,走访群众1000余人次,摸排工程项目5处、建材市场2处、物流市场3处、娱乐场所12处、农牧民施工队11处,未发现涉黑涉恶线索,开展扫黑除恶领域内清查行动16次,各类宣传16次,发放宣传资料400余份,张贴海报宣传标语20余张。

【队伍建设】 2021年,隆子县公安局党委坚持从严管党治警,先后召开队伍管理部署会议、推进会议,安排部署队伍管理工作,召开集中学习会议,深入学习习近平总书记系列重要讲话精神,切实增强"四个意识"、坚定"四个自信"、做到"两个维护",确保队伍绝对忠诚。研究制定《关于加强

2021年1月21日,隆子县公安局交警大队民警帮助过往车辆安装防滑链

2021年5月28日，隆子县公安局交警大队在隆子县小学开展以“一盔一带”守护生命为主题的交通安全教育宣传活动

民警“八小时”以外管理的规定》，组织督察、政工等部门民警定期或不定期对队伍管理工作进行督导检查，进一步加强队伍管理。同时以警务实战大练兵为契机，紧紧围绕业务练兵、岗位练兵等，深入开展警务实战大练兵工作，不断提高队伍整体素质，着力打造一支“四个铁一般”的隆子公安铁军。

【学习教育】 2021年，隆子县公安局以“党史学习教育”“政法队伍教育整顿工作”“三更专题教育”为契机，集中学习、召开党员大会、开展“三会一课”、政治轮训等方式，积极开展政治教育、共同体意识教育、反分裂教育、红色教育、廉政教育、警示教育等，全面提升民（辅、协）警的综合素质，进一步筑牢政治忠诚。全年共开展全局性集中学习16次，部门集中学习50余次，理论学习中心组学习10次，局党委扩大会议14次，局领导讲党课5次，开展应知应会知识理论考试1次，召开学习研讨会8次，发言人数80余人，撰写学习体会、观后感270余篇，开展政治轮训3期，参训人员120余人，参观红色教育基地7次，参观廉政教育基地4次，观看警示教育片17次，320余人次观看；积极开展征求意见建议活动，广泛征求社会各界对公安工作的意见建议，全年召开全局性座谈会3次，各部门召开座谈会7次，发放问卷调查表140余份，征求意见建议13条，均已整改完毕并长期坚持；以设立流动警务室、简化办事程序为抓手，深入开展“我为群众办实事”活动，着力解决人民群众“急难盼愁”之事，为群众排忧解难，全年共开展“我为群众办实事”实践活动77次；深入开展结对帮扶工作，为群众脱贫致富想法子，同时全局民警共投入65000余元采取以买代帮的方式帮扶困难群众，切实为群众脱贫奉献了公安力量。

【机构领导】

公安局党委副书记、政委、四级高级警长

扎西次仁（藏族）

公安局党委委员、副局长、四级高级警长

索朗多吉（藏族）

次旦多吉（藏族）

黄　立

公安局党委委员、四级高级警长

陈　健

公安局党委委员、办公室主任、四级高级警长

伍　峰

检察

【概况】 隆子县人民检察院于位于隆子县城东面，下设5个副科级内设机构：办公室（法警大队）、侦查监督科、公诉科、民事行政检察科（控告申诉检察科）、刑事执行检察局。2021年，在编人数为15人，其中员额检察官5人，检察官助理6人，书记员1人，司法行政人员2人，司法警察1人；藏族10人，汉族5人；研究生学历2人，大学本科学历13人，11人取得国家法律职业资格证。设检察长1名（副处级），副检察长2名（正科级、副科级各1名），党组成员5名，检察委员会委员5名。聘用制书记员3名。

【刑事检察工作】

严厉打击各类刑事犯罪。2021年共受理审查逮捕案件2件2人，依法批准逮捕2件2人。受

理公安机关移送审查起诉案件18件28人，依法提起公诉10件14人，依法作出不起诉决定4件6人，正在审查起诉3件7人、侦查机关撤案1件1人。出庭支持公诉10件14人，有罪判决率达100%。适用认罪认罚从宽制度12件14人。市检察院交办刑事申诉案件3件3人。案件从数量上看，危险驾驶8件8人，占比47.1%；电信诈骗类案5件11人，占比29.4%。

加强刑事执行检察监督。强化社区矫正监督检查，每月对我县辖区内的社区矫正服刑人员开展定期、不定期的监督检查，做到了底数清、情况明。2021年，监督县司法局接收社区矫正服刑人员7名，解除社区矫正人员4名，正服刑社区矫正人员7名，无脱管漏管和重新犯罪人员。

精心呵护未成年人。投资3万元建成集谈心、教育、警示功能于一体的未成年人检察工作室，以"检爱同行、共护未来"检察开放日为契机，邀请人大代表、政协委员、公安局、团县委、县中学师生代表开展法治教育课、参观未成年人检察工作室并召开座谈会，凝聚保护未成人的共识和力量。与团县委共签《未成年人检察工作社会支持体系建设合作协议》，加强未成年司法保护，构建社会支持体系。

【民事、行政、公益诉讼检察工作】2021年，隆子县检察院办理民事监督案件11件，受理民事审判活动监督案件4件，受理民事执行监督案件7件，向县人民法院提出类案检察建议2份，审查县人民法院民事裁判文书26份。开展"公益诉讼守护美好生活"专项监督活动，共排查公益诉讼案件线索5件，立案2件。其中办理生态环境领域行政公益诉讼案件1件、食品安全领域行政公益诉讼案件1件，终结审查2件。深入贯彻落实习近平总书记关于"加强边境地区"建设重要指示精神和中央第七次西藏工作座谈会精神，根据《在抵边村全面建设"12309"检察服务中心》要求，向县委请示汇报后院领导深入扎日乡、玉麦乡、斗玉珞巴民族乡做好前期沟通工作，全面推进抵边村"12309"检察服务中心建设。

2021年3月10日，山南市人民检察院党组书记、检察长刘志刚（右二）到隆子县人民检察院检察指导工作

【基层建设】2021年，隆子县检察院以开展"党史学习教育""检察队伍教育整顿"和"政治标准要更高、党性要求要更严、组织纪律性要更强"专题教育为契机，共开展各类集中学习39次，进行研讨交流6次，县委书记讲党课2次，纪委书记讲党课2次，检察长讲党课2次，其他班子成员讲党课4次，召开党组理论学习中心组学习14次。配合县委特邀市检察院检察长刘志刚以"不忘初心、牢记使命"为主题，为全县党员干部开展党史学习教育专题学习讲座，增强党性修养。

加强干部队伍建设。以县区领导班子换届为契机，选优配强检察长1人。谋划检察院内设机构改革，做好干部选拔轮岗工作。落实职务职级晋升工作，晋升员额检察官1名。完善员额检察官能上能下、能进能出的管理体制，调整入额1名。1人当选县级人大代表，2人入选县级政协委员。派员参加各类培训3期3人次，组织参加最高人民检察院业务电视电话视频会议81期241人次，邀请援藏专家到院开展专题讲座1次。邀请县委

2021年11月16日，山南市人民检察院党组书记、检察长刘发林（左四）一行在隆子县人民检察院调研指导工作，县委领导陪同并召开座谈会

领导召开队伍建设座谈会，抓班子，带队伍，促业务，切实增强队伍整体凝聚力。

推进基层基础建设。加快智慧检务建设步伐，提高智能化、信息化办案水平，配齐20台工作网和涉密网计算机，做好统一业务应用系统2.0配置和服务保障工作，确保检察软硬件设施到位，工作高效运转。投资9.3万元改造“12309”检察服务中心和值班备勤室建设，投资102万元建设检察廉政图书室和检察食堂。

【宣传教育、帮扶】 2021年，隆子县检察院落实“谁执法谁普法”的普法责任，共开展各类普法宣传宣讲13次，受教育群众3500余人，主动接受群众咨询10余人次，助力建设法治社会。开展“为民办实事”实践活动15项，派员驻村3人，帮助6名应届大学生就业，聘用3名应届大学生为聘用制书记员，结对认亲帮扶25户51人，筹集结对帮扶资金1.54万元，助力构建和谐社会。

【机构领导】

院党组书记、检察长

巴桑旺堆（藏族，3月免）

魏 本 惠（女，3月任）

院党组副书记、副检察长

多吉次仁（藏族）

院党组成员、副检察长

李 纯 磊

院党组成员、控告申诉（民事行政）检察科科长

德吉曲珍（女，藏族）

院党组成员、侦查监督科科长

唐 忠 梅（女）

办公室（法警大队）主任（队长）

索朗塔杰（藏族）

办公室（法警大队）副主任（副队长）

阿旺旦巴（藏族）

刑事执行检察局局长

丹增曲珍（女，藏族）

公诉科科长

德　　庆（女，藏族）

法院

【概况】 2021年，隆子县人民法院设有5个下属机构，分别为审判管理办公室（综合办公室）、立案庭（诉讼服务大厅）、综合审判庭、执行局（司法警察大队）、政治部。有3个派出法庭，分别为扎日中心法庭、三安曲林乡人民法庭和隆子镇人民法庭。

截至年底，隆子县人民法院编制19人，实有15人，研究生1名，占总人数的6.7%，本科生13名，占总人数的87%，专科生1名，占总人数的6.7%，干警队伍日益呈现年轻化、专业化特点。

【刑事犯罪】 2021年，隆子县人民法院进一步明确刑事审判庭，司法警察大队、办公室等部门的职责，从立案到审理，从宣传到保障，逐项明确，分工负责，责任到人。严格依法区分罪与非罪、此罪与彼罪的界限，做到有力有度，公正裁判。坚持“宽严相济”原则，严把案件事实关、证据关、程序关、适用法律关，确保用法到位、打击到位。年内，持续推进审判实质化，适用速裁程序审结案件2件，适用简易程序审结案件6件，认罪认罚10件，召开庭前会议4起，庭审直播11件。

【审判】 2021年，隆子县人民法院共受理各类案件367件，审结309件，综合结案率达84.2%，收、结案数同比分别上升129%和96.8%。受理各类刑事案件11件

16人，审结11件16人，结案率100%。受理各类民商事案件228件，审结183件，结案率80.26%。

【规范司法行为】 2021年，隆子县人民法院为贯彻司法巡查、审务督察精神，按照相关要求，结合实际情况，紧紧抓住司法理念、司法作风和司法行为方面存在的突出问题，及时完善了《隆子县人民法院司法巡查、审务督察实施方案》。采取党支部集中学习、个人自学等形式，结合政法队伍教育整顿活动，认真学习党的系列重要会议精神和习近平总书记系列重要讲话精神，特别是“治国必治边、治边先稳藏”重要战略思想和“加强民族团结、建设美丽西藏”的重要指示精神，认真学习中央、区党委政法工作会议和全国高院院长会议精神，认真学习自治区人民法院院长索达在全区中院院长会议上的重要讲话精神，认真学习相关法律法规、司法工作规范、审判纪律规定。认真贯彻落实规范司法行为活动实施方案和司法改革工作方案，注重建章立制，结合教育整顿活动、边改边建和为民办实事等制定、完善了15项制度，内容涉及政治思想教育、审判质量管理、公务接待管理等各个领域，坚持做到了以制度管人，用制度办事，靠制度办案，确保各类案件均衡结案。

【队伍建设】 2021年，隆子县人民法院不断加强队伍建设，提高队伍素质，实现了审判业务质量的稳步提高。年内，组织全体干警深入全面学习党的系列重要会议精神，深入贯彻习近平总书记系列重要讲话精神、中共十九大及历届全会精神等，切实加强党性教育，坚定干警理想信念。突出“三个以案”警示教育的政治要求，努力提高干警的政治意识、大局意识、核心意识、看齐意识。全院干警在学习过程中做到了认真撰写学习笔记、心得体会，交流学习经验，每人每年撰写学习笔记不少于8000字，心得体会不少于10篇。注重对新颁布司法解释、法律法规的学习，并组织干警对学习过程中遇到的热点、难点问题进行深入讨论，确保学有所用。县法院还将干警的教育培训工作作为一项重点工作，先后多次参加各级法院举办的培训，确保干警业务能力有效提升。

【司法为民】 2021年，隆子县人民法院坚持司法为民，彰显司法人文关怀。全年车载流动法庭行程1.68万公里，巡回办案52件。全面落实司法救助制度，为7件案件当事人减、免、缓诉讼费8488.38元，减免缓案件占比3.32%，减免缓金额占比2.71%，有力保障了困难群众的诉讼权利和合法权益，切实体现了社会主义司法人文关怀。

【司法执行】 2021年，隆子县人民法院加大执行工作力度，推进社会诚信建设。全年，共受理各类执行案件125件（含旧存4件），执结113件，未结12件，执结率90.4%。2021年，实际到位标的310万余元。限制高消费10例，布控20件20人。同时注重加强执行查控系统运用，共查控案件121起121人。

【法治宣传】 2021年，隆子县人民法院完善法律咨询、诉讼指导、风险提示等便民服务机制，继续开展法治宣传活动，全年开展法治宣传活动15场，发放宣传资料3200余份、受教育群众达11000

2021年6月16日，隆子县人民法院组织“三更”专题教育第三专题考试

余人次。

【信访接待】2021年，隆子县人民法院坚持多措并举原则，解决涉诉信访问题。注重对可能发生涉诉信访的案件提前做当事人思想工作，注重以理服人，注重判后答疑工作，注重以通俗易懂的语言向当事人解释法律法规，坚持将矛盾化解在萌芽状态，坚持让当事人心服口服。完善涉诉信访台账，细化涉诉信访工作等各项措施，实行24小时值班接访，确保矛盾纠纷能在最短时间内解决。2021年，派法官到信访部门参与调解民商事案件4件，涉及群众24人次。

【矛盾纠纷调处解决】2021年，隆子县人民法院对所存在的矛盾纠纷和治安问题开展全面排查，切实摸清当前存在的突出矛盾纠纷，摸清混乱部位、场所，摸清影响群众安全感的突出治安问题，摸清导致矛盾纠纷突出和治安状况混乱的原因。对排查出来的矛盾纠纷、治安乱点和突出治安问题，逐一登记造册，按照问题的性质和管辖权限，逐一分析研究，逐一制定调处、整治方案。对情况复杂，经反复整治，问题仍得不到解决、效果仍不明确的，要查明原因，采取切实有效措施加强整治。特别是对长期没有解决的治安乱点、突出治安问题和矛盾纠纷，主要领导要亲自参与，包点督办，问题不解决，人员不撤，工作不停，确保解决到位。对排查出来的重大、复杂、疑难矛盾纠纷，要建档定责，实行领导包案、挂牌督办，协调有关部门，集中力量调处，切实把问题解决在基层、解决在当地、解决在萌芽状态。对短期内难以化解的矛盾纠纷，积极主动地做好思想工作，落实措施，防止矛盾积累，防止矛盾激化。

2021年5月14日，隆子县法院执行局局长罗桑次珠到四川省成都市办理执行案件

【各界监督】2021年，隆子县人民法院自觉接受人大及其常委会监督，及时向人大及其常委会汇报法院重大工作部署，主动邀请人大常委会领导、人大代表视察法院工作，旁听案件审理。对人大代表和政协委员的建议、批评、意见和提案，实行专人办理，做到了件件有着落、事事有回音。全面落实审务公开，在院内显眼位置设置了审务公开栏、公告栏和举报箱，将院领导及各庭室主要负责人姓名和职责、当事人的权利义务、法官不得有的行为、诉讼风险提示、裁判文书等向社会公示。

【队伍建设】2021年，隆子县人民法院针对队伍理论功底较为薄弱、业务素质不高的实际问题，克服案多人少问题，选派5人次积极参加法官学院西藏分院举办的入额法官、信息化应用等培训，同时还选派2人次分别参加湖南省法官学院组织的新闻宣传培训、民事审判培训。在全院干警中开展了“法官交流”活动，由干警根据自己的工作实际轮流在全院干警中就业务知识、业务技能进行传授交流，增加干警学习和锻炼的机会。

【综治维稳】2021年，隆子县人民法院根据不同阶段的不同要求及重大节点的维稳工作安排，进一步完善了维稳方案、预案，严格贯彻落实了各级维稳会议精神，努力做到早安排、早部署，切实将维稳措施落到实处。严格按照戒备等级要求，执行24小时值班带班制度，做到“人不离岗、岗上有人”。严格加强对进入本单位的外来人员、车辆的检查登记力度。

2021年7月7日，隆子县法院组织观看全国模范法官胡国运同志先进事迹

2021年，共投入警力330人次、车辆150台次参与维稳工作。

【党风廉政建设】 2021年，隆子县人民法院以职务犯罪案例为讲解重点，开展党纪法规学习教育活动，重点对党员干部加强理想信念教育和廉洁从政教育，引导党员干部认清形势，提高广大干警的组织纪律意识、大局意识，增强了党员干部自警自励、拒腐防变能力。不断强化干警廉政责任教育，时刻提醒干警要认清自身工作责任，将责任制贯穿于业务工作的全过程，做到与业务工作同布置、同检查、同考核；推行党风廉政工作责任到人，执行党风廉政责任追究制；院领导不定期对全院干警的党风廉政建设情况进行检查，确保干警将党风廉政建设工作放在心上、记在脑里，确保干警廉政意识能有效提高。严格按照廉政准则等有关廉洁自律的规定，廉洁从政，洁身自好、遵纪守法，模范执行党风廉政责任制，未出现在公务及其他活动中收受当事人的现金和礼品的情况。

【理论学习】 2021年，隆子县人民法院为切实解决干警工学矛盾，利用业余时间开展警示教育、英模教育、学习研讨、政治轮训等活动，制定印发详细的学习计划表，对干警自学进行安排，提出具体要求，切实做到学习工作有机统一，统筹协调。

召开大会，对学习教育工作进行广泛动员，并通过微信公众号、电子显示屏、制作宣传栏等方式，宣传报道教育整顿工作开展情况、应知应会知识，在全院切实营造浓厚氛围。同时按照上级全体干警积极参与的原则，将学习教育方案、学习计划下发至驻村干警、休假请假干警，让全体干警积极参与到学习教育活动中。将工作指引中确定的学习内容，列入每周的学习计划中，通过集中学习、支部学习、干警自学等方式，确保每项学习内容都有安排、有计划、有落实，不折不扣落到实处。

【教育学习】 2021年，隆子县人民法院党组书记为全院干警上党课2次，组织开展集中学习会议78场次、研讨交流发言2场，坚持以党史学习教育增信，开展党史学习教育专题讲座2场次，组织干警到红色纪念馆、革命老区等参观见学15人次。坚持以“三更”专题教育强化廉洁司法，党组书

2021年6月9日，隆子县法院开展“6·9”国际档案日宣传活动

记作廉政报告1场，开展“三更”专题研讨5场次，专题培训15人次，观摩廉政教育基地1场次，召开警示教育大会观看警示教育片5场75人次，开展“以案释法”庭审观摩活动，观看职务犯罪类案件庭审直播1场次。坚持以英模精神引领履职担当，召开英模精神专题学习会议2场次，传达学习英模事迹3例，撰写英模精神心得体会15篇，上报本院先进事迹3例，在全院营造浓厚的英模先进学习氛围。

【机构领导】

院　长

张 文 君（藏族）

副院长

加　　措（藏族）

副主任

杨 萨 莉（女，藏族，3月免）

局　长

罗桑次珠（藏族）

庭　长

阿　　妞（女，藏族）

闫 正 帅

郑 艳 凤（女）

扎西顿珠（藏族）

司法行政

【概况】 2021年，隆子县司法局在县委、县政府和市司法局的正确领导和支持下，坚持以习近平新时代中国特色社会主义思想为指导，深入贯彻落实习近平法治思想，认真贯彻落实中共十九大及历届全会精神以及中央第七次西藏工作座谈会精神，深入学习贯彻习近平总书记治边稳藏重要论述、在庆祝中国共产党成立100周年大会上的讲话精神和视察西藏时的重要指示批示精神，贯彻落实区第十次党代会精神，坚持稳中求进的工作总基调，把握时代大势，回应实践要求，主动适应区内外形势新变化，牢固树立深度忧患意识，增强工作的主动性和预见性，把维护稳定、服务发展、深化改革摆在更加突出的位置，深入推进法治隆子、平安隆子建设。忠诚履行职责使命，全面提升司法行政队伍业务能力和服务水平，不断开创司法行政工作新局面。

【党建工作及队伍建设】 2021年，隆子县司法局以开展政法队伍教育整顿、“党史”专题学习和“三更”教育，狠抓班子队伍建设，坚持认识到位、率先垂范、严以律己，学习认真、态度端正、目的明确，不说空话、以身作则、身体力行。切实做到立党为公、执政为民。着力提高实践能力、强化责任意识，切实把人民利益放在首位。坚持以人为本，多办实事，努力把为群众排忧解难的工作落到实处。持之以恒地贯彻落实中央八项规定和区、地、县委相关规定。加强党员干部作风建设，提升全体干警工作效能，积极提高干部队伍素质，不断转变工作作风，抓责任、全机制、重教育、强监督，严格落实县委、县纪委及本局对党风廉政工作的安排，进一步把党风廉政建设工作提高到一个新水平。坚持“三会一课”制度，通过召开支部会和组织生活会，不断增强干警的党员意识，通过经常性的学习、交流、汇报等形式和途径，时刻牢记党员身份，形成“为民、务实、廉洁”和求真务实、清正廉洁的工作作风。明确了在新时期保持共产党员先进性，就要做到树立党的观念，增强党员意识，牢记党的宗旨，做到一名党员就像一枝秤杆，更像一面旗帜，走在前列当先锋。

2021年9月10日，山南市司法局党组书记杨国富（左一）在隆子县司法局检查政法队伍教育整顿工作

【思想教育】 2021年,隆子县司法局深入学习习近平新时代中国特色社会主义思想,中共十九大和十九届二中、三中、四中、五中全会精神,《习近平谈治国理政》第三卷,习近平总书记关于加强新时代政法工作的重要论述特别是重要训词精神、在中央第七次西藏工作座谈会和全国政法工作会议上的重要讲话精神及关于依法治藏的重要论述精神,习近平总书记在党史学习教育动员大会上的重要讲话精神等;开展党的宗旨和作风教育、革命传统教育,深入学习党史、新中国史、改革开放史、社会主义发展史,了解党史、新中国史、改革开放史、社会主义发展史的重大事件、重要会议、重要文件、重要人物,了解中国共产党的光辉历史、伟大成就、宝贵经验、光荣传统和优良作风。聚焦新时期反分裂维稳斗争形势和应对更大风浪的考验,加强反分裂斗争教育,教育全体政法干警始终做到旗帜鲜明、立场坚定、认识统一、表里如一、态度坚决、步调一致和遇事不糊涂、关键时刻起作用。要坚守党员干部、政法干警不得参加宗教活动的规定,教育引导身边的亲属理性对待宗教、淡化宗教消极影响、过好今生幸福生活;深入学习《中国共产党章程》《关于新形势下党内政治生活的若干准则》《中国共产党廉洁自律准则》《中国共产党纪律处分条例》《中国共产党党内监督条例》《中共中央关于加强党的政治建设的意见》等党章党规党纪和警纪警规。

2021年4月2日,县委书记次仁加措给隆子县政法队伍讲教育整顿专题党课

【专题调研】 2021年,隆子县司法局根据《山南市司法行政系统"大走访大调研大化解"活动实施方案》要求,认真开展调研工作,调研中,共发现司法行政工作11项问题,并提出了3个方面7点工作建议及措施。

【维护稳定】 2021年,隆子县司法局坚决贯彻落实中央和区、市、县委关于国家安全工作的决策部署,在上级国家安全部门及县委国家安全委员会办公室的精心指导下,坚定信念,强化意识,旗帜鲜明反分裂,排查化解社会矛盾,高度警惕安全隐患问题,抓好预防危害国家安全各项工作,坚持群防群治、齐抓共管。

【法治宣传】 2021年,隆子县司法局以"八五"普法启动为契机,以强化法治宣传教育、不断提高干部群众法律素质为前提,以全面推行执法责任制、强化依法行政为核心,以推进基层民主建设、加快社会主义新农村建设步伐为重点,以构建社会主义和谐社会为目标,以维护群众根本利益为出发点和落脚点,为全县政治安定、社会稳定、民族团结、经济发展营造了良好的法治氛围。大力开展以"国法高于教规 守法先于守戒"为主题,继续督促开展"三月宗教场所普法宣传月"活动和僧尼日常普法教育。持续统筹好农牧民群众普法,组织开展"法治进乡村"主题活动,重点围绕宪法、民法典、婚姻家庭、宗教管理、扫黑除恶、环境保护等开展法律知识普及,开展移风易俗。按照"谁执法谁普法""谁管理谁普法""谁服务谁普法""谁用工谁普法"的要求,督促普法主体责任落实,2021年,全县各级共组织开展普法宣传活动共计346场次,其中开展进农牧民群众宣传246场次,累计受教育6万余人次,悬挂横幅124条,法律咨询解答共计120次。

【法治阵地建设】 玉麦乡法治广场，县司法局同山南市司法局衔接，争取资金10万元，县司法局出资9.8万元。扎日乡法治长廊(路)建设，向山南市司法局争取资金30万元。法治宣传资料征订，每年投入一定资金用于定制相关法治宣传品和资料，2021年投入资金8万余元。

【社区矫正】 2021年，隆子县社区矫正人员在册6名，社区矫正人员均是缓刑人员，全部列入监管范围，无一例重新违法犯罪现象。实现了对社区矫正人员“五清”（基本情况清、行动去向清、生活状况清、社会关系清、现实表现清）“三不”（不发生刑事案件和治安案件、不参与群体性事件、不参与上访事件），为建设“平安隆子”构建社会主义和谐社会创造良好的社会环境。隆子县司法局严格按照上级指示精神和县委、县政府、县维稳指挥部关于维护社会稳定的整体部署及一系列指示精神要求，积极采取有力措施，深入了解掌握社区矫正人员思想动态和行为动向，落实一人两档(执行档案、工作档案)，做到了底数清、情况明。

【人民调解】 2021年，隆子县人民调解工作坚持和发展新时代“枫桥经验”，把非诉讼纠纷解决机制挺在前面，自治法治德治相结合，贯彻落实《中共西藏自治区委员会办公厅 西藏自治区人民政府办公厅印发〈关于进一步加强新时代人民调解工作的意见〉的通知》。完善人民调解、行政调解、司法调解联动工作体系，建立健全调解、诉讼、公证、仲裁、行政裁决、行政复议与应诉等多元化纠纷解决机制，最大限度将矛盾纠纷化解在基层、解决在萌芽状态，推动形成共建共治共享的社会治理格局。建立和完善社会矛盾排查化解预警预判机制，强化依法应对和处置群体性事件或极端事件的机制和能力。完善信访制度，大力推进“阳光信访”“责任信访”“法治信访”，加强信访基础业务工作，促进信访工作提质增效。坚持开展矛盾纠纷“大排查、大调处”活动，有效发挥人民调解在维护社会和谐稳定工作中的“第一道防线”作用，2021年，各级调解组织共调处各类矛盾纠纷6件，调处成功6件，调处矛盾纠纷成功率100%。

【安置帮教】 2021年，隆子县司法局解除安置帮教人员12名，在册安置帮教人员39名，全部建立档案，帮教率100%。充分利用隆子县3个安置帮教过渡基地作用，坚持做到“三不”“四个一样”不嫌弃、不歧视、不纠缠过去的犯罪；政治上一样对待、经济上一样支持、工作上一样信任、生活上一样关心。制定安置帮教年度工作方案、建立健全领导小组，签订安置帮教协议书。

【人民监督员】 2021年，隆子县司法局始终坚持把人民监督员工作作为提升司法民主、树立司法公信的一项重大举措，全面深化人民监督员工作。建立健全人民监督员管理登记制度，按照“一人一档”的规定建立档案，对个人信息、学习情况、履职情况、遵纪守法情况等进行详细记录。建立人民监督员工作微信群，及时对相关工作进行上传下达，不断完善工作，确保人民监督员与司法行政工作人员、检察院工作人员时刻保持信息互通、资源共享。积极组织人民监督员参加市局组织的学习培训，使其更加了解、熟悉检察业务，确保其准确把握监督范围和监督程序，有效提高监督水平。认真执行人民监督员考核管理制度，严格考核标准，对片区每名人民监督员的履职、培训、参加检务活动的情况进行认真总结，多方面考察人民监督员遵纪守法情况。

【法律援助】 2021年，隆子县司法局通过各种形式大力加强对法律援助制度的宣传，不断提高全县广大群众的维权意识，同时，不断将法律援助触角向村级延伸，全县82个行政村均配备了法律顾问，基本由驻村民警、第一书记担任，均具备一定的法律知识，能够更加便利地为群众提供最基本法律咨询等服务，就近为农牧民群众解决实事。2021年，县公共法律服务中心共办理各类法律援助案件183件，分别为法律咨询240件、代书58件、参与刑事案件4次、民事案件1次。

【机构领导】

局 长

其 美(藏族)

副局长

张 政

四朗卓玛(女，藏族，5月任)

旦增曲珍(女，藏族，5月任)

经济管理

发展和改革

【概况】 隆子县发展和改革委员会(简称发改委),属政府部门的正科级机构。2021年有行政编制5名,领导职数4名(1正3副)普通干部1名。

【重点项目】 2021年,全县全年累计开复工项目107个,总投资43.73亿元,累计完成固定资产投资实物量15.79亿元,完成年度任务17亿元的92.88%(完成调整后的15亿元目标的105.27%),其中纳入市级的重点项目开复工21个,完成投资实物量10.33亿元,县本级项目开复工79个,完成投资实物量3.36亿元,招商引资项目开复工7个,完成投资实物量2.1亿元,完成年度任务。项目开复工数比上一年减少10个,但完成投资实物量比上一年增加2.58亿元,增长19.53%。统计在库项目共97个,其中投资5000万元以上项目8个,完成固定资产投资13.9亿元,同比增长46%,完成年度计划(17亿元)的81.7%。

2021年重大项目建设有以下几个方面。

电力:总投资0.5亿元的供电公司周转房项目和县城关35千伏变电站改造工程全部完工。

水利:投资0.21亿元的扎日乡桑巴东及庄那村防洪堤工程竣工;总投资0.54亿元的热荣乡沃塘流域水土保持综合治理、加玉灌区及配套工程、隆子镇宗米林灌区、宗雪村防洪堤工程、隆子镇娘嘎村水渠防洪堤等7个项目全部竣工;总投资1.21亿元的隆子镇娘嘎朗曲防洪工程和草场灌溉工程、隆子河日当下段治理等工程、隆子河灌区续建配套与节水改造工程、日当镇曲古塘水土保持综合治理工程、洛河扎日乡段防洪工程等6个项目稳步实施,平均进度达50%。

交通:投资8.31亿元的米林朗贡至隆子扎日公路稳步实施,总投资0.41亿元的抵边自然村道路硬化工程、三安曲林乡达定桥及雪沙乡西绕村危桥改造和扎日

2021年11月27日,山南市人民政府副市长张福臣(右一)到隆子县开展抵边搬迁安置点建设调研工作

乡政府至珞瓦新村道路全部竣工通行。

边境贸易：总投资0.12亿元的准巴乡、加玉乡边贸综合市场项目整体进度达到75%。

公共服务：总投资0.39亿元的人民医院核酸检测实验室、高压氧舱等4个项目全部竣工；总投资0.84亿元的22个幼儿园、小学及学校配套设施等项目，已竣工16个；总投资0.33亿元的扎日乡洛河景区、玉麦旅游公共服务设施和观景台以及扎日乡、玉麦乡家庭旅馆项目中，除玉麦旅游公共服务设施项目外其他全部竣工；总投资0.31亿元的残疾人综合服务中心和特困人员集中供养服务中心改扩建项目全部竣工。

生态建设：投资0.06亿元的2020年退牧还草工程进入收尾阶段；投资0.51亿元的隆子河流域水污染防治项目工程进度达到80%；总投资0.24亿元的三林乡西卡下村崩塌治理、三林乡边久林地质灾害治理工程、列麦乡后山崩塌治理、三林乡完小坡面泥石流治理等4个地质灾害治理项目全部竣工；投资0.08亿元的玉麦乡纽林塘搬迁安置点不稳定斜坡治理工程开工建设；总投资0.17亿元的2019年度城乡建设用地增减挂钩拆旧复垦和2020年城乡建设用地增减挂钩拆旧复垦项目基本完工。

农业发展：总投资0.53亿元的2020年高标准农田和5个2021年扶贫本级财政配套资金项目全部竣工。

2021年11月27日，隆子县发改委主任扎西东久给措美县群众代表介绍并解答本县抵边搬迁安置点建设相关政策

住房保障：投资0.16亿元的2020年公租房建设项目已竣工。

抵边及边境基础设施：投资0.26亿元的斗玉珞巴民族乡定江抵边搬迁安置点建设项目建成，群众全部搬迁入住；总投资0.27亿元的2020年第三批中央预算内4个续建项目全部完工；总投资0.05亿元的2个小康村配套工程全部完工。

市政设施：总投资0.45亿元的雄哲路、樟木萨路升级改造项目已竣工。

招商引资：招商引资项目开复工7个，完成固定资产投资2.1亿元，其中玉麦湘万头藏香猪养殖基地和格尔东赞大酒店建成投产。

援藏项目：小学教师周转房、三林乡中心卫生院、日当镇中心卫生院、玉麦乡“三示范一基地”、小学提质改造等29个援藏项目，已竣工15个，完成投资7871.45万元。

隆子机场：机场正式开工建设，全年累计完成固定资产投资6.89亿元，完成总投资的34.4%。

【能源建设】 积极配合开展西巴霞曲流域规划和水电规划的编制工作，协调跟进推动各项工作落实。

【小康村（抵边搬迁）建设工作】 总投资11.83亿元的28个边境小康村已全部建设完成，完工率达100%。累计实现1974户6351人入住新房，群众入住率达100%。配套建设25个边境产业项目，总投资1.35亿元，均已完工，在边境地区形成产业带动的长效机制。编制完成20个抵边搬迁安置点建设规划，总规划搬迁4620人。按照抵边搬迁先行先试要求，“十三五”时期已建成并搬迁入住706人，“十四五”时期规划搬迁3914人，已完成2021年抵边搬迁安置点建设工作并实现181人搬迁入住。抵边搬迁工作实施以来，全县高度重视抵边搬迁动员工作，在现有政策基础上加大宣传力度，鼓励腹心乡（镇）群众向边境一线搬迁，截至年底，隆子县意愿搬迁群众共918人。积极争取玉麦乡、扎日乡和斗玉珞巴民族乡3个边境地区重点村镇建设项目,计划总投资2.25亿元,建设内容涵盖周转房及供暖设施、卫生院、派出所、文化站、边民服务大厅等以及道路、照明、垃圾处理点等配套设施,截至年底,除斗玉珞巴民族乡派出所前置手续暂未办理外,其余项目前置手续均已办理完成,待资金下达。

【经济指标完成情况】 2021年,全县上下高度重视经济发展各项工作,各行业各领域持续发力,定期开展经济运行调度分析、补齐短板、压实责任、高位推动,努力保持经济平稳健康发展,社会大局保持和谐稳定,主要经济指标完成保持在合理区间。

2021年,全县生产总值完成18.86亿元,同比增长9.0%,完成年度计划的113.9%。其中第一、二、三产分别完成8620万元、10.35亿元、7.65亿元,分别同比增长3.0%、7.4%、11.0%。全县三次产业比重由2020年的5.1∶53.4∶41.5调整为4.5∶54.9∶40.6,一产比重下降0.6个百分点,二产比重增长1.5个百分点,三产比重下降0.9个百分点,总体"二三一"产业结构保持稳定,二、三产业稳定发展。社会固定资产投资完成13.9亿元,同比增长46%,完成年度计划的81.17%,其中招商引资完成2.1亿元,同比下降7.9%;社会消费品零售总额完成2.46亿元,同比增长8%;财政收入完成0.7852亿元,同比增长12%;税收收入完成1.09亿元,同比下降10%;农村居民人均可支配收入达到17172元,同比增长15.5%,2021年既定目标基本完成。

【项目管理】 2021年,项目管理工作参照项目建设基本程序进行。按照要求在项目选址、用地、节能、环评、稳评等前置手续齐全的前提下进行项目审批工作。

【粮食储备】 2021年,国家粮食和物资储备局及粮食储备库紧紧围绕自治区储备粮安全和放心粮油供应这一主要任务目标,扎实开展粮食储备和粮油购销等工作。截至年底,县粮食储备库存有自治区储备粮95万公斤,其中青稞70万公斤(50万公斤到轮换时间,具体由自治区粮食和物资储备局下达通知后执行轮换),大米20万公斤,面粉5万公斤。

【粮食购销】 2021年,购买青稞、大米、面粉及清油等粮食共计95.07万公斤(其中青稞57.84万公斤、大米24.48万公斤、面粉11.75万公斤、清油1万公斤),通过学生"三包"向各学校供应、各机关单位食堂供应等零散市场销售共计38.44万公斤(其中大米25.52万公斤、面粉11.43万公斤、青油1.49万公斤),向山南国家粮食储备库销售小麦1.3万公斤及旺季收购粮共计37.2万公斤。

【成品粮轮出(入)】 按照计划,2021年隆子县需完成成品粮轮出(入)任务共计50万公斤,其中大米40万公斤、面粉10万公斤(分两批次完成),已完成成品粮轮出(入)36.95万公斤。

【秋粮收购】 根据《关于切实做好2021年秋粮收购工作的通知》和山南市人民政府印发《关于切实做好山南市2021年秋粮收购工作的通知》文件精神及要求,制定《隆子县2021年秋粮收购工作方案》,县粮食和物资储备局和自治区隆子粮食储备库切实履行政策执行主体责任,对收购符合国家标准三等以上青稞,按照维持青稞最低收购价3.9元/公斤水平的基础上,隆子储备库增加0.1元/公斤,最终按4元/公斤执行收购,并继续执行好青稞收购价补分离政策,截至年底,隆子县共计完成秋粮收购37.2万公斤,按照要求,以农业银行代发形式,兑现售粮群众资金共计148.8万元,已全面完成2021年秋粮收购工作。

【机构领导】

主　任

陈　　金(6月免)

扎西东久(藏族,6月任)

副主任

汪庆嵩

达瓦洛桑(藏族)

其米多吉(藏族,6月任)

财政

【概况】 2021年,隆子县财政局

加挂国有资产监督管理委员会牌子，人员编制5名，部门领导职数3名。实有人数10人（包括借调人员3人，三支一扶1人）。

【财政收入】 2021年，全县本级一般公共预算收入完成7852万元，同比增长12%。上级补助收入16.12亿元，同比下降1.53%，其中，一般性转移支付收入11.11亿元、专项转移支付收入47384万元、返还性收入2650万元。动用预算稳定调节基金148万元。全年一般公共预算总财力1.7亿元。

【财政支出】 2021年，全县完成一般公共预算累计支出10.57亿元，为变动预算数的63%，其中，一般公共服务支出2.57亿元、公共安全支出6336万元、教育支出1.67亿元、社会保障和就业支出7065万元、卫生与健康支出6321万元、节能环保支出998万元、城乡社区支出3756万元。

2021年，全县一般公共预算总财力达到16.92亿元，全县完成一般公共预算支出总计10.57亿元，上解支出352万元，预算稳定调解基金352万元，结转下年6.27亿元。

【政府性基金收支完成情况】

收入完成情况。2021年本级政府性基金收入1541万元，上级下拨政府性基金补助1120万元，全县政府性基金总财力达到2611万元，同比下降68%。

支出完成情况。全县完成政府性基金支出878万元，同比下降90%。

2021年9月9日，隆子县财政局组织开展财政预算管理一体化培训会

收支平衡情况。2021年，全县政府性基金总财力达到2660万元，全县完成政府性基金支出878万元，结转下年1783万元。

【民生保障】 2021年，隆子县财政局面对严峻形势和种种困难，认真执行积极的财政政策，积极主动作为，牢固树立“政府过紧日子，人民过好日子”思想，压减一般性支出，严控“三公经费”，取消干部职工未休假补助政策，用政府一般性支出的减法做好民生保障的加法，确保把有限财力用到发展和改善民生领域。全力保障新冠肺炎疫情防控。根据上级决策部署，及时保障全县疫情防控工作，本级预算安排疫情防控专项经费150万元，其中50万元为上级资金。全力支持边境地区发展。2021年全县享受未定国界一线边民补助4879人兑现补助资金2927.4万元，享受未定国界一线甲类边民补助759人兑现补助资金910.8万元，共计兑现边民补助资金3838.2万元。全力支持决战决胜脱贫攻坚，2021年，中央、自治区及市级财政下达隆子县统筹整合涉农资金共计1.78亿元（含部门整合6485.81万元），本级财政扶贫配套乡村振兴衔接资金安排700.3万元，共计1.85亿元。统筹整合用于巩固拓展脱贫攻坚同乡村振兴衔接领域，建设项目29个，截至年底，共计支出1.38亿元。有效落实中央直达资金。2021年，上级下达隆子县直达资金共计1.21亿元，截至年底，已支出6581.44万元，支出率54.3%。

【国有资产管理】 2021年，隆子县固定资产总额为8.43亿元。其中，土地、房屋及构筑物面积33.76万平方米，价值总额6.73亿元；专用设备数量2984个，价值总额4922万元；通用设备数量7997个，价值总额4274万元；机动车数量160辆，价值总额4101

万元；家具、用具、装具及动植物数量51209个，价值总额3709万元；图书档案数量19844个，价值总额14.5万元；文物及陈列品数量241个，价值总额5.6万元。

2021年8月3日，财政局党支部参观列麦纪念馆

【财政监管】 2021年，隆子县财政局全力整改第三方审计检查工作，规范全县74家行政事业单位和3家国有企业财政内部控制、收支执行情况。审计报告提出407个具体问题，涉及资金8642.72万元，已整改问题311个，正在整改96个，收回违规资金11.33万元，整改进度达到76%；强化执行“村财乡管村用”制度，以村两委换届干部培训为契机，向新任村干部160余人讲授“村财乡管村用”制度，规范乡镇、村级财务运行。特别是县财政局成立督导检查组，覆盖全县11个乡镇开展了财政财务监督指导工作，共查出部门及“村财乡管”财务制度不够细化等方面的42项问题，提出了财政整改意见共34条；建立健全财政（财务）制度，加强干部教育管理，提高业务能力水平，进一步严肃财经纪律。2021年，财政局组织全县财务人员开展业务培训会3次、讲廉政党课1次、反诈骗警示教育1次、业务交流培训会3次，累计参与培训200余人次；以中央、自治区巡视“回头看”反馈意见整改工作为契机，按照县委统一部署，主动认领涉及问题，全力完成整改任务。密切联系相关部门开展2次暂付性款项消化和个人借款清查工作，并结合隆子县实际制定了本级暂付性款项消化方案，全力消化涉及资金，截至年底，完成消化资金707.19万元。

【预算绩效管理】 2021年，隆子县财政局按照预算“两上两下”的编制原则，依法依规编制2021年财政预算，并按规定程序审核执行，确保预算编制的科学化、精细化、规范化。同时在政府新闻网上公示公开；按照上级要求完成2021年内部控制、政府财务报告等录入工作，完成数据信息化；持续推进精准扶贫、中央直达资金等跟踪问效及监督工作，进一步推动财政资金绩效监督管理工作；积极安排专人参加区、市两级预算一体化培训和跟班学习，同时抽调预算单位业务精干人员参加市局组织的一体化基础数据录入工作，并通过以点带面的形式覆盖全县74家预算单位，为全面推动预算一体化建设工作奠定了基础。

【资产管理】 2021年，隆子县财政局安排1名副局长和2名工作人员分管负责政府国资委工作，强化组织领导，确保充分发挥国资委各项职能。按照上级要求积极完成公务用车系统录入工作，进一步加强公务车辆监管，严格按照“私车公养”、公车使用管理自查自纠要求，全面开展“私车公养”自查并如实提交了自查整改落实情况报告，协调配合国有企业开展“私车公养”自纠工作，督促指导整改，有力促进行政事业单位、县属国有企业公车使用规范化运行。

【组织建设】 2021年，隆子县财政局以加强班子队伍建设为出发点，积极开展“三包五带五促”活动，积极发挥党员带头模范作用，着力建设“八星”党支部；严格落实“三会一课”制度，强化党员日常学习，做好发展党员以及党费收缴工作；加强党员教育管理，进一步改进工作作风，落实好中央八项规定精神，严明财经纪律，坚持举一反三，堵塞各项制度漏洞，实现财政工作科学化、阳光化运行。

【机构领导】
局　长
　　扎西罗布（藏族，6月免）
　　夏　新　娥（女，6月任）
副局长、二级主任科员
　　仁增康珠（女，藏族）
副局长、三级主任科员
　　拉姆措姆（女，藏族）
一级主任科员
　　扎西达杰（藏族）
四级主任科员
　　巴桑央宗（女，藏族）

商务

【概况】 2021年，隆子县商务工作在扩消费、促增收、活流通、惠民生、积极拓宽经济合作门路和市场保稳定上下功夫，商务各项主要经济指标总体向好，商务经济继续保持平稳较快发展。县商务局共有4名干部，行政4名，其中借调1名。供销合作联合社办公室共有7名干部，事业干部7名，其中借调4名干部，实际在岗干部3名。在职正科级干部2名，妇女1名，四级主任科员1名。干部平均为34岁，共有中共党员10名，占干部总数的90.9%，女性干部为9名，占干部总数的81.8%。

【全县社会消费品零售总额完成情况】 2021年度完成社会消费品零售额2.47亿元，同比增长8.3%。

【加强监管，保障安全】 商务领域市场、消防安全检查方面。抓好消费品市场监管工作，做好日常及各大节日期间的市场监管工作，县商务局联合相关部门对全县农贸市场、超市、餐饮店等的食品安全、新冠肺炎疫情防控等工作落实情况进行监督检查。全年共督导检查8次，出动车辆2台。通过各项检查商务领域各类安全隐患得以及时消除，人民群众财产安全得到切实保障。联合应急管理部门对商务领域安全生产进行全面检查，全年共督导检查7次，出动车辆2台。

持续开展市场监测工作、确保保供工作。为做好疫情防控常态化期间市场保供工作，每月组织工作人员深入市场，开展各大商超、批发市场、农贸市场对疫情防控期间隆子县生活必需品销售和库存情况进行监测。2021年，全县的粮油、副食品等生活必需品市场供应充足，价格平稳。

【电子商务】 2021年，隆子县已建成11个乡（镇）级电商服务站，乡（镇）覆盖率达到100%，30个村级电商服务点，村级覆盖率达到37.5%，完成项目目标任务。2021年，电子商务交易达986.4万元，其中农产品销售265.3万元，工业品销售101万元，带动贫困户创业25人，带动大学生就业2人。

【重点项目】 准巴乡边贸综合市场建设项目总投资580.17万元，该项目于2021年9月开工，截至年底主体已验收，完成总投资的70%，计划于2022年6月完工并投入使用。加玉乡边贸综合市场建设项目总投资579.99万元，该项目于2021年9月开工，截至年底主体已验收，完成总投资的70%，计划于2022年6月完成。

【供销改革】 8月24日，县商务局党组书记、局长扎西顿珠召集玉麦乡基层供销合作社（简称基

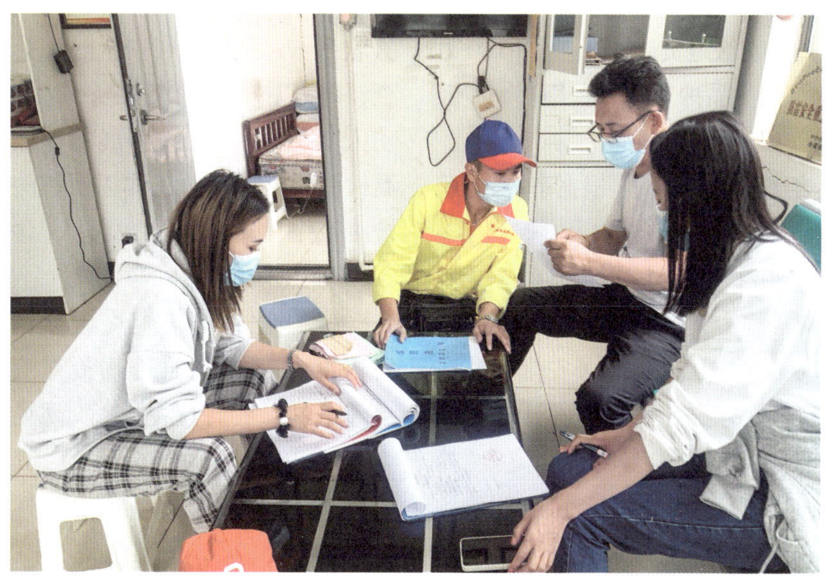
2021年8月7日，商务局对辖区内各加油站开展疫情防控及消防安全督导检查

2021年2月5日，商务局开展“两节”前市场监测，确保保供稳价

层社）班子成员研究设立批发中心事宜。按照区域销量及群众需求大小，主要以农夫山泉矿泉水、啤酒、碗装泡面、饮料作为基层社经营主要货物，供货方定为隆子县诚鑫商行批发商，供货方以最低价格把最优质的货物送至基层社批发中心。基层社批发中心以只批发不零售的形式，每件商品利润10元批发给当地17户商家、乡政府、部队、学校以及群众和临近乡镇。玉麦基层社批发中心于8月26日首次进货，进货金额为5.89万元，进货品种10种，总重量为9吨。

【组织参加节会】 根据市委、市政府有关文件精神，以及《隆子县参展2021·第41届雅砻物资交流会实施方案的通知》要求，县商务局11月19日召开了安排部署会议，成立了由县政府副县长李祎珉任组长的雅砻物资交流会（简称物交会）工作领导小组，明确各成员单位的工作职责。

加强监督检查，确保和谐稳定。为有效预防和减少在物交会期间突发事件的发生，保障隆子县参展商户的生命财产安全，确保参展区域和谐稳定，隆子县驻雅砻物交会现场指挥部与各参展商户之间签订了《第41届雅砻物资交流会隆子县展区安全管理责任书》，并组建了联护长责任制；为了更好地开展隆子县参展区域各项工作，方便群众联系驻雅砻物交会现场指挥部工作人员，县商务局制作发放了194份便民服务联系卡；积极开展安全隐患排查，驻点以来，共检查50余次，出动人员100余人次；开展每日体温检测及消毒消杀工作以及核酸检测工作，共检测2次，214人（含20名驻点人员）。

第41届雅砻物资交流会销售情况。第41届雅砻物资交流会隆子县参展商户共76家，现场交易成交额达595.76万元。其中肉类参展户62家，实现交易额508.62万元；民族手工艺品8家、土特产品类参展户5家，实现交易额114.56万元；餐饮业商户1家，实现交易额3.02万元。

【机构领导】
局　长
　　扎西顿珠（藏族）
副局长、二级主任科员
　　白玛拉宗（女，藏族）
副局长
　　刘　　波（女，4月借调）
四级主任科员
　　达娃玉珍（女，藏族，8月任）

审计

【概况】 2006年隆子县设立审计局，属县财政下属单位，副科级，2007年撤销。2017年5月25日，按照《中共山南市委办公室山南市人民政府办公室关于〈隆子县政府职能转变和机构改革方案〉的通知》文件精神，隆子县印发《隆子县人民政府关于印发隆子县审计局机构设置和人员编制规定的通知》，设立隆子县审计局，正科级，为隆子县人民政府工作部门，无内设机构，核定编制总数4名，其中领导编制职数3名。2018年6月4日，隆子县审计局正式成立。截至2021年年底，县审计局有6名工作人员，其中正科级1名、副科级2名、科员2名、政府临时性岗位1名。

【中央、区党委巡视回头看反馈意见及整改情况】

中央第十巡视组提出问题整改情况。针对提出的问题，从5

大方面，认领整改任务14项，结合实际，制定了整改方案，做到责任到人、限定时间。针对“学习贯彻习近平新时代中国特色社会主义思想和党的路线方针政策不够深入，推进西藏长治久安和高质量发展任重道远”等五大方面14项问题，认真开展了整改工作。截至年底，学习《习近平谈治国理政》《论中国共产党党史》及中央第七次西藏工作座谈会精神等，学习习近平新时代中国特色社会主义思想20余次，形成心得体会5篇，形成个人笔记2万字左右。

自治区第三巡视组巡视问题整改情况。针对自治区党委巡视三组提出问题，隆子县审计局专门制订了整改方案，共认领9项整改任务，责任到人，开展了整改工作。坚持每周集中学习，开展“民族团结，共筑中国梦”“结对帮扶，我为群众办实事”“学史明理、学史增信、学史崇德、学史力行”等系列主题活动。截至年底，7项学习贯彻整改情况基本到位。针对未深查人民医院、藏医院采购药品和聂投公司采购大宗物资情况的整改任务，县统计局党组高度重视，结合基层访谈调研、翻看账本等方式，彻查投资公司大宗物品采购情况，提出问题2条，提出建议2条。特别查看人民医院和藏医药10万元以上药品采购审批情况，提出采购相关问题5条，从体制机制层面提出审计建议5条，推动采购预算体系建设工作和建章立制工作。

2021年9月9日，县委常委孙彬彬（左二）到审计局指导召开本级预算执行审计业务会

【预算执行审计】 2021年，隆子县审计局结合实际，持续落实审计“两统筹”工作要求，采用本级预算执行审计结合重大政策落实情况跟踪审计纵向到边、大数据审计结合部门预算执行审计横向到底、多个部门预算执行审计和多个专项审计全覆盖的审计方式（“两纵＋两横＋N”模式），实施了2020年县本级预算执行和其他财政收支以及隆子县人民医院设备采购情况和聂雄投资公司大宗物品采购情况进行了合并审计，并出具一份审计报告。报告从预算编制、预算执行、财务收支管理等7个方面提出了29个问题，涉及问题资金5337.02万元，提出审计建议3条，为隆子县下一步重大经济政策落实和资金运用情况，以及政府大型采购审批程序等提供参考依据。

【县委审计委员会2021年第一次（扩大）会议】 2021年11月16日，受县委书记次仁加措委托，县委副书记、政府县长李宁主持召开了2021年审计委员会第一次（扩大）会议，会上共同学习中央审计委员会第4次会议精神和《关于建立健全审计查出问题整改长效机制的意见》通知精神，听取上半年审计工作开展情况报告和下一步审计工作计划；审议通过了《2020年县本级预算执行和其他财政财务收支情况审计报告》，并研究部署下一步审计工作计划，为更好开展审计工作指明方向。

【县级巡视巡察和市级专项审计】 为提高审计人员的业务素质和避免监督领域的“灯下黑”，2021年5月，根据《关于开展行政事业单位私设“小金库”、援藏资金管理使用以及公款代缴个人水电费等县（区）交叉检查工作的通知》（山财字〔2021〕165号）要求，抽调审计人员到错那县开展行政事业单位私设“小金库”、援藏资金管理使用以及公款代缴个人水电费专项交叉审计；8月，派出审计人员积极参与全市就业培训专项审计；12月，参与隆子县十届县委第一轮巡视巡察工作。

【审计监督】 2021年，隆子县审计局出具林草局经济责任审计报告及决定书，并督促整改落实，对林草局整改情况报告进行审理，提出进一步整改的意见建议；按照村级换届固定资产交接审计要求，全员出动，开展村级换届财务及固定资产审查工作，上半年出具审查报告11份，对重点村居出具了单独的审查报告；开展预算执行审计问题整改回头看工作，重点对人社局民工工资保障金清退情况、培训就业资金使用情况、住建局房租收入支出两条线管理情况进行了跟踪调查，重点关注了隆子镇“村财乡管村用”制度建设情况、人员配备情况以及财务交接情况等，继续关注移送案件的进展情况和处理情况；参与开展了列麦乡“村财乡管村用”财务收支管理情况审查，主要梳理了2011年至2016年期间的财务凭证，建立明细账和总账；对隆子县玉麦乡万头藏香猪养殖项目开展投资核查审计工作，出具预审计报告一份，为政府投资决策提供相关依据；开展困难群众救助资金专项审计，协助开展寺庙财税监管，落实民生资金“一卡通”入户调研，在工作的同时，向广大群众进行“感党恩”宣传活动。

【结对帮扶】 2021年，隆子县审计局两名工作人员驻村期间摸排调查了小康示范村建设后房屋质量方面存在的问题，并及时向县发改委等上级部门以及施工单位进行了联系，对群众房屋漏水等部分问题进行了维修；驻村期间申请援藏资金，对坡章区农田修建了灌溉水渠，共计铺设了1800米管道，使群众能够正常春耕，局干部自掏腰包，向驻村点五保老人住院期间慰问700元现金，年内帮扶慰问折合人民币2650元。

【民生、乡财管理调研】 8月31日，山南市审计局由党组副书记、局长张春梅带队，党组成员、副局长罗布占堆等一行3人同县审计局组成调研宣讲组到叶巴村，对习近平总书记在“七一”庆祝大会结束时的讲话、到西藏考察时的讲话以及党史进行了宣讲，受教群众70余人。调研组针对叶巴村存在的困难进行了实地察看，详细了解网围栏、蓄水池、苜蓿草种植等项目建设及需求情况。在与镇政府主要领导书记索朗次仁和镇长李科的座谈中，张春梅还详细了解叶巴村在扶贫商贸楼、账务管理、各组资金收入、支出等方面的情况，并对下一步工作作出指示，同时表示，在规范财务管理等方面，将结合审计部门自身职能实际，给予大力指导，防范管理问题再次发生，并希望镇党委、政府能一如既往地关心、支持驻村工作队，确保各项驻村工作顺利开展。

【党风廉政建设】 2021年，隆子县审计局全面加强从严治党工作的领导与落实，注重队伍建设。充分发挥局党组优势，加强对廉政文化、廉政纪律、廉政要求的学习，全面摸排审计内部廉政风险点以及审计工作“八不准”和中央八项规定执行薄弱点。强化审计结果公开，有效带动社会监督。贯彻执行廉政回访机制，堵截审计工作过程中的廉政风险。

【理论学习】 2021年，隆子县审计局坚持以习近平新时代中国特

2021年7月20日，隆子县审计局工作人员在斗玉乡开展预算执行审计

色社会主义思想为指导，全面贯彻中共十九大和十九届二中、三中、四中、五中、六中全会精神，深入学习贯彻习近平总书记在中央第七次西藏工作座谈会上的重要讲话精神、视察西藏重要讲话重要指示精神，结合新时代治藏方略，以正确处理好“十三对关系”为指导，以推动高质量发展为主题，以维护边境安全和稳定发展为重要职能，牢牢把握政治站位、政治方向、政治担当，不断提高政治判断力、政治领悟力、政治执行力，切实增强“四个意识”、坚定“四个自信”、做到“两个维护”，弘扬伟大建党精神，强化党员宗旨意识，积极融入发展新格局，全面夯实党的基层基础，聚焦“四件大事”，围绕“四个创建”“四个走在前列”和“六个走在全区前列”要求，把握“六个表率”契机，发扬“严”的精神和“实”的工作作风，严守党纪规章，旗帜鲜明维护核心，全面建设政治忠诚的审计队伍。

【机构领导】

局　长

夏新娥（女，5月免）

陈　金（5月任）

副局长

益西曲珍（女，藏族）

次仁顿珠（藏族，4月免）

拉　姆（女，藏族，4月任）

统计

【概况】 2021年，隆子县统计局和普查中心干部职工共有7人，

2021年1月25日，统计局召开党史教育专题民主生活会

其中行政编制4人、事业编制3人，领导指数3人（局长1名、副局长2名）。2021年，统计局以提高统计能力、统计数据质量和统计公信力为主线，以提升统计干部队伍能力为重点，以服务全县经济工作为宗旨，积极完成县委、县政府和上级业务部门布置的各项工作任务。

【统计执法】 2021年，山南市进一步加大统计执法力度，明确要求统计人员深入学习《中华人民共和国统计法》《统计违法行为处分规定》等相关法律法规及文件精神，全县统计系统集中学习了《防范和惩治统计造假、弄虚作假督查工作的规定》，对统计数据的采集、审核、调整、公布等环节进行进一步规范。2021年，隆子县统计局有1名干部持有中华人民共和国统计执法证照，年内参加山南市2021年统计执法活动1次，为提高隆子县统计执法水平和能力积累了经验。

【统计服务】 2021年，隆子县统计局主要对全县国民经济、社会发展、科技进步和资源环境等情况进行统计分析、统计预测和统计监督，向县委、县政府及有关部门提供统计信息和咨询建议。

数据共享。隆子县统计部门主要采取编写统计分析，编印统计年鉴，报表资料装订存档，撰写统计公报等，始终坚持为社会无偿服务的原则，法定数据向社会全面公开，为全社会提供优质的统计服务。

【常规统计】 2021年，隆子县统计局承担统计局及国家统计局山南调查队各项业务。截至年底，调查报表主要有农牧业、固定资产投资、建筑业、社会消费零售总额、工业、服务业、事业单位、农村居民收入监测、劳动力等。

【机构领导】

局　长

扎西曲珍（女，藏族）

副局长

孔令波

米玛普赤（女，藏族）

自然资源管理

【概况】 2021年，隆子县自然资源局有人员11名，分别为局长1名、副局长2名、四级主任科员1名、专业技术员5名、工人2名。其中1人被抽调至县住建局，2人被抽调至隆子机场指挥部、2人负责驻村工作。

【用地保障服务】 2021年，隆子县自然资源局共签订7个征地协议书，办理建设工程规划许可证7个、建设用地规划许可证9个、乡村规划建设许可证办理12个，办理预审与选址意见书68个，完成城市1个批次和村镇3个批次的用地组件上报，涉及农用地590亩。

【矿产资源管理】 截至2021年年底，隆子县已发现各类金属和非金属矿产共计11种，其中金属矿产有5种，分别为铅、锌、银、金、锑等；非金属矿产有6种，分别为水晶、花岗岩、建筑用砂石、建筑用砂岩、辉绿岩、饰面用板岩等。铅锌矿、岩金矿和建筑用砂石、饰面用板岩、辉绿岩、花岗岩矿产资源属于隆子县优势矿产。

现有矿业权18个，已设矿权5个，空白区新设矿权13个。全县共设置采矿权5个，其中金属采矿权1个，为山南隆子县扎西康铅锌多金属矿，开发利用的矿种有铅、锌、锑、银等，矿业权人为西藏华钰矿业股份有限公司；非金属采矿权4个，分别为西藏隆子县斗鱼乡恰麦砂石场、山南市隆子县加玉乡砂石场、隆子县隆子镇新巴忙错砂石场、山南隆子县日当镇萨琼村才木齐山采石场。

2021年11月26日，厅、市两级调研组在隆子县调研宅基地确权登记发证情况

【耕地保护】 2021年，隆子县自然资源局完成隆子镇2017年农业综合开发高标准农田建设项目、隆子镇2018年农业综合开发高标准农田建设项目、日当镇萨琼村土地开发建设项目、隆子县2018年高标准农田建设项目4个项目的耕地质量等级评价，涉及系统中新增耕地指标2295亩。

加强耕地卫片执法和日常执法监管，防止耕地"非农化""非粮化"监管，查处占用耕地违法建筑2起，均得到整改。联合县农业农村局、县公安局加强对宅基地的审批，对群众申请宅基地做好服务工作，要求村民申请宅基地尽量使用原有宅基地和村内空闲地，严格控制宅基地申请占用耕地审批。

【国土空间规划】 2021年，隆子县自然资源局完成隆子县国土空间规划初稿。包括现行空间规划实施评估、资源环境承载力和国土空间开发适宜性评价、生态保护红线和永久基本农田保护研究、城镇开发边界划定研究、全域国土综合整治与生态修复研究、县域村庄布局及分类研究、区域协调与城镇发展研究7个专题研究。完成国土空间规划城市体检工作。

完成隆子县"十四五"矿产资源规划，并有效与山南市"十四五"矿产资源规划相融合。

【卫片执法】 2021年，全县共查处违法用地5宗，立案调查2宗，涉及永久基本农田1宗，违法处理组件上报2宗，整改3宗。

【不动产确权登记】 2021年，全县农村集体土地所有权确权登记调查宗地总数1300宗，其中村农民集体土地所有权宗地1126宗，组农民集体土地所有权宗地174宗。完成5个乡镇发证，颁发证书360本。全县农村宅基地不动产房地一体首证颁发仪式，共颁发167本证书。除易地搬迁点发放证书外，各乡镇农村宅基地房地一体共测量10471户，已公示7447户，未公示3024户。年内，协助县民宗局开展寺庙财税改革，完成10座寺庙（含2座宗教活动场所）的不动产确权登记工作。

【地质灾害治理和安全监管】 2021年，隆子县自然资源局深入开展矿山安全生产专项检查，督促企业严格落实安全生产责任，共排查安全隐患3处，已全部整改完成。排查地质灾害隐患点357处，较2020年新增10处，按照“谁致灾、谁治灾”的原则，做了预防和消除隐患点分工，动员群测群防员加强监测、设置警示牌、宣传引导、应急演练等措施。协助市局做好三林乡边久林边坡治理、三林完小后山泥石流治理、三林乡西卡下村崩塌治理、列麦乡后山崩塌治理项目4个地质灾害治理项目的建设。

【隆子机场建设征地工作】 隆子机场建设征地涉及群众319户，完成土地征收3323.62亩，其中耕地2291.11亩、人工草地346.93亩、天然牧草地343.76亩、林地268.76亩、建设用地73.06亩，兑现资金1256.5万元。补偿涉及零星树木5209株，兑现资金18.77万元；涉及拆迁70户，其中房屋拆迁45户，兑现补偿资金153.43万元，兑现6个月临时安置费和一次性搬家费共48.89万元，完成搬迁安置点用地报批，并取得用地批复。协助县机场指挥部和民航建设指挥部完成华钰尾矿管道迁改和征地补偿资金兑现，完成机场还建水渠工程用地手续，协调机场市内基地顺利开工。

【新土地管理法及实施条例宣讲】 2021年，隆子县自然资源局在全县范围内开展新土地管理法及实施条例宣讲1次，受宣讲人数500人。在全县各乡镇进行土地管理宣传12次，受宣讲人数1100人。宣传主要针对涉及群众利益问题，群众关心、关注的问题，重点围绕土地用途管制、村民用地、临时用地、项目用地等问题和相关政策法规开展宣传宣讲。

【队伍建设】 理论学习。认真学习中共十九大精神、习近平总书记系列重要讲话和中央关于改进作风、密切联系群众的八项规定等，通过学习交流讨论，形成贯彻落实意见和措施，并在实际工作中严格执行；扎实开展党史、“三更”、廉洁从政学习教育等。组织单位党员干部到列麦大寨纪念馆、县廉政教育基地开展现场教育；党组书记带头讲党课3次，党组成员带头讲党史8次。党风廉政建议。对单位党员干部做到常提醒、常谈话，通报在工作中违反工作纪律的典型案例9起，观看警示教育片2次、红色影片3次，警示教育深入人心，全体党员干部知敬畏、存戒惧、守底线意识不断增强；紧盯重要领域、重点岗位、关键少数，开展自查自纠，组织开展廉政风险点防控专题会议2次，列出支部廉政风险点8个，

2021年11月28日，分管副县长嘎玛旦增（左三）检查隆子机场建设取料点环保落实情况

制定落实风险点防控措施6条，党员干部的廉政意识、风险防控意识得到增强。作风落实。遵循科学、民主、依法决策的原则，按照“三重一大”议事规则讨论决定重大事项和问题，加强班子团结，对干部职工严管厚爱，不断增强班子的凝聚力、战斗力和感召力；抓好机关干部队伍建设，党组至少每周召开1次会议专题研究学习党的理论和传达重点学习文件和内容，并对后期工作进行安排部署；把解决群众“急、难、愁、盼”的问题作为工作重点，深入乡镇、村委会、群众家中，做到能解决的立即办，不能立即解决的做好群众解释工作。

【机构领导】

局 长

张 国 莉（女，4月免）

倪 文 桃（5月任）

副局长

吾金次仁（藏族）

旺　　久（藏族）

税务

【概况】 2021年，在山南市税务局党委和隆子县委的正确领导和关心支持下，国家税务总局隆子县税务局（以下简称隆子县税务局）紧扣年初确定的各项工作目标，以组织收入为中心，强化税费征管，深化依法治税管费，加强干部队伍建设，优化纳税缴费服务，全局的各项工作都取得了新的进展，呈现良好的发展态势。一年

2021年4月1日，县委书记次仁加措（前排）在日当镇宣讲第30个税收宣传月税收政策

来，隆子县税务局贯彻落实上级局党委的各项决策部署，较好地完成了税费征管、减税降费、新冠肺炎疫情防控等年度工作任务，并且把落实中办、国办《关于进一步深化税收征管改革的意见》作为年度工作的重中之重。2021年度全市税务系统绩效考评第一名。

2021年，共登记在册的各类市场主体1894户，其中个体工商户1391户，企业403户，其他社会团体8户，扣缴义务人92户。按经营规模区分，其中一般纳税人51户，小规模纳税人1743户。

【组织收入情况】 2021年，隆子县税务局严格执行国家出台的各类税收优惠政策，做到了应征尽征，应减尽减。加强对重点行业、重点税源企业的税收管理。继续严格落实其他各项非税征管职能划转改革，不折不扣完成社保费征收和其他各项非税征管任务。

2021年，隆子县税务局共组织收入2.37亿元，其中税收收入1.09亿元，非税收入697万元，社保和非税收入1.22亿元。税收收入同比减少1230万元，下降10%。其中中央级税收收入4874万元，县区级税收收入5207万元。

【税收法治建设】 2021年，隆子县税务局按照依法治税的要求，不断强化依法治税、规范执法的力度。干部职工牢固树立依法治税理念，将依法行政、依法治税贯穿税务工作始终。把推进“三项制度”作为法治税务建设的重要抓手，从行政执法公示、行政执法全过程记录和重大执法决定法制审核着手，不断创新执法新思路，优化执法新方式，全力提升税收执法透明度。着力以法治思维和法治方式推进税收工作开展。坚持按照“树立依法治税理念、规范依法治税行为、加强执法监督责

任、开展税法宣传教育、有效化解社会纠纷”等多举措建设法治型税务机关。

【税种管理】 2021年，隆子县税务局严格按照《中华人民共和国税收征收管理法》及其他税收法律法规规定要求，依法做好税种分类管理，按照普遍登记的原则，不断完善各类市场主体的登记工作，加强税收基础管理，杜绝出现漏征漏管户。征收的税种主要有增值税、企业所得税、个人所得税、契税、资源税、城镇土地使用税、耕地占用税、车辆购置税、城市建设税、环境保护税等10余个税种。按照依法治税、规范执法的要求，不断强化依法治税，加大税收执法的力度。

【纳税服务】 2021年，隆子县税务局深入推进“放管服”改革，进一步开展“便民办税春风行动”，着力做好第30个税收宣传月的各种宣传活动。通过开展税宣活动，向纳税人、缴费人宣传各项便民办税缴费服务措施，解读继续实施和新出台的优惠政策，着力提高公众对税法的知晓度和遵从度。

在税费征收工作中，设立党员示范窗口、纳税服务微信群等便民办税缴费措施，从细微处入手，实现了与纳税人缴费人语音交流、视频通话、文件传输等全天候的便捷高效贴心服务。通过开展党史学习教育、“我为群众办实事”实践活动、纳税人缴费人满意度提升等活动，在保证法律的“刚度”、坚守执法“尺度”的前提下，积极释放执法“温度”，进一步增进纳税人缴费人的理解和支持，形成和谐的征纳关系。

【税收征管】 2021年，隆子县税务局全面加强税收征管，严格落实各项管理制度建设，在日常工作中严格遵循税务登记、发票管理、纳税申报、税款征收、税源监控、纳税评估、纳税服务等各方面的规章制度。在明确规定实体性内容的同时、注意程序性内容的规范，做到征纳双方在程序、手续上有章可循、有法可依，准确无误，从而切实促进税收征管工作的法治化、规范化。

【实名办税】 2021年，隆子县税务局严格落实实名办税制度，主要是纳税人到纳税服务大厅利用税收信息征管系统通过高拍仪进行身份信息和人像采集。办税人员在税务机关办理税务登记、纳税申报、发票业务、税收优惠、税收证明等涉税事项时实行实名办税。自2019年以来，全业务实行实名办税缴费，实名办税缴费已经达到业务全覆盖。

【税务稽查】 2021年，隆子县税务局稽查工作主要是在国家税务总局山南市税务局稽查局的领导下开展的。隆子县税务局稽查工作的基本任务是：根据国家税收法律、法规、查处税收违法行为，保障税收收入，维护收税秩序，促进依法纳税，保证税法实施。税务稽查的范围包括：税务法律、法规、制度的贯彻执行情况，纳税人生产经营活动及税务活动的合法性，偷、逃、扛、骗、漏税及滞纳情况。

【人事管理】 2021年，隆子县税务局在内部管理中强化干部的数字人事管理工作，严格落实绩效管理制度。人事管理上，主要在国家税务总局山南市税务局组织人事科领导下工作，无具体的人

2021年4月28日，山南市税务局在扎日乡开展税法宣传进边境活动

事管理权。

【教育培训】 2021年,隆子县税务局积极落实山南市税务局干部教育培训工作制度。积极派遣干部职工参加上级局组织的各类培训,在日常管理中,以党组织为核心,严格落实“三会一课”学习制度,并加强干部职工每日班后集中学习。

【政务管理】 2021年,隆子县税务局严格落实政务管理制度,利用信息征管系统、财务信息系统、税务综合办公系统、人事管理系统、绩效管理系统、信息稽查系统等做到政务管理信息化。在日常管理中,严格落实岗位职责,加强部门协作,注重纳税服务厅的管理,积极推进制度的制定和执行、文书资料的管理、档案管理、会议管理、生活福利、车辆、安全等各项工作的规范化、制度化。

【内部审计】 2021年,隆子县税务局严格遵守国家的审计制度,严格落实离任领导干部内部审计工作。

【税务文化】 2021年,隆子县税务局一直奉行“扎根隆子、奉献税务、逐梦前行”的理念,与时俱进,勇立潮头,严格按照“四个一”(锻造一支忠诚担当的税务干部队伍,完善一套切实可用的制度体系,营造一片清廉文明的税收环境,创造一个人人争先的工作氛围)的要求,着力打造“和·悦”税收文化品牌、坚持以党建引领业务,全面推进基层规范化县局建设,确保上级各项决策部署在全局落地生根,为隆子县域经济高质量发展提供强大的税务力量。

【机构领导】
局　长
　　吕 凤 刚(12月免)
副局长
　　曲　　丽(女,12月免)
　　白玛央金(女,藏族,12月任)
纪检组长
　　王　　龙

2021年6月15日，隆子县税务局工作人员在达孜村开展党员干部慰问结对帮扶户活动

市场监督管理

【概况】 隆子县市场监督管理局主要承接个体工商户、企业注册及相关监督检查,商标培育发展及监管,流通领域、广告领域市场监管和执法,食品安全监管和执法,药品、化妆品、医疗器械、保健品安全监管和执法,特种设备安全监管和执法,“12315”消费维权,打击传销、知识产权保护及扫黄打非工作。2021年在职在编公务员9人,工人1人。

【市场主体统一登记注册】 2021年,隆子县新增各类市场主体558户,其中,新增企业36户;新增农民专业合作社社员10户;新增个体工商户512户。同时,新办食品经营许可证492户,食品加工小作坊登记证10户,小餐饮登记证42户,小食杂登记证37户。截至年底,隆子县实有企业298户,注册资金18.81亿元;农牧民专业合作社172户,注册资金1.3亿元;个体工商户3800户,注册资金5.62亿元。全县市场主体年报公示率达到99.4%。

【反垄断统一执法】 2021年,隆子县市场监督管理局加大对供水、供电、供气、银行、物业等关系民生的公共服务行业领域限制竞争行为的执法力度,突出整治“保健”市场、医疗等领域不正当竞争

2021年8月23日，隆子县市场监督管理局召开隆子县食品安全委员会第2次联席会议

行为，严厉查处仿冒混淆、商业贿赂、商业诋毁等违法行为，以及医疗、药品、保健食品、投资理财等重点领域的虚假宣传行为。积极构建“企业自治、行业自律、社会监督、政府监管”的社会共治格局，共同营造公平、公正的市场环境。

【特种设备安全监督管理】 2021年，隆子县市场监督管理局开展隐患排查，加强对设备存在安全隐患的使用单位责任人的安全教育并跟踪督促其隐患整改，落实工作责任，确保无事故发生。以锅炉、起重机、人员密集公众场所电梯、气瓶充装单位为重点，开展特种设备安全风险隐患排查，现场检查各类设备43台(件)，发现并督促完成整改一般安全隐患9处。

【食品安全监督管理】 2021年，隆子县市场监督管理局紧盯人民群众最为敏感、反映最为强烈的食品安全突出问题，深入开展农村食品安全、旅游景区、校园及周边、碘盐质量、节日食品安全、保健食品等重点领域食品安全专项治理，先后共组织各类专项检查13次，检查各类食品市场主体830余家次，没收过期、变质和“三无”食品57种，价值1.3万余元，下达责令改正通知书15份，立案查处食品案件2起，办结2起，罚没款0.4万元。圆满完成中央领导到隆子调研、自治区领导到隆子调研、县两会、中考小考、水平考试等8次重大活动食品安全保障，共出动执法人员24人次，共保障人数650余人次，食品留样48份。2021年，完成食品抽样检测28批次，完成食品快速检测98批次，合格率98.4%，不合格处置率100%。

【药品、医疗器械和化妆品安全监督管理】 2021年，隆子县市场监督管理局完成3家药品经营企业、13家医疗机构、4家诊所、18家化妆品经营使用场所的专项检查，督促整改问题7条，有力地净化和规范了全县药械市场，从根本上保证了人民群众用药用械安全。加强药品不良反应监测水平，全年完成上报药品不良反应信息3例、完成化妆品不良反应报告2例、医疗器械不良反应1例。

【知识产权保护】 2021年，隆子县市场监督管理局为切实保护商标注册人专用权，规范商标使用行为，建立公平、竞争、有序的市场经济秩序。重点查处群众反映强烈的食品、名烟名酒、化妆品、农资、服装、家用电器、汽车配件、建筑装修装饰材料、家具和农畜产品等商品上发生的商标侵权假冒行为。2021年，组织开展保护注册商标专用权行动5次，出动执法人员28人次，检查经营主体户625户次。通过“3·15”消费者权益日、“4·26”知识产权宣传日、“食品安全周”、“安全用药月”等活动，发放宣传资料700余份，大力宣传打击侵犯知识产权和假冒伪劣商品知识。

【消费者维权】 2021年，隆子县市场监督管理局组织开展“3·15”消费者权益保护日、“5·20”世界计量日、“10·14”世界标准日、食品安全宣传周、安全用药月等各类主题宣传活动，有效提高了人民群众的消费知识。2021年，立案查处食品违法案件2起，罚款0.4万元；全年受理投诉举报共6件，成功调处率100%，为消费者挽回经济损失0.8万元。通过联合公安、司法、农业农村、教育、商务等单位，构建了“各司其职、高效顺畅、协调联动、监督有力”的

2021年8月18日，隆子县市场监督管理局检查县城诊所用药安全和疫情防控措施落实情况

多元消费维权“大调解”机制。

【其他重点工作】 强化各类市场监管。开展农资打假、合同格式条款、商标广告、虚假宣传、网络交易、扫黄打非等重点领域市场监管，2021年共检查经营主体168户，查封、扣押、没收“山寨货”12件（批）。开展打击传销专项整治工作。市场监管局将县城及城乡接合部、农牧区等区域纳入重点整治地区，充分利用“12315”投诉举报工作平台，加大社会共同监督力度，畅通投诉举报渠道，同时严格市场监管，加大巡查工作力度和频次，年内，开展打击传销宣传活动5场次，通过宣传造势，全县没有发现传销活动行为。组织开展农贸市场、物交会、液化气、医疗器械等专项计量监督检查，全年共检定计量器具156台（件），检定合格率98%，对不合格的予以核准或更换。

【队伍建设】 2021年，隆子县市场监督管理局深入开展习近平新时代中国特色社会主义思想教育，引领全局上下进一步增强“四个意识”、坚定“四个自信”、做到“两个维护”，坚定为市场监管事业奋斗的信念，做到思想上有目标、行动上有追求、实践上有业绩。开展“五型”市监创建，对工作中“怕、慢、假、庸、散”问题进行自查整改。年内选送10人次参加上级业务培训。

【机构领导】

局 长

李 科（4月免）

郝庆豪（6月任）

副局长

欧 珠（藏族）

仓决卓玛（女，藏族）

达娃普宗（女，藏族）

二级主任科员

达 桑（藏族）

四级主任科员

达 娃（女，藏族）

（副高）援藏

徐俊杰（5—11月援藏）

烟草

【概况】 隆子县卷烟营销网点建于2011年12月15日，位于隆子县219国道与幸福路交会处，网点有员工4人，分别为网点负责人1人、客户经理1人、送货员1人及驾驶员1人。隆子县烟草网点管辖隆子县和错那县卷烟市场和卷

2021年8月19日，西藏自治区烟草公司党委副书记、副局长、副总经理李文辉（左三）在隆子县三安曲林乡格西村调研烟草扶贫项目建设情况

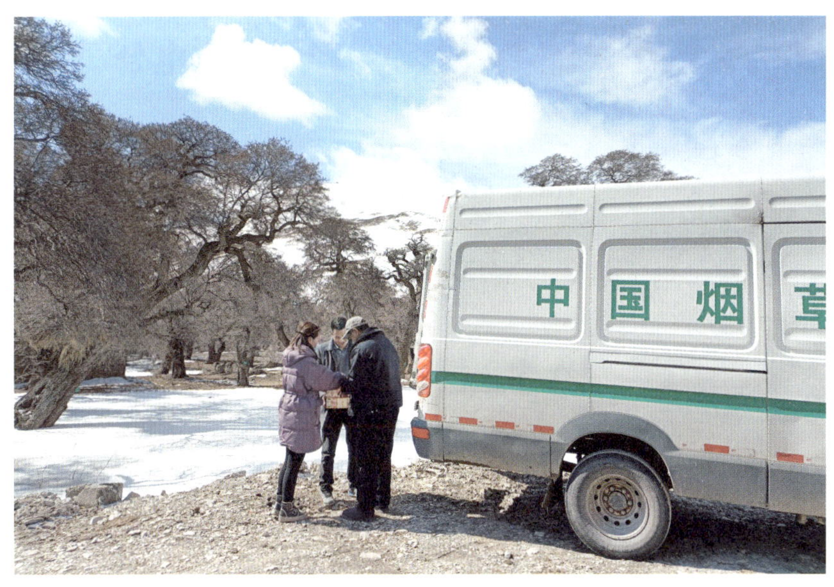

2021年12月10日，网点工作人员在错那县曲卓木乡进行卷烟配送

烟配送，有卷烟零售户 293 户，包括隆子县 183 户，错那县 110 户。

【卷烟营销】 截至 2021 年年底，隆子县卷烟营销网点在销卷烟 132 种品种，全年共计销售卷烟 6456 万支，销量前十的品牌由高到低依次为云烟、芙蓉王、中华、玉溪、利群、兰州、红塔山、白沙、大前门、钻石（荷花）。

【经济效益】 2021 年，隆子县卷烟营销网点共计销售卷烟 5583 万元，公司毛利率（含税）1296.1 万元（其中包括隆子县和错那县卷烟市场全年销售额及销售利润）。

【终端监管】 截至 2021 年年底，烟草客户网上订货率 100%，电子结算率 100%，有烟草行业授予统一招牌的现代卷烟零售终端户 6 户。卷烟零售终端实施明码标价，市场价格基本稳定。2021 年，召开了 4 次卷烟零售客户诚信自律互助小组会议，会议主要围绕卷烟市场价格、客户经营问题以及专卖法宣传开展。

【内部监督管理】 2021 年，隆子县卷烟营销网点坚决贯彻落实局（公司）决策部署，坚持“总量控制、稍紧平衡、增速合理、贵在持续”方针，全力推动网点高质量发展、推进高效能治理、造就高素质队伍。

【法律法规宣传】 2021 年，隆子县卷烟营销网点开展三次烟草专卖法法律宣传活动，并且工作人员也在日常接触客户中不断向客户普及烟草专卖法相关知识。

【教育培训】 全年定期开展烟草营销和物流专业知识培训，2021 年网点考取烟草购销员四级 1 人，且已持有烟草物流师五级 1 人。

【专卖打假】 2021 年，隆子县卷烟营销网点员工配合市局（公司）专卖稽查科开展专卖打假活动，查处大小案件多起，因隆子网点未设置独立专卖机构，没有配备专卖稽查人员，所以案件并为市局（公司）案件。

【机构领导】
隆子县卷烟营销网点负责人
索朗央金（女，藏族）

中国石油隆子县加油站

【概况】 中国石油天然气股份有限公司西藏山南销售分公司隆子县加油站于 1976 年建于隆子县夏木热 6 号路，2004 年搬迁于隆子县樟木萨路，2017 年 8 月迁址于隆子县南城建立撬装站营业，2019 年 7 月 7 日在樟木路正式开张营业。2021 年，有站经理 1 名，员工 5 名，安全生产管理员 1 名。加油站主要经营车用燃油（汽油、柴油）及便利店销售（润滑油、日用品、饮料、烟草、车辆养护用品等）。

【指标完成】 2021 年，中油隆子县加油站确保加油站安全生产无隐患，在全体员工的积极努力和密切配合下，加油站的站容、标准化服务和员工的素质都有了很大的提高，综合水平全面提高。销量也有大幅度增长，2021 年，公司严格控制了数量和质量，为隆子县加油站的运行提供了良好的保证。同时，凭借中石油优质足量的品牌形象，截至年底，共同完成成品油 6600 吨，其中汽油完成了 2800 吨、柴油 3800 吨，完成年销

2021年12月5日，隆子县中石油开展夜间巡逻

量指标的100%。

【安全生产】 2021年，中油隆子县加油站在保证安全生产的同时，要求强化自身的安全责任感，做好风险识别，把安全工作做得更主动更积极，发现隐患及时整改，避免事故的发生，坚决落实加油站的各项安全制度，在日常的工作中落实安全责任制，设备设施每天检查，每天交班时交接是否有安全隐患。隆子站每月开展一次安全生产会议，每月不定期开展安全培训，每月组织员工及驻站民警开展一次应急演练，在演练中熟悉自己的职责与分工，加强了同事之间的团结配合。

【党风廉政】 2021年，中油隆子县加油站全体员工，在思想上、政治上、行动上与党组织保持高度一致。积极贯彻中共十九大精神，以强化内部管理，坚持文明经营、诚实守信、客户至上的服务为宗旨，增强加油员工队伍素质，加强内部管理。

【机构领导】

经　理
　　普布次仁（藏族）

综合管理员
　　扎西单增（藏族）

安全员
　　扎西平措（藏族）

隆子县农电公司

【概况】 隆子县农电公司成立于2008年，单位名称为隆子县水利局农电公司，属水利局下属单位，2013年农电体制改革，县公司2013年12月30日正式改名为西藏隆子县供电有限责任公司，担负着隆子镇、日当镇及9个乡，80个行政村455个自然村的供电任务。主要负责供电范围内配电网的运行维护、报装接电、用电检查、电能计量、电费抄、核、收等业务。隆子县供电有限公司供电面积1.05万平方公里，供电范围包括2个镇、9个乡、80个村，乡（镇）通电率、村村通电率均达到100%，户户通电率99.4%。

【电网发展与建设】 国网隆子县供电公司35千伏输电线路241.2千米，其中电缆0.3千米，35千伏变电站6座；10千伏配电线路483.44千米，其中架空线路477.09

2021年6月23日，山南市供电公司党委书记罗布次仁（左二）到隆子县检查公司职工周转房项目施工情况

2022年3月26日，县农电公司总经理扎西巴珠带队到卡布乡开展用电安全知识讲座

千米，电缆线路6.35千米，配电变压器536台，其中公变364台、专变172台、用户14473户(低压用户14301户、高压用户172户)。

【经营管理】 2021年，年供电量3911万千瓦时，同比增长4.5%；售电量3423万千瓦时，同比增长31.14%，电费回收率100%，同比提升100%。发电量712万千瓦时，同比增长58.37%。特别是加强计量管理，更换台区智能计量，多措并举降损，综合线损率24.64%，同比减少2.35%；业扩开展情况：按照先申请、后用电要求，专门成立供电业务扩展包装领导组，规范业扩流程程序。安全生产保持平稳，全年未发生人身安全事件。未发生七级及以上电网设备事件，未发生交通、消防和信息安全事件。

【用电服务】 2021年，供服中心在公司正确领导下，全面贯彻落实公司的会议精神，认真践行“人民电业为人民服务”的宗旨，扎实开展营销服务、安全生产反违章千分制评价和“强基础、提水平、上台阶”狠抓“量、价、费、损”，营销服务、安全生产工作取得新成就。

【队伍建设】 2021年，隆子县供电有限公司全口径用工77人，其中在册职工44人，劳务派遣27人。无不在岗人员。

【机构领导】

党支部书记兼总经理

扎西巴珠(藏族)

副经理

普巴多吉(藏族)

次仁平措(藏族)

西藏华钰矿业股份有限公司山南分公司

【概况】 西藏华钰矿业股份有限公司山南分公司于2006年5月成立，属山南地区招商引资项目，主营锌、铅伴生锑的采选。公司下设扎西康矿山、选厂两个生产单位，2021年有员工210余人。

【山南选厂】 山南分公司选厂位于隆子县日当镇宗那村，2005年开工建设，初期建设规模为一条300吨/日生产线，2009年改扩建，新建两条生产线，2011年对两条生产线进行自动化升级改造，选矿生产能力2500吨/日，产品为铅锑精矿、锌精矿。

【扎西康矿山】 扎西康矿山位于隆子县日当镇扎西康村，2004年开工建设，2009年进行9号硐斜坡道建设，2012年年末开始竖井改扩建工程(对深部矿体进行开采)，2014年矿山生产能力达到60万吨/年。扎西康矿山开采方式为地下开采，采用竖井—斜坡道联合开拓方式，采矿方法为浅孔留矿法和充填采矿法相结合。开采标高4925—3800米。4620—4475米采用斜坡道开拓，4475—4275米标高采用竖井开拓方式。

【生产经营】 2021年，山南分公司共采出矿量65.4万吨，入选品位6.5%，矿石生产锌精矿3.88万吨，铅精矿3.2万吨，实现产值4.98亿元，上缴税金0.64亿元。

【安全生产】 2021年，分公司进一步完善了安全管理制度体系、双重预防体系建设，顺利通过了区、市、县各级主管部门的检查、督导，得到了上级部门的认可。

全力做好安全生产专项整治三年行动第三年巩固提升工作，继续推行公司外聘安全管家提供安全技术服务，帮助公司查隐患促整改，促进公司完善安全管理体系。着力堵住安全管理漏洞，严厉查处各类安全隐患，全面落实全员安全生产责任制，全员签订安全生产责任状，层层压实安全责任。

【“三同”执行情况】 2021年，分公司高度重视安全生产工作，积极落实企业主体责任，建立健全了安全生产管理制度、应急救援体系、双重预防体系等。加强合规化建设，公司扎西康矿山及开采改扩建工程分别于2006年和2010年通过安全验收，2013年扎西康铅锌多金属矿采矿工程改扩建工程通过安全竣工验收；公司300吨/日选厂及改扩建后2500吨/日选矿厂分别于2006年和2013年通过安全验收。先后取得了矿山安全生产许可证、尾矿库安全生产许可证、采矿许可证、爆破作业单位许可证等，各证件均在有效期内。同时，经过近八年的艰苦建设，克服高原施工的各种不利影响，扎西康铅锌多金属矿采选改扩建工程——采矿工程通过安全竣工验收，并取得了安全生产许可证。

【尾矿库建设和运行管理】 分公司于2014年完成了麦砂尾矿库Ⅱ期的修建，2015年完成了尾矿库在线监控、监测（浸润线）系统的建设，2020年，对尾矿库在线监测系统进行了升级，具备浸润线、

2021年10月21日，扎西康铅锌多金属矿采选改扩建工程——采矿工程安全竣工验收

坝体位移、库水位在线监测能力。

公司根据制定的《尾矿输送安全管理制度》《筑坝安全管理制度》《尾矿排放安全管理制度》《水位控制安全管理制度》等制度，在日常尾矿库运行过程中，加强对尾矿库坝体、尾矿库周边防洪设施、尾矿库管线等监督管理，对存在问题及时进行反馈，并形成相关检查记录台账资料。及时消除尾矿库安全隐患，确保尾矿库正常运行。

【安全环境风险管理】 2021年，分公司对扎西康矿山、尾矿库安全生产环境进行了风险辨识、评价与分级，对每一项辨识出的风险，制定了管控措施，明确了责任人，并进行了公示。要害岗位执行安全确认制度。按照公司隐患排查治理制度，定期、不定期地进行了隐患排查与治理，并按闭环管理的原则，进行了隐患排查与治理的闭环。协办了山南市尾矿库突发环境事件应急演练，进一步提升了应急处置能力，得到了各级领导的认可。

【安全教育培训】 分公司从新员工入职“三级安全教育”开始，严格按照教育培训时限、内容抓落实，完善入场人员安全教育，做好从思想上提高员工的安全生产意识。严格依照2021年制定的培训计划实施培训，主要包括安全、环保及职业健康法律法规培训、安全生产管理知识培训、安全生产事故案例分析培训、应急预案及演练培训。

【矿山井下安全管理】 2021年，分公司共组织进行月度安全大检查10次，并委托马鞍山设计院为安全管家，帮助企业查隐患促整改。同时，加强了对外包单位的安全管理，严把安全准入关。施工单位不满足安全生产准入条件不入场施工，无设计不施工、无施工通知单不施工、无安全技术交底不施工。施工人员三级安全教育培训不合

格、不签订劳动合同、不缴纳生产责任险与工伤保险不安排入矿作业。实行作业现场安全确认制与危险作业许可制。鼓励施工单位使用天井钻机等先进矿用设备，减少危险作业人员暴露频次，提高本质安全水平，督促施工单位落实领导带班下井制度。

【职业健康管理】 公司每年定期组织全体职工进行健康检查，并建立职工健康档案；购置了现场粉尘、噪声检测等设备，以便掌控工作环境，及时改善或采取相应防护措施；严格落实公司劳动用工管理制度，及时为生产岗位员工配发符合国家标准或行业标准的劳动防护用品，并根据职工身体状况，灵活调整岗位；特殊岗位、特殊工作环境配备专业防护设施，定期检查、检测；在生产过程中，加强产尘点除尘、降尘管理，在破碎车间加装了除尘器，除尘效果良好；定期不定期地在采石场运输道路洒水抑尘，减少粉尘飞扬，为作业人员创造了良好的作业环境；不断加强员工的职业健康知识培训和告知，从新进员工的“三级安全教育”中增设职业危害告知环节，让员工知晓工作环境的职业危害，其次在粉尘或噪声危害较大的场所增设警示标牌并加上危害说明，进一步让员工知晓职业危害对身体的影响；不断完善各项职业健康管理制度，尽量从管理上、制度上去改变员工对职业危害的认识和了解，同时加强现场职业危害因素的管控，降低职业病的发生率，为员工创造一个良好的工作环境。

【机构领导】

总经理

梁遇春

副总经理

郭　强

副总经理兼矿长

徐　辉

副总经理兼厂长

时献国

隆子县聂雄投资有限责任公司

【概况】 隆子县聂雄投资有限责任公司于2013年10月31日成立。法定代表人扎西江村，注册资金为1800万元。公司经营范围包括扶贫项目与产业项目投资、商业投资、水厂管理、机械设备租赁、物业管理、建设项目投资、车辆运输租赁、公共资源开发管理、砂石矿开采、加工、销售、政府经营性资产管理、对外投筹资、政府闲置资产管理、房屋出租等。公司性质为有限责任公司（国有独资），所属西藏服务业行业，公司共有5名员工，其中负责人、管理员、会计、出纳、业务员各1名。有3家子公司，分别为隆子县聂雄乳业有限公司、隆子县聂雄客运有限责任公司、西藏山南加玉农产品发展有限公司。

【特色产业】 “隆子黑青稞”“黑糌粑”统一品牌，提高隆子县黑青稞商品化，辅助带动更多贫困群众。

【机构领导】

负责人

扎西江村（藏族）

管理员

次仁罗布（藏族）

2021年12月25日，隆子县聂雄投资有限公司负责人扎西江村在加玉验收农产品维修项目

社会事业

民政（残联）

【概况】 隆子县民政局是县政府主管社会行政事务的职能部门。主要职能包括部分社会保障和部分社会事务管理、基层政权建设等工作。县民政局职能主要包括：城乡低保、特困供养（集中供养和分散供养）、残疾人、临时救助、村委会组织建设、婚姻登记、社会组织管理、行政区划、地名管理等。下辖特困人员集中供养中心养老机构、低保核对中心、残疾人联合委员会。2021 年，有干部职工共 12 名，其中民政局 4 人，1 正 2 副 1 名行政工作人员。残疾人联合委员会 1 名理事长，核对中心 1 名工作人员，福利机构 1 名事业管理岗位副科级院长和 5 名事业编制工作人员。

【社会保障救助】 2021 年，全县农村低保 160 户 354 人，特困人员 320 人，城镇低保 37 户 54 人，持证残疾人 1775 人，事实无人抚养儿童 6 人，精神障碍患者 83 人，经济困难高龄失能老人 42 人。2021 年，共落实民政领域社会兜底保障资金 1010.72 万余元，受益困难群众达 2636 人。坚持适度救助、及时高效的原则，以充分发挥临时救助制度效能为主线，及时解决了全县易返贫户或边缘贫困群众面临的突发性、紧迫性、临时性困难，确保有困难的群众都能及时得到救助。2021 年，共救助困难群众 65 户，兑现救助资金 51.23 万元。

【特困人员集中（分散）供养】 2021 年，隆子县共有集中供养人员 158 人、分散人员 162 人，全年兑现老人零花钱 57.6 万元、分发特困补助金 123.91 万元；组织特困老人走出“家门”，欣赏美景，开阔视野，丰富精神文化生活，同时也让老人们感受到党和政府的关怀和关爱，进一步营造敬老、爱老、尊老的和谐社会氛围。依托民政完全帮扶为契机，争取了集中供养服务中心改扩建等专项资金 442 万元。隆子县民政局（特

2021年11月20日，民政局党组书记、局长达瓦卓嘎组织开展公益福彩“情暖高原”福彩公益金救孤活动

2021年3月13日，县民政局党组成员、副局长加措主持召开新一届村干部政策讲解会

困人员集中供养服务中心）在县委、县政府的大力支持下，经过一个多月的前期准备工作，7 月 19 日、7 月 23 日、7 月 28 日分三期带领 64 名特困老人和 12 名工作人员到山南烈士馆和民主改革第一村、曲水动物园、西藏博物馆、罗布林卡等地进行参观。随着活动的开展，使特困老人们目睹“旧西藏的苦、新西藏的幸福生活”，亲身体验西藏在中国共产党的正确领导下发生着翻天覆地的变化，进一步坚定特困老人感党恩、听党话、跟党走的信心。

【孤儿集中供养】 2021 年，隆子县共有 16 名孤儿在山南儿童福利院进行集中供养。隆子县民政局不定时向各乡（镇）了解县域内是否存在孤儿情况，及时掌握并向上级部门上报全县孤儿生活现状和需求，及送去节日的问候等。

【残疾人生活保障】 2021 年，隆子县民政局积极与市残联对接，开展了康复服务 143 人次，适配辅助器具 267 件；认真筛选并实施残疾人无障碍改造工程 9 户，落实资金 3.24 万元；办理持证残疾人到期换证 398 人、新办证 155 人。积极为有就业意愿残疾人提供招聘信息，解决就业 7 人，提高就业残疾群众收入 2000 余元。残疾人自主创业 2 人，兑现资金每人 1.5 万，共计 3 万元。2021 年，全年兑现残疾人“两项补贴”资金共计 688.32 万元。

【婚姻登记】 2021 年，隆子县民政局全面加强婚姻登记工作，严格按照《中华人民共和国民法典》有关婚姻登记相关要求开展婚姻登记工作，2021 年共登记结婚 326 对、离婚 97 对，补领结婚证 109 对，补领离婚证 4 对；补录婚姻登记历史数据 2845 条。

【核对中心】 2021 年，隆子县民政局为做好隆子县社会救助对象认定审核工作，提高社会救助的准确性和公信力，依托核对信息系统数据库，严格执行新申请救助家庭“逢救必核”原则，对已获得救助对象每年进行定期核对。2021 年全面复核农村低保 163 户 368 人，核查新增农村低保申请 29 户 69 人，经核查清退农村低保 27 户 78 人，新增 29 户 69 人，截至年底，160 户 354 人享受农村低保（其中 10 户为重病重残单人户）。通过精准认定、动态管理，切实解决家庭收入核算难、救助对象认定难的问题，有效遏制在救助对象认定过程中的不正之风，实现社会救助制度的公开、公平、公正。

【社会事务管理】 2021 年，隆子县民政局严格按照组织登记管理要求，及时开展组织年检及日常工作检查督导工作，截至年底，社会组织团体 7 家，商会 1 家。圆满完成第十届村民委员会、村务监督委员会换届选举工作。各行政村积极完善《村规民约》《村财务管理制度》《村务公开民主管理制度》《村民代表议事制度》等各项规章制度。村“两委”换届结束后，县民政局及时将新一届村“两委”班子信息录入至全国基层政权建设和社区治理系统，按期完成村委会法人登记证书换证工作。同时，开展第六轮县级行政区域界限联合检查工作，确保县与县之间和谐平安发展。根据村一级换届和人员变动实际情况，对村“两委”班子进行深入调查研究，了解班子成员的思想状况，了解党员、群众对换届选举的态度

2021年7月19日，隆子县民政局组织特困人员喜迎中国共产党成立100周年参观红色教育基地并在布达拉宫留影

和思想动向，对换届选举的形势作出正确的评估和判断，提出准确的应对措施。

【节日慰问】 2021年，隆子县民政局慰问农村低保户131户、城镇低保20户，慰问残疾人135人，分散特困老人147人，慰问事实无人抚养儿童5人，慰问山南市儿童福利院孤儿16名，慰问隆子县特困人员集中供养中心，并送去慰问金1万元，慰问山南市儿童福利院，并送去慰问金2万元，慰问资金共计48.4万元。

【队伍建设】 2021年，隆子县民政局加大对党支部换届选举工作的宣传力度，使广大党员干部充分认识党组织换届选举工作的重大意义，以高度的政治责任感积极参与到换届选举工作中来，民政局党支部于7月23日严格按照组织程序完成了支部换届工作任务。

【机构领导】

党组书记、局长

仁增多吉（藏族，6月免）

达瓦卓嘎（女，藏族，6月任）

党组成员、副局长

陆　　洪（4月免）

加　　措（藏族）

潘 涛 涛（4月免）

残疾人联合会理事长、党组成员、副局长

顿珠群培（藏族，4月免）

普布拉姆（女，藏族，5月任）

残疾人联合会副理事长

次仁顿珠

人力资源和社会保障

【概况】 根据机构改革方案，设立西藏隆子县人力资源和社会保障局（简称县人社局），是隆子县人民政府工作部门，为正科级，加挂隆子县劳动保障监察大队牌子。人力资源和社会保障局人员编制6名，部门领导职数3名。2021年，有工作人员15名（借调3名），其中，局长1名、副局长2名、三级主任科员1名、四级主任科员2名、一级科员1名、工勤1名、三支一扶2名、公益性岗位2名、专业技术人员3名（借调）。

【事业单位岗位设置】 在事业单位推行聘用制度和岗位管理制度。11月4日，隆子县人社局组织召开了隆子县事业单位岗位设置管理工作领导小组会议，对隆子县《事业单位岗位设置方案》起草工作进行安排部署，明确由县人社局牵头，各乡镇、县直相关单位配合参与。向各乡镇、县直相关部门征求意见3次，经县人民政府常务会议审议通过后，形成了隆子县《事业单位岗位设置方案》。隆子县《事业单位岗位设置方案》总共七个部分，包括指导思想、基本原则、岗位设置情况、岗位职责与任职条件、岗位聘用、组织领导以及实施步骤。

【农牧民转移就业】 2021年，隆子县人力资源和社会保障局坚持以人民为中心的发展思想，将转移就业工作摆在突出重要位置、纳入重要议事日程，高标准推进、高质量落实。县委、县政府主要领导多次研究部署隆子县转移就业工作，并组建了工作专班。制定出台了《隆子县2021年城乡劳动力转移就业工作方案》《关于进一步加强引导和服务劳务输出的实施意见》，针对转移就业实名制系统录入人数较少乡镇，书面形式督促乡（镇）加大工作力度。分管领导3次主持召开转移就业工作会议，重点部署农牧民转移就业、转移就业基地建设、设立村居劳务经纪人、高校毕业生就业等工作，形成了县乡村三级主要领导主抓、分管领导专职抓。2021年，隆子县人社局严格按照“六稳”“六保”工作的有关要求，紧紧围绕自治区、山南市关于农牧民转移就业工作的总体部署，大力推进农牧民转移就业工作。2021年，转移就业目标任务12000人，创收目标0.84亿元。截至年底，隆子县实名制转移就业人数12022人，完成年度目标任务的100.18%，累计创收1.28亿元，完成年度目标任务152.30%，其中，脱贫户农牧民转移就业1958人，城镇新增就业648人，完成年度目标任务的106.23%，城镇登记失业率和城镇调查失业率控制在2.80%和3.50%以内；2021年，完成创建3家转移就业基地建设，吸纳农牧民群众98人，创收60万元以上，人均月增收5000元以上。依托已成立的42个农牧民民工联队，劳务经纪人由村委会主任或者致富带头人担任，参与民工联队农牧民1047人，创收1020万元。抓实技能培训促进就业。2021年山南市就业局下达隆子县的农牧民技能培训目标任务为1050人，县人社局结合农牧民群众的培训意愿以及各企业、合作社的订单式、定向式培训需求，开展了中式烹调师技能、藏药材种植、护林员等培训工种，截至年底，组织开展30期技能培训，参训人员共计1135人，完成年度目标任务的108%，培训后就业454人，就业率达到40%。严格按照自治区关于《严格落实政府投资400万元以下建设项目帮助农牧民增收工作的通知》要求，大力实施项目带动促就业，2021年，400万元以下政府投资项目23个，总投资5460万元，2020年完成1652万元，2021年完成投资3808万元，总用工量人数426人，吸纳农牧民就业总数314人，实现增收430万元。

【招聘活动】 2021年，隆子县人力资源和社会保障局共举办5期线下、线上高校毕业生暨农牧民群众招聘会，第一期为2021年春季小型精品线上招聘会，提供岗位101个，累计实现就业10人；第二期为隆子县特困人员集中供养服务中心工作人员的招聘会，提供就业岗位21个，实现就业21人，其中未就业大学生18人，农牧民群众3人；第三期为隆子县2021年政府购买岗位招聘会，提供就业岗位32个，实现就业27人；第四期为2021年秋季农牧民群众暨高校毕业生专场招聘会，山南市、隆子县等58家用人单位，提供医疗、教育、保险、电力、人力资源、押运、广告设计、酒店餐饮，文秘、土木工程、保安、保洁、服务员580个就业岗位，其中农牧民岗位200个，高校毕业生岗位380个，参加求职300余人，达成初步就业意向70余人；第五期为民航西藏区局隆子县招聘会，提供就业岗位25个，参加求职人数112人，实现就业25人。

【高校毕业生就业】 2021年，隆子县人力资源和社会保障局认真贯彻落实高校毕业生就业创业政策，多措并举、多策并施，积极开展未就业高校毕业生就业创业工作，努力提升高校毕业生就业创业服务水平，转变就业创业观念，保质、保量完成目标任务。根据自治区公共就业系统显示隆子县2021年应届高校毕业生348人，经核实未毕业2人，实际

2021年8月22日，县人社局组织2021年高校毕业生政府购买性岗位招聘考试

毕业生346人，其中建档立卡贫困户55人。截至年底，已就业343人（其中建档立卡户55人），就业率99.1%。

加大帮扶工作。严格按照自治区提出的“一对一、多对一”帮扶机制，安排全县科级以上干部认真开展结对帮扶活动并实行月动态跟踪服务，确保政策、岗位、服务及时送达到位。截至年底，“一对一、多对一”帮扶电话对接、政策宣传350余次，对接率达到99.7%，并推荐就业岗位200余个。

开发就业渠道。加大与区内各类企业、合作社等积极对接，全力争取就业岗位，截至年底，已争取到1075个就业岗位。建立了“隆子县高校毕业生就业工作服务平台”，定期不定期发布招聘信息及就业创业相关扶持政策。

落实高校毕业生就业创业政策。截至年底，已申请高校毕业生创业启动资金53人，336.1万元；申请高校毕业生租房、水电补贴6人，12.72万元。

加大宣传力度，持续推动区外就业。结合湖南、湖北、安徽三省定向山南籍高校毕业招录事业单位工作人员为契机，大力宣传区外就业相关政策，截至年底，隆子县籍应届高校毕业生在区外就业人员12人。

【人事人才工作】 2021年，隆子县人力资源和社会保障局紧紧围绕县委、县政府工作大局，不断拓宽人才开发的渠道，做好人才开发和人事调配工作。

积极招录专业技术人才。2021年，分配免费定向生卫生专业技术人员6人，第一批考录卫生专业技术人员21人，解决乡镇卫生院缺编情况；分配志愿者留藏专业技术人员6人，非西藏定向生1人、部队定向生4人；完成2021年13名“三支一扶”人员的工作分配。

开展工勤人员和专业技术人员职称聘任工作。2021年，隆子县共聘任卫生系统初级职称5人，社会工作者初级职称1人，会计初级职称1人，水利工程初级职称1人。

【劳动保障监察】 2021年，隆子县人力资源和社会保障局本着把劳资纠纷案件化解在一线、处理在基层、处理在萌芽状态的原则，积极协调处理农民工工资拖欠案件。

主动作为、强化政策宣传，着力提高维权意识。及时解答各类劳动保障用工政策咨询，积极开展劳动保障法律法规宣传活动。劳动保障监察大队共接收电话和窗口政策咨询共计34宗；解答各类劳动保障用工政策咨询32宗，均通过电话和现场解答。2021年，开展各类宣传活动3场次，接待法律和政策咨询600余人次，发放各种宣传材料1000余份。

依法治理、提高办案效率，全力维护合法权益。2021年，隆子县人社局受理39起劳资纠纷案件（其中信访转办案件21起），已解决39起，为337名农民工追回被拖欠工资款共计633.6万元，下达限期整改指令书14份。全国欠薪线索核处管理平台转办案件44起，均已全部办结。共受理网上留言案件2起，涉及人数2人，均已当日办结，涉及就业、创业领域。对疑难案件县人社局已通过下达《劳动保障监察询问通知书》《劳动监察责令整改通知书》，逾期未支付的移交公安机关处理。

严把政策关口，坚持落实农民工工资保证金制度。严格按照《山南市建筑行业农民工工资保证金缴存管理规定》精神，严

2021年11月11日，县人社局组织召开西藏民航专场招聘会

格落实工作要求，及时办理农民工工资保证金缴存和退还业务。2021年，共有40家单位以第三方担保形式缴纳农民工工资保证金，担保额度4549.03万元，已完成退还4个项目的保证金共计192.28万元。

突出源头治理，着力提升解决企业欠薪问题的能力。研究制定了《隆子县民工工资支付监控预警机制》《隆子县严重欠薪失信行为联动惩戒工作机制》，设立了50万元应急周转资金，为预防欠薪问题的发生和惩戒欠薪企业提供有力的制度保证。

加强沟通衔接，稳步推进“五个全覆盖”工作。为更好地开展实名制各项工作，由县住建局牵头，邀请西藏银行，组织各涉项部门、企业开展了一期实名制信息平台操作培训会。2021年，实名制管理平台录入项目40个，其中已完工项目33个，在建项目7个，已落实实名制总数32个，覆盖率80%；开设农民工工资专户39户，覆盖率97.5%；在册工人总数2500人，专户进账总资金5034.09万元，线上代发总金额3751.46万元，线下代发总金额788.59万元。

【城乡社会保障】2021年，隆子县人力资源和社会保障局完成社保卡信息采集数据39180条、制卡36861张，社保卡数据采集及制卡量做到全县户籍人口全覆盖，同时农行隆子县支行累计发卡及激活金融账户34961张，激活率94.8%。实现参保人数21809人，征缴个人城乡居民养老金保险金369.99万元。已通过社保卡完成了城镇居民养老保险的发放工作。2021年养老金领取人数3824人，共发放养老金1134.4万元。兑现十大民心工程地方补贴30元，发放年满60周岁以上人数3820人，发放养老金133.04万元。机关事业单位养老保险征缴基金3088人，42.5万元；企业职工养老保险征缴564人，43.57万元；失业保险征缴基金2310人，11.84万元；工伤保险征缴基金2165人，3.39万元；职业年金征缴1537人，71.41万元。

2021年7月1日，县人社局联合退役军人事务局开展庆祝中国共产党成立100周年活动

【党建工作】2021年，隆子县人力资源和社会保障局认真学习贯彻落实习近平新时代党的建设总要求，全面履行从严管党治党政治责任，牢固树立“四个意识”、坚定“四个自信”、坚决做到“两个维护”，确保各项决策部署在人社局得以认真贯彻落实。局党组把深入学习贯彻习近平新时代中国特色社会主义思想作为首要政治任务，持续加强学习，推动理论学习往深里走、往实里走、往心里走，局党组利用好每天半个小时的集中学习，不断提高用理论武装头脑、指导实践的能力和水平；发扬理论联系实际的学风，紧密联系工作实际开展学习。不断高举习近平新时代中国特色社会主义思想伟大旗帜，做到党的理论学习与业务能力提升相互促进，并要求做好笔记记录、结合工作实际撰写心得体会；深入开展党史学习教育和“三更”专题教育。按照县委的部署要求局党组将“三更”专题教育与党史学习教育相结合，在个人学习的基础上，充分利用党组学习机会深入开展交流研讨，交流研讨10余次，按照要求全部完成规定动作，并在专题研讨结束后，围绕研讨专题内容开展考试测评检验学习质量和成效，局党组成员每次考试都在90分以上，全年共开展学习60余场次，学习260余人次。结合党风廉政建设和反腐败工作，增强反腐

倡廉的感染力、渗透力。进一步提高全局干部职工廉洁自律意识,筑牢思想防线,增强拒腐防变能力。截至年底,观看8场警示教育片,观看人次达到60余人次,学习做到了全覆盖。抓好"八星党支部"创建、党员"三包五带五促"工作,坚持定期集体学习制度,完善"三会一课"和主题党日活动,按时召开组织生活会和民主生活会。全年,组织党员干部业务学习3次,召开主题党日活动10次,组织生活会2次,专题党课3次。

【重点项目建设】 隆子县公共实训基地项目,项目建设场地已落实,位于隆子县人力资源和社会保障局南侧,总投资约1900万元,资金来源全部为中央预算内投资,规划建设用地面积为5882.73平方米,建筑面积4799.51平方米(包括新建综合实训楼、1#学员宿舍、2#学员宿舍、建筑、汽修室外培训场地以及配套设施设备),截至年底,已完成项目的可研编制、概算批复、选址用地等相关工作并上报国家发改委。

【机构领导】

局 长

洛 桑(藏族)

副局长

丁湟珅

桑 杰(藏族)

民族宗教

【概况】 2021年,隆子县民宗局建制为正科级单位,自2019年3月28日起归县委统战部领导,实行合署办公。无编制。

【党风廉政和反腐败建设】 2021年,隆子县民宗局先后召开5次会议研究部署党风廉政建设主体责任、改进作风服务基层、"党史"学习教育活动等有关工作。一是通过党风廉政教育活动,提高党员干部的政治素质,建立思想道德防线,要按照党风廉政建设工作各项要求,加强对党员干部的理想信念教育,不断提高凝聚力和战斗力。二是认真执行干部廉洁自律"四大纪律、八项要求",加强党内监督。在藏历新年、春节、国庆节等节假日之前组织全体党员干部认真学习《关于节假日期间严格执行廉洁自律规定和禁止奢侈浪费行为的通知》,要求增强自律意识,营造廉洁过节氛围,严格遵守法纪,严禁赌博及参与带有赌博性质的娱乐活动,领导干部要带头遵守自律规定,严禁收受服务对象钱物,规范廉洁从政行为。三是通过观看警示教育片。警示全体干部职工扣好廉洁从政的"第一扣子",坚决不踩"红线"、不越"雷池",今后一定引以为戒,一定要绷紧党纪法律之弦。

【民族政策】 结合学习贯彻自治区第十次党代会、区党委民族工作会议精神和山南市第二次党代会精神,坚持以发展促团结,确保少数民族和民族地区同全国一道实现全面小康和现代化。大力培育和践行社会主义核心价值观,引导各族干部群众要牢固树立正确的国家观、民族观、历史观、文化观、宗教观,必须把维护祖国统一、加强民族团结作为各民族最高利益,把做好民族工作作为贯彻落实党中央和区党委、市委、县委重大决策部署的实际行动和工作体现,不断铸牢中华民族共同体意识。一是先后全县范围内召开了隆子县委民族工作会议,组织干部职工学习区、市、县党委民族工作会议精神,并将学习贯彻中央、区、市、县党委民族工作会议精神作为近期的一项重点工作来抓,加大宣传力度,努力营造学习宣传贯彻的浓厚氛围。全年宗教领域共组织学习20余次。二是充分依托驻村工作队、村"两委"班子、驻寺干部,结合"四讲四爱""遵行四条标准、争做先进僧尼"主题教育实践活动,采取群众、僧尼喜闻乐见的方式和通俗易懂的形式,大力开展健康教育和普及健康饮茶知识,引导各族群众健康饮茶。全县共开展各类健康茶教育宣讲活动40余场次,为11个乡(镇)81个行政村发放了推广健康茶宣传片,受教育干部群众累计2万余人。全年共接收101.74吨茶,实际发放101.14吨。

【民族团结进步工作】 2021年,在自治区党委、山南市委、县委的坚强领导下,坚持以习近平新时代中国特色社会主义思想为指导,深入贯彻落实习近平总书记关于加强和改进民族工作的重要思想,以铸牢中华民族共同体意识为主线，贯彻落实党的民族政策和新时代党的治藏方略，推动各族干部群众共同团结奋斗、共同繁荣发展，不断探索创新举措，积累了很多富有地方特色的做法，取得明显成效和经验，平等、团结、互助、和谐的民族关系得到了不断巩固和发展，民族团结进步事业取得显著成绩，谱写了经济发展、民族团结、社会和谐、边疆稳定的精彩华章。隆子县以"五促"工作举措扎实推进民族团结进步创建工作走深走实。

2021年5月1日，隆子县宗教领域开展纪念西藏民主改革62周年书法比赛

学典型促民族团结进步创建工作。以仁增旺杰、朗宗、桑杰曲巴、卓嘎、央宗等老一辈人自力更生、艰苦奋斗、扎根边陲、爱国守边的典型事迹为引领，深入挖掘了千里迎亲使者禄东赞、老阿爸书记仁增旺杰、荒滩变绿洲的朗宗、舍小家顾大家的援藏干部何文英、爱国守边最美格桑花卓嘎和央宗姐妹、爱国爱教的先进僧人洛桑曲久、扶贫济困致富带头人大巴珠、加央曲扎以及张贵荣烈士等先进事迹和典型人物，广泛宣传典型事迹，引领隆子县各族干部群众向典型学习、向榜样看齐、争先进模范。

树示范促民族团结进步创建工作。以斗玉珞巴民族乡、玉麦乡两个全国民族团结进步示范区为基准，在隆子县范围内推进扎日乡等52家单位命名为第二批"县级民族团结进步示范单位"。做到示范引领、以点带面，大力推进民族团结进步创建进程。

造"记忆"工程促民族团结进步创建工作。为民族团结创建工作引向深入，取得实实在在的成效，在隆子县委、县政府高度重视下，雄哲北路打造成民族团结一条街；在现有广场基础上增添一些传递民族文化、民族历史、民族团结典型素材，把常德广场打造成"民族团结主题广场"；在市级民族团结教育基地列麦精神纪念馆的基础上县委统战部办公楼内打造了"民族团结教育厅"。通过以上工程真正实现了唱响民族团结主旋律、传递民族团结正能量的目标，形成了处处可学、抬头可见民族团结的景象。

唱团结之歌促民族团结进步创建工作。隆子县先后编创了《犀鸟之魂》《守护者》等民族歌舞。为了进一步展示隆子县近年来所取得的民族团结辉煌成就，新编创了"团结之花开在隆子"之歌。以歌舞形式宣传一批为民族团结进步事业做出重要贡献的先进典型。

固荣誉促民族团结进步创建工作。在民族团结进步事业中先后涌现出了一批在基层建设、行业发展中倾心尽力的先进集体和个人。"七一勋章"获得者、2017年感动中国人物和"时代楷模"卓嘎、央宗姐妹、"全国最美乡村教师"次仁索朗、"全国最美乡村邮递员"嘎发以及以小加油、扎西央金和贡觉曲珍等为代表的民族团结进步先进个人，先后受到国务院、区、市、县四级表彰。

【固边安民】 2021年，隆子县民宗局为推进边境地区基础设施、改善边境地区民生、发展边境地区的特色优势产业、加强边境地区生态文明建设、维护民族团结和边防巩固，2021年少数民族发展资金共投资2897.06万元，实施项目11个，覆盖全县7个乡镇。

【宗教事务管理】 2021年，隆子县共有正科级建制寺庙管理委员会11个。严格依法管理宗教事务方面，一是严格依法管理宗教事务。严格落实"三个不增加"政策要求，严格履行寺庙维修审批程序，特别是上半年对12座隐患较大的寺庙层层履行审批程序，上报给市民宗局审批。二是加强宗教活动的管理。严格按照“三个暂停”要求，暂停或取消42场宗教活动，并得到了全县广大僧尼的大力支持。三是严格落实僧尼请销假制度。严格落实僧尼请销假制度，坚持每日僧尼人数清点清查工作要求。四是不断加强流动人员管理。对从事宗教活动的流动人员和邻省藏区学经回流人员采取各项措施加强管理。五是不断加大督导检查。严格落实县级领导联系寺庙僧尼制度，深入全县宗教活动场所和各寺管会进行督导检查，及时发现问题，并督促整改。六是不断加强创新寺庙管理工作。2021年，县委、县政府先后解决民创工作、两个规划、四条标准等活动工作经费，为各项活动顺利开展提供了强有力的经费保障。

【佛教协会】 2021年，隆子县有自治区级佛教协会理事：丢热寺洛桑益西；桑青寺洛桑曲觉。市级佛教协会理事：丢热寺洛桑益西；桑青寺洛桑曲觉，丢热寺旦增唐托，日当寺阿旺列谢。

【利寺惠僧政策】 2021年，隆子县民宗局在扎实开展加强和创新寺庙管理工作的同时，为寺庙僧人办实事、解难事。11个寺管会严格落实“十个一”规定，深入开展“六个一”活动，各项工作形成制度化、常态化。全县所有持证僧尼医保、养老保险实现全覆盖，完成了僧尼的免费体检工作。2021年，全年慰问僧尼共发放慰问金9.36万元。

【机构领导】

县委常委、统战部部长、民宗局局长
罗布扎西（藏族）

县委统战部副部长、民宗局副局长
甬　　多（女，藏族，5月免）
索朗巴珠（藏族，5月任）

卫生健康

【概况】 2021年，隆子县卫生健康委员会卫生技术人员共计365人，包括县级医疗机构80人（其中县卫生服务中心64人，藏医院12人、疾控中心13人、妇幼保健站1人）；乡镇卫生院110人，村级卫生室165人（其中4名为大学生村级医务人员）。全县初级职称以上医务人员共计89人（初级职称61人，中级26人、副高2人），其中县级52人、乡级37人。

【妇幼“两降一升”】 2021年，隆子县卫生健康委员会深入开展“两降一升”工作。截至年底，全县产妇总数共计252人，活产数250例，其中死胎3例，双胎1例，住院分娩产妇244人，住院分娩率97.6%。孕产妇死亡1例，五岁以下儿童死亡2例。发放叶酸人数277人次。高危产妇管理111例，高危孕产妇住院率达100%。三病（艾滋病、梅毒、乙肝）筛查277例，患有乙肝表面抗原阳性孕妇13例，都已接种乙肝免疫球蛋白；发现梅毒病8例，对滴度阳性者都进行了治疗。发放6个月至3岁之间儿童营养包824人次。

【疾病预防控制】 2021年，隆子县卫生健康委员会按照年初相关指标计划，全县疾病预防控制工作扎实开展。

结核病防治。年内，共登记结核病57例，初诊登记114人，痰检115人。

慢性病管理。全县35岁以上高血压患者2661人，规范管理2661人，管理率100%，其中血压控制人数780人，控制率29%；65岁以上老年人健康管理数2053人，规范管理2053人，管理率100%；糖尿病患者9人，规范管理9人，管理率100%；严重精神障碍患者83人，规范管理83人，服药6例，管理率100%，全部已登记并完善了重症精神疾病患者档案和网络登记。

艾滋病监测。年内，共计开展艾滋病检测2191例，其中对孕产期孕妇检测198例、其他艾滋病检测（农牧民）1871例、娱乐场所工作人群检测77例、术前检测23例、自愿咨询检测22例。

疫情监测。年内，共报告法定传染病和其他传染病11例，0—15岁儿童AFP监测696人，无AFP病例。

重点疾病预防。按照上级业务部门指示要求，由县卫健委牵头，组织县疾控中心专业技术人员深入辖区内各所学校开展学生常见病筛查工作。

2021年7月23日，隆子县政府副县长李祎民、卫健委主任边巴次仁到边境乡督导检查工作

县乡村医务人员开展新冠疫苗接种培训，参加人员162人。县级医疗卫生机构骨干医师以轮训方式，深入基层医疗机构讲解《新型冠状病毒肺炎诊疗方案8版》文件精神，并现场演示防护服等穿戴14次，参训人次达1201人次。

2021年，共派出7名医务人员前往上级医院进修学习，通过学习，提高了他们的医疗业务水平。他们也将所学的先进理论、先进经验、先进技术应用到实际工作中，起到了学科带头人的作用。

【健康体检和先心病儿童筛查】2021年，隆子县卫生健康委员会根据2021年城乡居民暨在编僧尼免费健康体检和先心病儿童筛查、救治工作的总体部署，制定了隆子县2021年城乡居民暨在编僧尼免费健康体检工作实施方案，成立了工作领导小组，明确了工作职责任务和进度要求。截至年底，全面完成31450名农牧民群众、3051名城镇居民及102名在编僧尼免费体检工作。

【计划生育】2021年，隆子县卫生健康委员会认真落实人口计生扶助制度，全年共发放两项扶助资金178.95万元，扶助人数1084人，其中“一孩双女”奖励补助911人，资金87.45万元，“特扶”173人，资金91.5万元；认真开展计划生育免费技术服务项目，全年共为1559人实施计划生育免费技术服务，涉及金额达6.95万元。2021年，全县育龄妇女7932人。

【卫生基础设施建设】2021年，县人民医院传染科楼（包括发热门诊）改造项目投资1100万元，新建县高压氧舱项目投资2000万元，县人民医院购买急救车1辆投资82.9万元，县藏医院购买1辆负压救护车、1辆巡回医疗车共投资56.9万元，县疾控中心新建核酸实验室投资281.7万元，日当镇、三林乡新建卫生院通过援藏项目完成了建设总投资1622万元，雪沙乡、准巴乡部门村卫生室实施维修改造项目投资130万元。

【卫技人员培训】2021年，隆子县卫生健康委员会组织基层医疗卫生机构医务人员深入学习《新型冠状病毒肺炎诊疗方案8版》及《新型冠状病毒感染与控制技术指南》1—3版文件，共计学习98次，参加人员3569人次。卫生系统应对疫情防控演练3次、疫情防控成员单位联合演练1次、参加医务人员达163人次、组织

【卫生健康扶贫】2021年，隆子县卫生健康委员会着力提升全县医疗卫生服务水平，解决群众看病难的问题。由卫健委组织县人民医院深入乡村开展大病排查工作，并建立了健康档案，对大病患者开展了免费发放药品及随访工作，同时联合县民政局对白内障患者开展了免费检查。结合各类宣传教育活动为契机，扎实开展卫生惠民政策的宣传教育工作，大力开展疾病预防、妇幼卫生、常见病、慢性病等知识宣传活动，为农牧民群众发放印有健康知识的洗脸盆、毛巾等既使用又有宣传价值的物品，达到宣传的预期效果。年内，针对辖区居民主要健康问题，开展以健康素养96条、重点疾病和地域性疾病为主要内容的健康巡讲活动3次，开展各类宣传16次，发放各类宣传资料795份，受众达5635人次。

【民生政策落实】2021年，隆子

2021年8月13日，隆子县卫健委工作人员对县域内网吧执行各项疫情措施检查

县卫生健康委员会兑现住院分娩补助资金65.63万元，人数共计256名。兑现70岁以上农牧民老人健康补助资金共计82.07万元。

【医疗人才组团式援藏】 隆子县"组团式"援藏从2021年开始，此次"组团式"援助隆子县人民医院湖南医疗队是从常德市第一人民医院、常德市中医院等6家医院根据县人民医院发展建设及紧缺的专业需求，由常德市卫健委和六家医院领导班子选派的8名成员组成。支援队队员专业涉及儿科、风湿免疫科、骨科、妇产科、检验科、超声科、医务及护理，基本能够满足隆子县人民医院紧缺专业的需求。

【新冠肺炎疫情防控】 2021年，隆子县卫生健康委员会加大边境疫情防控工作力度，各级医疗卫生机构积极配合边境管理大队、当地公安机关以及乡镇人民政府，持续发挥党政军警民联防联控机制作用，按照"军卡点、警控线、民管片"的管理机制，构建了"人人是哨兵、村村是堡垒、生产是执勤、放牧是巡逻"的大联防格局。严守边境通道，进一步落实常态化疫情防控工作措施，强化"外防输入"策略要求，从严落实疫情防控工作责任，做到精细管控、防牢守严、不漏盲点和死角。隆子县共设立边境6个卡点并安排14名医务人员开展医疗防控工作，设立并完善了集中隔离点、核酸采集点，加强了值班带班制度等，确保了疫情防控工作抓实、抓细、抓出成效；牵头联合疫情防控领导小组成员开展边境疫情防控联合演练，充分得到了区市两级领导的肯定并在全市进行推广，同时卫生系统内部也开展了多次应急演练，提升隆子县处置突发公共卫生事件应急能力。

【机构领导】

主　任

边巴次仁（藏族）

副主任

顿珠卓玛（女，藏族）

周　　舟（4月任）

卫生服务

【概况】 2021年，隆子县卫生服务中心（疾控中心、妇幼保健院、各乡镇卫生院）是一所集医疗、预防、保健、教学、科研为一体的国家二级甲等综合医院，编制床位36张，年平均开放病床46张，中心正式干部职工68人（其中人民医院54人，疾控中心13人，妇幼保健站1人），县人民医院正式干部职工53人，卫生技术人员47人，行政后勤4人，其中副高职称2人。

【科室建设】 2021年，隆子县卫生服务中心有门诊楼、医技楼、综合住院楼、传染病房等业务区，设有内科、外科、妇产科、儿科、急诊科、五官科、传染科等一级临床科室，设有消化内科、心血管内科、呼吸内科、普外科、骨科等多个二级临床科室。可开展胆囊微创切除术、阑尾切除术、输囊管结扎术、剖宫产术、腹股沟疝高位结扎术、骨折开放复位内固定术、股骨上端高位截肢术、肌腱吻合术等，年内先后开展了危急重症宫外孕手术、无痛人流、超声监测下无痛人流、CT增强、肾造影、盆腔肿块手术、宫颈环形电切术、宫颈息肉电切术、新冠病毒核酸检测等10余个新技术、新项目。

【医疗服务】 2021年，隆子县卫

生服务中心在各级领导的正确领导和上级卫生行政部门的精心指导下，中心全体干部职工锐意进取，医疗质量不断提升。“打铁必须自身硬”。通过各种形式的培训学习，业务水平不断提高，医疗质量显著提升。全面推进疫情防控和精神疾病治疗预防工作，为全县人民提供优质、安全、高效、便捷的精神卫生服务，推动了医院高质量发展。随着医疗改革的发展，乡镇卫生院的技术水平不断地提高，硬件设备的需求也不断增加，2021年，中心大型采购有：扎日乡珞瓦新村卫生室的设备；三林乡卫生院的医疗设备及办公设备；人民医院传染楼的医疗设备及办公用品；为方便群众新冠疫苗接种，并为每个乡镇卫生院配备笔记本电脑（小乡镇1台，大乡镇2台）。

以提高医疗质量为核心，加强中心管理，改善服务态度，规范医疗行为，提高医疗质量，中心各职能科室积极发挥作用，对各乡镇，中心各科室进行督导，院感科不定期下科室检查督导医疗废物分类情况及交接登记，以及废物转运情况，并按照上级环保部门要求给各病区配备了医疗废物转运车，严格做到医废日产日清要求。不定期对医疗废物暂存间工作情况进行检查及督促。每月转运的医疗废物转移联单及时上交至院感科并进行了汇总及上报等工作。增进医患和谐关系，有效推动了医院各项工作发展，顺利完成了各项指标；护理部对中心优质护理工作常规督导外，对全县卫生系统护理工作进行指导及管理，使隆子县护理工作更加规范化。

切实加强诚信服务，规范了医疗卫生服务行为，提高了医疗服务质量；加强医务人员的医德医风教育，杜绝收受红包、开单提成、乱收费等不正之风的蔓延，使广大医务人员树立起责任重于泰山的责任意识。进一步落实“优质护理服务方案”，改善护理服务模式，提高护理质量，保障医疗安全，为患者提供安全、优质、满意的护理服务。

【“组团式”援藏】 卫生服务中心与常德市医院签订帮扶协议，几位援藏专家入驻以来，克服高原缺氧、高寒、生活不适等种种困难，积极发挥援藏医生“传帮带”作用，提高县人民医院医疗服务水平，有11名援藏医生入驻县人民医院进行帮扶工作。县医院在前期精心准备及援藏专家的指导下，于2021年先后开展了危急重症宫外孕手术、超声监测下无痛人流、CT增强、肾造影、盆腔肿块手术、宫颈环形电切术、宫颈息肉电切术等项目。

【规范医院管理】 2021年，隆子县卫生服务中心坚决执行药品网上阳光采购（麻醉及第一类精神药品除外），无线下采购品种，按照每季度采购一次，采购计划是有药房及县藏医院、各乡镇卫生院申报采购计划，药械科统计汇总并报采购领导小组审核通过后才可下订单，2021年隆子县卫生服务中心及县藏医院、各乡镇卫生院药品种有311种，其中国家基本药品有148种占全院药品47.58%，国家联盟药品涉及医院的有44个品种；全年药品采购金额470万余元。中心严格按照相关规定进行库房管理，每天监测并登记温湿度，按照2020年新制定隆子县卫生服务中心药品/医疗器械贮存定期检查记录表并每月检查一次，近效期药品/耗材做

2021年5月25日，县人民医院组织召开疫情防控工作部署会议

了显眼记号，过期药品/耗材做到了及时下架，及时登记，药品/耗材验收做到了严格、认真，且登记在药品/耗材验收登记表里，出现不合格的和批号及有效期与复合单对不上的拒收并联系供货商退换。对医疗废物从原产地就开始进行严格的分类、收集，由专职人员进行收集、储存、转运、交接等做到规范化管理，同时要求转运收集人员做好个人防护及转运后的消杀工作，做好医疗废物相关知识的培训。加强对临床科室医院感染预防控制工作的督导，发现问题及时沟通、反馈、指导、改正。加强手术室、供应室、产房、检验科、感染科等重点部门的医院感染管理，完善了各科消毒设备及登记本。

【人才培养】 2021年，县医院共派出7名医务人员前往上级医院进修学习，通过学习提高了他们的医疗业务水平，将所学的先进理论、先进经验、先进技术应用到实际工作中。加强对科室重病人管理、查房、医患沟通等工作，每月不定期对各科室的工作进行检查，包括处方书写、门诊登记、传染病报告、各科室各种登记记录。组织全中心学习三基三严、十八项核心制度，培训心肺复苏等急救措施、学习新技术新项目，组织了全院讲课、全院考核，全员掌握，院内根据各科室开展有特点的培训，培训有签到、有课件，有笔记、有试卷等，各科室根据临床需求进行专业知识讲课。

2021年3月8日，县人民医院组织开展义诊活动

【项目建设】 2021年，新建高压氧舱治疗室，截至年底已完工，并安排人员进修学习，拟定于2022年7月正式投入使用。2021年3月28日在常德市第八批援藏工作队的支持下新建传染科楼，隆子县卫生服务中心积极争取国家资金1100万元重新对传染病区进行了改扩建，增设负压病房并购买相关设备。

【医联体建设】 2021年，隆子县卫生服务中心与山南市人民医院签订医联体协议书，从对口帮扶、技术协作、合作交流等方面开展互助发展模式，在人员交流、人才培养、双向转诊、分级诊疗、远程会诊、检验检查、消毒供应、业务培训等方面深化合作、丰富服务形式和内涵，共同促进两家医院的服务能力和救治水平更上一个台阶。中心又与各乡镇卫生院签订医共体协议书，通过医共体合作，加强与乡镇卫生院深度协作，加强帮扶，形成上下联动，优势互补、资源共享的运行机制，提升医疗服务能力，为农牧民群众提供有效、方便、快捷的健康医疗服务。

【构建和谐平安医院】 2021年，隆子县卫生服务中心始终坚持“平安是最好的福祉、和谐是最大的政绩”这一理念，把人民群众对平安建设的需求作为努力方向，按照“示范性、全覆盖”的思路，统筹抓好以“平安医院”为重点的平安创建工作，以系统的平安、区域的平安实现全县的平安。强化组织领导，全面抓好医院分级管理，推进卫生服务中心管理工作制度化、规范化、科学化，确保各项工作有人主管、有人分抓、有人具体落实，实行班子成员“一岗双责”，一手抓业务工作，一手抓平安创建，切实做到了“平安医院”创建工作有部署、有检查、有反馈、有落实。

【疫情防控】 2021年，隆子县卫生服务中心多次组织全体干部职工开展新型冠状病毒预检、分诊、隔离、报告的模拟培训,进一步加强本院对新型冠状病例的早发现、早隔离和早治疗,最大可能地防止本辖区感染的发生,早早做到隔离传染源、切断传播途径和保护易感人群等工作。按照上级要求,院感科与发热门诊结合院实际,分别建立了预检分诊、院内消毒、陪护探视(一患一陪护)等规章制度,设立了24小时预检分诊及发热门诊,制订了疫情防控应急预案及联防联控方案,第一时间成立疫情救治领导小组,并安排专人在院门口对外来返藏人员动态排查、疫情防控政策宣传及进行测温排查等工作,及时准确上报信息和广泛信息沟通,与疾控中心、公安等协调工作,以便突发事件发生时能充分发挥作用。

【公益性医院建设】 2021年,隆子县卫生服务中心为确保农牧民、城乡居民暨在编僧尼免费健康体检工作顺利进行,按照上级主管部门的及时安排,县医院及乡村卫生室的医务人员共同努力下,全县农牧民、城乡居民暨在编僧尼免费健康体检工作顺利完成。全年体检任务是36218人次,其中农牧民32400人次、城乡居民3697人次、僧尼121人次,为所有参加体检的农牧民、城乡居民暨在编僧尼建立健康档案。

【机构领导】

书 记

边巴卓玛(女,藏族,10月任)

院 长

边巴卓玛(女,藏族,10月免)

周 诗 孝(10月任)

副院长

拉 多(藏族)

旦 增(藏族)

藏医院

【概况】 隆子县藏医院成立于2019年8月,2020年1月13日正式投入使用,前身为隆子县人民医院的一级综合科室。近年来,在县委县政府的坚强领导和上级业务主管部门大力支持下,隆子县藏医院各项工作得到了前所未有的发展,医院已发展成为集医疗、预防保健、康复、基层藏药制剂为一体的县级藏医医院。2021年,医院有职工31名,其中管理人员2名,医疗卫生相关专业技术人员19名(含2管理人员)后勤12名(含6名大学生就业及4名公益性岗位人员)。其中研究生1人、大学本科12人、大专16人。其中中级职称7人、初级职称以下12人。医院现开设有藏医内科、藏医外科、西医科、预防保健(治未病科)、康复理疗科、风湿骨病科、疼痛科、口腔科、功能科、检验科、护理部、药浴室、制剂室等。医院除了开展藏医贴敷、火灸疗法、放血疗法、针灸、推拿、拔罐、药浴、足浴、牵引、浮针、平衡火罐、温针灸、隔姜灸、热敏灸、督灸、艾灸、刮痧疗等项目外,还能开展常见病、多发病、慢性病、传染病、常规的外伤清创缝合等服务。

【医疗业务】 2021年,隆子县藏医院全年提供藏医药公共服务5151人次,其中门诊总人数4938人次,住院213人次,涂擦治疗4945人次,火麦治疗6468人次,针灸治疗822人次,擦杜治疗997人次,放血治疗86人次,药浴治疗496人次,牵引治疗375人次,拔罐治疗807人次,超短波治疗307人次,穴位贴敷治疗1108人

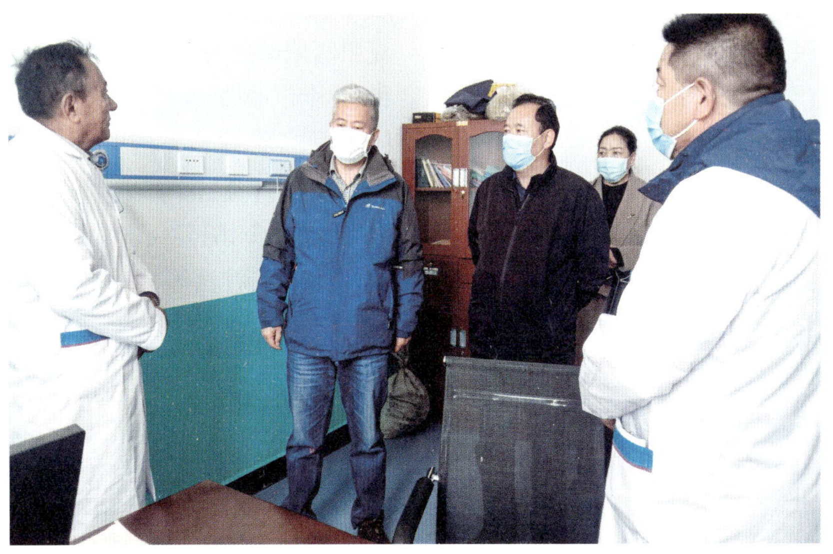

2021年4月15日,西藏自治区人大教科文卫委员会副主任马涛(左二)带领执法检查组到隆子县藏医院考察工作

2021年7月25日，隆子县藏医院举行西藏藏医药大学实习基地挂牌仪式，西藏藏医药大学教务处处长次仁（左二）与隆子县政府副县长李祎珉（左三）共同揭牌

次，微波治疗174人次，磁振热疗169人次，TDP（特定电磁波谱）治疗6305人次。

【科室建设】 2021年，隆子县藏医院在对口帮扶医院人力、物力方面的大力支持下，设立完善康复理疗科，添置了离子导热仪、TDP治疗仪、中低频治疗仪等康复理疗设施设备。

【业务收入】 2021年，隆子县藏医院总收入220.64万元，其中门诊收入75.24万元，住院收入145.4万元。

【人才培养】 2021年，隆子县藏医院根据三级医院对口帮扶贫困县中医医院以及中央扶贫开发会议精神和健康扶贫有关工作要求，在帮扶医院的支持下，选派4名技术骨干人员到湖南中直医药高等专科学校附属第一医院进修学习。

【医疗设备建设】 2021年，隆子县藏医院购置医疗巡回车、负压急救救护车各1辆，同时收到湖南省直中医医院价值10万元的帮扶设备。

【对口帮扶】 隆子县藏医院与湖南省直中医医院签订对口帮扶协议3年来，先后派出3批共6名（其中2021年度入驻2名专家）援藏医疗专家，共捐助价值10万元的医疗设备。援藏期间，医务人员克服高原缺氧、高寒、生活不适等种种困难，积极发挥了传、帮、带的作用，不断探索发展思路，为医院新设了针灸、推拿、浮针、平衡火罐、温针灸、隔姜灸、热敏灸、督灸、艾灸刮痧疗法等30多种项目，为医院发展做出了贡献。

【机构领导】

院　长

　　桑　　珠（藏族）

副院长

　　嘎玛次旺（藏族）

广播电视

【概况】 2021年，隆子广播电视台核定事业编制16名，科级领导3名，其中正科级领导职数1名，副科级领导职数2名，新闻采、编人员8名（男性3名、女性5名），全单位汉族4人、藏族11人。隆子广播电视台负责拟订全县广播电视领域事业发展政策和规划，组织推进广播电视领域的公共服务，组织实施重大公益工程和公益活动；指导、监督全县广播电视重点基础设施建设。2021年，隆子广播电视台积极贯彻落实全县广播电视、网络收听节目服务管理的政府规章制度，推进全县广播电视领域的机制体制改革。

【安全生产】 2021年，隆子广播电视台牢固树立“安全播出无小事”的原则，坚持“不间断、高质量、既经济又安全”的方针，及时制定《隆子广播电视安全播出应急处置预案》《隆子广播电视台安全及设施保护领导小组》《隆子广播电视台2021年消防安全工作实施方案》等，认真落实24小时值班带班制度，加强对各类设备设施和前端机房的维护管理和监控力度，严格按照上级业务部门的要求，严格遵守安全播出的应急、监听、监视制度。督促、检查全县各乡镇广播电视“村村通”站点安全播出的组织情况，有序推进广播电视安全播出工作，确保广播电视安全播出“零事故”，确保全县各族干群收听收看到丰富多彩的广播电视节目。

【公共服务】 2021年,隆子电视、广播覆盖率达100%;数字电视覆盖用户2284户(实际用户970户);中央广播电视节目无线覆盖用户50户;直播卫星覆盖用户15000户(包括舍舍通223户)。全年共更换77台接收机、78个高频头、30条天馈线、15个卫星接收设备、维修130台接收机。3月31日至4月1日,隆子广播电视台组织技术人员到扎日乡为搬迁群众发放安装100套"户户通"设备,并为农牧民群众讲解设备安装技术、日常操作及其所需注意事项,方便广大农牧民群众收听收看25套广播节目和54套电视节目,农牧民群众能够了解更多党的惠民政策,极大地丰富了搬迁群众的业余文化生活。5月27日,"广电先锋·隆子分队"为隆子镇叶巴村农牧民群众更换安装新一代"北斗户户通"设备260套,农牧民群众收听收看的节目数量由以前的56套卫星电视节目和27套卫星广播节目,变为94套卫星电视节目和46套卫星广播节目,使群众能够更加及时接收党的声音。截至年底,260套新一代"北斗户户通"设备已全部安装调试完毕。

【新闻采编、播放】 2021年,隆子广播电视台按照县委、县政府的安排部署,结合重要宣传节点,积极宣传报道全县党史学习教育活动、"三更"专题教育活动、"四讲四爱"、巩固脱贫攻坚成果、乡村振兴、"3·28"百万农奴解放日活动、庆祝中国共产党成立100周年和西藏和平解放70周年、深入学习习近平总书记视察西藏时的重要讲话精神、深入学习中共十九届六中全会精神等内容,为隆子县长治久安和高质量发展营造了良好的舆论环境。

截至年底,隆子广播电视台共编播《隆子新闻》132期319条,其中,山南电视台采用38条;山南网、《山南报》、微山南等媒体采用113条文字稿件(不重复统计)。特别是,《隆子县开展"重温党的历史 弘扬列麦精神 践行初心使命"主题活动》的报道,使广大干部群众重新感悟了"沙棘精神"和"列麦精神";《隆子县开展西藏百万农奴解放62周年庆祝活动》的报道为全县营造了节日氛围,加深了各族干群对党和国家的热爱感激之情;《隆子县热烈庆祝中国共产党成立100周年和西藏和平解放70周年》歌曲MV被西藏日报客户端采用。

2021年12月8日,自治区党代表、隆子县广播电视台台长普珍,在日当镇萨琼村为群众、驻村工作队、村"两委"班子宣讲自治区第十次党代会精神

【融媒体中心建设】 隆子县融媒体中心于2021年12月9日正式挂牌。为切实推动隆子县媒体融合事业发展,强化事业单位公益属性,隆子县融媒体中心整合隆子广播电视台,将其职责、编制、领导职数全部划转至隆子县融媒体中心,隆子县融媒体中心有编制16人、领导职数3人。隆子县融媒体中心共运营有4个下属媒体平台,分别为传统媒体"隆子县电视台"、微信公众号"网信隆子"、抖音号"隆子融媒"、新闻网站"隆子县政府新闻网"。

【机构领导】

台　长

普　珍(女,藏族,10月任)

旅游发展

【概况】 2021年,隆子县旅游发展局在县委、县政府坚强领导和区、市旅发部门的悉心指导下，始终坚持以习近平新时代中国特色社会主义思想为指导，全面贯彻落实中共十九大和十九届历次全会及第七次西藏工作座谈会精神，贯彻落实习近平总书记关于西藏的重要论述和新时代党的治藏方略、习近平总书记“七一”重要讲话精神、习近平总书记给玉麦乡群众的重要回信精神、习近平总书记视察西藏重要讲话精神，围绕稳定、发展、生态、强边四件大事，完整、准确、全面贯彻新发展理念，抢抓机遇，奋发有为，按照县委、县政府的工作总体部署，重点抓好旅游规划编制、基础配套设施建设、宣传促销、生态环保、乡村振兴等旅游发展各项工作，确保隆子县旅游业高质量发展。2021年，共接待游客64253人次，较2020年同比增长24.42%。实现旅游综合收入1649.4万元，较2020年同比增长27.72%。

2021年8月9日，隆子县旅游发展局局长桑吉卓玛（左三）带队到斗玉村摸底调查家庭旅馆改造及旅游基础设施建设情况

【新冠肺炎疫情防控】 2021年，根据中央、区、市、县关于统筹抓好疫情防控和经济发展工作要求，县旅发局充分履行行业职能监管职责，按照科学、精准、严格要求，有力开展疫情防控各项工作。积极推进疫苗接种，截至年底，县旅发局5人已完成前两剂疫苗接种，待符合条件后将及时完成第三剂疫苗接种；进一步做好藏易通健康码的推广使用，为144户家庭旅馆发放藏易通二维码，并要求游客查码入住。从严控制旅游团队规模，严禁接待从涉疫省份出发或有涉疫省份旅居史的旅行团。

【旅游宣传】 2021年，隆子县旅游发展局深入发掘玉麦乡爱国守边精神，剖析阐述玉麦自然人文景区爱国守边精神蕴含的思想内核和时代价值，加强与西藏绿洲、山南国旅等旅行社合作，设计《重温红色历史传承革命精神》精品旅游线路，购买统一服装，制作红色旅游宣传横幅，进一步完善玉麦红色景区讲解词，生动鲜活讲好玉麦爱国守边故事，讲好新时代西藏长足发展和长治久安的故事，充分展示西藏和平解放70年的光辉历程。结合实际积极策划庆祝建党100周年，西藏和平解放70周年群众性主题传教育活动，推出主题突出、内涵丰富、形式新颖、更具吸引和品牌特色的旅游项目，充分发挥红色旅游景区（点）的教育功能。隆子县旅发局以玉麦爱国守边精神、列麦精神、沙棘精神为载体，对玉麦乡桑杰曲巴老人故居、列麦精神纪念馆和沙棘林开展旅游宣传，做好引路人、当好讲解员。在“5·19”中国旅游日、“6·5”世界环保日、“6·16”安全生产咨询日、食品安全宣传周等活动，联合相关部门在人员密集场所及景区、景点一线广泛宣传隆子县旅游资源、旅游安全生产、旅游行业扫黑除恶专项斗争以及生态环保等方面的旅游相关知识。全年共开展宣传活动7次，悬挂旅游宣传横幅7条，张贴宣传标语31份，发放《旅游安全知识》《旅游生态环境保护宣传单》《旅游交通安全宣传单》《雪域天骄》《旅游安全常识》《旅游出游提示》等宣传资料3000余份。

【旅游推介】 2021年，隆子县旅游发展局由分管县领导和局主要领导亲自带队，分别参加了在拉萨举办的西藏人游山南旅游推介会、在山南举办的雪域领袖藏源山南2021“冬游西藏”山南“3+1”

精品旅游线路采风活动以及在湖南举办的旅游推介活动，现场向广大区内外游客推介隆子旅游景区景点和旅游线路并宣传促销带去的精心挑选的隆子县优质旅游特色产品，起到良好宣传效果，让红色隆子，盛世边疆走进千家万户。

坚持规划先行，引领旅游业更好发展。在隆子县扎日、玉麦、斗玉等重点景区景点着手实施总投资140万元的全县全域旅游发展规划及斗玉珞巴民俗文化体验区和扎日自然风景观光区设计规划。目前已通过县里评审。到扎日、玉麦、斗玉等景区景点一线，实施编撰出版藏语和汉语的隆子县沿边旅游文化指南。截至年底，出版的藏语和汉语版已获初审通过。对扎日、玉麦景区一线摸底调查隆子县旅游资源和发展情况，并针对调研情况为下一步旅游发展规划提出了很好的意见建议，对收集到的相关意见建议进行了梳理汇总，加大同规划公司的对接力度，进一步补充完善全县旅游规划，确保规划的科学性和可操作性。积极配合上级旅发部门开展《山南市全域旅游发展规划》《山南市“十四五”旅游发展规划》《山南市边境旅游发展规划》，将隆子旅游发展规划融入其中，为下一步旅游项目争取、项目落地提供遵循。

【景区基础配套设施建设】 2021年，新建、续建旅游重点项目共有4个，总投资共计4135.89万元。在玉麦自然人文景区实施总投资300万元的玉麦乡观景台建设项目，已竣工并投入使用。实施总投资1500万元的集游客问询求助、餐饮、住宿、购物、休闲、娱乐为一体的玉麦乡旅游公共服务配套建设项目，已完成工程进度的85%，因建设过程中施工企业管理问题导致延期；在扎日自然风景观光区实施总投资1335.89万元隆子县扎日乡庄那、桑巴东边境小康村建设项目廊桥工程，已验收完成并投入使用。实施总投资1000万元的扎日洛河景区建设项目，已完成建设。以上项目的实施极大地弥补隆子县景区基础配套设施薄弱短板、满足游客基本需求、带动当地群众就业增收。

落实巩固提升脱贫成果同全面推进乡村振兴有效衔接，促进群众就近就便增收。县旅发局将民宿发展作为农牧民群众增收的新引擎，持续增加群众经营性收入，2021年，按照精准扶贫、精准脱贫、乡村振兴的要求，筛选识别出符合要求的110户家庭旅馆，进行家庭旅馆改造，其中玉麦乡投资250万元改造50户，扎日乡投资300万元改造60户。积极争取家庭旅馆从业人员培训，改善旅游软硬件条件，有效提升了旅游从业人员公共服务能力和技能水平。吸引更多的游客来到隆子打卡消费，让更多群众端上旅游碗、吃上旅游饭、走上致富路。

【学习教育活动】 2021年，隆子县旅发局按照县委部署要求，高度重视理论学习，把理论学习摆在突出位置，作为政治责任、精神追求和工作需要来抓，成立“三更”专题教育和党史教育领导小组，局长担任组长，副局长担任副组长，局全体党员干部为成员，加强意识形态教育，认真履行第一责任人职责，带头学、带头讲、带头写、带头用，亲自部署学习任务，将党史学习教育贯穿全年，认真学习贯彻习近平总书记在党史学习教育动员会上的重要讲话精神，以全面学习党史为重点，深刻领会党的百年奋斗

2021年12月8日，隆子县旅游发展局召集乡政府、施工方、监理、设计开展扎日乡特色民宿竣工验收工作

史，深化对马克思主义中国化成就的认识，特别是对习近平新时代中国特色社会主义思想的认识。并以此为指导，不断深化对党的历史的系统把握，继承传统，立足当前，开创未来。增强“四个意识”、坚定“四个自信”、做到“两个维护”，不断提高政治判断力、政治领悟力、政治执行力。全年共开展了集中学习 30 余次，专题研讨 10 次，深入基层调研 2 次。

【机构领导】

局　长

桑吉卓玛（女，藏族）

副局长

李 剑 平

米玛次仁（藏族）

文化（文物）

【概况】 隆子县文化（文物）局成立于 2019 年，下设隆子县文化综合服务中心、隆子县艺术团、11 个乡镇综合文化服务中心。隆子县文化（文物）局总编制 13 人，实有 18 人，文化（文物）局核定编制总数 6 名，在编 6 人，领导职数实有 3 人；县综合文化服务中心共有编制 7 名，实有 13 人（包括后勤工人 1 名），县艺术团实有 27 人（其中公益性 22 人、临时工 5 人）。

【公共文化服务体系建设】 2021 年，隆子县文化（文物）局以第二批国家公共文化服务体系示范区创新发展复核工作为契机，对文化活动中心设施设备、宣传内容等进行了更新，年初投入 23 万余元对文化活动中心窗户进行了全面的更换，投入 8 万余元配备了 520 余册图书、2 台乒乓球台、3 台空调和地毯等设施设备，进一步优化了公共文化服务内容，有效满足群众精神文化需求。同时，加大文化活动中心免费开放力度，先后举办了第二期公共文化服务体系建设与效能提升、非物质文化遗产知识讲座、第一期免费教学优秀民族舞蹈培训班、文化市场法律法规知识专题培训班、藏传佛教教职人员培训班等 5 期培训。积极申报扎日乡、玉麦乡文化站项目；先后 3 次深入各乡镇督导调研公共文化服务体系建设情况、免费开放的文化阵地发挥作用情况，针对各乡镇存在的阵地使用率低、文化经费未发挥应有作用等突出问题，提出了整改意见，为规范文化阵地管理使用奠定了良好的基础；投入 113 万元购买并完成发放 80 家农家书屋和图书室图书；在“4·23”世界读书日期间，结合党史学习教育和新时代文明实践活动，组织文化志愿者开展阅读进乡村、进校园、进街道活动，共发放各类书籍 800 余册、悬挂宣传横幅 3 条。同时，各乡镇、村居积极动员基层文化工作者和志愿者，在文化站、农家书屋组织党员干部群众开展了形式多样的“读书日·读党史”系列活动，引导全县各族干部群众把阅读作为一种追求，一种爱好，一种健康的生活方式，努力营造全民读书的良好氛围；4 月 15 日起，组织县艺术团演员分九组排练编排了群众喜闻乐见、丰富多样的广场文化节目 17 个，并从 5 月 6 日至 9 月 30 日由县艺术团演职人员，坚持每晚一个半小时的广场文化活动，共 120 场次，平均每晚参与 200 人，成为广大干部群众茶余饭后的好去处、强身健体的好平台。

【文化文艺事业】 2021 年，隆子

2021年11月4日，隆子县文化（文物）局特邀山南市文化局非遗科负责人、藏戏专家举行曲果当藏戏队藏戏复排剧目汇报演出

县艺术团在去年村级文艺演出队培训的基础上，分别到准巴乡、斗玉乡、扎日乡、玉麦乡对村级文艺演出队进行为期15天的培训，每到一个点，前期召开培训动员会，中期开展业务督导会，后期开展培训成果验收总结会。截至年底，81个行政村文艺演出队1368名成员全部轮训一遍，实现文化惠民10余万人次，做到了“乡镇全覆盖、村居全覆盖、人员全覆盖”；组织艺术团先后深入基层乡村、企业、养护段、学校、部队广泛开展了“翻身解放把歌唱·永世不忘共产党”庆祝西藏百万农奴解放纪念日暨“五下乡”服务启动仪式、新时代文明实践活动之文艺下乡志愿服务活动、隆子县热烈庆祝中国共产党成立100周年和西藏和平解放70周年暨“我们的中国梦——文化进万家”活动和“永远跟党走”群众性文化活动、“习近平总书记在西藏视察时的重要讲话精神”文艺巡回宣讲活动等各类文艺演出下基层活动73场次，先后到琼结、乃东、错那县开展跨县交流演出8场次，山南市艺术团到隆子县开展“学党史、为民服务”演出18场次，81支行政村文艺演出队开展各类演出300余场次，切实把文化惠民送到了群众身边和心坎上，极大地丰富和满足了全县干部群众的精神文化生活；先后组织县艺术团、叶巴藏戏队、曲古当藏戏队深入乡村、企业开展“戏曲进乡村”19场；以“送培下村”、文艺进基层为契机，县艺术团演员深入基层、深入群众开展文艺创作采风，鼓励演职人员积极创作节目。2021年，县艺术团创作舞蹈类节目《黑青稞酒》《扎念韵》，表演唱《嘴的惩罚》，独唱类《新年好》《感恩父母》《隆子姑娘》《恋人》等9部作品。

2021年6月8日，隆子县开展以“人民的非遗人民共享”为主题的系列“文化与自然遗产日”非遗展演展销活动

【非物质文化遗产保护】 6月8日至9日，在县常德广场开展了非遗产品展销、非遗项目展演、非遗知识宣传和优秀非物质文化遗产项目传承人表彰等形式多样的“文化和自然遗产日”系列活动，参展合作社13家、非遗项目6个，发放非遗宣传资料300余份，仅2天时间，非遗产品销售额5万余元，营造了保护和传承非物质文化遗产浓厚社会氛围；全面实施投入64万元的国家级非物质文化遗产项目珞巴服饰保护工程；投入10万元对热容乡曲古当藏戏队进行了专业的培训和传习活动；投入9万元组织艺术团、叶巴藏戏开展“戏曲进乡村”活动。9月11日至12日，县文化（文物）局分两个考核组，通过实地查看、听取汇报等形式，对全县24个非物质文化遗产传承人进行了全面的考核，对考核中存在的问题提出了整改要求，并对考核合格的非遗传承人兑现了补助资金9万元。

【学习教育】 2021年，隆子县文化（文物）局围绕中国共产党成立100周年和西藏和平解放70周年主题，为深入贯彻落实习近平新时代中国特色社会主义思想和新时代党的治藏方略，传承和发扬爱国守边精神、列麦精神和沙棘精神，开展“三更”专题学习教育9次、专题研讨会5次；组织干部职工集中观看警示教育片3次，集中学习违纪违法党员干部典型案例7次；开展党史学习教育专题研讨3次、专题学习17次；开展集中维修各行政村文艺演出队音响设备、文艺惠民等“我为群众办实事”活动14场；组织党员干部到列麦精神纪念馆、斗玉张贵荣纪念碑等红色教育基地参观学习3次。

【文物保护】 2021年,隆子县文化(文物)局把文物保护和安全放在首要位置,强化监督检查,落实部门责任,有力保障了各类文物的安全。为逐级落实文物安全责任,健全文物安全责任体系,把文物安全工作任务落到每处文物点,确保文物保护工作不留死角和盲区,与各乡镇、寺管会签订了《文物安全责任书》,与野外文物保护看管人员签订了2021年度安全目标责任书,并于6月17日深入自治区级野外文物点对看管人员履职尽责情况进行了全面的督导检查,确保了野外文物点的安全。同时发放了文物巡查登记本、文物每日用火用电登记本;先后19次通过专项检查、联合检查等形式,加大对隆子县各级文物保护单位的监督检查力度,及时排查各类安全隐患,确保各类文物安全。

文物保护项目。积极做好2018年开工的仲嘎曲德寺安防工程项目收尾工作,对存在的问题积极与施工单位对接,进行了整改落实。顺利完成投资4.4万元的两处红色革命文物点(列麦人民公社旧址和张贵荣烈士纪念碑)和两处自治区级文物保护单位(直那古如拉康、达孜寺)的立牌工作。

【机构领导】

局 长

刘 祥 棋(5月免)

格桑卓玛(女,藏族,6月任)

副局长

索朗措姆(女,藏族)

贡步仁青(藏族,4月任)

农业农村

【概况】 1959年,中共隆子县委、县人民政府成立后,县委设农牧部,负责全县农牧工作。1962年,县委农牧部撤销,工作职能移交县财粮科。1976年,设立县农牧科,具体负责全县农牧工作。1984年,县农牧科更名为县农牧局。2019年4月,按照上级机构改革相关精神,原隆子县农牧局重新整合成隆子县农业农村局,加挂西藏隆子县科学技术局和西藏隆子县乡村产业发展局牌子,是隆子县人民政府工作部门,为正科级单位。2021年,局机关有行政干部4人,事业干部27人,其中男19人,女12人。党员19人。本科28人,大专2人,中专(高中)1人。

【种子田基地建设】 2021年,隆子县共种植种子田5600亩,主要分布在日当镇、隆子镇、列麦乡、加玉4个乡镇。主要品种有(自治区级二级种子田)山冬7号500亩、藏青2000型350亩、山青9号150亩、喜拉22号600亩。黑青稞4000亩(县级二级种子田),种子精选率及包衣率达100%,全面通过自治区及验收。

【畜牧业】 2021年,隆子县畜牧业肉、奶类产量,经统计,奶产量12006.3吨,加工1020吨,奶产品6591.78吨,肉产量1853.48吨,肉商品1218.05吨。

【基本项目建设】 2021年,隆子县农业农村局开复工的项目共有11个,涉及投资7778.96万元,分别为2020年高标准农田建设项目、2020年黄改点建设项目、2021年隆子镇堂徒村高寒羊圈建设项目、2021年热荣乡沃塘村水渠项目、2021年人工种草项目、2021年三林乡格西村水渠项目、2021年日当镇曲国堂田间渠道项目、2021年牲畜标准化养殖建设项目、2021年县级基层农技服务体系建设项目、2020年耕地围栏保护建设项目、2021年连片人工种草项目。

【农牧科技项目实施】 2021年,隆子县农业农村局实施科技项目共3个,涉及投资894万元,分别为西藏野生濒危(食药两用)藏药材人工驯化项目、隆子县黑青稞精酿啤酒产业化开发、隆子县藏黑鸡原种繁育及标准化养殖技术集成示范。

【三品一标】 2021年,隆子县农业农村局为切实提高品牌影响力,提升农畜产品的附加值,继续加大力度申报“三品一标”认证工作。2021年,西藏隆子县隆子镇忙错藏黑鸡养殖专业合作社的藏黑鸡蛋顺利获批A级绿色食品产品证书。

2021年7月15日，西藏自治区推广中心主任隆英、西藏自治区农科院高级农技师唐浩峰在隆子县验收二级种子田

【科技培训】 黄牛改良培训，改良牛科学饲养管理、牛发情鉴定、妊娠诊断，实地操作训练，人工授精技术。通过以会代训，提升黄改产业技术广泛运用于畜牧业的生产实际，进一步改善传统畜牧业生产经营方式；有利于提高群众对科学养畜、发展奶牛养殖业的积极性；有利于提高基层黄改点技术实际操作能力，培养和扶持更多的懂技术、会管理、参与到畜牧业产业化发展领域，加快隆子县黄牛改良产业发展，不断提升黄牛改良品质和数量，强化良种繁育，着力打造隆子县黄牛产业品牌，进一步建立和完善黄改工作长效机制，巩固和扩大黄牛改良工作成果，提高黄牛改良经济效益和社会效益，促进农牧民增收。

【农畜产品质量安全】 2021年，隆子县农业农村局严格按照相关程序，开展主体资格审查，对采购的农药、兽药、饲料及种子等农业投入品，实行备案登记制度，严格执行《中华人民共和国农产品质量安全法》《农药管理条例》《兽药管理条例》等涉农法律法规，强化农业投入品的源头安全管理。组织农业推广、兽防技术服务站技术力量，加强对农产品生产销售过程的监督和指导。不定期组织工作人员检查县农贸市场肉类（冻肉）产品检疫合格票据、进货台账登记、是否有三无肉类产品及过期产品、食品卫生等。截至年底，累计检查6次。不定期深入各类规模养殖场和养殖专业合作社，排查是否存在使用饲料添加剂等现象，全年累计排查5次，同时发放农畜产品合格证书150张，同时明确对该合作社销售的产品进行承诺，确保隆子县农畜产品质量健康发展。严格查阅牲畜春防重大动物免疫登记卡，动物检疫办证流程办理工作，对畜禽和动物产品调出运载工具消毒并进行详细台账登记。2021年，全县利用机打电子出证动物a、动物b检疫证共计82张，出证动物产品a、动物产品b检疫证共计35张。据电子出证数据统计，隆子县活畜出栏数达到4023头（只、匹），其中牛513头，羊3320只，驴和马190匹；动物肉产品出售量共计90.5吨，其中牦牛肉产品47.53吨，羊肉产品993.5公斤，猪产品182.5公斤。

【乡村振兴】 2021年，隆子县农业农村局结合“喜迎建党100周年、西藏和平解放70周年”，及时下发《关于开展“喜迎建党100周年和西藏和平解放70周年”村庄清洁行动》通知文件，结合党史学习教育深入基层围绕“四清两改”开展村庄清洁行动宣讲，发放800余份主题为“打造美丽乡村、共建美好家园”的致广大农牧民群众的一封信。年内，累计清理垃圾125.6吨，参与26814人次，清理村内沟渠198.6千米，清理村内乱堆乱放249处，形成人人参与村庄环境整治的良好氛围。

*农户厕所改造。*认真贯彻落实《农业农村部关于贯彻落实习近平总书记重要指示精神坚决克服当前农村改厕突出问题的通知》精神及区、市关于农村改厕工作的安排部署，深入各乡（镇）开展全县农村户厕改造动员部署会，发放“抓好小厕所、改善大民生”为主题的厕所革命宣传手册共计600份，改造涉及9个乡（镇）下辖70个行政村5271户。

*创建美丽休闲乡村。*按照上级《关于创建农村人居环境整治美丽宜居示范村申报创建工作的

通知》要求，认真开展美丽休闲、幸福宜居、干净整洁示范村申报工作并取得可喜成绩。

【队伍建设】 2021年，隆子县农业农村局结合深入学习贯彻中共十九大精神和习近平总书记重要指示批示，强化干部行为习惯养成教育，增强干部职工讲政治、能吃苦、讲作风、比业绩的意识，提高干部职工政治思想素质。着力加强干部职工教育培训，大力提高干部职工的业务水平。以下派干部经常下乡锻炼等方式，鼓励干部深入基层开展农牧技术指导，提高干部职工的服务水平和实际工作能力。结合县委"纠'四风，树新风"活动、加强干部队伍制度建设，用制度管人管事，坚持从严监督执纪，形成震慑，实现了风清气正的工作氛围。

【隆子县四黑产业】

隆子县黑青稞　因其颖壳及籽粒表皮呈现黑紫色而命名，是在隆子县特殊气候条件下，经过长期驯化种植而形成的特有地方品种。青稞是禾本科大麦属的一种，分为白青稞、黑青稞、紫青稞等种类。在植物学上，黑青稞的种子为颖果，籽粒是裸粒，与颖壳完全分离。籽粒长6—9毫米，宽2—3毫米，形状有椭圆形、菱形，青稞籽粒皮比大麦表面更光滑，颜色黑紫色及黑色等。该品种适宜生长在海拔3000—4500米之间。

据民间传说，公元712年金成公主入藏，经过隆子河谷"内嘎沃"地段时不慎从邦典(指藏式围裙)中落下的几粒黑青稞种子，之后该品种在隆子的特殊气候、土壤及水质条件下，经过长期驯化形成了现在独特的"隆子黑青稞"品种。

隆子黑青稞中膳食纤维含量普遍较高,(12.76毫克/100克—19.12毫克/100克)，几乎是小麦粉的2倍以上。而且粗纤维含量(1.84毫克/100克—2.36毫克/100克)与小麦粉含量接近，对于清除体内毒素具有很好的功效。含有微量元素硒，编号为SP201510425样品中检出硒的含量为3.21微克/100克。硒有抗癌、抗氧化、增强人体免疫力、拮抗有害重金属、调节脂溶性维生素的吸收与利用、调节蛋白质的合成、增强生殖功能等作用。含有丰富的维生素，隆子黑青稞中维生素B_1(含量0.206毫克/100克—0.407毫克/100克)和维生素B_6(0.332毫克/100克—2.85毫克/100克)，这些物质对促进人体健康发育均有积极的作用。含有氯化花青素、氯化花翠素和氯化锦葵素。经湖北出入境检验检疫局检验检疫技术中心、湖北省食品质量安全监督检验研究院对隆子黑青稞中的六种花青素(氯化花翠素、氯化花青素、氯化花葵素、氯化芍药素、氯化锦葵素和矮牵牛素)成分进行检测后发现，送检9个青稞样品都检出了氯化花翠素(18.8毫克/千克—33.7毫克/千克)、氯化花青素(13.3毫克/千克—84.7毫克/千克)和氯化锦葵素(2.0毫克/千克—8.0毫克/千克)3种成分。一般来说，青稞的颜色越深花青素的含量越高，而小麦中几乎不含有花青素成分。

黑青稞种植核心区遵循"七统一"原则，即统一供种、统一供药、统一供肥、统一包衣、统一机播、终一管理、统一收割，使得黑青稞种子纯度进一步提升，种子包衣率均达到了100%，全县种植黑青稞区域耕地的机耕、机播、机收的比例为100：78：100，黑青稞种植面积从1.3万亩提高到3.05

2021年9月8日，隆子县举行第五届"聂雄杯"西藏高原黑白花优质奶牛竞赛暨农民丰收节庆祝活动

万亩，单产从245千克/亩提高到280千克/亩，辐射带动群众4231户，年均产量达8540吨，为黑青稞产品加工提供充足的原料。

隆子黑青稞作为一个当地特色品种，自2017年以来先后荣获农产品国家地理标志认证、隆子黑青稞无公害认证、商品条码证书认证，完成隆子黑青稞国家地理标志产品保护、隆子黑青稞糌粑国家地理标志产品保护及隆子黑青稞地理标志商标注册。同时在“2018年国际商标博览节”上荣获金奖，2019年隆子黑青稞获“中国气候好产品”荣誉，为提高黑青稞附加值打下坚实的基础。

隆子县黄牛改良（黑白花） 隆子的黄牛改良工作始于20世纪70年代末，在历届领导的坚强领导和技术人员的不懈努力下，先后经历了试验探索阶段、初见成效阶段、形成规模阶段及现在发展阶段。全县共设有47个黄改点，黄改配种员有66人，覆盖49个行政村，改良牛总共有14021头，其中适龄母畜共有6107头，改良率达95%以上。2021年黄牛改良冻配任务有4300头，实际完成冻配数有4798头，完成率达111.5%，复配数156头，复配率3.25%，新生犊牛共有5554头，出生率达86.1%，成活数5452头，成活率98.2%，流产57头，2021年隆子县河谷一带出售公犊数1733头，创收846.21万元，户均增收1165元。

隆子县黑藏猪 隆子县藏香猪品种主要由林芝藏香猪、隆子县当地藏香猪品种，适应平均海拔3400米高寒地区的一种独特品种。截至年底，隆子县累计投资1474.24万元（其中国家投资1318.24万元、群众自筹156万元），分别在三林乡格西村、边久林村、斗玉乡斗玉村、准巴乡智能村建立了4个藏猪集中养殖基地，2021年生猪存栏达到2400余头，出栏数550头，产肉量达13.75吨，产值137.5万元。

隆子县黑藏鸡 隆子县黑藏鸡是属本地的藏鸡品种，具有较强的抗高反和觅食能力，适宜于在海拔3300—4100米农区养殖。2021年，隆子县通过争取项目资金逐步扩大黑藏鸡数量，提升规模化养殖，全县内共有3.75万羽，其中散养数量1.59万羽，集中2.16万羽；年均蛋产量达106万枚，其中散养黑藏鸡产蛋量38万枚，集中养殖黑藏鸡产蛋量达68万枚。

【机构领导】

局　长

仁增拉宗（女，藏族）

副局长

次仁欧珠（藏族）

土　旦（藏族）

李奎毅

水利

【概况】 2021年，隆子县水利局在县委、县政府的坚强领导和市水利局有力指导下，坚持以新发展理念为引领，聚焦重点，紧盯目标，砥砺奋进，着力抓好水利重点项目建设、农田水利灌溉、防汛救灾、项目前期、推行河长制、最严格水资源管理、水利扶贫等工作。其中重点水利工程总投资1.9亿元，完成投资1.33亿元。2021年，县水利局共有行政编制4名，领导职数3名；事业编制8名，水电站编制8名。当前在编正式干部14名，项目技术指导员1名，河长制专干1名，三支一扶支农水利岗位1名

【水资源及水系】 2021年隆子县严格落实用水总量控制目标。根据山南市分解控制性指标，2021年全县用水总量控制指标为0.505亿立方米，实际用水总量为0.4664亿立方米，其中农业用水0.4011亿立方米、生活用水0.0318亿立方米、工业用水0.0171亿立方米、人工生态环境补水0.0164亿立方米。

隆子县河流均属西巴霞曲（雄曲河）水系，其主要支流有色曲、多曲、洛河（扎日曲）、玉麦曲。在高山峡谷中长期流水的支流有41条，其中积水面积达100平方千米的河流有5条。县境内有大小湖泊65个，总面积33平方千米。

【水资源开发及管理】 2021年，隆子县水利局严格按照上级水行政主管部门关于“强化思想认识、主体责任、监督管理、污染防治和经费保障，切实提高水资源论证、取水许可、计划用水、水资源费征收比例”等工作要求，积极贯彻落实整改。加强最严格水资源管理制度，领导成员单位之间的沟通、

2021年8月3日，自治区水利厅农水处处长洛旦一行到隆子县检查指导水利项目建设及农业水价改革工作开展情况

协调，巩固联席会议制度，确保实行最严格水资源管理制度得到有效落实。加大最严格水资源管理力度，理顺管理体制，以取水许可、水资源费征收、计划用水为重点，水资源管理覆盖全县9个乡2个镇80个行政村。在全县开展入河排污口监督检查，联合县住建局、环保局，组织相关负责人员对辖区内所有入河排污口进行详细调查，填写登记表，建立管理台账，并对重要入河排污口水质水量进行监测。在水法宣传上突出创新，围绕最严格水资源管理，创新宣传形式，创新宣传渠道，全方位、多视角加大宣传力度，特别是针对管理对象面对面的宣传，建立管理户回访制度，提高了取用水户的认知意识，营造了良好的管理氛围。

【项目建设】 2021年，隆子县水利项目到位总投资1.9亿元，涉及工程项目14个，其中续建项目1个，新建项目13个（已完工6个，在建项目7个）。

【重点工程】 大力实施中小型灌区配套工程。加玉灌区及配套工程、隆子镇宗米林灌区工程、隆子县隆子河灌区续建配套与节水改造工程，实施项目共3个，总投资8250.09万元。

全面治理中小河流及防洪设施。隆子河日当下段治理工程、洛河扎日乡段防洪堤工程、隆子镇宗雪村防洪堤工程、隆子镇娘嘎村水渠防洪堤项目、隆子镇娘嘎朗曲防洪堤工程，实施项目5个，投资6636.31万元。

改善水利基础设施建设。隆子县加玉乡切麦村经济林种植基地修建渠系建设项目、隆子县三林乡来木村水渠项目、隆子镇娘嘎草场灌溉工程，实施小型配套水渠项目3个，投资1040万元。

加强水土保持工作。续建一个热荣乡沃塘流域水土保持综合治理工程、隆子县日当镇曲古塘水土保持综合治理工程、隆子县隆子镇新巴村水土保持综合治理工程，实施水土保持项目3个，总投资3077.89万元。

【民生水利】 2021年，隆子县水利局实施农村饮水工程19个点，总投资877元，解决玉麦乡、雪沙米西村、下木达村、当子村，日当镇日当村、加玉切麦村，隆子县机场安置点加洛村、扎果村等的饮水困难问题。在丰水期、枯水

2021年11月11日，市水利局局长念扎（中）到隆子县实地查看塘东水库建设征地情况

期对全县饮水点进行水质检测，2021年共检测样品294份，检测点147个，达到农村饮水检测点全覆盖。

【水政水保】 2021年，隆子县水利局实施水土保持项目3个，共计投资3077.89万元，完成投资1450.43万元。续建一个热荣乡沃塘流域水土保持综合治理工程，项目总投资924.73万元；隆子县日当镇曲古塘水土保持综合治理工程，项目总投资657.16万元，截至年底，完成投资525.7万元，完成总投资的80%；隆子县隆子镇新巴村水土保持综合治理工程，项目总投资1496万元，计划2022年3月开工。

2021年9月7日，隆子县河（湖）长制管理系统培训班开班仪式举行

【"河湖长制"工作】

动态调整领导机制，实现河湖管理常态化。县乡领导班子换届完成后，及时调整充实了全县河（湖）长制工作领导小组和县级河长名录，进一步加强了对河（湖）长制工作的领导，有序构建了责任明确、协调有序、监管严格、保护有力的河道管理机制，确保了河（湖）长制全面覆盖、常抓不懈。印发《关于全面加强县乡村级三级河（湖）长巡河工作的通知》，明确了县乡村三级河（湖）长巡河频次和巡河要求，规定县级河长巡河次数至少每季度1次，全年不少于4次；乡镇级河长巡河次数至少每月1次，全年不少于12次；村级河长巡河次数至少每周1次，全年不少于52次。管理系统启用以来，上年县级河长累计巡河22次，达到县级巡河目标的84.6%。县河湖长办严格按照要求对全县河湖长公示牌内容进行了核查，并于上年10月底全面完成了14块县级河长公示牌更换工作。

明确河湖保护和治理范围。充分利用"山南市河湖保护宣传周""世界水日"等节点组织开展河湖保护主题宣传活动，提高广大干部群众的河湖管护意识，动员广大干部群众参与到河湖管理、保护和治理工作中，2021年全县范围内共开展河湖长制宣传活动37次，受众4300余人次。利用电子显示屏、宣传栏、微信群、悬挂横幅标语等方式，大力宣传河（湖）长制工作，悬挂河（湖）长制横幅20余条，张贴宣传标语400余条，张贴宣传画600余份，发放宣传册1100余份，营造了浓厚的工作氛围。全面开展河湖垃圾清理工作。按照"一河一长、条块结合、属地管理"的原则，由河长指导、协调和监督，推进河流、水库、渠道等河湖垃圾清理工作，全年共出动车辆27台次，人员1300余人次，清理河道垃圾35吨，全面完成"乱占、乱采、乱堆、乱建"等现象的整治工作，河湖生态得到修复，河湖面貌得到改观。充分发挥河（湖）长制平台作用，压实河（湖）长责任、强化部门协作、加强区域联动、引导社会参与，积极推进构建责任明确、分级管理、监管严格、保护有力的河湖管理工作格局。将河道清理整治和采砂整治作为重点，制定了《隆子县河湖管理办法》，建立了河湖"清四乱"监管长效机制，严格管控河道砂石资源开采，严厉打击非法采砂行为，实行治河与采砂相结合，推动河道治理和生态修复。

【生态综合整治】 2021年，隆子县水利局为加强隐患排查和整治，汛前对阻碍行洪的河道进行清淤，并检查整改存在安全隐患的点，形成《隆子县防汛隐患点登记档案本》，抓紧完成新建防洪堤项目的实施，在汛期前，完成项目建设4个，完成投资130万元，维修加固防洪堤工程2千米，提前投入使用。

*农村饮水工程建设情况。*水源保护。动员各乡镇组织群众对饮用水源进行垃圾、牲畜粪便、枯枝腐叶等清理，对全县饮用水源设立网围栏、标志牌，防止牲畜进入；对全县蓄水池清淤、清洗、消毒进行指导，组织农村居民对全县的蓄水池进行清淤、清洗、消毒，并长期坚持，每年至少进行清淤、清洗、消毒4次；加大饮水安全宣传指导力度，严格执行运行管理制度，教育引导群众安装净水设备，过滤饮用水中的有害物质和细菌，引导群众养成喝开水的习惯；通过工程措施来改善水质，全县新建、改扩建的19个农村饮水点，通过提高设计标准、加大开挖深度、采用机井供水等方式，利用工程措施有效改善农村饮水的水质。5月，县水利局召集设计方、施工方、监理方对农村安全饮水工程进行竣工验收，各饮水工程均能良好运行，顺利通过验收。同时，将农村饮水水质检测列入每年的财政预算，重点开展丰水期、枯水期的水质检测工作。争取市级财政资金235万元，用于5个人饮点维修养护。全年累计共检测水质样品508份，检测点153个，达到农村饮水检测点全覆盖。对检测出来的水质不达标问题及时整改，整改后的合格率达100%，群众满意度达95%以上。

【防汛抗灾】 2021年，隆子县水利局实行防汛抗旱责任制，调整充实防汛抗旱指挥部成员。与市防汛抗旱指挥部签订《防汛抗旱责任书》，与各乡镇签订《防汛抗旱责任书》。县委、县政府高度重视，组织召开防汛工作调度会议4次，及时通报工作中发现的问题，安排部署下一步工作重点。严格执行防汛抗旱带班值班制度，自6月1日起执行2021年隆子县防汛值班制度，坚持做到24小时带班值班，建立县防汛工作群，并每天早上4点30分前汇总当天的防汛情况。

加强抢险救灾演练，2021年8月27日，在隆子镇新巴村开展山洪灾害防御应急转移演练活动，参与群众400余人。

严格阿涡夺水库值班巡查制度，关注雨情、水情变化，合理调节水库库容。

提前储备物资，及时发放物资。全年共储备应急抢险物资编织袋40300万条、储备铅丝笼260卷、铁丝200卷、十字镐10把、铁锹10把、救生衣15件、灭火器2台。同时根据各乡镇上报需求，采购21.46万元防汛物资，及时发放到位。全年发放编织袋25720条、铅丝笼217卷、铁丝99卷、雨衣8件、雨鞋7双、强光灯7个、铁锹10把、十字镐10个。入汛以来，全县各受灾区域河道和山沟清淤共投资128.52万元。

【落实应急值班制度】 2021年，隆子县水利局严格按照县委、县政府、县国安办以及上级水利部门要求，制定水利局防汛值班制度、维稳值班制度。在汛期，及时向各乡镇、阿涡夺水库下发值班通知并提出具体的值班要求，保证了2021年全县安全度汛，没有发生汛期安全事故。

【自身队伍建设】 2021年，隆子县水利局高度重视水利领导班子建设，采取有效措施，大力加强班子的思想、作风和组织建设，在县委、县政府以及上级水利部门的重视下，及时补充完善了领导班子，班子内部既分工又合作，急事统筹合作一起抓，平时工作按分工各抓各，不断增强凝聚力和战斗力。坚持把队伍建设置于更加突出的位置，强化教育，规范管理，完善制度，全力打造水利局队伍新形象。

【机构领导】

局　长

　　刘 继 宇

副局长

　　扎西桑珠（藏族）

　　倪 文 桃（5月免）

　　甬　　多（女，藏族，6月任）

林业和草原

【概况】 隆子县森林资源相对集中，主要分布在扎日、玉麦、三林、斗玉、雪萨、准巴、加玉7个乡镇。全县有林地面积（含争议区）46.56万公顷、森林面积40.45万公顷、灌木林面积5.51万公顷，森林覆盖率40.26%（含争议区）。全县草场面积42.71万公顷，可利用草场面积40.85万公顷。野生动植物资源丰富,有长苞冷杉、云南铁杉,红豆杉、巨柏、大果圆柏等珍稀植物20余种。林副产品主要有松茸等多种蘑菇,木耳、蕨菜等多种野菜以及丰富的野生动植物资源。

【公益林管护】 2021年调整后,全县纳入森林生态效益补偿基金项目的公益林218万亩。隆子县共有2个镇9个乡,6个边境乡也包括在补偿范围之内。截至年底,全县共有护林员1633名。2021年,全年兑现生态效益补偿基金1119.95万元。通过实施护林员巡山制度,隆子县生态公益林得到有效保护,林分结构不断改善,林分质量不断提高,森林资源不断增加;森林涵养水源、保持水体、调节气候、降低噪音、净化空气、美化环境等功能大幅提升;对减少水土流失,降低自然灾害损失,提高人民生活质量,优化经济发展环境方面发挥重要作用。

【造林绿化】 通过开展国土绿化"五消除"活动,2021年种树达15.64万株,总投资285万元。

【野生动植物管理】 2021年,隆子县林草局始终把野生动植物资源保护作为林草工作重点,积极推行"保护优先、积极建设"的发展模式。大力宣传野生动植物保护的法律法规,增强全民野生动植物保护法治意识。利用下乡、法制宣传日等,发放各类野生动物保护宣传资料400余份。通过这些宣传,使农牧民群众对野生动植物的保护有了进一步的认识。加大执法检查力度,查处违法经营活动。采取综合执法检查等多种形式,检查违法、违规经营利用野生动植物活动。

【森林管护硬件建设】 2021年,隆子县林草局采取架设网围栏等办法实施封山育林、退牧还草,保护森林资源。扎日乡、准巴乡、斗玉乡、三安曲林乡、玉麦乡设有公益林专业管护站。

【森林病虫害防治】 2021年,隆子县林草局为控制森林病虫害病情蔓延,实施了桦木叶斑病、沙棘春尺蠖、杨柳树鼠兔害的病虫害防治,通过组织群众投功投劳向群众发放病虫害补助7.88万元,进一步提升了隆子县森林资源抵御病虫害的能力。

【森林防火】 2021年,隆子县林草局与乡镇、乡镇与村、村与双联户签订《森林防火目标管理责任书》,把责任层层分解落实到乡、村、户。同时,强化森林防火人防、物防、技防建设,加大森林防火宣传力度,配齐配强森林防火队伍,确保全县森林防火形势平稳可控。由于工作措施到位,2021年全县未发生森林火灾。

【项目建设】 2021年,隆子县林草局通过实施项目带动林业发展。退牧还草建设。2021年实施退牧还草项目20万亩,总投资600万元。小康村园林绿化。总投资490万元,主要对扎日乡、加玉乡进行了小康村绿化。国土绿化。为进一步消除"无树村""无树户""无树路",开展"四旁"植树任务。以本县扶贫苗圃为主购买种苗15.64万株,总投资285万元,对各乡(镇)、村的房屋旁、路旁、水旁、田旁进行植树绿化。

【生态保护】 2021年,隆子县林草局认真贯彻执行《中华人民共和国森林法》《中华人民共和国野

2021年7月21日,林业局局长巴桑(中)在隆子镇娘嘎村检查2020年实施退耕还林项目情况

2021年9月30日，隆子县举行护林员培训开班典礼

生动物保护法》等法律法规，通过开展森林资源管理、野生动植物保护、木材流动巡查等执法工作，加强对森林资源的监督和管理，加大了对乱砍滥伐林木、乱垦滥占林地、乱捕滥猎野生动物、乱采滥挖野生植物等违法犯罪行为的打击力度。

【生态富民】 2021年，隆子县林草局兑现生态效益补偿基金1119.95万元，兑现生态岗位补助资金1278.85万元，通过林草项目动用本地群众带动群众增收40万元。

【森林、草原、湿地资源的监督管理】 2021年，隆子县林草局严格执行《建设项目使用林地审核审批管理办法》和《草原征占用审核审批管理规范》，强化林地、草地定额管理，服务好地方经济发展，积极配合协调解决隆子县境内重大重点工程征占用林地、草地手续办理。及时掌握全县森林资源数据情况，与护林员签订管护合同，落实管护责任。

【队伍建设】 2021年，隆子县林草局把中共十九大精神、十九届历次全会精神和习近平生态文明思想、习近平新时代中国特色社会主义思想作为做好林业和草原工作的重要遵循，要求全局干部职工树牢政治意识、大局意识、核心意识、看齐意识。积极开展党史学习教育和“政治标准要更高、党性要求要更严、组织纪律性要更强”专题教育，进一步提升党员干部的理想信念、宗旨意识和党性修养。将各种违纪违规的苗头控制在萌芽状态，推动林草工作再上新台阶。

【机构领导】

党组书记、局长

扎西桑布（藏族，5月免）

巴　　桑（藏族，6月任）

党组成员、副局长

达　　瓦（藏族）

解 发 钱

医疗保障

【概况】 隆子县医疗保障局（以下简称医保局）于2019年3月份正式挂牌成立，属隆子县人民政府工作部门，为正科级单位。机构编制3名，均为领导职数。根据《关于设立12个县（区）医疗保障服务中心的通知》精神，2020年12月24日批准设立了隆子县医疗保障服务中心，为隆子县医疗保障局所属副科级事业单位，核定事业编制2名，科级领导职数1名。配备医疗保障服务中心3名事业编制人员。2021年，隆子县医保局在编人数8人，实有在岗人数9人（从卫生服务中心借调1名事业编制人员）。2019年6月成立了医保局党支部，支部委员由1名支部书记、1名副支部书记组成。成立初期正式党员5名，截至2021年年底正式党员9名。

【医保基金监督管理】 2021年，隆子县医保局根据《区医保局、区卫健委关于开展医保定点医疗机构专项治理工作的通知》和《西藏自治区医疗保障局关于做好2021年医疗保障基金监管工作的通知》精神，以及认真学习贯彻落实《医疗保障基金使用监督管理条例》相关要求，为了切实打击欺诈骗保行为，确保人民群众的保命钱安全规范有效运行，先后5次组织相关人员深入全县定点医药机构进行了欺诈骗保专项治理检查和年终定点协议考核，检查过程中重点对不合理收费、串换项目(药品)、不规范诊疗、虚构医疗服务以及其他违规行为进行检查治理;积极配合市局组织的专项治理检查组,共同对“两定”医药机构进行监督检查;按照市局通知精神,年底组织人员对县藏医院和两家定点药店进行了年终《基本医疗保险“两定”医疗服务协议》的执行情况考核,根据医疗服务协议和考核指标,逐一进行考核打分,并将考核结果上报市局。经统计,2021年共出动执法人12人次,监管对象11家次。对于日常检查和年度考核中存在的问题,执法人员提出限期整改意见,并做好监督检查记录,要求限期整改到位。

【基本医疗保障筹资和待遇政策】

城乡居民医保资金筹资和待遇落实情况。根据《山南市城乡居民基本医疗保险实施办法(试行)》规定,县医保局严格深入落实城乡居民基本医疗保险政策。在资金筹资方面,2021年城乡居民基本医疗保险各级财政人均补助标准为615元,其中,中央440元、自治区99.5元、市县各37.75元,比2020年人均补助标准提高30元,各级财政资金及时足额到位。按照市局通知精神,居民个人征缴标准实行了三个档次,分别为90元、150元、280元,居民个人筹资标准比2020年增长40元,居民缴费自愿选择缴费档次;2021年居民个人筹资总人数28415人,筹资金额340.4万元,由税务部门征缴后全部上缴国库,全额资助参保人数3705人(6065人员和特殊困难人群),定额资助参保人数4706人(建档立卡户和获得市县表彰的在编僧尼),全额资助和定额资助参保人员的资金由区市财政和医疗救助资金中进行资助。待遇落实方面,严格按照实施办法(试行)规定,开展城乡居民医疗待遇支付工作。截至年底,城乡居民医疗费用报销2414人次(包括县医保中心和县定点医院结算)、报销金额1098.54万元。

2021年9月12日,隆子县医保局局长贡觉卓嘎解答农牧民医保政策咨询

城镇职工医保待遇落实情况。2021年,县医保局严格按照西藏自治区城镇职工医疗保险、生育保险制度和《西藏自治区人民政府关于印发西藏自治区城镇职工医疗保障待遇调整暂行办法的通知》精神,认真落实了干部职工医疗(生育)保险待遇。据统计,截至11月25日,干部职工住院、门特医疗报销404人次,报销金额125.78万元,干部职工生育报销97人次,报销金额136.73万元,经审核确认后给两家定点药店支付职工购药资金共96.16万元,办理换卡(补卡)、医保关系转移接续、支现清户等医保业务共93人次,确保全县干部职工按规定及时享受医保待遇。根据自治区医保局《关于规范做好全区退休人员基本医疗保险个人账户管理工作的通知》精神,全面完成了全县退休人员基本医疗保险参保信息核实和账户资金补扣等工作,为保障退休人员基本医疗保险个人账户规范管理奠定扎实基础。

城乡医疗救助政策落实情况。2021年,县医保局根据《山南市城乡居民医疗救助制度及重特大疾病医疗救助工作实施细则(暂行)》及医疗救助相关规定要求,认真落实城乡困难群众医疗救助政策。据统计,截至12月8日为城乡贫困患者医疗救助共计234人次,救助金额共计265211.06元(包括县医保局和人民医院医疗救助),通过认真救助,切实发挥了医疗救助兜底保障作用,一定程度上防止了因病致贫

2021年10月22日，隆子县医保局局长贡觉卓嘎监督检查定点药店

返贫现象的出现。

【医疗保障公共服务体系和信息化建设】 2021年，隆子县医保局在原县级医疗保障信息化平台建设的基础上，在市局的统一部署下，年底建设了11个乡镇卫生院城乡居民医疗保障信息系统，实现了参保群众在乡镇卫生院住院、门诊医疗费用的直接结算。通过县、乡城乡居民医保信息化的建设，实现了参保居民住院、普通门诊和门诊特殊病医疗费用以及大病保险、医疗救助在县乡医保系统即时结算，有力推动了城乡医保“一站式服务、一窗口办理、一单制结算”工作再上新台阶，大力提升了城乡居民医保工作质量和效率，扭转了群众报销难、报销慢的局面。按照自治区的统一部署，8月开始全区同步切换了国家医保信息系统，居民和职工系统并拢为国家医保信息系统西藏平台，在上级部门的努力协调下，实现了全国联网国家系统的定点医院异地即时结算全覆盖，极大方便了广大参保居民和职工医疗报销。

【其他重点工作】 2021年，隆子县医保局根据山南市2021年城乡居民医保参保征缴工作通知精神，加强参保动员工作，将2021年参保征缴通知传达到各乡镇、各村，以及通过微信群、张贴公告、口头宣传等多种形式进行告知，层层召开参保征缴动员部署会议；广泛宣传居民医保政策，全年深入乡村开展医保政策巡回宣讲共21场次，群众参与人数达826人次，发放城乡医保政策宣传手册17000余份，同时充分利用综治宣传日、《医疗保障基金使用监督管理条例》宣传等各种契机，大力宣传医疗保险、医疗救助、医保基金安全等方面的政策、法律知识，不断提高全县干部群众医保政策的知晓率，群众参保积极性和主动性有了一定的提高。据统计，2021年城乡居民参保人数为32120人，参保率达96.82%，建档立卡贫困人员参保率达100%。认真落实特殊困难人群(包括建档立卡贫困人员)、在编僧尼和女年满60周岁、男年满65周岁实行全额或定额资助参保政策，并按照就高不就低的原则来执行，很大程度上减轻了困难居民负担；积极会同扶贫、民政等部门共同做好低保、特困、重残、贫困等人员的数据比对、数据共享，完善身份标识、识别就诊贫困人口身份信息，从而更加精准落实了建档立卡贫困人员和其他特殊困难人群合规住院和门诊特殊病医疗费用报销比例在原有基础上提高5%的政策规定。

【机构领导】

局 长

贡觉卓嘎(女，藏族)

副局长

旦增曲珍(女，藏族)

雷 梓 修(4月免)

李 敏(女，4月任)

医保中心主任

美朵拉吉(女，藏族，8月免)

疾病预防控制

【概况】 2021年，隆子县疾病预防控制中心(原隆子县卫生防疫站)，有专业技术人员13人，其中副高级职称1人，中级职称4人，初级职称4人，员级4人。中心设有传染病预防控制科、计划免疫规划科、结核病防治科、地方病防治科、慢性病防治科、性病艾滋病防治科、寄生虫病防治科、健康教育与促进科、卫生监督管理科、公共卫生应急管理科、盐碘检测实验室、性病艾滋病初筛实验室等业务科室。

【疾病预防控制与免疫规划】 2021年，全县共报告传染病34例，其中乙类传染病细菌性痢疾2例、慢性乙型肝炎9例、丙类传染病腮腺炎1例、其他传染病手足口病20例，水痘2例。开展AFP（急性弛缓性麻痹病例）监测36次，共监测1753人，未发现阳性病例。适龄儿童疫苗接种率：乙肝疫苗三剂次接种率分别达100%、95%、98%；卡介疫苗接种率达100%；脊灰疫苗三剂次和糖丸加强剂接种率分别达97%、98%、98%、100%；百白破三剂次和加强剂接种率分别达99%、97%、100%、100%；含麻类疫苗二剂次接种率分别达100%、100%；A群流脑疫苗二剂次接种率分别达100%、100%；A+C群流脑疫苗二剂次接种率分别达99%、93%；甲肝减毒活疫苗接种率达99%，全县适龄儿童常规疫苗接种率平均达98.5%以上，均达到上级要求。全年新生儿数347人，建证建卡率达100%，儿童基础疫苗接种率达96.4%。

【结核病防治】 2021年，全县共收治结核病患者47人，其中新发涂阳3例、复治病人4例、无初治失败病例。涂阴患者63例，肺外结核5例，初诊登记128人次，痰检205人次。追踪网络专报48例，接收乡村医生推荐56例，共进行了80次第一次入户及201次随访。全年对11各乡镇开展4次督导检查工作，对289名结核患者进行了第一次入户及随访检查。并对痰菌质量评估（EQA）两次，随机抽样20多张痰片进行复检，未发现异常结果。

【地方病防治】 2021年，隆子县疾病预防控制中心严格落实鼠疫“零报告”和“周报告”制度，广泛开展鼠疫“三报、三不”为主要内容的宣传教育工作。对外来施工单位签订33份鼠疫预防责任书，对县域内旱獭密度调查累计3280公顷，发现旱獭78只，平均旱獭密度为0.02只/公顷，布夹数400夹，鼠体蚤调查13只，探洞数147个；开展保护性灭獭约1200公顷，共堵洞650个，其中投药洞280个，废弃洞370个，共使用11桶磷化铝进行投洞（5500粒），对病死的4只旱獭进行快速抗体检测为阴性，采集动物血清241份，送山南市疾控中心进行复检，结果均为阴性。开展盐碘检测工作，按相关要求随机采集300份居民食用盐进行实验室盐碘检测，结果均合格，居民碘盐覆盖率已达100%。

【慢性病防治】 2021年，全县35岁以上高血压应管理人数2661人，规范管理2661人，规范管理率为100%；糖尿病应管理人数9人，规范管理9人，规范管理率为100%；65岁以上老年人应管理人数2053人，规范管理2053人，规范管理率为100%。管理严重精神障碍患者共83人，其中精神分裂36人、双相情感障碍4人、癫痫所致精神障碍7人、精神发育迟滞型精神病36人，经上级专家危险等级评估3级及以上人数9人，并由专人进行负责管理，并要求各乡镇卫生院对其开展每年不少于4次患者随访；对隆子镇35—75岁年龄段常住居民开展心血管高危人群早期筛查与综合干预复筛工作，共筛查干预315人

2021年11月5日，疾控中心邀请山南市传染病防治科科长、专家次达在隆子县卫生服务中心为全县新冠肺炎疫情防控一线民警及医护人员进行现场和远程讲解

次；对隆子镇、日当镇、热荣乡、雪沙乡、三林乡5所小学及县中学的1420学生分别开展营养监测工作。2021年，全县共报告死亡人数180人，报告死亡率为132/3.4万，分析导致死因前5位疾病分别为高血压型、心脏类疾病和呼吸系统疾病、恶性肿瘤类疾病、脑血管类疾病、意外事故等。

2021年7月1日，隆子县疾控中心核酸实验室评估验收

【性病艾滋病防治】 2021年，隆子县疾病预防控制中心利用农牧民健康体检对群众免费开展HIV、梅毒及丙肝抗体检测，发放宣传资料1871余份、发放安全套500余盒、采集血样共1877例，检测结果均为阴性，现场问卷调查居民艾滋病防治知识知晓率达85%以上。开展性病、艾滋病监测术前检测35例，孕产期检测252例、自愿咨询检测（VCT）27例。联合县公安局、人民医院对全县9家KTV歌舞厅、足浴按摩、朗玛厅等娱乐场所服务人员进行问卷调查，并采集血液标本进行HIV、梅毒及HCV检测，共采集血样77份，艾滋病调查问卷78人次，知晓率达95%以上，HIV检测结果均为阴性，HCV检测结果均为阴性，TP阳性2例，艾滋病高危人群干预覆盖率达到90%以上。

【包虫病防治】 2021年，隆子县疾病预防控制中心随机对日当镇开展居民包虫病抽样监测1012人，无阳性病例发现；开展1–6年级小学生包虫病抽样监测622人，无阳性病例发现；对全县家犬进行粪抗原抽样检测364份，检出阳性8例，检阳率为2.19%。对流浪犬犬粪进行粪抗原抽样检测102份，检出阳性2例，检阳率为1.96%。全县包虫病钙化患者42人；外因死亡6人；药物治疗治愈患者5人；手术治疗共20人，其中治愈患者16人，术后复发患者3人（现药物治疗中），手术治疗禁忌患者1人，规范管理率达99%。

【健康教育与健康促进】 2021年，隆子县疾病预防控制中心健康教育与健康促进工作在上级有关部门的具体指导和县委县政府正确领导下，结合中心实际坚持“以人为本，强化健康”为理念，深化宣传教育活动，以各类健康宣传日为契机，通过海报、手册、咨询、知识讲座、培训会等形式开展健康教育和爱国卫生知识宣传，进一步增强全民自我保健能力，提高全民健康素质。同时加强了各乡镇卫生院健康教育工作宣传力度，建立健全岗位责任制，在各乡镇卫生院设立公共卫生科及健康教育专（兼）职人员，并给予经费支持，确保健康教育工作的正常开展。一年来，中心为宣传各类疾病预防知识，发放宣传画报、知识手册、宣传单等累计11000多份；发放印有健康知识纪念品8436余份。联合各乡镇卫生院累计开展宣传活动198余次；开展健康教育知识讲座33场次；悬挂主题横幅100余条；开展健康巡讲活动3次；设立健康咨询点12个，累计健康咨询1438人次；受教育群众累计2万余人次，宣传覆盖面达70%以上。使广大群众能及时掌握卫生科普知识，自觉革除卫生陋习，促进广大群众形成了良好卫生习惯及疾病预防能力、有效提高了健康意识。

【卫生监督管理】 2021年，隆子县疾病预防控制中心严把卫生许可办理流程，为进一步提高整体许可水平，优化工作效率，编制并印发公共卫生行政许可服务指南及许可证办理流程图。全年共办理公共卫生许可证11家，办理从业人员健康证261人次；开展以“共创健康中国 共享职业健康”为主题的宣传活动，同时对用人单位职业病防治管理措施、职业病危害因素监测、评价和接尘职工每年职业健康检查、健康档案建立以及专用防护用品的配备、发放等情况进行了监督检查；对全县32所学校开展卫生监督检查2轮次，对各公共场所日常监督检查4轮次，对10家医疗卫生机构监督检查6轮次；同时督促各乡（镇）卫生监督协管员对辖区内的学校、公共场所的饮用水卫生进行监督检查4轮次，检查中发现的超范围诊疗行为依法对违法人员下达了卫生行政执法文书，责令限期整改；在县城及各乡镇、学校等环境设置水质监测点，开展了枯水期、丰水期的水样采集工作，共采集31份出厂和末梢水样。在采样同时调查其生活饮用水基本情况、水源类型及供水方式、建成和营运时间等情况，并用完好的冷链设施存放、转运并及时送至山南市疾控中心检验科，顺利完成2021年国家下达的水质监测工作任务；对农牧民家庭、个体户特色食品店进行了第三、四季度食品采样、送样工作任务，共采集4份，并用完好的冷链设施存放、转运并及时送至山南市疾控中心检验科，任务完成率为100%；中心对辖区内的五个乡（镇），20个行政村，6所学校，100户农牧民家庭进行了土壤样品采集，共采集20份重金属土壤样品和20份蛔虫卵土壤样品，并用完好的冷链设施存放、转运至西藏自治区疾控中心检测；对全县范围内的5家公共场所、3所学校和1家传染病防治、1家医疗卫生，共9家进行2021年“双随机”监督检查工作，卫生监督、监测完成率均为100%。

【突发公共卫生事件应急处置】 2021年，隆子县疾病预防控制中心组织召开2021年突发公共卫生应急事件工作办公会，研究制定《隆子县疾控中心2021年突发公共卫生事件应急预案》《调整充实隆子县2021年突发公共卫生事件应急处置领导小组》。在县新冠肺炎疫情指挥部的指导下，联合相关职能部门开展了隆子县2021年边境疫情防控多部门综合应急演练。

【新冠肺炎疫情防控】 2021年，隆子县疾病预防控制中心认真贯彻党中央、国务院决策部署，全面落实“外防输入、内防反弹”的防控总策略，坚持“预防为主、防治结合、依法科学、分级分类”为原则，按照“及时发现、快速处置、精准管控、有效救治”的工作要求，落实“早预防、早发现、早报告、早隔离、早治疗”措施，加强“重点时段、重点地区、重点人群”的防控力度，科学精准，有力、有序、有效处置疫情。结合隆子县实际，成立中心疫情应急处置领导小组，制订工作方案，组建工作专班，明确工作重点、细化责任分工，建立疫情防控常态化机制，确保防控工作落实到位。根据区、市新型冠状病毒核酸检测组织实施能力建设要求，在隆子县委、县政府的高度重视和大力支持下，隆子县疾控中心新冠肺炎核酸实验室（PCR）于2021年4月20日开始修建，于2021年7月1日经上级主管部门验收合格后正式投入使用，实验室总投资金额281.31万元，占地面积112.94平方米，有实验资

2021年12月9日，隆子县疾控中心荣获2020年度国家基本公共卫生健康教育服务项目工作“先进集体”奖

质人员9人。截至年底,实验室共进行3926人次核酸检测。全县共设有30个采样点,原则上每2小时收集1次样本进行转运,保证4小时内送达实验室,按照《全员新冠病毒核酸检测组织实施指南(第二版)》要求每日检测1万管的标准,结合目标人口数配备专技人员及设备数量,县疾控中心核酸实验室24小时不间断轮班轮岗,两台PCR仪器同时运行单管日检测量为1504人次,按照10混1可进行15040人份核酸检测;按照20混1可进行30080人份核酸检测。

【机构领导】

疾控中心主任

桑　　珠(藏族,1月免)

德　　吉(女,藏族,9月任)

疾控中心副主任

桑俄奴日(藏族,9月任)

退役军人事务

【概况】 隆子县退役军人事务局(以下简称退役军人事务局)于2019年3月正式挂牌成立,核定编制3个(一正两副),2021年有人员5名,其中正科级1名、副科级2名、四级主任科员1名、科员1名。隆子县退役军人服务中心于2019年5月挂牌成立,核定编制3个,系副科级一级事业单位,2021年有人员8名(其中3名人员长期借调在其他单位)。隆子县11个乡镇退役军人服务站均已成立并挂牌,已指定了兼职人员负责退役军人业务工作。

【学习教育】 2021年退役军人事务局印发《隆子县退役军人事务局常态化联系退役军人工作实施方案》;制定2021"党史"学习教育学习计划时间安排表,完成12次的学习计划。制定退役军人事务局党组理论学习中心组学习计划安排表,完成12次集中学习。

【服务管理】 2021年,退役军人事务局、服务中心以及乡镇服务站认真履职尽责,全面掌握本辖区退役军人基本情况,积极处理退役军人反映的问题和诉求,并建立了台账。在乡退役军人的党员关系均在当地乡镇进行了登记。为退役军人和其他优抚对象家庭悬挂光荣牌,并形成台账。县退役军人服务中心、各乡镇退役军人服务站均组建了退役军人志愿服务队。

【拥军优属】 2021年,县政府安排"八一"慰问和双拥专项经费以及"三大节日"慰问经费,全县积极开展"拥军优属、拥政爱民"的主题活动。各驻地部队免费为当地农牧民进行体检、发放药品,主动联系帮扶贫困户等。县委、县政府高度重视和关心驻地部队,退役军人事务局协调帮助某部解决修理床铺等问题;协调县民间艺术团深入驻军点开展慰问演出活动。为6名荣立三等功的现役军人家庭送去喜报。在"八一"来临之际,组织退役军人到五保集中供养中心开展"退役不褪色、永存敬老心"活动。年内,发放无军籍职工工资、退役士兵家属优待金及自主就业一次性经济补助金,发放革命伤残、"三属"、带病回乡等优抚人员补贴。退役军人事务局组织专人深入隆子镇、日当镇、三林乡、热荣乡、加玉乡、雪沙乡、扎日乡、玉麦乡、斗玉乡等退役军人和其他优抚对象家中进行走访慰问,了解实际情况

2021年4月2日,县退役军人事务局、三安曲林乡、斗玉珞巴民族乡等单位在张贵荣将军纪念碑前开展清明祭扫活动

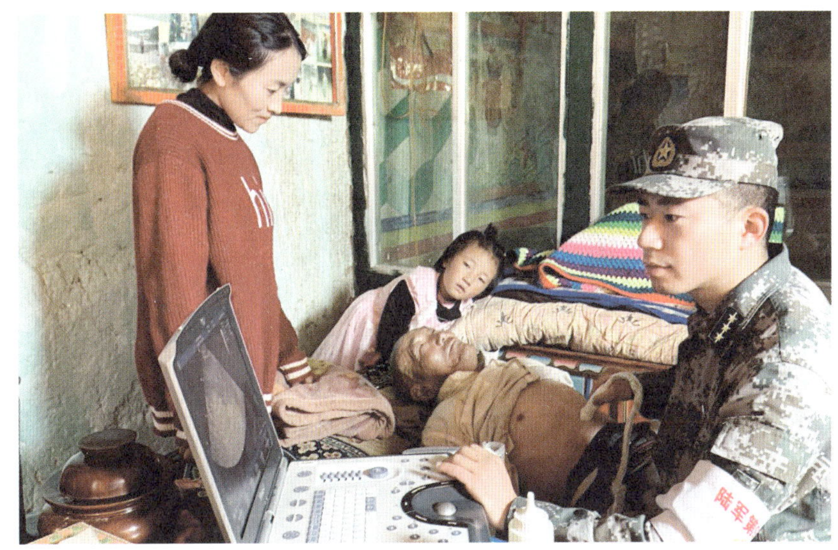

2021年8月4日，陆军医院医护人员到日当镇困难退役军人家中开展送医、送药入户活动

和困难问题。

【征兵与退役工作】 2021年3月16日，隆子县在人民武装部举行2021年春季新兵入伍仪式。2021年9月15日，在人民武装部举行2021年秋季新兵入伍仪式，征集兵员全部为大专及以上学历。9月3日，县举行2021年驻军退伍老兵欢送会，隆子县人武部领导、隆子县组织部领导及退役军人事务局、公安局负责人参加欢送会。

【机构领导】

局　长

田　　瑶

副局长

卓玛拉姆（女，藏族）

索朗央宗（女，藏族，4月任）

四级主任科员

李 永 胜（藏族）

服务中心主任

李 冰 心（10月任）

服务中心副主任

边巴顿珠（藏族）

教育

【概况】 2021年，隆子县共有各级各类学校58所，其中，初级中学1所，乡（镇）小学9所，教学点9所，独立“双语”幼儿园39所。隆子县义务教育阶段在校生共计3702人，其中，初中在校生1007人，小学在校生2695人。初中适龄少年毛入学率达102.34%、小学适龄儿童入学率达100%；全县在园幼儿园1211人，学前三年毛入园率达94.46%。共有教职工514人，其中，初中教职工98人，小学教职工246人、教学点教职工18人，幼儿园教职工58人，教育局教研室教研员1人，退休教师93人；全县聘用临时工共有252人，其中，乡村振兴教师19人，专职代课教师59人，其他临时工174人。基础教育学校占地面积达到351335.67平方米，校舍建筑面积110125.67平方米、图书藏书量达到116750册、固定资产总值达到37993.41万元，其中仪器设备总值达1025.02万元。

【提升教育质量】 2021年，隆子县报考小考总人数为102人，录取7名（其中隆子镇小学3名、日当镇小学3名、三林乡小学1名），录取率占报考人数的6.86%，位居山南市12个县第五名。卷面分数共计400分，考生总分最高为344.8分（隆子镇小学 扎西加央）。总分在300分以上的考生共有10人，占报考人数的9.8%。

2021年隆子县小学输送其他省市西藏班学生情况：

隆子镇小学次旦旺久同学，在2021年小考中以优异的成绩考入辽阳市第一中学。

隆子镇小学德吉拉珍同学，在2021年小考中以优异的成绩考入辽阳市第一中学。

隆子镇小学扎西加央同学，在2021年小考中以优异的成绩考入江苏常州中学。

日当镇小学益西措姆同学，在2021年小考中以优异的成绩考入福建省三明列东中学。

日当镇小学大白玛扎西同学，在2021年小考中以优异的成绩考入辽阳市第一中学。

日当镇小学小白玛扎西同学，在2021年小考中以优异的成绩考入拉萨江苏实验中学。

三林乡小学阿旺热桑同学，在2021年小考中以优异的成绩考入上海共康中学。

【教育改革】 2021年，隆子县教育局出台《隆子县委教育工作领导小组关于配备学校书记校长的实施方案》,并在2021年秋季开学前,按要求对全县7所中小学配足配齐书记校长,配备率达60%以上,确保配备学校领导班子工作平稳有序推进。

全面推进国家通用语言文字教育。2021年,出台了《隆子县学校语言文字达标建设工作实施方案》,确保语言文字教育工作科学、有效开展。9月,全县各学校以普通话推普周为契机,相继开展普通话朗诵、汉字书法比赛,通过活动,使广大师生体会中华语言文字的魅力,进一步加深对中国共产党和中华民族传统文化的热爱。

建立课题研究机制。为调动广大教师、教学管理人员的教学研究积极性,县教育局高度重视课题研究工作,同时成立县级课题研究中心,并制定《隆子县教育科研课题管理制度及管理办法》,建立了各学校教学改革与研究工作的良好规范与运行机制,为及时解决教育教学改革中面临的实际问题发挥了积极作用。在课题研究与管理工作中,"组团式"援藏教师为广大教师起到了很好的示范带头和指导帮助作用,对25项已立项的课题组成员及学校教师进行了专项培训和科学指导,对全县教师开展课题研究工作提供了大力支持,有效营造了全社会关心支持教育改革发展研究的良好氛围。2021年,教育系统共结题19项、延迟结题6项,课题内容涉及学生思想政治教育、教学课程改革、信息技术、班级管理等重点教育领域,为进一步提升隆子县教育教学质量提供了正确指导。

2021年10月,自治区党委书记王君正(中)在隆子县玉麦乡小学调研

【师资队伍结构】

学前幼儿园师资队伍结构。2021年全县幼儿园教师58人(不含附设幼儿班教师),其中幼儿园专任教师54人、园长4人、学前教育阶段代课教师41(含保育员)人。从专任教师学历结构看。学前教育专任教师中学历本科25人、专科27人、高中阶段2人,学前教师学历合格率达100%。从学前专任教师职称结构看,高级教师2人,一级教师9人,二级教师25人,未定级教师18人,幼儿园一级以上教师占学前专任教师总数的16.6%。

小学师资队伍结构。2021年,小学教职工共有265人,其中专任教师241人,较上年增加了23人。从专任教师学历结构看。本科173人,较上年增加了19人;专科66人,较上年减少15人;高中阶段2人,较上年数据无变动。小学专任教师专科以上学历共计239人,占专任教师总数的99.2%,基本实现了小学教师专科化的基本要求。从专任教师职称结构看。高级教师40人,较上年增加3人;一级教师93人,较上年增加6人;二级教师91人,较上年减少1人;未定级教师17人,较上年减少5人;小学一级以上教师占小学专任教师总数的55.2%。

中学师资队伍结构。2021年,中学教职工数共有98人。其中专任教师97人,专任教师较上年数据无变动。

从专任教师学历结构看。研究生0人,较上年数据减少1人;本科92人,较上年减少1人;专科5人,较上年增加2人。专任教师专科及以上学历达到100%。从专任教师职称结构看。高级教师17人,比上年增加3人;一级教师32人,较上年减少1人;二级教师44人,较上年增加5人;

未定级 4 人，较上年减少 7 人；一级教师及以上职称占专任教师总数 50.5%。

【校园安全】

狠抓安全宣传教育。全县各学校积极协调法治副校长，针对防溺水、交通安全、食品卫生安全、消防安全、禁毒、反恐防恐等主题定期开展安全教育讲座。结合教育工作实际，各学校每周安排 2 个课时安全教育课，真正做到安全教育进课表、进课堂

狠抓日常安全管理。从学校日常管理入手，一方面加强自身防范工作，严格门卫制度，加强校园内巡查，实行 24 小时值班制，做到有领导带岗、教师值班，保证 24 小时有人值守，学校内部安全管理得到全面加强。另一方面建立健全了日常自查整改制度，加强了对消防安全、宿舍管理、食堂卫生等容易导致事故隐患和管理薄弱环节的排查，做到每次检查有记录、有台账、有明确处理意见，形成了安全隐患早发现、早解决的良好局面。

狠抓“三防”建设。加大对学校人防、物防、技防建设投入力度，配齐配足年富力强的安保人员，值班室全部配备防暴钢叉、橡胶棒、防割手套、手电筒、盾牌、防刺服等防护器械。按照公安部门要求，2021 年，隆子县教育局对 58 所学校安装一键式报警系统 58 台，配备防护器材 60 套，防撞栏 58 套，灭火器 472 具，消防铁锹 55 个，消防桶 48 个，消防器箱 30 个。

校园新冠肺炎疫情防控。为确保全县师生生命、财产安全，进一步强化安全责任意识，有序推进疫情防控常态化，根据教育厅“42256”疫情防控要求，县教育局认真落实“日报告”制度，积极协调当地卫生防疫部门深入各乡镇小学指导消毒防疫工作，并定期对学校宿舍、教室、食堂、厕所、各功能室等重点部位进行通风、消毒。通过自筹、县疫情防控指挥部申请，筹备防疫物资，2021 年，向全县各级各类学校共发放口罩 204520 只，消毒片 288 瓶，洗手液 1715 瓶，红外线体温检测仪 5 台，确保防疫工作落实落地。

【教育教学管理】 2021 年，隆子县教育局全面落实“五项管理”工作任务。深化教师“同课异构”教学竞赛活动。开展送教、送培下乡，促进教育均衡发展，同时加强信息化教育建设，提高课堂效率。

【德育教育】

加强爱国主义教育。充分利用每周国旗下宣讲和班队会活动，向广大学生多层次进行爱国主义教育、反分裂斗争教育、民族团结教育、马克思主义“五观”“两论”教育和“四史”学习教育，引导青少年学生树立正确的历史观、民族观、国家观、文化观，激励未成年人从小树立远大的志向，进一步增强对伟大祖国的认同和热爱，加深了学生的爱国主义情怀。

以课堂为主渠道，丰富党史教育内涵。3 月，县教育局召开党史学习教育动员部署会议，在党史学习教育进校园的基础上，进一步推进党史学习教育进思政课堂工作。各学校结合“开学第一课”、“学雷锋纪念日”、清明节、“世界读书日”、“五四”青年节、“六一”儿童节、“建党 100 周年纪念日”、“西藏和平解放 70 周年纪念日”等重大节日节点深入开展特色鲜明、内涵丰富的教育活动，积极引导广大青少年学生正确认识学习“五史”的重要意义，坚决抵制

2012年12月10日，山南市教育局局长赤列边巴（主席台中）在隆子县宣讲党的十九届六中全会精神和自治区第十次党代会精神

歪曲和丑化党的历史、宣扬狭隘民族主义等错误倾向和言行，进一步引导他们听党话、感党恩、跟党走。

铸牢中华民族共同体意识。为进一步增强各族师生“三个离不开”“五个认同”思想，隆子县教育局充分利用各种舆论宣传工具，大力宣传民族团结教育工作。利用校园广播、黑板报、LED显示屏，每周向广大学生进行爱国主义教育，维护祖国统一和反分裂斗争宣传教育，维护社会稳定和社会主义法治的宣传教育。制作内容丰富、图文并茂、通俗易懂的宣传栏，生动形象地展示各民族的民风、民情和民俗，营造出一个良好的民族团结氛围。邀请当地民族团结模范开展了民族团结教育专题讲座，让广大学生在了解民族知识中增强民族的自豪感，提高民族团结意识。充分利用升旗仪式、班队会等形式大力宣传党的民族政策和民族区域自治制度，以营造浓厚的氛围，形成了强有力的宣传声势，使铸牢中华民族共同体意识深入全县师生心中。

2021年12月12日，隆子县教育考察组到湖南省常德市十一中学交流学习

丰富活动内容，提升工作成效。2021年，隆子县教育局以中国共产党成立100周年和西藏和平70周年为契机，结合“四讲四爱”实践活动，针对不同年龄段学生的差异性特征，组织各级各类学校先后开展了“开学第一堂课”“感党恩听党话　跟党走”“民族团结进步知识竞赛”“‘中华民族一家亲　同心共筑中国梦’主题黑板报评比”“扣好人生第一粒扣子手抄报”“民族团结一家亲主题班会”“不信仰宗教主题班会”“为群众办实事”“新旧西藏对比演讲”“国情教育”“庆祝中国共产党成立100周年文艺会演”“小小石榴籽　殷殷中华情”“请党放心　强国有我”等一系列形式多样、内容丰富的创建活动，以开展活动为载体，多形式抓好思政教育工作，树立了师生的民族自尊心和民族自豪感，增强了民族向心力和凝聚力，进一步提升了思想政治教育工作的成效。

【基础设施建设】

学前幼儿园基础设施。2021年全县单独幼儿园机构数39所，比上学年增加3所；各乡镇小学、教学点附设学前班共13所，比上学年减少1所。2021年，学前幼儿园占地面积达到了8.46万平方米，较上年增加了6565.26平方米，增加达7.7%；生均占地面积达到69.8平方米；学校绿化用地达到1.34万平方米，较上年增加了1221.59平方米，生均绿化面积11.07平方米；运动场地达到9932.14平方米，较上年增加了717.6平方米，增加达7.2%，生均运动场地面积达到8.2平方米；图书藏书量达到11501册，生均图书达到9册；2021年，幼儿园校舍总面积达到2.43万平方米，较上年增加了1224.82平方米，增加达5%。校舍面积中教学及辅助用房面积1.31万平方米，较上年增加889.7平方米，生均达到6.8平方米。学生睡眠室3757.71平方米，较上年增加278.26平方米，生均达到3.1平方米。

小学学校基础设施。2021年，全县小学共18所，其中乡镇小学9所，村级教学点9所，较上学年减少1所村级教学点。2021年，小学占地总面积达到20.33万平方米，较上年增加6502.19平方米，生均占地面积达到75.45平方米。学校绿化用地3.9万平方米，较上年减少3382平方米。运动场地面积达到3.04万平方米，较上年减少230.5平方米，生均运动场地面积达到11.3平方米。小学图书藏书量达到62374册，较上年减少3307册，生均达到23.14册。教学用计算机共有465台，较上年减少16台，每百名生均达到17台。小学教学仪器设备资产值470.93万元，较上年减少了2.2105万元，生均教学仪器设备资产值达到1747.4元。

2021年，小学校舍建筑总面积达到5.67万平方米，较上年增加了5408.61平方米。校舍面积中教学及辅助用房面积1.69万平方米，较上年增加1691.74平方米，生均达到6.3平方米。学生宿舍1.04万平方米，较上年增加990.72平方米，生均达到3.84平方米。

中学学校基础设施。2021年，全县初级中学1所，无变动。

2021年，初中占地总面积达到6.34万平方米，较上年增加2786.66平方米，生均占地面积达到63平方米。学校绿化用地6440平方米，较上年减少389平方米；运动场地面积达到7792平方米，较上年增加712平方米，生均运动场地面积达到7.7平方米；初中图书藏书量达到42875册，较上年增加380册，生均达到42.6册；教学用计算机共有150台，较上年无变动，每百名生均达到14.8台；初中教学仪器设备资产值288.416万元，较上年无变动，生均教学仪器设备资产值达到2864.1元。

初中校舍建筑总面积达到2.91万平方米，较上年增加1702平方米。校舍面积中教学及辅助用房面积6711平方米，较上年无变动，生均达到6.7平方米。学生宿舍面积5708平方米，较上年无变动，生均达到5.7平方米。

【惠教政策】

“三包”及营养改善落实情况。2021年，隆子县教育局兑现“三包”经费1383.24万元，享受学生人数达到4708人。兑现学生营养改善经费228.88万元，享受学生达3567人。

特殊群体学生关爱。2021年，隆子县教育局严格按照《西藏自治区教育厅　西藏自治区残疾人联合会关于做好义务教育阶段适龄儿童少年送教上门服务工作的通知》文件精神，制订了《隆子县2021年残疾儿童少年送教上门工作实施方案》。2021年，隆子县教育局进行送教上门的学生共计8名，严格按照每月不少于2次的送教服务开展送教上门活动，确保残疾儿童、少年受教育达100%。

大学生资助落实情况。2021年，全县共兑现“建档立卡大学生”免费教育资助资金17.8432万元，惠及学生达148名。

【体育管理】2021年，隆子县教育局严格按教育部课程要求，开齐、开足体育课程、课时，坚持每天不少于1小时的体育锻炼，重视学生体育运动的普及，按照素质教育实施要求，各学校每年召开两次运动会，同时，每年都组织开展内容丰富、形式多样的体育竞赛活动。制订并落实学校体育工作计划，按照素质教育实施要求，每年各学校定期开展对学生体质和运动技能的测定与评定工作，掌握学生体质发展情况。2021年，隆子县教育局先后组织全县干部职工开展了“聂雄杯”篮球比赛、“民族团结杯”足球比赛，参加了山南市举办的“体彩杯”足球比赛、“全民健身”篮球比赛，并取得较好成绩。通过举办和参加各类体育活动，使全县广大干部职工充分认识到加强体育锻炼的重要性，并达到了锻炼身体、增强

2021年12月19日，隆子县教育局督导室开展“送教上门”活动

2021年10月，隆子县教育局为雪沙乡小学干部职工发放西藏和平70周年纪念品

体质的目的。

【师资队伍建设】

强化教师思想教育。2021年，隆子县教育系统紧密结合党史学习教育、“三更”专题教育，坚持每周集中学习与每日自学相结合，及时、准确地传达上级有关文件、会议精神，做到全面学、贯通学、深入学，进一步将政治理论入脑入心，在思想深处留痕留印，切实提升了全县广大教师的政治素养。同时，县教育局还将思政教育和“三更”专题教育纳入理论学习中心组学习重要内容和干部职工学习范围，真正做到开展宣传教育活动与日常工作紧密结合。

加强师德师风建设。2021年，隆子县教育局坚持以习近平新时代中国特色社会主义思想为指导，紧紧围绕“培养什么人、怎样培养人、为谁培养人”这一根本问题，有目标地做好师德师风教育的各项工作，落实思政教育各项要求，多次组织教师开展师德教育活动，各学校有计划、有重点地对教师进行思想、业务培训，每月召开教师工作例会，教育广大教师树立为人师表的良好形象、立德树人的思想，以加强教师职业道德建设为重点，教育引导教师自觉加强师德修养，以良好师德推动“校风、教风、学风”建设，不断提高教师的工作水平和能力，做到用爱心去塑造、用真情去感化、用榜样去激励、用人格去熏陶，真正做到身体力行，为人师表，从而增强师德工作的针对性、实效性和主动性。

发挥教育人才“组团式”援藏工作。充分发挥援藏团队的专业优势和受援学校教师的本地优势，互帮互学，共同深入研究学生学习过程中的薄弱环节，紧紧围绕教育教学质量、教师队伍建设、信息化教育建设等问题，积极实施“互联网＋教育”“智慧校园”工程，采取集中讲座、现场观摩、拓展体验、读书交流、案例反思、合作研究等方式，促进教师融合，不断提高教育对口援藏工作的科学性，确保教育援藏工作扎实有序推进。

【理论学习】 2021年，隆子县教育局始终坚持以习近平新时代中国特色社会主义思想为指导，深入学习十九大和十九届历次全会精神以及习近平总书记关于教育工作的重要论述等。结合党史学习教育，以自学、集中学习、学习研讨等

2021年10月，隆子县教育局组织中小学师生开展传承“老西藏精神和列麦精神”活动

方式坚持读原著、学原文、悟原理，不断在学懂弄通做实上下功夫，切实增强“四个意识”、坚定“四个自信”、做到“两个维护”，始终在思想上政治上行动上同以习近平同志为核心的党中央保持高度一致。

【机构领导】

局　长
　　洛桑尼玛（藏族）

副局长
　　次　　仁（藏族）
　　李 金 秋
　　索朗次仁（藏族）

隆子县中学

【概况】 隆子县中学是一所完全寄宿制农村中学，地处西藏南部。学校占地面积 6.06 万平方米，运动场地和绿化总面积 1.39 万平方米，校舍面积 4.14 万平方米，教学及辅助用房面积 6711 平方米；学校有 21 个教学班，在校学生 1007 人；教职工 98 人，援藏教师 4 人；专任教师中高级职称 14 名，一级职称 31 名；县级及以上骨干教师和学科带头人 22 人；图书馆藏书 42495 册。隆子县中学每年向其他省市西藏班输送 20 名左右优秀学生，多次获得自治区、山南市及隆子县政府授予的“先进集体”“先进学校”“民族团结进步模范集体”等荣誉称号。

【德育教育】 隆子县中学成立以校长和党支部书记为组长的德育工作领导小组，成员由政教处、团少部、班主任和学生会等组成。制订学校德育工作计划，加强德育工作的针对性、实效性和主动性。为落实德育工作计划，学校从学生入学之初便着手进行爱国主义、集体主义教育、法律法规、校纪校规及《中学生守则》《中学生行为规范等》等系列教育。学校结合思想品德课，各学科在教学中对学生进行思想品德教育：每周“升旗仪式——国旗下讲话”；“3·28”专题活动，观看西藏新旧对比影片，听西藏民主改革以来所取得成绩知识讲座；开展“4·23”读书日“让读书成为习惯、让学习成为享受”、法制进校园、庆“七一”建党 100 周年、庆“十一”大合唱比赛、评选“校园雏鹰之星”、两周办 1 次板报、“6+1”教育大下乡活动。

【校园文化建设】 2021 年，隆子县中学以“全面发展，学有所长”为培养目标，通过开展各种文化活动，有效促进学生的全面发展。艺术部组织“第六届校园艺术文化节”“学生歌舞比赛”“学生足球赛”“学生篮球赛”“教职工排球赛”“22 届校运会”“学生乒乓球赛”“学生拔河赛”“学生美术画展”“教职工拔河赛”“迎新生杯足球、篮球赛”；“校园之声”广播站 2021 年再次培养 20 名“小小广播员”。

【业务培训】 2021 年，隆子县中学教师积极参加网上“国培计划”“区培计划”“三科培训”“县培计划”“智慧黑板”“新教师岗前培训”等学习活动。校教务处也积极承办“校本培训”，对任课教师的备课、授课、作业批改等方面进行培训，督促教师业务水平的提高。对 2021 年分配的 5 位新老师进行教师技能培训，提高他们的教育教学水平，使之能适应岗位要求。选派 10 位教师到对口支援省市学校进行学习提高；选派 1 名老师到山南市完全中学交流学习。通过研、培、导、练、赛等形式，积极挖掘教师的潜能，发现教师的创新点，提升教师

2021年6月14日，隆子县中学九年级学生举行“感恩母校、激扬梦想”主题毕业典礼

专业成长，为教育教学质量的提升创造有利条件，现有市、县级学科带头人和骨干教师20余人。

【校际交流】 2021年，隆子县中学为了落实《联校协议》，充分发挥联校优势，借鉴内地先进办学经验，提高教学质量，由校长索朗朗杰带头，选派部分中层管理人员、班主任、骨干教师及优秀小学校长到湖南省常德市第十一中学等校进行为期两周的跟岗交流学习与培训；白玛拉姆老师在山南市完全中学进行交流学习，通过校际交流，取其精华，促进全校教师的整体教学水平以及能力的提高。

【校园安全管理】 2021年，隆子县中学深入贯彻落实上级的相关文件精神，落实好安全专项整治方案，始终高度重视安全教育和安全防范工作，健全安全工作长效机制。成立由校长统领全局，分管副校长具体抓，以政教处、总务处为中心，各班主任分管，科任教师、后勤工作人员通力协作的全员安全工作网络和安全工作责任制；建立健全维稳值班制度、校园周值班制度和安全隐患排查制度。各节日放假前、周末休息前召开动员全校师生安全会议，提高师生的安全意识；建立完善安全教育制度、安全工作责任制及责任追究制；学校还定期开展消防安全检查、安全隐患排查，及时整改存在问题，防止事故发生；加强学校食品安全监督管理工作，消除学校食品安全隐患，有效控制学校食品安全事故发生；对师生进行安全常识教育，宣传预防煤气中毒、预防食品中毒、防溺水、防电、防交通事故，防意外伤害等安全知识，树立师生安全意识，制定各种应急预案，做到安全工作警钟长鸣，确保学校财产安全、师生人身安全。

严格落实好自治区疫情防控“四二二五六”工作机制，做到“十个到位”；加强安全防范工作，门卫室做好人员出入登记，不准外来人员随便进出；发现存在安全隐患，做到第一时间及时维修，避免安全事故的发生。2021年学校举办两次开学第一堂课、两次消防安全讲座、两次交通安全讲座、一次防火灾知识讲座、两次防地震疏散演练。建立健全各类应急预案，加强“三防”演练，增强师生的安全防范意识，树立安全第一意识。

充分发挥双联户户长职责，根据中共隆子县委社会治安综合治理办公室的部署，学校及时健全“双联户”工作领导小组，每栋教师宿舍各单元，设立联户长，全年各联户针对教师宿舍的安全、卫生情况检查6次，矛盾纠纷排查5次，政策宣传4次，有效地保障“双联户”工作扎实开展，引导联户群众承担社会治理主体责任，主动参与社会治理，发挥双联户排查化解矛盾纠纷第一道关口的作用，筑牢了平安根基，切实推进“群防群治，共保平安”工作。

2021年，隆子县中学党支部全面落实新时代党的治藏方略，以完善上下贯通、执行有力的组织体系为重点，按照全国、全区、全市组织部长会议要求，开展党建责任抓落实、党建质量促提升、党建队伍强本领“三个专项行动”活动。突出防控重点、统筹兼顾，切实把新冠肺炎疫情防控工作抓实、抓细、抓落地，坚决打赢疫情防控的人民战争、总体战、阻击战，以确保全校广大师生的身体健康为第一要务，实现平安校园。

2021年4月20日，隆子县中学第22届运动会开幕

2021年3月5日，隆子县中学开展“学雷锋”志愿者活动

【党建工作】 2021年，隆子县中学认真落实全国、全区、全市、全县组织部长会议安排部署，围绕全面增强基层党组织政治功能和组织力，以开展“新冠肺炎疫情”防控、“学党史”“三更”专题教育工作等为重点，坚持“不忘初心、牢记使命”和“两学一做”活动制度化常态化，深化“三会一课”理论学习中心组等日常工作，进一步压实主体责任、健全组织体系、建强骨干队伍，全面提升基层党组织学习、服务、创新、引领、战斗能力，真正把学校党组织建设成为宣传党的主张、贯彻党的决定、领导基层治理、团结动员群众、推动改革发展的坚强战斗堡垒。同时发挥党员教师的先锋模范作用，树立正确的人生观、世界观、价值观，继续发展壮大党组织。截至年底，召开10次党支部大会，11次支部委员会，3次党小组会议，7次座谈会，精心安排内容开展5次党课学习，规范“三会一课”制度，提升组织生活会质量，集中开展9次主题党日活动，9次理论学习中心组学习。

【队伍建设】 教职工组成。学校教职工由学校领导班子成员、教学专任教师、各处室管理人员和后勤管理人员等组成。学校领导班子，由校长、党支部书记、分管教学副校长、分管德育副校长、分管总务副校长组成。教学专任教师，由教授语文、数学、英语、藏文、物理、化学、道法、历史、地理、生物、音乐、体育、美术、计算机等教师组成。各处室管理人员，由校办室、教务处、政教处、总务处、党建办、综治办、艺术部、校广播室等兼职教师组成。后勤管理人员，由食堂炊事员、宿管员、保安等组成。

人事制度。学校根据市人事局和市教育局核定的编制数额、岗位数和岗位任职条件等相关规定聘用教职工，对聘用人员实行岗位年终考核管理。考核办法参照由教代会讨论通过的《隆子县中学教职工考核评分细则与方法》《隆子县中学教师岗位设置管理考核量化细则》。

【机构领导】

党支部书记

陈　　伟（援藏，8月任）

校　长

索朗朗杰（藏族）

副校长

次仁顿珠（藏族）

次仁旺旦（藏族）

高 群 涛（8月任）

乡村振兴

【概况】 隆子县乡村振兴局于2021年5月31正式挂牌成立，编制为正科级单位，正式干部7名，科员3名，脱贫攻坚指挥部后续留守3名。

【农牧业】 2021年全县耕地面积4.85万亩，是全区35个粮食主产县之一，主要粮食作物有小麦、青稞等。有可利用草场面积612.86万亩，牲畜存栏量14.9万头（只、匹），年肉产量1766.19吨，奶类产量1.2万吨。林业用地面积417.51万公顷，森林面积5.02万公顷，森林覆盖率26.65%，是全区30个有林县之一，也是山南市的主要林区，有冬虫夏草、贝母、红景天、雪莲花、当归、党参等野生植物资源。

【产业发展】 具有较丰富的自然生态旅游资源，雪山、沙地、原始森林广泛分布，地理气候条件独特，是生态环境部认定的第三批“绿水青山就是金山银山”实践创新基地。隆子县“四黑”特色产业在周边县、市具有一定影响力。黑青稞种植面积达2.9万亩，年产量达到8120吨，获得国家地理标志保护产品荣誉证书、农产品地理标志登记证书、2018年中华品牌商标博览会金奖、中国气候好产品证书；湖南省常德市第九批援藏工作队牵头，投资1.3亿元援建的玉麦湘万头藏香猪标准化养殖基地投入运营，预计2022年养殖规模达到1万头；藏黑鸡养殖合作社养殖基地存栏藏黑鸡2.5万余只，黑白花奶牛养殖基地养殖奶牛1000余头，年产鲜奶量2100吨。

2021年7月3日，山南市政府副市长张福臣（左六）到三林乡格西村考察调研乡村振兴示范村建设项目

【脱贫攻坚】 隆子县作为全区44个深度贫困县之一，精准识别建档立卡贫困群众2535户7020人，贫困村79个，贫困发生率为21.50%。自脱贫攻坚战打响以来，始终坚持精准扶贫精准脱贫基本方略，认真贯彻落实党中央关于打赢脱贫攻坚战的决策部署要求，把精准扶贫作为头等大事和第一民生工程，凝聚全社会脱贫攻坚合力，全面落实各项工作举措，现行标准下2535户7020名建档立卡贫困人口全部脱贫，贫困发生率降为0，历史性解决了困扰几千年的绝对贫困问题。“两不愁三保障”问题得到根本解决，动态消除群众危房1445户613人。通过易地扶贫搬迁改变生存和发展条件，同步在县城集中安置点周边实施“菜篮子”工程、黑青稞发酵产品生产基地、聂雄标准化奶牛养殖场等产业项目，带动建档立卡贫困户群众向“产业工人”转变，实现就业增收。5536户农牧民住房条件得到改善，大部分群众住上了宽敞明亮的藏式庭院，装上了阳光棚。11个乡镇实现乡乡通柏油路，建制村通达率达100%，深入实施农村饮水安全巩固提升工程，全县39个饮水点检测合格率达到100%，主电网覆盖率和4G网络覆盖率100%。累计投入3.4亿元实施了33个扶贫产业项目，吸纳贫困人口141人就业，带动2116人增收脱贫，整合各类岗位资源，成功召开三届招聘会，共计开发4410个就业岗位，900名农牧民群众在用工单位就业。全面落实教育、医疗等扶贫举措，确保无一人因贫失学、因病返贫。脱贫群众人均可支配收入由2016年年底的5443.48元增加到2021年的1.48万余元，五年内翻了近三番。各族群众思想观念和生活方式发生深刻改变，感党恩、听党话、跟党走、自我发展意识更加强烈。始终把防返贫作为政治任务，持续巩固脱贫成果，严格落实“五级书记”抓扶贫、“四不摘”要求，对返贫风险进行动态监测，对现有帮扶政策逐项分类优化调整，有效干预、精准施策，确保无一户一人返贫。

【强化组织领导健全工作机制落实工作责任】

学习贯彻落实。坚决贯彻落实中央统筹、省负总责、市县抓落实的领导体制和党政一把手第一责任人、五级书记抓乡村振兴的责任制，始终把巩固拓展脱贫攻坚成果同乡村振兴有效衔接作为重要政治任务，紧紧围绕学懂弄通做实习近平新时代中国特色社会主义思想这条根本主线，自觉在学懂弄通做实上身体力行，充分发挥理论示范引领作用，年内，先后组织召开12次常委会（扩大）会议，及时跟进学习习近平总书记关于巩固拓展脱贫攻坚成果同乡村振兴有效衔接的重要论述、指示批示精神，坚持读原著、学原文、悟原理，深刻领悟贯穿其中的马克思主义立场观点方法，不断提高政治判断力、政治领悟力、政治执行力。

高位谋划推动。始终把实施乡村振兴战略作为重中之重，把巩固拓展脱贫攻坚成果同乡村振兴有效衔接工作放在突出位置，先后召开县委经济工作会议、强边工作会议、县委九届八次全会、县纪委九届六次全会、十届县委二次全会，认真研究制定《中共隆子县委员会关于制定国民经济和社会发展第十四个五年规划和二〇三五年远景目标的建议》《中共隆子县委员会关于坚决贯彻落实习近平总书记视察西藏重要讲话重要指示精神奋力谱写长治久安和高质量发展新篇章的实施方案》等政策文件；年内，先后召开政府党组会、专题评审会、审核会等会议 8 次，专题研究乡村振兴“十四五”项目规划，认真谋划部署，强化推动落实。

严格落实第一责任。县委、县政府主要领导始终把主要精力放在“三农”工作上、巩固拓展脱贫攻坚成果同乡村振兴有效衔接工作放在心上、责任扛在肩上，当好“一线总指挥”，研究部署、督导检查、统筹谋划，深入基层调研，实现了遍访脱贫乡镇、脱贫村、脱贫户。加措书记先后 23 次自觉到高寒偏远、条件艰苦、情况复杂的村级组织开展督导、指导，督促各级党组织书记和班子成员担起两个责任，做给群众看、带着群众干，敬业精业、用心用情、细心细致、务实落实，统筹推进巩固拓展脱贫攻坚成果同乡村振兴有效衔接工作。主持召开县委农村工作会议暨巩固拓展脱贫攻坚成果同乡村振兴有效衔接会议、县委专题会议、全县农村集体产权制度改革和农牧民增收工作推进会等专题调度推进会 6 次，认真研究安排部署巩固拓展脱贫攻坚成果同乡村振兴有效衔接工作。

2021年10月14日，山南市人大常委会副主任索朗多吉（右三）到隆子县调研巩固拓展脱贫攻坚成果同乡村振兴有效衔接工作

压紧压实工作责任。始终把巩固脱贫攻坚成果纳入领导干部推进乡村振兴战略实绩考核范围，将考核结果作为干部选拔任用、评先奖优、问责追责重要参考，研究制定《隆子县领导班子考核工作实施方案》。及时调整县委班子成员分工、县级干部“三联两包”联系表，进一步压实责任，采取县级干部包乡、乡镇干部包村、村“两委”班子包联户的工作机制，做到把巩固拓展脱贫攻坚成果同乡村振兴有效衔接同各项工作同督导、同检查、同落实。先后 6 次召开常委会会议，专题听取巩固拓展脱贫攻坚成果同乡村振兴有效衔接、农牧民增收、人居环境整治等工作开展情况汇报，安排部署贯彻落实工作。

组织领导。始终加强党对乡村振兴工作的绝对领导，及时调整隆子县委农村工作领导小组（县委实施乡村振兴战略领导小组）及设立各专项工作组，牵头抓总、统筹协调，强化对县委农村工作领导小组办公室的领导，配齐人员力量，发挥决策参谋、统筹协调、政策指导、推动落实、督促检查等作用。领导小组下设办公室和产业振兴组、人才振兴组、文化振兴组、生态振兴组、组织振兴组、巩固拓展脱贫攻坚成果组、科技支撑组、规划组、政策保障组、考核评估组 10 个专项工作组，各负其责、牵头有力、配合紧密、运转高效、狠抓落实，切实形成组织有力、职责清晰、协同高效、推进有利的责任体系和工作运转机制。配齐配强第一书记82名、招聘乡村振兴专干82名，12名因考录公务员或本人主动辞职创业，2021年有乡村振兴专干70名，已向市委组织部申报空缺的乡村振兴专干13名。第一书记、乡村振兴专干培训教育、帮扶工作成效明显，多次深入民营企业调研“百企帮百村”，助推巩固扶贫成果和乡村振兴，2021年全县参与“百企帮百村”精准扶贫行动企业4家，带动困难群众290户、809人，民营企业社会帮扶累计投入资金790万元。

2021年11月15日，隆子县委副书记、政府县长李宁主持召开乡村振兴项目申报专题会议

【持续巩固“两不愁三保障”成果】 2021年，隆子县乡村振兴局严格落实“四个不摘”要求，延续、优化、调整现有帮扶政策，保持兜底救助类政策稳定，落实好教育、医疗、住房、饮水等民生保障普惠性政策。办好人民满意教育，深入开展“培养什么人、怎样培养人、为谁培养人”专题教育，落实教育优先发展战略，深化教育领域改革，提高教育教学质量，“五个100%”成果巩固提升，持续保持辍学生“零”目标，义务教育阶段适龄儿童入学率100%，巩固率100%。年内，累计兑现“建档立卡大学生”免费教育资助资金17.84万元、大学生资助资金640.2万元、“三包”资金1383.24万元、“营养改善”资金228.88万元。坚决守住医疗保障底线，家庭医生签约率达100%，“两降一升”深入开展，住院分娩率、新法接生率均达100%，慢性病管理、艾滋病监测、重点疾病预防工作取得较好成果，城乡居民参保缴费基本实现全覆盖，参保率达到96.82%。坚决守住住房保障底线，加强农牧区房屋安全管理和动态监测，建立台账、实行销号制度，解决一户销号一户，投资2660万元完成住房改造1393户，完成率达87%；做实做细农村房屋安全信息采集工作，完成农牧区房屋安全隐患排查10350户，确保住房安全。研究制定《隆子县农村饮水安全工程运行管理制度》《隆子县冬季农村饮水安全应急保障预案》《隆子县农村饮水安全管理“三个责任”实施方案》，总投资877万元，实施农村饮水工程19个，累计检测样品294份，检测点147个，达到农村饮水检测点全覆盖，检测合格率达100%，群众满意度达95%以上。

健全防止返贫动态监测和帮扶机制。完善防止返贫监测和帮扶机制，持续跟踪收入变化和“两不愁三保障”巩固情况，定期核查、及时帮扶、动态清零。开展动态监测管理，按照“两摸底、一核查”工作方式进行摸底排查，全县共有1户边缘易致贫户，1户脱贫不稳定户，投入80.28万元作为防止返贫专项资金，对脱贫人口、边缘人口定期核查、动态管理，对2户6人重点监测对象实行一对一、多对一的帮扶机制，采取每月定期入户监测，2户重点监测对象2021年收入人均年纯收入分别达17460元、8172.5元。

巩固“两不愁三保障”成果。深入推进以“神圣国土守护者、幸福家园建设者”为主题的乡村振兴战略，截至年底，全县脱贫群众人均收入达1.48万元，同比增长18%，全县脱贫人口年人均可支配收入持续稳定均达到6000元，坚决守住不发生规模性返贫致贫的底线，群众满意度达到90%以上。

易地扶贫搬迁后续扶持工作。隆子县有集中安置点2个，安置点建档立卡户128户381人，其中县城集中安置点56户151

人，热荣乡扎当村集中安置点72户230人，均配套供水、电力、道路、通信、网络、邮政等基础设施，同等落实教育、医疗卫生、社会保险、救助、治安等基本公共服务，配齐配强村“两委”班子，党群服务中心“一站式”作用发挥明显。先后在县城集中安置点周边实施菜篮子工程建设项目、黑青稞发酵产品生产基地建设项目、聂雄标准化奶牛养殖场建设项目等产业项目，实现31名搬迁户群众就业增收，人均月增收3500元以上；此外，县城集中安置点搬迁群众可通过产业分红，实现每年人均1000元的稳定增收。在扎当村集中安置点，通过实施绵羊养殖产业项目、组建民工联队、实现劳动力输出等措施，带动贫困搬迁群众就业增收。其中绵羊养殖项目带动1名建档立卡贫困户稳定就业，其余建档立卡贫困户群众可以户为单位享受绵羊育肥项目分红。截至年底，全县无村集体经济空壳村，其中49个村村集体经济为5万以下，26个村村集体经济为5万—50万元（含县城集中安置点），7个村集体经济达到50万以上。

扶贫产业管理和监督。摸清扶贫资产底数，采取“村级摸底、部门核对、县（区）审定、地市汇总”的方式，全县2013年至2020年共梳理出扶贫项目193个，扶贫资产423项，总值16.88亿元，其中国有资产69个，资产总值3.9亿元；集体资产343个，资产总值11.83亿元；到户资产11个，资产总值1.15亿元。第一时间对扶贫项目资产移交，已确权项目193个，确权率达到100%，已移交项目193个，移交率达到100%，并按照“一项一档一账”要求，全面做好确权相关材料存档工作。及时制定出台《隆子县扶贫项目资产后续管理办法（试行）》，建立完善相关管理制度，明确相关部门、乡镇、村级组织监管责任，全面完成确权登记、资产移交、管理机制健全完善工作。建立完善隆子县少数民族发展资金（兴边富民）项目，统筹整合协调监督管理制度和领导小组。对已完工的产业扶贫项目，通过承包经营、村集体经营、到户经营、入股分红等方式，以就业、借畜还畜、分红、土地流转等形式及时与经营主体签订利益联结协议，明确了具体的带动方式和带动人数，进一步形成了产业项目帮扶长效机制。鉴于隆子县整体经济发展水平、地理位置等综合因素，产业项目收益见效慢的原因，制定了每个产业项目年最低分红1000元的标准。通过项目竣工时树立隆子县“十三五”精准扶贫项目标识公示牌的做法，将项目资产明细、运营方案、利益联结、收益人数及基本信息等相关信息进行了公示，同时通过召开扶贫产业项目受益对象评选民主评议会，公开、公平、透明地评选出受益对象，建立完善了资产的清理核实、产权归属、运营方案、收益分配等制度。

乡村振兴补助资金落实。2021年，隆子县乡村振兴局围绕巩固拓展脱贫攻坚成果同乡村振兴有效衔接工作，在乡村振兴领域脱贫县统筹整合财政涉农资金共计1.85亿元，其中，中央、自治区及市级衔接资金1.78亿元，县级本级财政衔接资金700.3万元，共实施了29个项目（含生态保护岗位），实施了灌区、小型农田水渠、防洪堤、道路硬化、家庭旅馆等基础设施建设项目，项目建设区受益群众2个镇9个乡农牧民群众（其中含脱贫户2027户6032人）。

2021年2月10日，山南市乡村振兴局局长付成聪在藏历新年前夕到热荣乡慰问困难户

低收入人口常态化帮扶机制。按照“应保尽保、应退尽退”审批原则，全年落实农村低保、城镇低保等民生资金1010.72万元，特困人员集中供养服务中心改扩建设项目和残疾人综合服务中心建设项目建成使用，民政综合服务能力明显提升。努力推动建立定点医院和医保中心城乡居民医保结算系统，实现基本医保、大病保险、医疗救助“一站式服务，一窗口办理，一单制结算”，2021年城乡居民医疗报销2414人次、报销金额1098.54万元，救助城乡困难人员235人次，救助金额26.53万元。坚持精准帮扶，县委、县政府主要领导带头结对帮扶，各级党员领导干部严格落实结对帮扶工作责任，坚持思想教育为主，帮助各村理清发展思路196条，帮助制定、完善、实施经济发展规划55项，累计开展消费式扶贫资金85.3万元，结对帮扶资金158.42万元。

2021年11月29日，分管副县长坚阿次仁（后排左四）主持召开隆子县巩固拓展脱贫攻坚成果同乡村振兴有效衔接工作安排部署会议

【脱贫攻坚成果同乡村振兴有效衔接】 2021年，隆子县乡村振兴局始终围绕特色农牧业、优势矿产业和旅游业为主的产业体系建设，把发展经济着力点放在实体经济上，完善产业发展规划和差异化的产业扶持政策，集中力量，持续发力，促进产业聚集、联动、融合，提高经济质量效益和竞争力。加大招商引资力度，完成投资实物量2.03亿元，完成年度计划的92.3%，华钰矿山工程、南城商业广场、扎日宾馆提升改造工程等稳步实施，总投资1.7亿元的西藏宗那建筑公司旗下格尔东赞大酒店顺利开业。严格落实33个扶贫产业项目的三级监管责任，加强项目日常运营监管，县委、政府领导多次通过深入项目实地，对扶贫产业项目运营情况进行督导检查并及时帮助解决问题。养殖类项目通过查阅牲畜新生、死亡、出栏、购买台账，加工类项目通过查看库存、经营台账等方式全面了解33个扶贫产业项目运行情况。同时，按照自治区关于做好分类梳理扶贫产业项目“四个一批”要求，建立了巩固提升一批、扶持做大一批、重组整合一批、转产止损一批台账，为下一步进行差异化扶持奠定基础。以电子商务进农村全覆盖为抓手，重点推进“两中心、一站点”项目建设，拓宽就业和拓宽增收渠道，累计建设村站点30个，覆盖率37.5%，设乡镇站点11个，覆盖率100%。积极探索“电商扶贫”新模式，鼓励电商企业通过吸收就业、农产品上行等多种方式参与巩固拓展脱贫攻坚成果同乡村振兴有效衔接，努力打造集商品贸易、物流配送、实训模拟等多功能、多业态为一体的县级电子商务产业孵化园，引进农村淘宝、供销等电商平台企业，建成电子商务公共服务中心1个，淘宝·特色扶贫馆1个，县级物流仓储配送中心1个，孵化企业网商3个，个人网商41个，通过电商贸易做到线上线下深度融合，全年“农产品进城”实现交易额27万元，工业品下行交易额106万元。

【技能培训和稳定就业】 2021年，隆子县乡村振兴局正确处理政府就业和市场就业的关系，落实好“八个一批”分类就业创业扶持措施，持续引导高校毕业生和家长转变就业观念，实施高校毕业生基层成长计划，深化援藏就业，形成企业择业、自主创业、内地就业、兜底就业“多位一体”就业格局。开展中式烹调师技能、藏药材种植、护林员等工种培训，开展技能培训28期，共计

1076人(其中脱贫户455人、易地搬迁31人),完成年度目标任务的102.47%,培训后就业411人,就业率达到40%;城镇新增就业633人,完成年度目标任务的103.77%,实现动态清零。健全完善鼓励高校毕业生返乡创业、参与乡村振兴等政策措施,累计开发高校毕业生就业岗位1075个,2021年高校毕业生就业率达99.7%。严格落实县乡村党组织书记抓群众增收工作责任制,提高就业组织化程度,实名转移就业人数12022人,完成年度目标任务的100.18%,累计创收1.28亿元,完成年度目标任务的152.3%。依托42个农牧民民工联队,带动1047人增收,创收1020万元。

科技帮扶。落实科技服务特派员和工作站制度,制订年度“三区”科技人才工作方案,并选派5名科技人才深入各乡镇进行农作物新品种的引进与示范推广、病虫害防治技术,畜牧业防疫防治、良种推广等农业实用技术培训,达到预期服务目标。联合市级蹲点技术人员深入农田指导作物田间管理与病虫害防治、新型农药使用方法,组织1255名科技人才现场教学、授课培训11期。

持续改善基础设施条件。2021年,隆子县乡村振兴局持续改善基础设施条件,累计投入1.83亿元的29个乡村振兴项目全部开工建设。总投资9400万元的11个乡村振兴示范项目稳步推进。加快推进“四好农村公路”建设,实现建制村公路通畅,改善保障群众安全出行。总投资1.9亿元实施中小型灌区配套工程、中小河流治理及防洪工程、农田水利基础设施建设等重点水利项目14项,完成投资1.32亿元,完成计划总投资的69.86%。投资2.3亿元的光伏发电项目总发电量达5685.94万千瓦时,隆子城区供电量达3352.16万千瓦时,比2017年以前供电量的1476.32万千瓦时增加了2倍多。通过国网通大电网项目改造,全县11个乡镇、82个行政村实现国网全覆盖,覆盖率达100%。4G网络信号、广播电视信号实现乡村全覆盖,移动支付正在成为新的生活方式,基础设施的不断完善,极大改善了群众的生产生活条件,使广大农牧民群众获得感更足、幸福感更可持续、安全感更有保障。

努力提升公共服务水平。2021年,隆子县投入2599万元,大力实施村级幼儿园基础设施提升工程10个,投入223万元新建6所村级幼儿园,投入1300万元实施供暖、维修改造、数字化校园建设项目3个,隆子县中学“边境示范校”创建工作稳步推进,教育基础设施建设全面加强;强化义务教育阶段师资力量配置工作,截至年底,隆子县初中在校生1007人,教职工98人,师生比为1∶10.2,小学在校生2695人,教职工265人,师生比为1∶10,师生比达到自治区标准,师资配置均衡。依托驻村工作队、第一书记、村“两委”等力量,大力宣传“两后生”专项招生政策,做到家喻户晓、人人皆知,确保建档立卡贫困家庭应届初中毕业生、“两后生”专项招生工作落到实处,“两后生”报考中等职业教育的人数由2016年的30余人减少到2人。提升卫生保障,大力推进优质医疗资源扩容下沉,总投资3381.7万元的高压氧舱、核酸实验室建成使用,总投资1622万元的日当镇、三安曲林乡卫生院项目全面竣工,医疗保险、大病保险、医疗救助三重保障落实到位,县域医疗卫生机构实现“三个一”“三合

2021年6月30日,隆子县政府副县长坚阿次仁(右四)到格西村调研乡村振兴示范村建设项目

格”“三条线”。

【“五大振兴”打造乡村振兴样板】

2021年，隆子县乡村振兴局坚决贯彻落实中央关于实施乡村振兴战略的决策部署，按照产业兴旺、生态宜居、乡风文明、治理有效、生活富裕的总要求，立足自身优势，积极探索创新，在产业振兴、人才振兴、文化振兴、生态振兴、组织振兴五个方面取得积极成效。

产业振兴。大力实施藏粮于地、藏粮于技战略，严守耕地红线，加强高标准农田建设，实施二级种子田1700亩，全县粮食产量达1.98万吨。牧业发展稳步推进，全县牲畜存栏量达14.9万头（只、匹），同比增加0.6%。依托隆子“四黑”特色产业优势，制定完善“四黑”产业发展规划，不断提质升级，加强营销策划，延伸产业链条，打造“四黑”产业特色品牌。完成一期投资1.3亿元的玉麦湘万头藏香猪标准化养殖基地投产使用；黑青稞种植面积达3.05万亩，年产量达到1.38万吨，藏黑鸡养殖合作社养殖基地存栏藏黑鸡2.5万余只，黑白花奶牛养殖基地养殖奶牛达1030余头，年产鲜奶量2100余吨。稳步推进黄牛改良14021头，新生犊牛成活率98.2%，出售改良成年牛41头、公犊牛1692头，累计创收772.06万元。全年肉类总产量达1766.19吨，奶产量1.2万吨。持续推进旅游文化、清洁能源产业发展，全年接待游客6.3万人次，同比增长22.5%，实现旅游综合收入1630.4万元，同比增长26.3%。西巴霞曲流域综合开发工作纳入山南市“雅江基地”规划当中。

2021年8月21日，隆子县乡村振兴局局长格桑强巴到驻村点调研工作

人才振兴。坚决贯彻总书记在中央人才工作会议上的重要讲话精神，完整、准确、全面把握总书记关于人才工作提出的“八个坚持”重要要求，准确把握总书记关于新时代人才工作的新理念新战略新举措，坚持用好现有人才、引进急需人才、培养青年人才，为高端和专技人才从优提供福利待遇，让更多人才扎根隆子、奉献隆子。深化人才发展体制机制改革，发挥用人主体在人才培养、引进、使用中的积极作用，2021年，聘任卫生系统初级职称5人，社会工作者初级职称1人，会计初级职称1人，水利工程初级职称1人，农牧系统中级职称8人、初级职称9人，文化系统初级职称4人。特别是严格落实农牧业生产经营人才、农牧业产业发展人才、农牧区公共服务人才、乡村治理人才、农牧业科技人才等五类人才队伍的建设和培养，在全县现有136名农牧干部队伍的基础上，聘用了160名科技特派员、农业农村专员25名、科技专干70名，实用型、技术型人才队伍不断壮大。积极开展巩固拓展脱贫攻坚成果同乡村振兴有效衔接领域人才培训，先后组织164名干部人才到浙江大学、对口援藏省市开展乡村振兴领域干部能力素质提升培训班4期；依托现有基地对1255名干部人才进行现场授课教学11次，通过全方位培养、引进、用好人才，为实施乡村振兴战略提供了人才支撑，为奋力谱写长治久安和高质量发展新篇章打好了人才基础。

文化振兴。始终把深入宣传宣讲贯穿全县各项工作始终，推动宣传宣讲教育深入人心，全面覆盖。研究制定《关于县级领导同志宣讲中央第七次西藏工作座谈会精神的通知》《中央第七次西藏工作座谈会精神学习宣传方案》《关于做好党的十九届六中全会精神学习宣传工作的通知》等宣传宣讲工作方案21份，县委班子成员率先垂范，带头宣讲，组织县乡村三级宣讲队伍，以“党的光辉照边疆、边疆人民心向党”为主题，以“四讲四爱”群众实践教育活动为契机，扎实推进“管肚子”与“管脑子”双管齐下，深入开展宣传宣讲活动，通过巡回宣讲、基层宣讲、驻村宣讲、入户宣讲、深入虫草采挖点和施工地宣讲等多种方式开展群众思想教育，推动习近平新时代中国特色社会主义思想宣传教育深入人心、全面覆盖，年内开展各类宣传宣讲1153场次，受教育5.1万余人次。依托新时代文明实践中心所(站)，“七个起来”文明实践活动成为隆子文化的主流，大力开展理论宣讲讲起来、小喇叭响起来、爱国歌曲唱起来、党史电影放起来、志愿服务动起来、党的恩情讲起来、国家通用语言学起来活动7127场次，受众达15.6万余人次，累计开展国家通用语言文字教育培训494次，受众1.18万人次。以创建文化强县为目标，打造具有隆子文化历史底蕴的文化品牌，持续打造“一县一品”节庆文化活动品牌，第二届玉珞文化节成功举办，不断提升隆子知名度和影响力。对82支村级文艺演出队实现全覆盖培训，文化润边行动深入开展，全年开展文化润边演出300余场次，实现文化惠民10万余人次。创作完成《犀鸟之魂》《飞翔隆子》《扎念韵》等9部歌舞类作品，文化市场规范有序，非遗保护工作影响深远，“红色隆子、盛世边疆”持续彰显。

生态振兴。2021年，隆子县坚持山水林田湖草沙冰一体化保护和系统治理，投资5100万元实施隆子河流域污染防治项目，已完成工程量的80%，因地制宜开展国土绿化，实施乡村“四旁”植树和“见缝插绿”工程，巩固“两山”理论实践基地和“无树村”“无树户”消除成果，种植各类苗木15.64万余株，圆满完成2021年“四旁”植树任务目标。投入1000余万元开展华钰矿山采空区充填及矿山整体绿化恢复工作，绿化恢复110亩。加强4处地质灾害治理项目监管，督促3家砂石料场完成地质环境恢复，持续推进增减挂钩项目，将废弃宅基地恢复为耕地、林草地，恢复耕地、林草地面积50余亩。巩固拓展污染防治攻坚战成果，深入开展“六大环境”专项整治行动，深入开展人居环境整治，累计清理垃圾125.6吨，斗玉珞巴民族乡加麦村、雪沙乡林麦村成功创建自治区第六届文明村镇。加强城镇空气质量管控，主要污染物和温室气体排放控制在国家核定范围内，根据监测显示全县空气质量达到Ⅱ类标准，空气环境质量良好天数保持在96%以上。投入1.05亿元实施中小河流治理及防洪工程项目5个、水土保持项目3个、农村饮水工程项目19个，不断完善饮用水水源地保护体系，地表水监测各项指标均达到国家Ⅲ类标准，饮用水水源地各项指标均达到国家Ⅱ类标准，达标率100%。加快城镇污水收集和处理设施短板，县城城镇生活垃圾无害化处理率、污水处理率均可达90%以上。因地制宜推进农村厕所革命，完成农牧民家庭厕所改造5271户，户厕普及率达80%。严明生态环境保护责任，严格落实河、湖、林长制，及时调整县河(湖)长制工作领导小组和县级河长名录，强化制度执行，严厉打击破坏生态环境行为。严格落实生态文明建设责任制，坚守生态红线，坚持“三高”企业和项目零审批、零

2021年7月11日，隆子县召开乡村振兴先行示范村规划设计意见征求会

引进，全年累计办理环评登记备案34项，环评豁免项目1项，降低环评等次3项，无“三高项目”进入。严禁在公路沿线等区域采砂采石。完善生态补偿机制，落实草原、自然保护区、森林、湿地等生态补偿政策，推行生态建设保护“以工代赈”做法，完善生态保护成效与资金分配挂钩的激励约束机制，累计兑现3623个生态岗位资金979.05万元、1633名护林员生态效益补偿资金1119.95万元、退耕还林补助资金108.18万元。

组织振兴。2021年，隆子县认真落实县委书记抓党建促乡村振兴第一责任人责任，认真研究制定《隆子县抓党建促乡村振兴工作方案》，全覆盖式督导检查指导，针对村集体经济发展形成1篇高质量调研报告。深入开展村干部文化素质提升工程，持续巩固村“两委”班子成员100%是党员的成果，举办村干部能力素质提升班1期，制定《隆子县村干部国家通用语言文字教育培训方案》，举办集中培训班7期540人次，依托夜校教学形式开展国家通用语言教育173次4074人次，80%村主干会使用国家通用语言，75.3%村副职会使用国家通用语言。聚焦组织“质量提升年”，深入开展党建责任抓落实、党建质量促提升、党建队伍强本领“三个专项行动”，第一书记、大学生村官、驻村工作队作用发挥明显，规范管理村级活动场所，分类施策、精准整治，保留牌子273个、整合46个、取消39个。2021年确定的2个软弱涣散党组织全面整顿完成。突出“双好双强”标准，提高选人质量，全县82个行政村选拔了449名有干劲、会干事、作风正派、办事公道的人进入“两委”班子，同时按照村级党组织正职1∶2的比例、副职1∶1的比例，建立了村级后备干部库。不断完善党组织领导的乡村治理体系，制定完善82个村的村规民约，开展矛盾纠纷排查826次；加强乡村德治和法治建设，推进平安隆子建设，全面落实“八五”普法规划，研究制定隆子县2021年普法依法治理工作要点以及“法律七进”工作方案，完善“谁执法谁普法”普法责任清单，加大对以案释法工作调度和执法普法典型案例宣传，在全县营造了尊法学法守法用法的良好氛围。深入推进“法律明白人”培养工程，实施打造玉麦乡法治广场和扎日乡法治长廊；切实推动自治、法治、德治有机融合。结合党史学习教育、“三更”专题教育，深入开展“党在心中”“我为群众办实事”“党旗在雪域高原高高飘扬”“永远跟党走”等主题党日活动1548次，开展学习824场次、研讨173场次、调研183次、讲专题党课206次、观看警示教育片和红色影片470余场；始终把“我为群众办实事”实践活动作为学史力行的落脚点，开展“大走访、大调研、办实事”活动，形成各类调研报告65篇，累计为民办实事732件次，受众5.02万余人。

【机构领导】

局　长

格桑强巴（藏族）

副局长

边巴次仁（藏族）

徐　　奎

李 江 波

气象

【概况】 隆子县气象局位于西藏南缘，南喜马拉雅北侧，地理位置为北纬28° 24 ' 49 "，东经92° 27 ' 36 "。该站海拔高度3879.9米。地处四面环山，为河谷走廊地带，地势西高东低，天气变化复杂，气象灾害频繁，属高原温带干旱季风气候区。2021年，年平均气温6.6℃，与历年年平均气温（5.6℃）相比偏高1.0℃；年总降水量为315.0毫米，与历年降水总量（281.4毫米）相比偏多33.6毫米，其中5—9月降水量为309.0毫米，占全年降水量的96%。最低月平均气温-2.5℃，最高月平均气温14.4℃，年极端最高气温24.7℃，出现在8月10日；极端最低气温-17.0℃，出现在12月24日。年无霜日数113天，年日照时数2932.6小时，年平均相对湿度53%，年内14天出现大风天气，其瞬间最大风速为21.7米/秒，出现时间为1月2日，年平均风速2.3米/秒，年内最大平均雪深为1厘米，出现在1月24日；年最大冻土深度为19厘米，出现在12月27日。隆子县气象局共有内设机构3个（综合科、气象台、防灾减灾科），地方气象机构2个（隆子县防雷减灾管理办公室、隆子县人工影响天气办公室），截至年底，在职干部职工9人，其中汉族1人，具有大、中专以上学历的人员占职工总数的100%，公务员3人，中级专业技术人员3人，无高级专业技术人员。

【重大气象保障服务】 2021年隆子县气象局完成雅砻文化节、秋收期等重要时间节点的气象保障服务。县气象局制作提供气候趋势预测、天气预报预警、天气实况监测等多项服务。通过俗破检查站LED电子显示屏、微信公众平台，全方位不间断播报预报预警、防灾减灾、保护环境、安全生产警示信息。针对农牧业对气象的需求及农牧业气象服务工作在农牧业生产的作业，制作黑青稞气象服务专题预报和春耕春播、秋收秋种气象服务专题预报，2021年制作发布各法定节假日、县两会、春运、藏历新年、虫草采挖、中小考、物交会等重大活动专题天气预报，保障各类活动顺利开展，年内共发布专题天气预报12次。

【人影工作】 2021年，隆子县气象局人影办已有3个乡镇（隆子镇、日当镇、热荣乡）的7个村（芒措村、曲国塘村、俗破下雪村、日当村、萨琼村、热荣村、加木岭村）开展人工防雹作业和人工增雨试验工作，其中沙琼村作业点是标准化高炮作业点，加木岭村、热荣村、俗破下雪村作业点是标准化火箭作业点，其余3个作业点是移动式非标准火箭作业点。

2021年，隆子县人影办在市人影办的指导下，按照2021年人影工作总体安排，多措并举，扎实开展了人影作业期前各项准备工作。先后与隆子镇、日当镇、热荣乡政府签订了人工影响天气安全责任书，进一步明确了作业点所在乡镇政府、县人影办在安全生产工作方面的职责，并督促相关乡（镇）与村（居）逐级签订人工影响天气安全责任书的落实工作，确保了人影安全生产工作属地化管理职责；积极配合火箭和高炮装备年检工作组前往6个火箭作业点和1个高炮作业点，开展火箭发射架、起爆器、作业信息采集器及高炮电子锁安装年检维护和作业人员岗上安全作业实操培训工作；结合自身存在的问题，全面整改落实人影工作中存在的各类问题；7月中旬与错那县人影办联合举办了人工影响天气作业技能培训班，并协助市人影办弹药配送人员，开展弹药配发工作，确保装备和人员到位；通过张贴公告、微信公众号、电视节目等多种渠道用藏汉双语发布了2021年隆子县人工影响天气作业公告。

6—9月，全县7个人工影响天气作业点对隆子河谷一带主要农区先后进行人工防雹作业58次，总共发射弹药数量131枚（发），其中高炮弹35发、火箭弹96枚，取得了明显的防雹效果，全年防区内未出现雹灾，农作物得到有效保护，达到农作物增产的目的。

【气象灾害】 2021年6月15日，隆子县隆子镇扎果村一带出现短时强降水天气，致使扎果村村民的房屋屋面出现裂缝、倾斜，造成一定的经济损失。6月29日16时30分，日当镇扎村马隆沟牧区南面山坡上（海拔约5130米，北纬28° 38′ 39″、东经92° 15′ 39″）出现雷阵雨天气，雷击致死7头牦牛和2只山羊，给村民造成一定的经济损失。6月29日17点，在隆子镇辖区突降暴雨，持续时长达40分钟。出现洪

2021年6月16日，西藏昌都市气象局副局长罗晓松（左一）一行到隆子县气象局调研指导工作（地面观测场）

水，导致219国道过水路面严重冲毁，大约有100米。农作物受灾面积17.33公顷，草场受灾面积4.8公顷，林地受灾面积20.21公顷不同程度受灾，防洪堤冲毁70米，约2000米有较大安全隐患。毁灌溉水渠1000米左右，房屋倒塌1间、一般损坏房屋5间，没有造成人员伤亡。给村民造成一定的经济损失。7月18日下午6点，隆子县加玉乡强木金村一带出现强降雨天气，在加玉乡强木金村发生泥石流，导致强木金村至达孜村路段道路交通安全存在隐患，给群众出行带来极大的不便。7月20日，隆子县雪萨乡一带出现短时强降水天气，致使下木达村村民扎西房屋屋顶坍塌，5间房屋不同程度受损，整个房屋受损面积大约80平方米，造成经济损失约8万元。

7月26日，隆子县日当镇一带出现强降雨、降温天气，导致日当镇毕念村村民洛桑达娃饲养的1460只绵羊中冻死23只、重病3只，造成一定的经济损失。

7月26日18点30分，由于强降雨的原因，隆子县加玉乡强木金村发生泥石流，导致强木金村至达孜村路段道路发生交通安全隐患，泥石流造成了强木金村地势偏低的农田区域被淹，导致1亩土豆、1.5亩青稞作物被掩埋，农作物遭受破坏；临时打麦场的棚屋进水、草料多数被浸泡，7至8间棚屋有所损坏，墙面出现不同程度的裂缝，造成经济损失15000元，未造成人员伤亡。

7月26日夜间至27日，隆子县日当镇一带出现强降雨天气，受降水天气影响，导致日当镇才布村1户村民的储物间外墙坍塌，小面积青稞发生倒伏现象，部分防洪堤受降雨影响发生坍塌、裂缝。卡当村村内河道2处防洪堤坝已出现塌陷，1户村民牛棚坍塌，1户村民房屋地基渗水，日当村1户村民羊圈圈内积水较多，围墙出现严重倾斜、坍塌、裂缝。白玉村内因河流上涨，村内四组桥梁河道两边防洪堤坝已塌陷。水流量上涨致使一组3亩农田受灾，引发泥石流，导致玉白村一组（中联）与219国道处河道淤堵很严重等，出现不同程度灾情，造成一定的经济损失。

7月31日，隆子县列麦乡玉巴村辖区内强降雨，导致村民扎桑家中倒塌房屋1间，无人员伤亡，造成直接经济损失约4000元。8月14日，受强对流云团发展影响，隆子县热荣乡至隆子河谷一带出现雷雨、短时强降雨天气，17时10分隆子镇桑玉村一名村民遭雷击身亡。

8月25日，隆子县雪萨乡才木村一带出现连续降雨天气，受降水天气影响，导致村民平措曲珍的面积70平方米房屋地基塌陷。

【防灾减灾】 2021年，隆子县气象局严格按照上级业务管理部门要求，为了强化地方农业农村局、应急管理局、交通运输局等气象服务能力，选址隆子县境内重要交通要道，高寒牧区，申报购置布设积雪监测以及农田小气候监测站设备。7月，经上级批准，隆子县气象局全面负责征地及勘察选址工作，并于8—10月协助自治区金牛公司参与抵边自动气象观测自动站。年底县气象局在山南市业务科委托下，负责完成抵边气象观测自动站后期验收工作。

通过向水利、应急管理、自然资源、林草、交通运输及其他相关单位收集灾害数据和实地调查相结合的方式，整理完善基层气象防灾减灾数据。完善更新2021年

2021年9月26日，在西藏自治区大气探测技术与装备保障中心计量检定所技术人员的指导帮助下，隆子县气象局顺利完成本站能见度仪、降水现象仪的现场核查校准工作

气象信息员、乡镇气象观测设备看护员以及人影作业人员信息。气象灾害防御、农业气象服务、突发公共事件预警信息发布“四位一体”的隆子县各类与气象相关的领导小组及时调整。不断加大对气象工作的领导，实现了县、乡两级政府均有分管气象工作的领导和气象信息员，各乡镇建成气象信息服务站（点），将乡（镇）政府发文成立乡镇气象防灾减灾指挥部的比例由2020年的98%提升至2021年的100%。进一步完善气象主管机构权力清单和责任清单，并及时向社会公布，并将权力清单和责任清单纳入隆子县气象局年度综合考核目标，确保权责一致。建立健全隆子县气象局易燃易爆场所防雷安全检查实施方案、隆子县气象局执法监管制度、调整充实隆子县气象局防雷安全检查工作领导小组等，每季度定期向当地应急管理部门报送隆子县安全生产领域执法检查信息统计表。及时完成防范易燃易爆场所雷电安全事故和辖区内加油站、液化气站、矿山等易燃易爆场所防雷安全监管检查指导工作，全年共完成易燃易爆场所安全监管检查5次，报送检查简报5次。

【气象装备】 2021年，隆子县气象局已建立并投入业务运行的国家级地面气象观测设备主要包括：自动气象观测站和积雪观测站共31个，农田小气候观测站（温室大棚）1个，土壤水分观测站1个，GNSS/MET水汽观测站1个，雷电观测站2个，积雪监测服务站5个，装备供应保障任务越来越重。通过装备保障业务一体化系统建设，建立信息化、集约化、标准化的省级装备保障业务一体化系统，以统一的保障规范、编码规范、编码条目、站网信息、仓储信息为基础，将全国范围内现有的装备信息全部进行规范化入库，包括在用、库存的所有装备，实现装备保障业务信息化。通过应用现有省级与国家级CIMISS建设资源，综合气象观测业务运行信息化平台，融合交互省级5个业务系统（运行监控、动态管理、计量检定、测试维修数据与功能、气政通），实现装备保障业务集约化。

隆子县扎日乡亚绕村和玉麦日拉山口新建抵边气象观测站点，亚绕村站点于2021年5月22日安装调试并运行。日拉山口站点于2021年10月25日安装调试并运行。隆子扎日乡曲桑村新建气象多灾种智能监测与风险潜势预警发布终端于2021年7月23日安装调试并运行。

【科普宣传】 2021年，隆子县气象局依托“3·23”世界气象日、“5·12”全国防灾减灾日、3月综治宣传月、6月安全生产周和9月安全生产月、法制宣传日等节点，大力开展气象科普、第一次全国自然灾害综合风险普查、安全生产、法律法规“进农村、进企业、进学校、进寺庙、进社区”宣传培训活动，发放《气象防灾减灾避险手册》、知识传单、宣传图片、明白卡等宣传资料，普及科普知识，切实提高群众的气象防灾减灾的意识。

8月20日，隆子县气象局联合隆子县宣传部、隆子县电视台开展气象防灾减灾科普宣传活动，宣传活动采取将《气象科普之强降水和冰雹》《气象科普之雷电》藏语和汉语四个视频，通过本局公众号“黑青稞之声”持续发布、隆子县电视台持续播放半个月和宣传部公众号“网信隆子”持续转发三种方式进行。其中，经本局微信公众号发布的视频累计有1017次阅读量。

【服务“三农”】 2021年，隆子县气象局加强与农业农村、水利、应急管理、自然资源、民政等相关部门的合作，并召开气象防灾减灾联席会议，签订气象防灾减灾部门合作协议，建立健全信息共享、灾害预警会商、信息服务等工作机制。通过纸质气象服务产品、手机短信、微信群、微信公众平台、隆子电视台、LED显示屏等借助多种媒体渠道、多种方式，制作发布藏、汉文字形式日预报、藏语音日预报、天气实况、周报、旬报、月报、黑青稞农业气象服务专报、虫草采挖期专题预报、农业气象情报、降水消息、大风消息、强降水预警信息、地质灾害气象预警等气象服务产品14种，全力以赴做好各项气象防灾减灾保障服务，为保障农业增产、农民增收，全县经济社会发展提供重要的决策依据。2021年，共发送短信221538条，微信信息1460条，周报49期、旬报36期、黑青稞农业气象服务专报19期、预警信号4期、大风消息1期、节日预报8期。

【创新工作】 2021年,隆子县气象局人影办通过张贴公告、微信公众号、电视节目等多种渠道用藏汉双语发布了《隆子县人工影响天气作业公告》。公告对人工影响天气作业时段、作业影响区域、装备特点、安全注意事项及意外事故报告方式等进行了详细说明,同时特别强调违反此公告内容的行为,将按照有关规定追究当事人的责任,由此造成事故的一切责任自负。

5月11日至12日,对隆子扎日乡亚绕村、玉麦乡玉麦村日拉山口等待选地址进行实地考察,选址人员一一对照选址要素,以优中选优的理念,最终确定2个抵边自动气象观测站选址用地,每个点占地面积约为100平方米。

6月3日,为配合审核组做好2021年气象观测质量管理体系全国内审工作,隆子县气象局提前谋划,积极做好迎检前期准备工作。

6月6日,按照《山南市人影办关于组织开展2020年人影高炮年检工作的函》要求,隆子县人影办积极配合高炮年检工作组前往沙琼村高炮作业点,开展高炮电子锁安装及年检维护工作。

6月9日,根据《2021年气象观测质量管理体系全国内审西藏自治区气象局审核计划》安排,中国质量认证中心石涛等一行检查组在山南市业务科科长米玛次仁等的陪同下,对隆子县气象局开展质量管理体系内审抽查工作。

检查组通过实地查看观测场、值班室、机房、发电机房;现场检查隆子县气象观测质量管理体系建设落实情况和台账登记情况、数据质量监控情况、平台运行情况;沟通询问质量管理体系建设过程中的相关条例规定等方面进行了全面检查。检查过程中对隆子县气象局特色亮点工作给予了充分肯定,同时对检查过程中发现的问题提出了指导性建议。

8月23日,为增强人影作业保障水平,切实提高气象防灾减灾水平,人工影响天气作业点的建设更加标准化,向隆子县人民政府申请制作人影作业点门牌、安全警示牌所需资金并得到拨款批复。此次共制作了6个竖排门牌,7个安全警示牌、3个落地式作业点名称牌,共投入资金近1万元。

8月21日,对3个新建人影标准化作业点正式挂牌。门牌以各作业点名称命名,正门两侧按照藏语汉语竖牌形式设计,醒目亮相,简单大气。各作业点挂牌完毕后,同时在各作业点设立了“安全作业警示牌”,张贴“安全是人影作业的生命线”安全生产标语,警示周围人员在作业过程中切勿靠近作业点,以免在作业过程出现意外而发生更多、更严重的安全事故。

9月24日,隆子县人影办会同市人影办及市、县两级公安局治安支队和应急管理局组成检查组,深入辖区两镇一乡7个人影作业点开展人影工作联合安全专项检查。

9月27日,在市气象部门大探技术保障人员的支持下,隆子县气象局顺利完成称重降水仪器的数据线重新拉线安装调试工作。该降水仪器主要承担固态降水观测任务,具有精确测量、运行可靠等特点,能达到当前先进的固体降水自动化观测水平。该仪器的安装,使固态降水观测结果客观化、观测资料连续化,将让隆子县冬季降水量得到自动观测,进一步推进隆子县地面气象观测自动化建设,提升气象预报和服务能力。

9月28日,隆子县气象局与受隆子县应急管理局委托的甘肃智广地质工程勘察设计有限公司技术人员一道,共同完成了1978年至2020年隆子县气象灾害数据统计工作。为保证数据质量,隆子气象局除翻阅1978年至2004年26年间的纸质《气象记录报表》外,还积极与县民政局、自然资源局、水利局和各乡镇灾情统计负责人对接,充分了解灾情,保证隆子历史气象灾情统计数据真实有效。通过沟通,隆子县气象局实现与县应急管理局的灾情数据共享。

10月26日,山南市气象局党组成员尼玛次仁、办公室主任罗杰和项目建设方一行到隆子县气象局,与隆子县气象局负责人一同完成了值班室新建采暖房工程验收工作。验收组严格按照采暖房工程建设内容及要求,重点对供暖设施、屋面防水、木质地板、门窗以及照明灯具等进行实地验收,对工程质量存在的一些小问题现场提出整改要求,并要求限期整改。

【机构领导】

县气象局局长

白玛群培(藏族)

县气象局副局长

旦增罗央(藏族)

县气象台台长

江　　白(藏族)

城市建设·环保

住房和城乡建设

【概况】 隆子县住房和城乡建设局是隆子县人民政府工作部门，为正科级。2021年，隆子县住房和城乡建设局人员编制4名，部门领导职数3名，在岗人数12人，其中借入3人，援藏干部1人。

【保障性住房建设管理】 公共租赁住房建设。隆子县2021年公共租赁住房建设项目，总投资1575.32万元，新建公租房88套，建筑面积4428.84平方米，项目已完工，累计完成投资1575.32万元。2021年，办公楼及保障性住房维修工程总投资223.82万元，已完成屋面防水、室内涂料等工作，完成形象进度的100%。周转房实名制登记。2021年，隆子县周转房共有1166套（其中乡镇518套），均已实名制登记造册。

【执法检查】 2021年，隆子县住建局共开展安全生产大检查21次，质监站开展日常巡查45次，检查共发现各类安全生产隐患37处，已整改37处，整改率为100%，累计共发出限期整改通知书8份，处罚书4份，罚款16万元，并跟踪督促其整改落实到位。

【城乡功能提升项目】 县城道路升级改造，总投资4500万元。隆子县章木萨路升级改造工程：总投资2850万元，建设路基路面工程1750米，人行道工程1750米及绿化等附属设施。该项目完成形象进度的95%，累计完成投资2707.5万元。隆子县雄哲路升级改造工程：总投资1650万元，建设路基路面工程1329.71米，人行道工程、绿化等附属设施。该项目完成形象进度的95%，累计完成投资1567.5万元。

【其他重点工作】 租赁住房补贴发放情况。按照上级业务部门的部署安排，2021年结合隆子县实际，上半年发放租赁住房补贴31户，人数37人，发放5.66万元，下半年发放租赁住房补贴34户，40

2021年8月27日，县住建局局长扎西多吉在驻村点慰问孤寡老人

2021年6月11日，县住建局建管科陈平在建筑工地检查施工标准

人，发放金额6.66万元。

【危房改造】 2021年，隆子县住建局启动农村房屋安全信息采集工作，以全县正在使用的房屋为主进行排查，全县共排查10350户住房，其中存在风险90户，已完成整治36户，放弃改造44户，其他原因10户。排查完后同步开展改造或新建，对无劳力的组织各村两委帮忙改造。2020年市住建局下达住房改造指标1600户，2660万元补助资金（含253.2万元整合资金）。改造对象为全县所有有意愿实施加固或新建的农房。截至2021年11月底已完工1393户。

【队伍建设】 2021年，隆子县住建局以“政治标准要更高，党性要求更严，组织纪律性要更强”专题教育活动和党史学习教育活动为契机，抓好理想信念教育，廉洁从政教育，党风党纪教育，组织全体干部认真学习《新形势下党内政治生活的若干准则》《中国共产党党内监督条例》及习近平总书记关于西藏工作的重要讲话、视察西藏重要讲话和中央民族工作会议精神，推动全局干部牢固树立“四个意识”、坚定“四个自信”、做到“两个维护”，始终做到心中有党，忠诚于党、忠诚于人民、忠诚于住建事业的干部队伍。

【机构领导】

局　长

扎西多吉（藏族）

副局长

卓　　玛（女，藏族）

颜 克 红（援藏）

刘　　波（5月免）

张 世 见（5月任）

生态环境保护

【概况】 山南市生态环境局隆子县分局于2019年挂牌成立，在岗人员5人，其中局长1名，副局长3名，四级主任科员1名；山南市监测三站2020年挂牌成立，2021年有监测人员5人。

【督察整改】 2021年，隆子县生态环境局全面开展环保督察“回头看”工作4次，中央第六环保督察组转办件10件；自治区第三环保督察组转办件1件；自治区生态环境保护督察涉及隆子县转办案件1件；西南督察反馈问题涉及隆子县县城垃圾填埋场运行管理不规范、华钰矿业晒场未硬化等2个大项6个小项问题，已全部整改完成。

2021年，隆子县环境空气质量达到Ⅱ类标准，全县空气质量良好天数保持在96%以上；地表水各项监测指标达到国家Ⅲ类标准，集中式饮用水水源地（县城供水站）各项指标均达到国家Ⅱ类标准，达标率100%，县城区域水环境质量保持优良。

【生态环境保护】 2021年，隆子县生态环境局投入700万元资金，实施的日当镇曲古塘村水土保持综合治理项目，截至年底已完成总工程量的80%，剩余工程为植树种草；山南市生态环境局投资4085.7万元，实施隆子河谷流域污染防治项目，已达到工程量的80%，其中退化天然草地治理与恢复试点工程完成率达到95%；投资2219万元开展地质灾害治理项目建设，已完成项目验收；利用生态环境考核奖励资金260.9万元解决部分乡镇急需的生态领域设施设备；山南市住建局总投资

2021年10月5日，山南市执法二队到桑玉砂石场开展环境执法

754.6万元建设隆子县玉麦乡污水处理及收集系统项目，总投资677.03万元建设隆子县玉麦乡生活垃圾无害化处理设施；对全县25个村520个农户的户厕改造工作进行县级抽验，520户均通过县级验收；开展国土绿化工程，2021年共完成12.09万株种植，进一步消除“无树村”“无树户”“无树路”；完成《隆子县声功能区规划方案》《隆子县农村生活污水规划方案》编制工作；县财政局节能环保预算安排1169.76万元，截至年底，实际预算执行987.5万元，预算执行率达84%；投入99余万元对隆子县71个行政村创建生态文明示范建设工作，创建率为87%。

【污染防治】 2021年，隆子县生态环境局结合生态环境领域“六大”专项整治，全面开展环境综合整治，全力打好蓝天、碧水、净土保卫战。加大建筑领域扬尘污染治理工作，要求施工企业对工地出入口采取硬化、围栏、冲洗等降尘措施，建筑材料运输、堆放时采取篷布覆盖措施；开展“村村户户搞清洁、干干净净迎佳节”“五无、五净”“建党100周年、西藏和平解放70年环境清洁”“‘十一’国庆节前整治”等环境整治行动9次，出动人员37650余人次，清理垃圾125.6吨，清理沟渠198.6千米，整治乱堆乱放226处；严格医疗废物管理，截至年底，转运医疗废物4052.1公斤；交通局、扎日乡持续推进G219、曲玉公路沿线建筑设施、板房拆除及生态修复工作；积极开展垃圾分类工作，日分类能力实现5吨—8吨。

【执法监管】 2021年，隆子县生态环境局办理环评登记备案224项，环评豁免项目1项，降低环评等次3项，无“三高项目”进入隆子县；重点区域、领域开展生态专项执法检查32次，解决处理农牧民群众及各单位各部门反馈环境问题5次；严格采砂采石审批管理，严肃查处1起乱采乱挖；隆子县有小型水泥砖厂49家，其中44家手续不齐全或未办理环评，已全部关停处理，初步拟定保留13家砖厂；投入1000余万元开展矿山采空区充填及矿山整体绿化恢复工作，绿化矿山110亩。

【宣传教育】 2021年，隆子县生态环境局深入推动宣传教育活动，将生态环境保护宣传工作与

2021年5月15日，生态环境局隆子分局（监测三站）工作人员在加玉乡开展国控断面水质采样

创建绿色学校、绿色机关等活动有机结合起来，将宣传工作深入学校、社会、机关、农村、企业，广泛宣传环境保护有关法律法规，扩大环保宣传覆盖面。以“人与自然和谐共生”为主题，开展“6·5”世界环境日活动，发放各类宣传物品3000余件、环保袋4000袋、制作LED显示屏20条，更新宣传栏、宣传标语及宣传海报15张，累计投入资金约5万元。

【机构领导】
局　长
　　土旦罗布（藏族）
副局长
　　李　冀　川
　　张　照　耀
　　卓嘎央金（女，藏族）

城市管理和综合执法

【概况】2019年3月城市管理和综合执法局挂牌成立，作为县政府组成部门，隆子县城市管理和综合执法局已逐步承接行使城市管理领域内城市市容和环境卫生、渣土运输、城市绿化、城市道路、环境保护、户外广告、垃圾分类等方面管理和执法工作，执法体制机制进一步完善，职能职责更加清晰，机构和队伍建设明显加强，保障机制更加完善，服务便民更加高效，城市治理体系基本形成，城市管理效能大幅提高。截至年底，隆子县城市管理和综合执法局编制3人，超编1人，配备有局长1名，副局长2名。

【城市管理综合执法】2021年，隆子县城市管理和综合执法局持续深化城管执法队伍“强基础、转作风、树形象”专项行动，不断规范执法行为。同时，持续开展环境卫生、市容乱象、建筑垃圾、渣土运输、出店经营等综合执法专项整治工作，前三季度，共清理整治各类违法运输渣土、建筑垃圾30多宗，清理超门线、占道经营行为600多宗。

【市政公用事务管理】2021年，隆子县城市管理和综合执法局以习近平新时代中国特色社会主义思想为引领，全面贯彻落实中央第七次西藏工作座谈会精神和习近平总书记在西藏考察时的讲话精神，以提高城区整体环境质量为中心，持续提升市政设施维护管理水平、优化市容环境、提高城区绿化景观成效，有力推动城区整体环境持续改善，全年共投入基础设施维护费20余万元。

【城市环境卫生管理】2021年，隆子县城市管理和综合执法局坚持以问题为导向，完善环卫托管公司的监管，持续加强对垃圾填埋场、转运站、城区街道环卫的管理，确保了城乡生活垃圾日产日清、城区街道全天高质量保洁。

【市容市貌管理】2021年，隆子县城市管理和综合执法局把深入实施沿街立面综合整治，优化街面经营秩序作为工作目标。将街面综合整治实施范围逐步扩大。先后与雄哲路经营商户召开座谈会3次，有针对性地入户座谈交流6户，签订责任书、保证书60余份，同时采取日常巡查、节假日轮流值守等方式加大对此路段的专项整治。截至年底，累计清理户外广告、乱拉横幅等60余条（份），备案店铺招牌20余家，城区户外广告秩序得到了有效改善。定期安排洒水车对建成区范围内主、次干道进行高空喷洒除尘作业，并根据实际情况，及时加大洒

2021年7月1日，城市管理和综合执法局局长措姆组织党员干部重温入党誓词

2021年12月12日，城市管理和综合执法局工作人员看望慰问结对帮扶对象

水降尘频次。依法查处车辆“滴洒漏”等污染道路行为，全年发现并制止运输车辆污染道路26宗。

【园林绿化管理】 2021年，隆子县城市管理和综合执法局为深入推进城市生态文明建设，提升城市人居环境，不断满足人民对美好生活的向往，按照县委、县政府工作部署，积极参与城区主干道升级改造过程中的绿化项目规划，同时加强现有绿化设施和绿植养护工作，全年共投入绿化养护资金6万余元。

【数字化建设管理】 2021年，隆子县城市管理和综合执法局在调研和借鉴内地“智慧城管”治理模式经验基础上，投入12万元，初步完成监控中心和城区主要环卫道路、旅游公厕摄像头安装工作，通过城管监控中心对城区主要环卫区域、乡镇垃圾转运、公厕维护实时监控指挥的方式，探索“智慧城管”治理新格局。

【城市管理与交流宣传】 2021年，隆子县城市管理和综合执法局为深入贯彻落实中央第七次西藏工作座谈会精神和习近平总书记在西藏考察时的讲话精神，践行王君正书记提出的“山南要在长治久安和高质量发展上走在全区前列”的目标要求，按照自治区固体废物督导检查组意见建议，经县政府同意，牵头组织山南市生态环境局隆子县分局、乡村振兴局到昌都市察雅县考察学习，历时3天，借鉴兄弟县生活垃圾焚烧处理场建设、管理、运营经验。

【机构领导】

党组书记、局长

措　姆（女，藏族）

党组成员、副局长

旦增卓嘎（女，藏族）

李伦年

交通·通信

交通运输

【概况】 2021年，隆子县交通运输局共有干部职工6人，其中汉族2人，藏族4人。正科级1人（四级调研员），副科级2人（三级主任科员），一级科员1人，工勤人员2人。大学本科及以上2人，大专3人，中专1人。全局共有党员6人，均为机关干部党员，占党员总数的100%；女党员1名，占党员总数的16.7%；藏族及其他少数民族党员5名，占党员总数的83%。

【农村公路养护】 2021年，全县养护公路里程130余公里，支出养护资金200余万元，实施养护工程类项目1个，覆盖全县2个镇9个乡46个行政村。

【路政管理】 2021年，隆子县交通运输局办理路政执法案件2起，形成卷宗2套，出具行政许可证书2个，全力保障了隆子县公路的路权路产不受侵害。

【项目建设】 2021年，隆子县交通运输局实施交通项目2个，总投资2678万元，涉及道路1条，里程为7.62千米，桥梁改造2座，解决了1300余人的安全出行及生产生活问题。带动全县100余名农牧民群众增收170余万元。

【整治非法营运】 2021年，隆子县交通运输局联合县公安交警大队开展联合执法3次，宣传引导私家车驾驶员40余名，登记备案车辆40余辆。

【交通宣传】 2021年，隆子县交通运输局利用各类宣传平台开展"非法营运"及《中华人民共和国公路法》《西藏自治区道路运输管理条例》等宣传6次，发放宣传资料1500余册。

【公路巡查】 2021年，隆子县交通运输局针对重点路段、重要通道、临水临崖及地质不稳定路段开展道路巡查15次，解决安全隐患问题10个，列出重点路段，标记关键部位7处。

2021年11月10日，西藏自治区交通运输厅党委书记达瓦欧珠（左二）调研隆子县公路建设情况

2021年12月7日，隆子县交通运输局委托第三方对县农村公路进行质量抽检

【安全生产】2021年，隆子县交通运输局在加强对工程管理人员和施工人员技术规范操作监督的同时，及时开展现场纠正违章作业等不良行为，并严格落实公路工程施工单位安全生产制度，对不具备施工资质、没有安全生产许可证的施工单位，一律不准参加工程招投标，严禁工程转包、分包等行为，从源头上消除隐患。全面开展道路客运、维修企业安全生产整顿工作，加大对危险化学品运输的监管力度，严格执行“三不进站、六不出站”及GPS动态监管制度，全年开展检查15次，发现隐患5处，均已全部整改到位。

【抢险保通】2021年，隆子县交通运输局始终按照县委、县政府汛期工作安排，加大在汛期的安全检查、隐患排查、地质灾害点观测和抢险保通力度，取得了良好的效果，保证了汛期安全。自进入汛期以来，县交通局共组织道路交通安全隐患排查18次，出动机械保通30台次，清理路面滑坡泥沙、落石6000余立方米，保通道路13条，投入资金75万元，设置警示标志60余处。截至年底，全县交通运输领域在汛期期间未发生一起人员伤亡事故，确保了安全度汛。

【队伍建设】2021年，隆子县交通运输局结合支部实际，提出了以“读书、思考、创新”为主体的学习型党组织建设活动，一年来，支部开展集中学习共计20余次，编写信息简报34期，其中开展班子成员讲党课3次，撰写学习十九大精神心得体会10篇，支部学习笔记共计6万余字。坚持争先创优、示范引领，从“三包五带五促”活动为契机，充分结合行业监管部门的特点，积极打造有亮点叫得响的党建品牌“突出党建引领，建强BJ基础”，一年来累计实施总投资2608万元的BJ项目2个，惠及边民2000余人，做到了以党建推动业务工作再提升。着力抓好主题党日、“三会一课”、专题组织生活会等基本制度。全年局党支部召开“主题党日”活动11次。

【机构领导】

党组书记、局长

边巴次仁（藏族）

党组成员、副局长

唐　淮

张世见（4月免）

桑旦洛色（藏族，4月任）

邮政

【概况】2021年，中国邮政集团有限公司西藏自治区隆子县分公司（以下简称隆子县邮政分公司）邮政营业网点12个，其中城市网点1个，坐落在隆子县县城常德路3号，乡镇营业网点11个，分别为三林支局邮政营业所、日当镇邮政营业所、雪萨乡邮政营业所、三林乡邮政营业所、准巴乡邮政营业所、斗玉乡邮政营业所、加玉乡邮政营业所、列麦乡邮政营业所、玉麦乡邮政营业所、扎日乡邮政营业所、热荣乡邮政营业所。2021年，12个营业网点，82个村邮站发挥作用，更好地让隆子县邮政分公司普遍服务全面满足农牧民群众用邮需求再上新台阶。隆子县邮政分公司有员工35人，其中，A、B类员工8人，C类员工1人，外包县城投递员2人，外包乡邮司机3人，乡镇营业员10人、乡镇投递员11人。

【经营发展】2021年，隆子县邮

政分公司坚持以习近平新时代中国特色社会主义思想为指导，全面贯彻落实中共十九大和十九届历次全会精神，认真落实自治区第十次党代会和区、市、县三级经济工作会议精神，按照“三个视角”找差距、求创新，运用“三大规律”促改革、建优势，发挥三差三力拓市场，提业务。以“夯实基础、精准管理、协同创新、转型升级、两升一稳、狠抓落实”为主基调，做到“四个并重”，积极构建“四梁八柱、六维共生”的发展方略，认真贯彻落实区分公司及市分公司工作会议精神，坚持普服为“根”、客户为“本”的观念，做到普遍服务“七确保”；全面加强党的建设、做好基础管理工作、做好金融业务发展工作、做好邮务业务转型工作、加强包快业务发展、提升服务质量、提升服务能力、提升客户体验、提升客户满意度，带领隆子县分公司全体员工凝心聚力促发展，为实现隆子邮政分公司2021年各项经营指标而努力奋斗。全年计划收入268万元，截至年底，累计完成收入273.77万元。

【代理金融业务发展】 2021年，隆子县邮政分公司全体员工上下一条心，齐心协力，紧紧围绕“一核双擎”做大做强金融业务，持续做好邮银协同项目，代理金融“六维转型”加大宣传走访，不断改善窗口服务，克服一切困难，完成目标任务。

2021年，隆子县邮政分公司以党建为引领，认真做好党员干部“三亮三比三评”活动，发展好党员新生力量，发挥好党员先锋模范作用，以党建促发展，以党建增收入。做好普遍服务工作，将党报党刊作为邮政的重点工作，以普服为“根”抓好邮政农村市场，将党的“喉舌”传递到农牧民群众心中，将百姓期盼的包裹及时安全送达。做好“工业品下乡、农产品进城”的脱贫攻坚支撑力度。紧抓经营不放松，主动出击，把走访、揽储、分销、函件、报刊、集邮、政务图书营销、信用卡发放和存贷业务等作为工作重心，围绕“十大营销项目”上门营销，全员出击，提高邮政知名度和邮政形象，发展好各项业务。精准管理不放松，着重在基础管理上下功夫，各岗位员工各尽其职，把责任扛在肩上，把指标放在心上，把执行落实在行动上。在劝储方面，做好商户客户走访工作，以“余额涨不涨，就看你怎样访”作为走访成效的标准，通过“金融＋走访”和“金融＋寄递”，每一位员工对县城所有商户真情式的走访，亲情式的宣传，以达到成功劝储。利用有利优势、发动乡邮队伍，通过乡邮介绍主动上门劝储，攻占农村市场。以俯下身心做事的态度，以攻坚克难的毅力，以“四千四万的精神”做好邮政服务工作。

【邮政服务】 2021年，隆子县邮政分公司以服务为中心，做好各乡镇网点普遍服务，将党报，党刊及时投至各乡镇，各寺庙各驻村，起着上传下达的工作职能，同时，各乡镇网点满足当地农民群众的用邮需求。隆子县利用村邮站的便利，实现农牧民群众的用邮提升，缩短邮件到达时限，市到县达到逐日班，县城报刊达到次日见报，增加乡邮频次及乡邮工作时长，各乡、镇邮件频次达到周五班、乡到村达到周三班、乡邮营业时长达到每周5天、每天6小时，保质保量地做好普遍服务工作。

【安全生产】 2021年，隆子县邮政分公司始终坚持“安全第一、预防为主、综合治理”的工作方针，

2021年7月19日，隆子县邮政局开展理论学习

落实“党政同责、一岗双责、齐抓共管、失职追责”的安全生产责任体系，把安全生产放在经济工作的首要位置来抓，切实增强安全防范治理能力，提升安全管理水平，牢固树立安全责任意识，杜绝安全隐患及安全事故，隆子县邮政分公司加强消防安全培训，“安全无小事”以全年不出安全事故为工作目标，专门成立安全生产检查小组，建立健全各项安全管理制度及安全管理档案，认真抓好安全生产各项措施的落实工作，严格执行安全生产的相关规章制度，每月对本公司消防设施、办公场所及职工住宅的用电、用气进行定期的安全生产及消防检查。

利用LED屏进行“平安隆子、和谐隆子、美丽隆子”宣传，做好各项措施防范，严格落实各项规章制度，强化内部管理，做到检查监督常态化。着力抓好安全隐患整改工作，把安全工作盯紧盯牢，逐一复查，做到检查措施到位。

做好新冠肺炎疫情防控安全工作，做到人物同防，对前来办理业务的人员进行扫码、登记、测体温、消毒，对邮件、车辆、场地、人员进行疫情防控排查，及时做好各方面的消杀工作，引导员工掌握防控知识，做好科学防护，确保进出口邮件的绝对安全，确保邮政员工和客户的健康登记和消毒工作，确保隆子邮政安全运行。

【机构领导】

经　理

蒙泽民

电信

【概况】 2021年，隆子县电信局围绕“规模效益发展”这一工作主线，以移动业务、宽带业务、ICT（信息与通信技术）业务、智能业务四轮驱动，切实做好“内强素质、外树形象”基础管理工作。全县自然村电信宽带普及率70%以上，继续保持电信宽带的市场主导地位；天翼高清、天翼看家、全屋WiFi同办率不断提升，用户应用感知良好。此外，天翼云、电子政务、公安天网、翼校通等一批信息化应新业务，已在全县党政机关、公安、学校、中小企业等越来越多的行业领域得到应用，通过信息化的手段为他们的生产和管理提高效益。

【党建工作】 年内，根据中国电信山南分公司开展基层党组织机构设置优化工作有关要求，隆子县电信局高度重视，认真开展优化党支部建设工作，开展了党员与普通群众结对帮扶工作，按照因人而异、注重实效的原则，在学习、工作、生活等方面进行帮扶工作。将监督执纪落实到位，聚焦主责主业，赢得业务发展的胜利，守初心、担使命、抓巩固、促提升，外树形象内塑品质推动山南电信分公司全面从严治党高质量发展。

【职工之家】 年内，隆子县电信局职工之家通过中国电信集团公司西藏公司工会组织实施检查职工之家、职工周转房、办公场所及局大院设施设备完整和卫生情况；员工不记名对职工食堂周期和餐饮质量进行评分；检查季度员工开展活动记录；检查全年对员工慰问、体验及疗休养情况；建立健全相关制度及全局团队建设情况等考核事项，隆子县电信局职工之家被评为“文明职工之家”，并升级为区公司三星级职工之家。

2021年12月4日，隆子县电信局局长普布扎西（右一）看望慰问结对帮扶户

2021年3月10日，电信局工作人员在阿沃朵水库新建基站

【扩大资源覆盖】 2021年，隆子电信局持续加大基础资源建设力度，新建基站得到了老百姓的高度认可和驻村工作队的一致好评，FTTH已全面覆盖各个新建小区、抵边搬迁点、各乡和行政村，实现县域300M高速宽带接入，乡镇200M以上宽带接入。4G基站285个，5G基站7个，无线网络已经覆盖全县所有乡镇和100%以上的自然村区域，以及境内高速公路、219国道全程覆盖，是山南市各县内覆盖最广的移动网络地区之一，实现宽带天地一体化的通信网络。

【客户服务】 年内，隆子电信局以"用户至上、用心服务"为理念，以"全面创新，求真务实，以人为本，共创价值"为核心的价值观，以"让客户尽情享受信息新生活"为企业使命，以提升用户满意度为指引，以关键服务环节为介入，以感知测评为手段，强化差异化服务优势。有效落实"首问负责制"公约，积极参与政风行风建设，通信扶贫行为，加强用户信息安全、网络安全和信息化建设。通过投诉预防体系、集中服务工单管理体系、客户体验感知等做好服务提升，实现事前防范、事中监督和事后管控。

【通信扶贫助力精准脱贫】 年内，根据中国电信集团公司对通信扶贫的相关政策，结合隆子县精准扶贫精准脱贫的相关政策，隆子县电信局一方面严格落实集团公司部署的通信扶贫政策，另一方面有效利用相关政策，结合当地扶贫，自掏腰包，投入大量资金开展扶贫，常态化开展节日和特殊日子的慰问，赠送大米、面粉、食用油等所需物品。助力当地政府在脱贫攻坚关键时刻起到举足轻重的作用，也得到了老百姓的高度认可和当地政府的一致好评。

【机构领导】

局　长

普布扎西(藏族)

移动

【概况】 隆子县移动分公司位于隆子县荣鑫雄哲路一号，服务范围包括两镇九乡。隆子县移动分公司在全县设立有7家渠道，2个网格，共有6名正式员工、6名营业员、3名直销员、1名驾驶员、6名网络维护人员，员工平均年龄为29岁。主要负责为全县提供办卡、缴费、办理宽带、互联网专线、数据专线、会议系统及数字产品、处理故障等基础服务。

【市场运营】 2021年，隆子县移动分公司紧扣市公司市场发展工作方面，夯实服务基础，在存量保有的基础上，以拓展潜在市场为动力，以效益增长为目标，全面推进各项工作，扩大行业领先地位。在农村市场、家庭市场和集客市场通过常态化营销、驻点服务等方式提升市场掌控能力，扩大宣传覆盖面和影响力，第一时间让广大客户知晓公司各类营销活动。强化集团成员管理与业务发展。为加强与高价值集团、普通政企集团的保有和维系，对所有集团进行认真梳理，查缺补漏，严格要求客户经理组织全员定期对集团业务进行培训，扩大基层员工对集团业务熟知度，并将各个集团分配到集团客户经理及各网格手中，做到每个集团有人、有服务、有产品，并对有合作往来的集团单位提供定期的专线巡检服务。2021年，隆子县主动为终端速率不匹配客户免费提供网关更

2021年12月23日，隆子县移动分公司经理米玛为网络维护人员部署工作

换服务，共免费更换网关100余部，有效提升用户网络感知。同时，隆子县分公司加大渠道点服务力度，通过统一组织培训、跟班学习、帮扶等措施提升所有业务员的整体业务、服务能力。加强直销团队的管理、分工和培训力度，充分利用直销团队加大业务发展。

【提升网络质量】 2021年，隆子县移动分公司从网络触点出发，以投诉为抓手，优先解决投诉量大、感知差的弱覆盖区域，主动加强网络指标测试，通过路测、实测等方式做到先于客户发现问题，提升网络质量，打造良好的客户口碑。真实反映网络、家宽等热点投诉问题，全程全网做到端到端，涉及建设、维护、投诉等方面，便于公司上下加强协同，做到一并优化、改进。3月，开通玉麦乡5G网络，6月，陆续开通了县城及周围10座5G基站，填写了隆子县没有5G的历史空白，并为了提升更好的网络覆盖，积极上报边境乡镇沿路的网络建设需求，于11月开通7座边境沿路的4G基站。建设隆子县第一个综合业务区并投入使用。积极着手5G数字机房建设，为隆子县5G时代发展提供坚实保障。

【提升服务水平】 2021年，隆子县移动分公司优化营业员业务培训和考核制度，提高营业员的业务能力、服务规范、主动服务意识和工作态度，做好基础服务工作，及时处理客户投诉，给客户满意的答复。套餐活动推荐做到量身定制，积极树立“客户第一”的服务意识，加大重点集团驻点服务力度，提高客户感知。强化流程制度，提升规范化管理能力。

【机构领导】

经　理

米　玛（藏族）

金 融

中国农业银行隆子县支行

【概况】 中国农业银行隆子县支行成立于1995年，位于县城所在地，平均海拔3988米。机关内设机构有4个部门（办），分别为行长办、综合办、客户部、营业室。分支机构7个，1个二级支行、6个乡镇营业所，分别为扎日二级支行、新巴营业所、日当营业所、热荣营业所、雪萨营业所、三林营业所、加玉营业所。2021年，共有员工40人，其中研究生学历2人、本科生30人、专科生6人，其他2人，党员人数18人，2个党支部。

【金融贷款】 2021年，中国农业银行隆子县支行共投放农户贷1352户，金额14207万元，边境示范村建设贷款投放2290万元。农业银行作为“三农”金融服务的国家队和主力军，全行的初心和使命就是服务“三农”和服务县域实体经济，特别是隆子县特色产业发展，截至年底，共发放5笔产业项目贷款，发放金额达3338万元。农行作为边境一线网点也要履行“金融戍边”职责，促进农牧民增收致富，支持产品贷款创新金融产品，延伸服务网络，提升服务水平，深耕农村农业，实现农村金融与农村经济快速、健康、协调发展，努力成为一家让当地党委政府满意、让农牧区老百姓放心的现代化商业银行。在边境某部队开设自助银亭1个，11月23日扎日支行顺利开业，推出创新贷款产品“固边贷”，从钻石卡30万元授信额度提高至36万元。

【经营业绩】 2021年，各项存款比同期增加1.66亿元，各项贷款较同期下降580万元，惠农e贷放款2005笔，累计贷款发放14207万元。全县共有在行式、离行式ATM机12台，厅堂自助超级柜台8个、助农POS机86台。三农金融综合服务点2个，玉麦乡金融服务点、列麦乡金融服务点。新设某团部自助银亭，开启了山南辖区自助银亭的先河，农行隆子县始终秉直“你在前方保家卫国，我在后方全力支持”的金融服务理念。

【服务实体经济】 为深入贯彻落实中共十九大、中央经济工作会议精神，按照隆子县人民政府的指示要求，结合本县实际情况，2021年农行隆子县支行大力支持脱贫攻坚战役和乡村振兴工程。做好服务实体经济工作，2021年信贷投放重点领域为抵边搬迁贷款、边境示范村建设、特色优势产业、隆子三黑产品、环保施工领域等。主要是通过惠农E贷、抵押E贷、纳税E贷、助业E贷、商户贷款（“商户e贷”“烟商e贷”“药商e贷”“油气e贷”）等产品，促进隆子县实体经济高质量发展，截至年底，累计发放各类扶持实体经济贷款2.25亿元。

【普惠金融】 2021年，农行西藏分行坚决贯彻落实中央、国务院支持小微企业各项决策部署，积极探索普惠金融服务方式方法，持续加大对小微企业的信贷投放力度，大力推进数字化转型战略，发挥农行点多面广优势，统筹线

2021年11月23日，农行西藏分行副行长吴显明（左七），人行山南中心支行党委书记、行长次仁罗布（左八），农行山南分行党委书记、行长公松尼玛（左六），隆子县政府副县长李祎珉（右六）出席隆子县农业银行扎日支行开业典礼

上线下服务，向普惠客户提供全渠道、全流程、全覆盖的金融服务。全区普惠投放量同业第一。截至年底，隆子县支行发放普惠贷款2020万元，贷款笔数5笔，涉及3户。

【项目建设】 2021年，农行隆子县支行干部职工周转房竣工验收，项目共投资656.93万元。10月20日农业银行在隆子县扎日乡设立临时营业网点，扎日支行于11月23日对外营业，办理相关金融业务。开业典礼上人行山南中心支行党委书记、行长次仁罗布，隆子县人民政府副县长李祎珉，村民代表尼玛进行致辞。当日，扎日支行接待客户咨询130人次，现场为10户边民授信“固边贷”，共计金额202万元，当日办理存取款业务，发放各类宣传折页共计140余份。

【住房公积金】 2021年住房公积金贷款94人，放款金额8000余万，住房公基金取款123人，累计金额3000余万元。

【其他重点工作】 2021年，隆子县支行党总支积极开展党史学习教育活动，截至年底，共计开展党史集中学习9次，开展主题党日活动1次，“我为群众办实事”活动4次，累计投入资金21870元，召开党总支党史学习教育组织生活会1次，党员领导干部民主生活会1次，机关党支部党史学习教育组织生活会1次，观看红色影片1次，书记讲党课2次，观看中国共产党成立100周年大庆直播和纪念辛亥革命110周年直播。

6月5日，中央纪委国家监委驻中国农业银行纪检监察组组长、中国农业银行党委委员汤军到西藏山南隆子县开展调研工作。汤军组长先后到隆子县奶牛养殖场、列麦纪念馆，详细了解养殖场规模情况、生产经营、融资需求等问题，并要求银行做好金融服务工作，大力支持乡村产业发展、助理乡村振兴，做好金融戍边工作。协助司法查询笔数70余次，配合市纪委调阅陈年纸质资料2次。协助单位涉及法院、检察院、公安、纪委等相关部门。为庆祝建党100周年和建军94周年，紧密军银合作关系，通过流动服务车开展金融服务进部队共计3次，为军人推广宣传军人消费贷款、军人网捷贷、退役金专用卡、专属理财、掌银军人专区等优质产品、为守边一线新兵办理工资卡等业务，努力做好“你在前方保家卫国，我在后方全力支持”的金融服务。深入金融空白乡镇开展金融流动服务共计2次，同时通过营业所“3+2”流动服务，为广大群众送去农行优质服务，真正将金融戍边理念牢记在心中，落实在行动。

社保卡发卡工作，经过全行员工不懈努力，截至年底，累计发卡35218张、激活32047张，激活量全市排名第一。全年累计清收不良贷款332万元。

【机构领导】

行　长

罗　桑（藏族）

副行长、纪检委员

土　旦（藏族）

副行长

次吉卓嘎（女，藏族）

乡（镇）概况

隆子镇

【概况】 隆子镇是县城所在地，平均海拔3980米，共有13个行政村、28个自然村，2087户6197人，4座寺庙，1所小学，4个教学点，1所卫生院。全镇面积808平方千米，耕地面积为1.47万亩，林地面积为7.83万亩，天然草场面积为70.85万亩，退耕还林面积为4433.282亩。经过四次动态调整后，2021年全镇脱贫户为262户603人，脱贫监测户0人。

【农牧业发展】 2021年，全镇牲畜存栏20954头（匹、只），家禽存栏30731只，牲畜出栏9801头（匹、只），肉类产量237.21吨，奶产量2617.5吨，农作物产量6781.66吨。农作物播种面积14745.5亩，实现种子包衣率100%；发放农药110480瓶，其中爱秀11万瓶，千里寻480瓶；及时组织牧业科技特派员开展动物疫病筛查和防治工作，及时发放包虫病药物和非洲猪瘟药物。全年，共发放各类重大动物疫苗475瓶，其中猪口蹄疫20瓶，牛羊口蹄疫379瓶，猪瘟活疫苗23瓶，禽流感疫苗53瓶；发放常规疫苗619瓶，包虫病疫苗106瓶，发放包虫病宣传手册250余份，防护服28件，发放价值35930元的常规治疗兽药及驱虫药1279瓶。2021年隆子镇黄改任务1100头，能繁适龄母畜1612头，2021年实际冻配数1528头，复配率2.95%。新生总数1882头，出生率89.7%，成活数1849头，成活率98.2%，出售359头，创收163.8万元。

【经济发展】 2021年，全镇农村经济总收入达11393万元，同比下降3.89%；农牧民人均可支配收入达17978元，同比增长16%；财政收入7万元，与上年持平；完成社会固定资产投资9.28亿元，同比增长363.68%；完成劳务输出2120人次，同比下降23.7%，实现劳务创收达1144.9万元，增长11.8%。

隆子县忙措村藏香猪产业项

2021年4月29日，隆子镇召开第三次代表大会第一次全体会议

目总投资3.5亿元，一期投资1.3亿元，总占地面积164亩，总建筑面积1.73万平方米，已全部完工并投入使用，提供就业岗位500余个；格尔东赞大酒店于11月10日开业并投入使用，为广大毕业大学生提供了就业条件。截至年底，各类产业项目累计带动隆子镇脱贫群众443人。

2021年2月10日，隆子镇召开第十四届人民代表大会第一次会议第一次全体会议

【生态创建与环境整治】 2021年，隆子镇结合镇情实际，先后调整充实成立了隆子镇环保工作领导小组、网格化监管领导小组，进一步配齐配强了工作领导力量，明确和细化了领导小组职责，真正做到了认识到位、责任到位、措施到位、工作到位、保障到位；结合河长制工作要求，组织全镇干部职工开展了主题为“保护母亲河·我们在行动”的环卫清扫整治活动，对河道沿线进行了先后20余次的河道清淤与环境整治，进一步实现了水清、河畅、岸绿、景美、鱼游的生态目标；坚持不定期开展环保督查，第一时间发现环境问题，第一时间整治环境问题，第一时间发现环保工作不足，第一时间补齐环保工作短板，形成生态监管全覆盖、无死角，确保实现环保督查常态化、经常化；在“6·5”世界环境日期间，在镇政府门口、各村举办了“美丽中国·我是行动者”主题宣传活动，发放各类宣传资料200余份，大力践行了绿水青山就是金山银山的生态理念。2021年，全镇签订环保责任书13份，督查环保工作25次，制作并悬挂环保横幅14条、环保警示牌1个，共投入使用垃圾清运车辆1辆，清运70余车次，开展环境整治活动60余次，组织环保整治人员900余人次，为创建生态良好、环境优美、干净清洁的自治区级生态镇提供了有力保障。

【教育事业】 隆子镇高度重视教育事业，积极配合县教育局进一步核对隆子镇就读大学、高职、中职建档立卡贫困户家庭子女信息，多次深入镇小学和教学点调研指导、督查排查、排忧解难，确保“三包”政策和营养改善计划得到全面贯彻落实。2021年，隆子镇有1所小学、1所幼儿园、4所教学点。

【医疗卫生】 2021年，隆子镇全镇储备各类防疫物资16624件，已发放各类物资8565件。共出动各类疫情防控人员230余人，开展消毒320余次，消毒场所50余处。开展爱国卫生宣传教育50余场次，发放宣传资料800余份，播放广播达400余次。截至年底，全镇农牧民群众新冠肺炎疫苗第一针接种4813人，第二针接种4764人。年内，组织开展了包虫病、结核病、肝炎、风湿病、慢性病、鼠疫病、妇女“两癌”等疾病的筛查救治工作，持续开展计划免疫、健康体检、卫生监督、疾病随访、妇幼知识讲座、家庭医生服务签约等工作，扎实开展了“两降一升”工作、“送医送药送健康”和“免费体检+义诊”活动。

【文化建设】 2021年，隆子镇利用构建“文化长廊”的契机，通过增设文化展厅、各村文化名片，打造各村文化产业和特色亮点文化；紧密结合“四讲四爱”活动要求，在双节之际、“3·28”百万农奴解放纪念日和其他重大节庆日期间，全镇共举办文化演出30余场次，并在大庆之际，配合上级部门为群众发放健康茶、洗衣机等各类物资8500余份；积极向有关部门申报扩大民族手工业、叶巴村藏戏和娘嘎村“扎木聂”琴规模所需资金；深入推进“扫黄打非”专项行动，加强部门联动，形成工作合力，以强化检查、狠抓落实为抓手，共开展了“扫黄打非”专项行动10余次。

【社会保障】2021年，隆子镇根据县医保局统一安排部署，组织对辖区内农牧民群众开展城乡居民合作医疗保险参保，采取线上、线下双结合的缴费方式开展缴费工作。截至年底，全镇13个行政村已全部结束工作，有力推动了社会保障事业的快速发展。根据县民政局统一安排部署，对全镇326名残疾人相关信息进行了登记，切实保障了残疾人合法权益。年内，开展“双业”培训实现转移就业。全年，共开展培训4场次，累计天数达103天，参与群众208人次。2021年共有高校毕业生65名，已就业63名。

【综治维稳】2021年，隆子镇高度重视综治维稳工作，并将其纳入全镇重要议事日程，及时调整充实了各类工作领导小组。在“三节两会”及重大节庆日期间，制订符合镇情实际的维稳方案、处突应急预案、专项应急处置预案、干部下沉包片清查方案，实现了制度完善、体系完整、要素齐全。开展“扫黑除恶”斗争，深挖黑恶势力。自扫黑除恶专项斗争开展以来，隆子镇及时成立了工作专班，健全了组织领导体制，始终坚持“有黑扫黑、无黑除恶、无恶治乱”的工作原则，第一时间通过悬挂横幅、张贴标语、发放宣传单、设置举报箱等形式，大力营造扫黑除恶的工作氛围，同时将扫黑除恶专项斗争与反腐败结合起来，与基层“拍蝇”行动结合起来，既抓涉黑组织，也抓后面的保护伞，坚决铲除黑恶势力的滋生土壤，夯实筑牢基层，建强基层组织，确保扫黑除恶工作有人抓、有人管。

2021年，全镇未出现过群体性事件，未发生一起涉稳处突事件，共开展矛盾纠纷排查180次，成功调处5起矛盾纠纷，做到了守好自己的门、管好自己的人、做好自己的事，实现了大事不出县、中事不出镇、小事不出村，顺利确保了佛事和顺、宗教和睦、寺庙和谐。

【安全生产】2021年，隆子镇党委、政府结合全镇实际，及时调整充实了安委会办公室成员力量，成立了由镇党委副书记、镇长李科为组长，镇党委武装部部长索朗平措为常务副组长的工作领导机构，坚持主要领导亲自抓、靠上抓，分管领导具体抓、全力抓，并确定专人负责日常工作，有效确保了对安全生产工作重视程度不减、工作标准不降的要求。同时，坚持把安全生产工作作为全镇工作的重中之重，并纳入重要议事日程；层层签订安全生产责任书，层层传导工作压力。为确保安全生产责任层层压实，确保镇党委、政府各项决策部署得到有效贯彻落实。年初，结合工作实际，与镇属各单位、各生产经营企业签订了安全生产目标管理责任书和消防安全目标管理责任书，将安全生产责任层层靠实在基层，全面落实企业安全生产的主体责任。完善了隆子镇安全生产便民联系卡和突发安全事故处置流程图，在应对突发安全事故时确保能紧急出动、及时到位、有效处置、科学救援；制作隆子镇干部职工安全生产承诺书，发起签名活动，切实增强干部职工的安全意识和自

2021年4月2日，隆子镇桑玉村村级党组织换届选举

党践诺意识；制作隆子镇安全生产警示教育宣传栏，通过以案为鉴、以案明事、以案示人，强化全镇干部职工的安全警示意识和遵规守纪意识；完善隆子镇安全生产工作宣传栏，实现了制度上墙和有章可循；在县消防大队的支持下，配齐配全各类消防设施，建立了微型消防站，对2021年度安全生产资料进行归档完善，确保实现全镇安全生产资料符合科学化、规范化、有序化标准。加强安全生产督查，强化安全隐患排查。重点对道路交通安全、消防安全、企业开复工安全、建筑施工安全、非煤矿山安全、食品药品安全进行了监管和检查，对危险化学品和烟花爆竹进行安全管控。在汛期来临之前，第一时间修建和加固堤坝，第一时间备齐救灾物资，第一时间开展隐患风险排查识别，第一时间制定专项应急预案，第一时间传达会议精神和印发相关通知，做到有备无患、防患于未然；在防汛期间，多次深入道路施工现场、建筑施工区域、砂石厂、尾矿库、县城“九小”场所等生产经营一线、学校、寺庙、村组等公共场所开展安全隐患大排查大整治行动，对排查检查出的安全隐患要求整改单位务必按照整改时限，逐条逐项、保质保量、不折不扣地完成整改落实，坚决消除各种安全隐患，坚决杜绝发生汛期安全生产事故。在电动自行车消防安全综合整治期间，大力开展对全镇范围内电动自行车违规停车、非法充电、私拉乱接现象进行全面排查整治，切实整治了一批电动自行车火灾隐患，维持和巩固了全镇无电动自行车引发伤人、亡人火灾事故的良好态势。在森林防火和草原防火期间，充分发挥护林员巡山走山、看护森林的作用，加强巡逻、严防死守，严禁野外取暖、焚烧秸秆、露天野炊，确保了“今冬明春”防火形势绝对安全。

2021年6月11日，隆子镇组织党员干部参观县廉政警示教育基地

2021年，全镇共召开安全生产工作专题会议6次，共与各村委会、各寺管会、镇公安派出所、镇小学、镇卫生院、施工企业签订安全生产目标管理责任书、消防安全目标管理责任书、企业安全生产责任书共计250余份。全镇共督导检查安全生产工作80次，排查安全生产隐患180处，整治安全隐患180处，整改率达100%，有效确保了全镇安全生产工作扎实有序开展，有效杜绝了全镇安全生产事故的发生，确保了全镇安全生产形势持续向好。

【劳务增收】 2021年，隆子镇外出务工人数达到了2120人，实现创收合计1144.9万元。人均收入达17978元，目标完成率102.69%。转移性人均可支配收入达2392.86元，工资性人均可支配收入达10807.74元，财产性人均可支配收入达602.35元，经营性人均可支配收入达4567.72元。

【党建工作】 2021年，隆子党委狠抓党建工作责任落实，及时调整配强镇党建工作领导小组及党建办公室组成人员，明确和细化党建工作领导小组的职责分工，并组织召开党建工作会议3次，安排推进2021年基层党建各项工作，积极开展党建工作督导检查，狠压党建工作责任。镇党委严格执行《中国共产党重大事项请示报告条例》《党委议事规则》《“三重一大”事项决策制度》，不断完善《隆子镇班子例会制度》，严格落实民主集中制，进一步强化了镇党委管党治党主体责任，进一步提升了镇党委班子的领导水平。

扎实做好村“两委”换届选举工作。年内，隆子镇党委、政府始终紧紧围绕区党委、市委、县委的决策部署，坚持时间服从质量、稳扎稳打、注重实效、有序推进，高标准高质量完成了全镇各村“两委”换届选举工作。选举出新一届村级党组织委员共64名，其中党组织书记13名；新一届村党组织书记平均年龄46岁，较上届下降2岁，初中及以上学历12名（其中大专以上学历2人），较上届提高38.5%。通过选优配强“领头雁”，全镇村级党组织成员结构得到优化，各村党组织干部素质得到整体提升。选举出新一届村民委员会委员（含主任、副主任）48人，书记、主任“一肩挑”2人，村“两委”交叉任职35人，实现了交叉任职最大化。新一届村务监督委员会委员（含主任）38人。新一届“两委”班子结构进一步优化、队伍质量进一步提升，为深入推进隆子镇乡村振兴打下了坚实基础。

圆满完成镇党委领导班子换届工作。年内，镇党委严格按照县委的决策部署和工作要求，把做好镇党委领导班子换届工作作为全镇的重点工作来抓，严格按照《隆子县县乡党委领导班子换届工作方案》，及时成立隆子镇党委领导班子换届工作领导小组，研究制订系列工作方案、预案，为选举依法依规、规范进行奠定了良好的工作基础。在换届中，全镇各级党组织按照酝酿、党员推荐和党员大会选举的方式，选举产生了62名代表出席中国共产党隆子镇第三次代表大会。中国共产党隆子镇第三次代表大会如期召开，胜利选举产生了新一届镇党委班子9人和纪委班子5人。通过这次换届，镇党委、纪委班子结构进一步优化，干部素质进一步提高，班子平均年龄有所下降，优秀年轻干部比例有所提高。

持续做好党员干部日常监督管理。狠抓党员干部日常管理监督工作，加强了党员干部的监督管理。不断严肃工作纪律，促使党员干部规范用权、廉洁从政。不断规范党内组织生活，全镇各党支部严格坚持“三会一课”、专题民主生活会、组织生活会、党员民主评议、党员定期评议基层党组织和领导班子成员等制度，扎实开展了党建各项日常工作。全面落实“四议两公开”工作制度和“三务”公开制度。

扎实做好“两个清理”工作。深入各村扎实开展了农牧民党员“两个清理”工作，严格开展了集中排查工作，着力解决了农牧区基层党组织履行全面从严治党主体责任不严的问题。经过摸排，在发展党员工作中不存在“带病入党”“弄虚作假”“异地入党”等违反政策规定的问题，也不存在有宗教信仰和违法犯罪等行为的问题。

持续打好“抓班子、带队伍、转作风”攻坚战。持续开展了“抓班子、带队伍、转作风”攻坚战，切实整改当前干部当中存在的作风不实、工作慵懒散拖、执行能力较差等问题，努力打造“四铁干部”。

2021年，全镇共有党总支8个，党支部27个，共有党员837名，其中正式党员820名、预备党员17名、农牧民党员771名，入党积极分子19名，2021年共发展党员17名，吸收入党积极分子19名。

【党风廉政建设】 2021年，隆子镇认真落实党纪政纪要求，深入学习贯彻落实中共十九大和十九

2021年2月15日，隆子镇召开出席中共隆子县第十次代表大会代表选举大会

届二中、三中、四中、五中、六中全会精神，认真落实十九届中央纪委六次全会、区纪委十届二次全会、市纪委二届二次全会部署，县纪委十届二次全会部署，以习近平新时代中国特色社会主义思想为指导，坚持标本兼治、综合治理、惩防并举、注重预防的方针，不断把党风廉政建设工作推向基层、引向深入，坚决抵制发生在群众身边的不正之风。在“三公”经费具体使用和管理中，制定了一系列相关规章制度。在公务招待方面，2021年全镇公务招待、接待经费预算为零；在公务用车方面，2021年全镇公务用车经费预算为18万元，支出14.99万元；在山南市第四个党风廉政建设宣传教育月期间，通过开展一系列特色突出、主题鲜明的活动，如“随手拍廉元素·随手写廉寄语”“清廉之风常入人心·廉洁之风遍地盛开”和“廉政知识考试”等活动，进一步加强了干部队伍作风建设，进一步强化了干部队伍廉洁意识，大力营造了风清气正、清正廉洁、干事创业的良好氛围。

2021年，全镇未发生截留、挪用、挤占财政专项资金的现象，未发生不节约公共财产、铺张浪费、公款挥霍的现象，不存在违规发放福利、奖金、津贴，违规报销维修费、燃料费等违纪问题。

2021年7月1日，隆子镇党组织举行庆祝西藏和平解放70周年中央代表团纪念品发放仪式

【脱贫攻坚】 2021年，隆子镇根据《西藏自治区关于建立防止返贫动态监测和帮扶机制的工作方案》和《山南市关于制定健全防止防贫致贫动态监测和帮扶机制的工作方案》有关要求，及时组织驻村工作队、村党组织第一书记、乡村振兴专干、村“两委”等力量，开展学习，并动员他们开展全方位排查，全年共动员排查2次，各村通过集中排查、入户排查、针对性排查等共开展排查10余次，经过排查，全镇范围内未发生年人均收入低于6000元农牧民群众的情况。在巩固脱贫成果工作上，隆子镇持续整合产业资源保障，整合“扶贫产业、就业培训、创业支持、医疗救助、政策平台、教育支助、应急救助、住房保障、低保保障”等政策类资源，争取“项目众筹、个体众筹、社会团体、公司企业”等公益类支持，重点对脱贫户进行有效保障。大力支持发展特色产业和奶牛养殖基地、菜篮子工程、藏香猪、藏鸡养殖场、苗圃基地等增收项目产业，对没有劳动能力的脱贫户通过入股合作社，参与产业分红等方式确保收入稳定，长效增收、稳定脱贫。截至年底，各类产业项目中累计带动脱贫群众443人；坚持社保兜底保障长效机制，对义务教育、基本医疗、住房安全和饮水安全保障政策落实进行“回头看”，确保各项惠民政策落到实处；积极建立就业保障长效机制，对有劳动能力的脱贫户鼓励“双创”人才自主择业等方式，确保脱贫户就业创业便利，积极争取“送培入村”“送培入企业”，实现“家门口、上班地”；继续实施生态补偿政策，安排生态岗位301人（其中脱贫户257人，低收入人员44人），已兑现全年生态岗位工资3500元/人。

【环境整治】 2021年，隆子镇结合河湖长制工作要求，组织全镇干部职工开展了主题为“保护母亲河·我们在行动”的环卫清扫整治活动，对河道沿线进行了先后20余次的河道清淤与环境整治。坚持不定期开展环保督查，第一时间发现环境问题，第一时间整治环境问题，第一时间发现环保工作不足，第一时间补齐环保工作短板，形成生态监管全覆盖、无死角，确保实现环保督查常态化、经常化。在“6・5”世界环境日期间，在镇政府门口、各村举办了“美丽中国・我是行动者”主题宣传活动，发放各类宣传资料200余份，大力践行了绿水青山就是金山银山的生态理念。

2021年，全镇共签订环保责任书13份，共督查环保工作25次，制作并悬挂环保横幅14条、环保警示牌1个，共投入使用垃圾清运车辆1辆，清运70余车次，共开展环境整治活动60余次，共组织环保整治人员900余人次，为创建生态良好、环境优美、干净清洁的自治区级生态镇提供了有力保障。

【基础设施建设】 2021年，隆子镇新建维修水渠、水塘项目7个，共投资2839万元，为群众生产生活提供了用水保障。堂徒村新建羊圈项目、忙措村林芝农牧学院黑青稞种子培育试验田项目、新巴村二组苗圃基地温室建设项目、宗雪村防洪堤项目、隆子河流域水污染防治项目（麦莎村段）已全部完工。河灌区续建配套与节水改造工程项目、扎果村南段机场建水渠、扎果村安置点前期建设及相关场外配套建设、隆子支线机场已全面开工并稳步推进。2021年，隆子镇以实现全镇上下道路、水电畅通，累计实施户厕改造1484座，进一步推进了农牧区脏乱差、散乱污综合整治工作。

【重要项目建设】 2021年，为全力配合、支持隆子支线机场建设工作，推进机场建设工作进程，隆子镇党委、政府调整充实了以索朗次仁书记、李科镇长为组长的双组长制工作领导小组，按照中央、自治区、市、县、镇要求制定了隆子支线机场建设工作实施方案，全面组织领导各级工作力量开展建设工作，定期研究解决项目建设中遇到的重大问题，向县委、县政府专题汇报机场建设情况。成立隆子支线机场建设工作指挥部，积极配合建设方做好机场建设前期地质勘测、群众搬迁、张榜公示等工作，组织调动相关工作专班及时处置在拆迁、建设过程中遇到的各类突发事件。指挥部下设办公室、对外联络组、应急处突组、拆迁安置组、国道改线组、后勤保障及地材供应组、宣传报道及舆情监控组7个工作专班。

2021年，为全面推进机场建设工作，隆子镇共组织召开专班会议13次，多次组织开展入户宣讲政策，共惠及群众1000余人次，集中宣讲7场次，参与群众783人次，确保了机场建设征地、拆迁各项工作有序推进。

【民生保障】 2021年，隆子镇全镇上下全力做好农村最低生活保障工作，加强低保工作，规范化管理，继续实行低保金按季度发放。进一步扩大低保面，严格规范低保申请审查程序，确保把真正困难的群众全部纳入低保范围。对现有低保户严格进行核查，确保应保尽保，不能保的坚决取消。9月份农村低保户为25户，保障人口52人。第一季度至第三季度发放保障金共8.2万元。坚持严格依法办事，接受群众监督，逐步实现了低保工作制度化、规范化；完善救灾救济预案，加强灾害监测评估和救灾信息网络建设，提高灾害紧急救助潜质，用心组织灾区群众开展生产自救，开展对农村特困家庭的排查摸底工作，合理制定保障标准，妥善安排好春荒、冬令农村困难群众的生产生活问题。按月解决好困难群众的大病救助和临时救济，临时救济与定期救助互相补充，做到了公平、公正、公开，真正做到了为人民群众排忧解难。春节藏历新年发放分散特困户慰问款2.9万元、重度残疾人慰问款1.5万元、低保户慰问款2.2万元，大庆慰问低保户25户，每户慰问金1000元，共2.5万元。针对因灾、因病、因祸、因残致贫困难户直到9月共兑付临时救助5人次，总计4.5万元；认真做好敬老院工作，在敬老院正常运转的前提下，着重将敬老院生产和生活结合起来，尽量做到以院养院。敬老院共入住42人，生活状况良好。全镇共有分散五保32人，每人每季度发放生活补贴1897.5元。用心做好残疾人各项工作：1月，全镇共有残疾人330人，其中重度残疾人共有69人，发放残疾补贴10.27万元。2月，全镇共有残疾人310人，其中重度残疾人共有69人，发放残疾补贴9.8万元。3月，全镇共有残疾人355人，其中重度残疾人共有64人，发放残疾补贴9.74

万元。4月，全镇共有残疾人314人，其中重度残疾人共有67人，发放残疾补贴9.26万元。5月，全镇共有残疾人324人，其中重度残疾人共有68人，发放残疾补贴9.58万元。6月，全镇共有残疾人323人，其中重度残疾人共有67人，发放残疾补贴9.5万元。7月，全镇共有残疾人326人，其中重度残疾人共有67人，发放残疾补贴9.46万元。1—9月共兑现残疾补贴67.59万元。

【旅游事业】 隆子镇地处县城所在地，充分发挥地域优势和区位优势，为全县旅游事业提供餐饮、住宿、交通等服务。利用G219线通车契机，挖掘沿线独特民族景色、人文风情，全面配合做好朗县—扎日—玉麦—隆子旅游线路景色开发工作。

全镇共有4处旅游景点，即扎果寺、丢热寺、赤列寺、色吉拉康。

【林业管控】 2021年，全镇现有林地面积7.83万亩，天然草场面积70.85万亩。在森林防火和草原防火期间（从2020年11月1日起至2021年5月30日止），隆子镇认真贯彻落实森林和草原防火相关规定，认真组织巡山员、护林员深入开展森林防火巡查工作，建立健全了森林防火巡查制度、值班备勤制度、零报告制度，确保了全镇森林防火形势安全稳定，未发生一起涉火安全事故。同时，各村护林员经常不定期开展巡山巡查工作，严禁野外取暖、焚烧秸秆、露天野炊，确保了“去冬今春”防火形势绝对安全，全年未出现肆意破坏植被、砍伐森林事件。

【防汛抗灾】 2021年，隆子镇结合镇情实际和当年雨季特征与防汛任务，第一时间组织专人制定和完善了防汛抗洪和地质灾害治理专项应急预案，第一时间组织党政班子成员对专项应急预案进行了可行性研究和讨论交流，第一时间将论证可靠、符合实际的专项应急预案上报予县水利局、县国土局，确保在应对突发洪涝灾害和地质灾害时能紧急出动、及时到位、科学救援、有效处置。

【“两学一做”学习教育】 2021年，隆子镇深入推进“两学一做”制度化、常态化，持续巩固“不忘初心、牢记使命”主题教育成果，以深入开展党史学习教育和“政治标准要更高，党性要求要更严，组织纪律性要更强”专题教育为契机，不断加强党员思想政治教育，积极开展警示教育，切实加强党性锤炼。截至年底，共召开党委理论学习中心组学习会11次，各党支部累计共召开学习会410余次，开展党组织书记讲党课48场次，开展党员志愿者服务活动140余次，开展群众活动日系列活动34场次。

【理论学习】 2021年，隆子镇充分利用党委理论学习中心组、班子例会、支部学习会和“学习强国”平台等，积极组织学习习近平总书记“七一”重要讲话、视察西藏重要讲话精神等内容，认真学习王君正书记在山南调研讲话精神，深入学习中共十九届六中全会精神、山南市第二次党代会、“两会”精神等内容，不断促进全镇党员群众牢固树立“四个意识”、坚定“四个自信”、做到“两个维护”。

全年，各党支部累计共召开学习会410余次，开展党组织书记讲党课48场次，开展党员志愿者服务活动140余次，开展群众活动日系列活动34场次。

【机构领导】
镇党委书记
　索朗次仁（藏族）
镇党委副书记、镇长
　卢会鹏（4月免）
　李　科（4月任）
镇党委副书记、镇人大主席
　拉巴次仁（藏族，4月免）
　平　措（藏族，5月任）
镇党委副书记
　张　琴（女，4月免）
　洛桑平措（藏族，4月任）
镇党委统战委员、纪委委员
　索朗次仁（藏族，4月免）
镇党委宣传委员、统战委员、副镇长
　张　谦（4月任）
镇党委政法委员、副镇长
　亚　杰（女，珞巴族，4月免）
镇党委政法委员、副镇长
　达杰仁增（藏族，4月任）
镇党委委员
　索朗平措（藏族）
镇党委委员、纪委书记
　巴桑普赤（女，藏族，4月免）
　益西卓嘎（女，藏族，4月任）
镇党委委员、组织委员
　索朗德吉（女，4月免）

镇党委组织委员

李 雪 峰(4 月任)

副镇长

边巴次仁(藏族,4 月免)

余 源 航(4 月免)

米玛次仁(藏族,5 月任)

汪 凤(女,5 月任)

镇人大副主席

扎西拉珍(女,藏族)

镇党委委员、宣传委员

袁 娇(女,4 月免)

2021年11月5日,索朗次仁主席看望慰问抵边搬迁户

日当镇

【概况】 日当镇位于喜马拉雅山东段北麓(北纬 28° 21′—28° 54′,东经 92° 13′—92° 43′)属南喜马拉雅地貌,“日当”在藏语里是山脚下的坝子。日当镇东与隆子镇、南与错那县觉拉乡、西与错那县曲卓木乡和热荣乡相连,北与曲松县邱多江乡、东北与雪萨乡交界,距隆子县城约 17 千米。境域面积约 748 平方千米。驻地日当镇,海拔约 4050 米。截至年底,日当镇农牧民人口共有 2309 户 7550 人。耕地面积(基本农田)习惯亩为 15802.9 亩、标准亩为 2.83 万亩;草场面积 110.01 万亩,可利用草场面积 110.01 万亩,放牧点 256 个,林地面积 6.39 万亩,护林员 91 人,其中巡视员 12 人。2021 年,全镇牲畜总头数 40711 头(匹、只),其中牦牛 6611 头、黄牛改良乳牛 3198 头、黄牛 1343 头、羊共计 25889 只(其中绵羊 19292 只、山羊 6597 只)。

全镇有 12 个行政村,52 个村民小组,94 个自然村,党小组 78 个。全镇辖党总支 5 个,党支部 28 个,党小组 79 个,党员总数 717 人(其中正式党员 686 名、预备党员 31 名,农牧民党员 595 名、机关党员 122 名),入党积极分子 51 名。三老人员 35 名,其中老党员 24 名、老劳模 2 名、老干部 9 名。2021 年 12 个行政村共换届选举产生 72 名村“两委”干部。其中一肩挑 1 名;交叉任职 30 名;女干部 14 人。2021 年换届选举产生 36 名村务监督委员会成员,其中中共党员 22 名,群众 14 名。

全镇有 1 所小学,12 所幼儿园,核定编制教师 57 人,在编 53 人,聘任教师 14 人(其中幼儿园 12 人、小学 2 人),公益性岗位 18 人(其中幼儿园 8 人、小学 10 人),在校学生 954 名,其中小学生 617 名、幼儿员 337 名;全镇有 2 个寺管会,4 座寺庙、2 座拉康、1 座日追,寺管干部共 12 人,日当寺管委会干部 6 人,仲嘎曲德寺干部 9 人(其中 2 名聘用干部、2 名驻寺民警、1 名公益性司机),僧尼编制 67 人,实有僧尼 27 人,其中日当寺管委会 11 名、仲嘎曲德寺管委会 16 名。

【农牧业】 日当镇生产青稞、小麦、油菜、豌豆等农作物;牲畜以牦牛、犏牛、黄牛、山羊、绵羊为主。野生动物有野驴、獐、盘羊、岩羊、野兔、狐狸、黄鸭、金雕、雀鹰、秃鹰、雪鸡等。主要药材有红景天、大黄、雪莲花等。矿产资源有锰、铅、锌、铁、金等。还有地热能、太阳能、风能、水能等资源。

2021 年,日当镇耕地面积 1.58 万亩,粮食播种面积 1.3 万亩,经济作物种植面积 1938.18 亩,饲草种植面积 893.55 亩。良种推广 1900 亩,特色黑青稞 1.5 万亩。粮食总产量 6380.24 吨,其中青稞产量 5680.38 吨,豌豆产量 699.86 吨、油菜产量 398.72 吨;全镇共有牲畜总头数 40815 头(只、匹),其中大畜为 11153 头(只、匹)、小畜为 25993 头(只、匹),其他

3669头（只、匹）。2021年肉产量373.49吨、奶产量3571.27吨、蛋产量16.48吨。

【经济发展】 2021年，全镇农村经济收入为1.26亿元（其中工资性收入为6901.94万元、经营性收入为3468.49万元、财产性收入为609.6万元、转移性收入为1619.57万元）；劳务输出累计达2101人次，劳务输出累计收入5600万元；农村居民人均收入达到16763.7元，同比增长16.7%。

【生态环境创建】 2021年，日当镇全镇共完成植树6845余株，成活率达到85%以上，扩大了全镇的国土绿化面积。年内，落实生态补偿岗位共642个，其中护林员346人，草场监督员91人，水生态保护员39人，农村道路养护员12人，旅游公厕保洁员7人，地质灾害群防群测员1人，机动岗位员143人，村级监督员3人。兑现生态补偿岗位资金224.49万元。

【教育事业】 2021年，日当镇计划内大学生共有209名，其中区内大学生有50名、区外大学生159名，专科生137名、本科72名，资金兑现学生有207名，因父母一方为干部未兑现资金学生2名，兑现资金148.7万元。

【医疗卫生】 2021年，日当镇农牧民参加城乡居民医疗保险缴费人数为7256人（其中，一般居民6478人；6065人员638人；特殊困难人员140人），共缴费金额为144.66万元，参保率为99%。农牧民医保核销方面，卫生院核销总数为124本，2980人次，核销金额为30.28万元；县人民医院门诊、藏医院门诊核销总数为62本1665人，核销金额为18.28万元。

【文化建设】 2021年，日当镇共培育各村文艺演出队等民间文艺团体12支，人数达到215人。共建立13个新时代文明实践所（站），包括1个镇级新时代文明实践所和12个村级新时代文明实践站，服务队6支、64人，服务队人员836人。全年各项庆祝活动共50场次，受教人数达到9225余人。发放“四讲四爱”宣讲提纲356本，开展了镇级宣讲68次，受众人数达3.95万人，村级宣讲931场、受众人数达8.59万人，群众知晓率达100%。

【社会保障】 2021年，日当镇应参加养老保险人数4996人，实际参保人数为3692人，参保率为73.9%，新增享受待遇人员745人，共兑现养老金2.18万元；农牧民参加城乡居民医疗保险缴费人数为7256人（其中，一般居民6478人；6065人员638人；特殊困难人员140人），共缴费金额为144.66万元，参保率为99%；2021年，日当镇农村最低生活保障对象29户70人，共计兑现补助金21.29万元；镇残疾人共349人，其中一级25人、二级55人、三级107人、四级162人（残疾人享受金额：一级600元/月、二级550元/月、三级300元/月、四级200元/月），共计兑现补助金126.9万元；2021年，共有分散五保人员34人，救助标准为7590元/年，共计兑现补助金26.38万元；事实无人抚养儿童2人，共兑现救助资金17280元，临时救助18人，共兑现救助资金13.35万元。

【综治维稳】 2021年，日当镇共有综治维稳专干人员2名；全镇“双联户”户长246名、群防群治

2021年3月29日，日当镇组织党员干部在廉政警示教育基地参观学习

2021年8月2日，日当镇组织党员干部开展“党史”知识竞赛活动

队伍84人、人民调解员78名、维稳三支队伍270人。年内，开展重点行业和场所专项整治600余次。巡逻人数3580人次、巡逻次数2877次。组织联户长开展矛盾纠纷联排联调1850余次，共排查调处8起矛盾纠纷，接待来访群众共58批次。2021年，全镇共开展从事“双联户”工作人员培训班16场次，其中，各村分别培训1次，镇综治中心举办4场次。全年共开展宣传34次，发放各类宣传材料1600余份，张贴标语247条、拉横幅10多条，LED横幅3处，组织入户宣讲400多户，受教育人数9300余人。

【党建工作】 2021年，日当镇12个行政村共换届选举产生72名村“两委”干部，其中一肩挑1名、交叉任职30名，女性干部14人；换届选举产生36名村务监督委员会成员，其中党员22名，群众14名。年内，共召开镇党委班子会40次，组织召开党建工作推进会议2次，党建工作领导小组会议4次，各下辖党支部开展“党群活动日”活动120余次。认真开展“三更”专题教育，开展集中学习会8次、专题研讨5次、共20人次递交研讨材料开展研讨交流，党委书记讲党课3次。全镇开展党史专题学习共10次、研讨10次20人，学党史办实事活动17次。镇党委班子成员专题调研督导乡村振兴工作30余次。全镇党员开展“三包”活动2000余人次，组织党规党纪学习共60余次，观看《正风反腐就在身边》等警示教育专题片4次，组织党员干部参观县廉政警示教育基地1次。

【党风廉政建设】 2021年，共受理信访举报件0件，协助县纪委办案1件，对3名村干部进行提醒谈话。召开党风廉政专题学习会，观看《正风反腐就在身边》2次、《全面从严治党》第二集1次、《说案明纪》1次、《零容忍》2次等警示教育专题片；组织党员干部参观县廉政警示教育基地1次；对党员干部的政治纪律、组织纪律、党的路线、方针、政策和镇党委、政府重大决策部署贯彻落实情况进行监督检查3次。联合镇党群办对干部上班在岗、放假回岗、上班迟到早退等情况开展督查5次。日常监督检查共6次，节假日期间共组织监督检查6次，聚焦惠民政策落实、村集体产业分红等群众高度关注的问题共检查4次，镇纪委办深入村、学校、卫生院等地开展监督检查5次，镇纪委按照上级巡视巡察反馈问题的整改情况共监督检查2次。

【脱贫攻坚】 2021年，日当镇脱贫户425户、1248人（其中有5户17人稳定脱贫不享受政策、已消除边缘易致贫户1户3人）。2021年，组织参加各类技能培训1178人，其中转移就业培训941人、脱贫群众89人，厨师培训参加237人，其中脱贫户8人；完成易地搬迁共52户158人、其中市集中安置点10户23人、县城集中安置点16户47人、分散安置5户17人、昌果安置点1户3人、多颇章10户36人、扎日庄那一期搬迁点1户3人，扎日洛瓦新村8户27人、鲁琼1户2人。年内，通过以买带帮农产品，教育宣讲、发放慰问品等措施完成对全镇425户结对帮扶，折合人民币共29.19万元。

【乡村振兴】 2021年，镇党委班子成员专题调研督导乡村振兴工作30余次；乡村振兴类项目56个，投资估算1.08万元、基础设施类项目40个，投资估算1.04万元。2021年，全镇共有5个产业项目，分别为：沙琼村页岩石加工厂，实现分红8万元，其中，3万元用于个人分红，共30人，每人分红1000元，村集体分红5万元，该厂实现固定就业17人，其中贫困户3人，每人平均工资4500元；塔新村牦牛养殖场，实现固定就业2人，临时就业1人，每月工资3600元，带动贫困群众5人，每人分红1000元，现存栏数130头；毕念村聂雄肉牛养殖场，实现贫困户分红15人，其中固定就业8人（含大学生就业1名），现存栏数为93头，截至年底，出售66头，创收约达16万元；毕念民族手工业，实现就业2人，工资按照出勤天数计算，每月3000元；加洛村粮油加工厂，实现就业2人，工资按照出勤天数计算，为2名贫困户分红1000元。

【环境整治】 2021年，日当镇累计集中清理农村生活垃圾16吨，其中清理白色垃圾10余吨，清理镇村卫生死角300余处，开展环境卫生教育宣讲100余场、受教育群众7500余人次；完成户厕改总户数为1920户，兑现资金384万元；依托隆子县城市管理和综合执法局垃圾转运“三定”工作模式，进一步实现辖区12个行政村生活垃圾无害化处理和无露天垃圾的目标；将2021年环境整治经费足额划拨到12个行政村，共计14.92万元。

【基础设施建设】 2021年，全镇范围内共计开复工民生项目15个，涉及水利、交通、农牧、教育、卫生等领域，包括日当镇卫生院、日当镇小学教学楼、加洛村幼儿园、塔新村幼儿园、日当村国组幼儿园、卡当村幼儿园，南干渠、北干渠灌溉项目、萨琼村新建农田围栏、曲古塘村新建田间渠道建设项目、雪村炸组新建防洪河堤项目、日当镇昂杰寺饮水工程、日当镇曲古塘村饮水工程项目、日当镇国组饮水工程、新建耕地围栏保护建设34400米、新建田间水渠建设项目5千米，投入资金共计2293万元。

【民生保障】 2021年，日当镇应届毕业生有98人，均已全部就业，其中，有10名大学生进行创业；全镇参与养老保险的人数有4996人，缴费养老保险人数为3692人，领取保险有734人；全年累计发放各项民生政策保障资金187.91万元，其中残疾人补贴累计发放126.9万元、低保金21.29万元、五保金2.64万元、临时救助13.35万元。2021年共实现劳务输出2101人，创收5600余万元。

【旅游事业】 日当镇受自然条件和地理因素所限，旅游事业较为薄弱，有日当寺庙、仲嘎曲德寺庙等文物保护单位，其中仲嘎曲德寺为国家级重点文物保护单位。全镇共有58家餐馆、3家旅馆。

【林业管控】 2021年，共完成植树6845余株，成活率达85%以上，护林员共有91人，兑现资金14万余元。年内，组织开展巡山工作20次；开展“今冬明春　森林草原”为主题的防火宣传工作，共宣传13次，开展植树活动共13次。

【防汛抗灾】 2021年，召开了1次防汛工作专题会议，1次防汛工作推进会议，3次防汛工作部署会议，宣传动员50余次，共排查安全隐患30处，发现隐患10处；年内，县防汛指挥部共发放救灾物

2021年7月1日，日当镇组织党员开展“七一”重温入党誓词活动

2021年4月10日，日当镇组织党员、志愿者开展植树活动

资12000个编织袋、80卷铅丝笼。

【“两学一做”学习教育】2021年，日当镇结合“两学一做”开展党史专题学习10次、研讨10次20人，学党史办实事17次。下辖党支部成立“两学一做”学习教育活动领导小组16个，制订专项学习计划28个，2021年开展学习活动累计450余次，党员学习覆盖率达100%。

【理论学习】2021年，日当镇通过召开党委会议，专题研究中共十九届六中全会、第七次西藏工作座谈会、西藏自治区第十次党代会精神学习宣传工作，制订下发了工作方案。结合镇党委理论学习中心组集中组织干部职工专题宣讲学习5场次，到各行政村驻村工作队、村“两委”班子人员、农牧民骨干宣讲员、农牧民党员及群众代表，以及寺管会、学校等示范宣讲8场次。市级宣讲团到日当镇宣讲3场次、县级宣讲团到日当镇宣讲5场次。宣讲领导小组深入基层，宣讲15场次，各包村领导干部深入各村，宣讲18次，受众人数6305人次，各驻村工作队及农牧民骨干宣讲员宣讲32场，受众人数6640人。

【机构领导】

县人大常委会副主任、镇党委书记

布　　琼（藏族，5月免）

县政协副主席、镇党委书记

张 雪 戈（5月任）

镇党委副书记、政府镇长

张 雪 戈（4月免）

索朗杰布（藏族，4月任）

镇党委副书记、镇人大主席

索朗次仁（藏族）

镇党委副书记

旦增曲珍（女，藏族，4月免）

洛桑催成（藏族，4月任）

镇党委委员、纪委书记

普巴次仁（藏族）

镇党委宣传委员、政府副镇长

白玛索朗（藏族，5月免）

镇党委统战委员、政府副镇长

吾金次仁（藏族，4月免）

镇党委政法委员、政府副镇长

索朗次仁（藏族，4月免）

政府副镇长

索朗央宗（女，藏族，5月免）

白玛曲珍（女，藏族，5月免）

赵　　阳（女，5月免）

镇党委组织委员

胡 兴 香（女，4月免）

夏　　永（4月任）

镇党委政法委员、政府副镇长

洛桑曲宗（藏族，4月任）

镇党委委员

肖 广 林

政府副镇长

丁 海 平（5月任）

达娃央吉（女，藏族，5月任）

镇人大专职副主席

拉姆曲珍（女，藏族）

加玉乡

【概况】加玉乡，藏语意为“鸟语花香之地”。地处隆子县东南部，平均海拔3283米，属于隆子县6个边境乡之一，距离县城47千米，边境线长53千米，共有2个边境通道口，分别为卡布村党姆拉通道口、杆吉村莫嘎拉通道口。全乡下辖10个行政村、34个自然村、共有1109户3368人。全乡下辖6个党总支，8个党支部，其中，机关党支部1个，学校党支部1个，寺管会党支部1个，“两新”党支部1个，村党总支6个，村党支部4个，截至2021年11月15日，全乡共有党员574名（其中预备党员13人）。全乡有1所完全小学、

1处教学点、1所卫生院、6所村卫生室、1座寺庙、2座日追、1座拉康、僧尼9人，1个边防派出所。全乡干部职工49人、领导班子11人。全乡共有耕地4458亩，粮食作物面积5979.6亩(复种)，草场面积63.57万亩。2021年人均年收入16042.99元。

2021年7月12日，县委书记次仁加措（前左一）、政协主席（后右一）古桑旦增到加玉乡检查工作

【农牧业】

农业。2021年度粮食播种面积为6222.83亩，通过推广山冬7号二级种子田600亩，实现创收共计120341.3元。2021年度兑现耕地地力保护补贴资金35.87万元，兑现中央财政实际种粮农民一次性补贴资金5.98万元。开展共拉村和达孜村高标准农田项目建设，总投资332.05万元，建设高标准农田面积为509.4亩。

牧业。全乡核定年末草畜平衡载畜量(折绵羊单位)为30829.4只，2021年初牲畜存栏数8465头，折合绵羊单位16183.4只，实现草畜平衡兑现农牧民补助奖励(草补)资金112.01万元；黄牛改良配种工作上。全乡2021年改良牛冻配任务书446头，实际冻配436头，配种率达97.79%；新生犊牛总数395头，成活犊牛391头，成活率达99%。动物检疫工作方面，截至年底，加玉乡动物防疫应接种疫苗牲畜8372头，实际免疫牲畜接种8372头，接种率达100%。

【经济发展】 2021年，按照人均年收入增长13%的目标，加玉乡年人均工资性收入5924.06元；生产经营性收入3525.56元、财产性收入57.68元、转移性收入6535.68元，全年实现人均纯收入16042.99元，圆满完成上级既定目标。

【生态创建和环境整治】 2021年，加玉乡以做到“产业兴旺、生态宜居、乡风文明、治理有效、生活富裕”为总要求。召开“关于生活垃圾管理工作专题会议”并及时制定《加玉乡各村生活垃圾转运时间安排表》，有效保障垃圾合理装、载、运。同时依托“4·22”世界地球日、“6·5”世界环境日等重大节日，积极组织开展环境整治活动，累计宣讲环保知识62次，受教育人数2000余人，整治环境卫生920处，处理垃圾79.92吨，确保人居环境的干净整洁卫生。

【教育事业】 2021年，加玉乡全面巩固义务教育均衡发展，坚持义务教育阶段适龄儿童、少年入学“一个不能少”的基本原则，降低辍学率、保障适龄儿童、少年全部接受义务教育，与各村签订控辍保学责任书，入学率达到100%。2021年，新考入大学生共有20名，受国家大学生资助共计14.1万元。加大宣传大学生创业或就业方面相关政策10次，受众学生320人次，2021年大学生就业39人。

【医疗卫生】 2021年，全乡群众参保人数3265人，其中6065人员417人、特殊困难人员(重度残疾人员、孤儿)42人、建档立卡户人员377人、一般群众2364人、外地参保65人。全乡纳入计划生育两项补助共183人，其中特扶15人、资金兑现7.86万元，“一孩双女”168人、资金兑现16.13万元。

2021年，累计召开新冠肺炎疫情防控安排部署会议8次，悬挂疫情横幅42条，切实为全乡筑起了一道坚强防疫的堡垒，坚决打赢“外防输入”阻击战。

【文化建设】 2021年，加玉乡开展“党的恩情讲起来”活动，邀请老党员开展“新旧对比”“旧西藏、新社会”演讲活动33场次，开展“通用语言文字学起来”“大手拉小手”活动52次。同时以春节、藏历新年、“三八”妇女节、“3·28”百万农奴解放日、“七一”、“十一”等活动为契机，组织开展文化活动，丰富农村精神生活，活动开展65次。在国庆节期间，文艺演出队为边防官兵带去了精彩绝伦的演出，活动的开展更进一步拉近了军民关系，为打造民族团结、共建美好家园提供了有力保障。11月11日，加玉乡承接山南市“文化润边”理论+文艺宣讲边境行活动的启动仪式，活动受众人数达649人次，使老百姓更加坚定在中国共产党的领导下走向幸福生活的信心，也更加明确了守土固边的坚定决心。

【社会保障和民生保障】 2021年，加玉乡分散特困人员共有16人，生活补贴共兑现121440元。残疾人共有219人，共兑现残疾补贴99.77万元。最低生活保障对象2人，低保金共兑现7820元。向退役军人发放慰问金及生活补贴。

【综治维稳】 2021年，全乡排查矛盾纠纷216次，发现4件邻里小纠纷均已调解，未发现重大矛盾纠纷。

群防群治工作。2021年，加玉乡组建群防群治队伍54支、334人，累计巡逻896次，2509人次。

持续开展“双拖欠”工作。对“2902”“1101”“219”国道和边境小康示范村建设项目“双拖欠”情况进行详细排查统计，并与施工方负责人进行沟通，解决“双拖欠”问题。

【劳务增收】 2021年，加玉乡劳务经济产业发展工作，在县委、县政府、县劳务输出部门的帮助和指导下，通过转移就业、自主择业等方式，全年实现劳务输出人数1554人，占全乡劳动力60%，截至年底，全乡劳务输出1900次，累计创收1199万元。劳务输出已成为农村脱贫致富、促进经济发展的重要途径。

【党建工作】 2021年，加玉乡在乡机关坚持每日早会集体学习制度，共学习143次。扎实推进党史学习和“三更”主题教育，全年党委理论学习中心组开展集中学习12场次、参学238人次；召开“三更”研讨会5场次、党史学习研讨4场次；到列麦乡精神纪念馆参观学习2次；在机关党建中开展党员“三包五带五促”工作，全乡12名领导干部包片、36名党员干部包结对帮扶户，开展实施干部“四下沉”活动，架起干部与群众的“连心桥”，组织36名在职党员到村报到服务，累计到村报到30次。5月以来，组织党员开展“重走巡边路”、参与边境巡逻等活动，积极参与守土固边中，共开展相关活动34次，活动中悬挂国旗32次、喷绘11次、涂抹标识3次。为保卫祖国领土贡献了自己的力量。“七一”期间，表彰先进基层党组织2个，优秀党务工作者和共产党员43名，大力开展感党恩教育、民族团结教育以及新旧西藏对比活动，累计开展各类活动61次，教育群众2409人。2021年，全乡培养积极分子24名、吸收预备党员13名、转正党员13名，共计慰问困难党员和老党员20名。

2021年4月30日，加玉乡班子换届合影

2021年3月28日，加玉乡开展庆祝“3·28”西藏百万农奴解放纪念日百名干部“学党史、悟思想、办实事、开新局”签字承诺仪式

【党风廉政建设】 年初，加玉乡召开2020年党风廉政工作总结暨2021年安排部署会议，认真总结2020年全面从严治党工作开展情况，全面安排部署2021年全面从严治党各项工作。4月，党委书记同党政班子成员、党支部书记分别签订党风廉政建设责任书，层层分解任务，层层压实责任。坚持每季度听取班子成员落实全面从严治党工作开展情况汇报。持续加强对各大节假日期间党员干部遵守中央八项规定精神的监督检查，共监督检查10次。加强对党员干部信仰宗教问题的监督，共开展监督检查7次。坚决制止餐饮浪费行为，对乡政府食堂、学校、10个行政村餐饮浪费行为进行监督检查，共开展监督检查7次。8月，乡纪委针对安全饮水深入辖区内10个行政村，详细了解农村饮水安全情况，并实地查看水源点、蓄水池、管道铺设等情况，针对发现的问题及时上报县纪委并与相关部门协调沟通。9月，乡纪委深入建档立卡户群众家中开展专项检查，紧盯易返贫致贫人口动态监测情况、“两不愁三保障”等重点领域开展监督检查，以强有力的纪律监督推动脱贫攻坚成果各项措施落地落实。

【脱贫攻坚】 2021年，加玉乡脱贫户共有164户487人。一般贫困户152户472人，五保户12户15人，3人获低保保障，15人获特困供养保障，全年兑现生活补助金11.31万元。2021年，全乡扶贫公益岗位人共安排238人，其中脱贫户护林员182人、草原监督员23人、农村道路养护4人，公厕保洁员2人、地质灾害监测员2人、城镇保洁员和村级监督员2人，水生态监管员9人、机动岗位6人。农村低收入护林员5人、城镇保洁员和村级监督员岗位3人。兑现资金共计82.7万元。

【乡村振兴】 2021年，加玉乡边境小康村强木金村牛羊圈项目，总投资200万元，截至年底工程进度达到50%；切麦村温泉道路硬化项目，总投资215万元，已竣工验收；共拉村、切麦村商品房建设项目，总投资159万元。截至年底，加玉乡10个行政村顺利完成16个农户的厕所改造工作，并通过了村、乡、县三级验收，受益群众达36人，兑现厕所改造资金3.2万元。深入清查各类资产达2938.33万元，其中经营性净资产达209.4万元，涉及人数为1108户3392人。

【基础设施建设】

水利：2021年在县水利局的统筹部署下，加玉乡在水利基础设施建设上完成了本年度计划各类水利工程4个，共投资2136万元。其中人饮项目1个，水渠项目3个，分别为人饮维修工程380万元，香优灌区水渠维修项目70万元，切麦经济林120万元，加玉灌区1566万元。

交通：杆吉村莫嘎路段50米左右路面坍塌，通过与县交通局协商沟通，争取50万元资金抢修完成。

【重要项目建设】 2021年，加玉乡为进一步实现执勤工作常态化，开建加玉乡觉姆拉山边贸综合市场建设项目，总投资580.16万元，建筑面积996.83平方米，工程进度达到70%；截至年底已建成总投资12.44万元的嘎拉卡点执勤卡点。

加玉乡共拉村农村污水收集与处理工程，总投资884.97万元，

2021年10月1日，加玉乡举行升国旗仪式

工程进度已达到90%。

【林业管控】 2021年，加玉乡森林二调林地面积为20689.82公顷（310347.33亩）。年内，根据森林防火相关规定，组织各村召开森林防火工作安排部署会2次，签订森林防火工作责任书，同时组织护林员学习宣传森林防火、野生动植物保护法等知识，提高护林员对森林防火工作重要性认识。坚持每月组织护林员定期不定期开展巡山，共计巡山480次。

【防汛抗灾】 2021年，加玉乡及时调整充实防汛抗灾工作领导小组、方案和应急预案，完善重点危险地段的监测及预警机制，强化各项安全防范措施，配足防汛物资，加强汛期值班。加大安全隐患排查力度，全年共计排查10次。

【"两学一做"学习教育】 2021年，加玉乡根据"两学一做"学习教育常态化文件精神及要求，乡党委结合党史学习教育、"三会一课""主题党日"等活动，组织党员学习党章党规、学系列重要讲话，共计13次。"七一"期间，组织党员重温入党誓词，争做合格党员。

【理论学习】 2021年，乡党委严格落实党委理论学习中心组学习各项制度，以习近平新时代中国特色社会主义思想为指导，把学习贯彻中共十九大和十九届二中、三中、四中、五中、六中全会精神作为最首要的政治任务。年初制定了关于党委理论学习中心组学习的计划，进一步健全完善党委理论学习中心组学习考勤、集体研讨、学习资料归档等，年内通过召开党委理论学习中心组学习了中央第七次座谈会精神、习近平"七一"重要讲话精神、习近平总书记西藏考察时的重要讲话精神、西藏和平解放70周年讲话精神、十九届六中全会精神、自治区第十次党代会等内容进行学习研讨，加玉乡党委理论学习中心组开展14场次集中学习，研讨发言29人次。在加玉乡日常学习过程中，开展十九届六中全会、自治区第十次党代会等精神进行专题学习5次；组织包村领导深入联系村，宣讲十九届六中全会、自治区第十次党代会等精神，全年共开展宣讲15场次；各村自治区宣讲员、驻村工作队等各方宣讲力量进行宣讲40余场次。

2021年8月14日，加玉乡工作人员在一线开展"边防线上有我在、巡边路上话初心"主题党日活动

【机构领导】

乡党委书记

边　巴（藏族，4月免）

吕春奎（4月任）

乡党委副书记、政府乡长

向玲玲（女，4月免）

赤列江村（藏族，4月任）

乡党委副书记、人大主席

次仁多吉（藏族，4月免）

米玛次仁（藏族，4月任）

乡党委副书记

拉　姆（女，藏族，4月免）

张　波（4月任）

乡党委宣传委员

米玛央宗（女，藏族，4月免）

乡党委宣传委员、副乡长

旺堆多吉（藏族）

乡党委政法委员、副乡长

达　珍（女，藏族）

乡党委组织委员、副乡长

边巴扎西（藏族，4月免）

乡党委组织委员

央　珍（女，藏族，4月任）

乡党委委员

米玛次仁（藏族，4月免）

顿珠群培（藏族，4月任）

乡党委委员、纪检书记

杨聪迪（女）

乡政府副乡长

李　鹏（5月免）

胡加辉（5月任）

边　珍（女，藏族，5月任）

列麦乡

【概况】 列麦乡位于隆子县东侧，地形以高原山地和河谷地带为主，地势西北高、东南低，东与三安曲林乡、南与加玉乡、西与隆子镇、北与雪沙乡相邻，距离山南市165千米，距离县城13千米，距乡政府最远村35千米，全乡总面积498平方千米，平均海拔3850米。吐蕃地方政权时期著名政治家、军事家噶尔·东赞和从不退休、享受副省级待遇的乡干部仁增旺杰都是列麦人。有“远学大寨、近赶列麦”的美誉之称，是“农业学大寨”的先进单位。

【农牧业】 2021年，列麦乡全乡耕地面积2834亩，实际耕种面积达2700亩，耕种率达95.3%，主要种植青稞、冬小麦、油菜。粮食产量达1384.63吨；牲畜出栏933头（只）；肉产量106吨、奶产量797.5吨、蛋产量11.9吨。全乡实现经营性收入达842.56万元。2021年，列麦乡黄改任务共387头，实际完成491头；牲畜疫苗接种实现全覆盖。全乡中央一次性粮食补助兑现2.46万元，粮食作物补贴兑现14.78万元。为进一步壮大村集体经济，进一步落实产权归属确权政策，全乡7个行政村成立村集体经济组织合作社。2021年，玉巴村实施高标准农田建设项目，总数达188亩，发放配套肥料188袋/亩。念堆、列麦两村发放高标准农田建设项目肥料480袋。

【农牧民增收】 2021年，列麦乡扎实有序开展虫草采挖工作，全年共采集46546根、18.64公斤，实现虫草现金收入136.57万元，人均创收1025元。2021年，全乡人均可支配收入完成年初增长13%的目标任务，实现农村富余劳动力转移就业977人，完成年度目标任务的101.8%，创收1563.6万元，完成年度目标任务的193.66%。将产业发展作为群众致富增收的关键支撑，全乡有合作社7家，民族手工制造业列麦村藏式家具厂、特色养殖产业当来木藏鸡蛋等产业已然成为群众致富的稳定渠道。

2021年7月28日，民政部副部长高晓兵（左三）到列麦乡检查指导民政相关工作

【项目建设】 2021年，全乡共争取3个项目：向隆子县农业农村局争取并实施总投资38.3万元，规模达6500米的网围栏项目（涉及洋兄、西徒、当来木三村），受益256户，718人；实施总投资110万列麦乡念荣俄桥及河道清淤项目，该项目已竣工并完成初验，受益60户，178人；实施总投资490万元的列麦乡政府北侧崩塌地质灾害治理工程项目，该项目已竣工待验收。

2021年7月27日，列麦乡政府乡长古桑曲吉（左一）到辖区督导检查防汛和增收工作开展情况

【生态创建】 列麦乡是少数的有林乡镇，全乡林地面积24.65万亩，林中资源十分丰富；有虫草、贝母等珍贵药材，野生动物类有狗熊、野狼等国家级保护动物，全乡老护林员145人，兑现护林员工资88.2万元。2021年，列麦乡向县林业局按照各村及各单位需求争取树苗、果苗和松树等43760株；为深入实施乡村“四旁”植树、在通村路、沿沟、沿河及村头巷边、房前屋后、田间道路植树造林和“见缝插绿”工程，组织全乡干部职工和农牧民群众开展义务种植活动，种植次数46次，参与人数1606人，灌溉树苗次数为67次，参与人数为705人，彻底消除列麦乡“无树村”“无树户”。

【教育事业】 2021年，列麦乡认真按照“科教兴国，人才强国”的战略部署要求，深入强化乡境内的教育建设工作，坚持以“教育促脱贫、教育带发展”为导向，重点关注学生入学和教育资助政策。结合乡实际情况，配备了一所小学和两所学前幼儿园，设有教师16名，后勤厨师两名，在校学生121名（其中小学生81名、幼儿园40名），已实现藏语汉语教学，全乡境内无出现辍学或因病因贫辍学情况，所有适龄儿童全部按时入学，九年义务教育覆盖率达到了100%。同时按照山南市关于农牧民子女上大学的优惠政策，全日制区内本科每人每年8000元、专科6000元，区外本科每人每年1万元、专科8000元的标准，深入开展教育资助政策。全乡享受大学生优惠政策人员56名，兑现资金37.1万元，建档立卡脱贫户大学生共1人，已就业，实实在在地解决了贫困农牧民子女上学问题，推动了乡教育事业发展进程。

【医疗卫生】 2021年，列麦乡公共卫生服务已实现全覆盖，7个行政村均建有卫生室，配齐基本医疗设施及12名医务人员。乡卫生院共有10名医生，配备有心电图、B超等仪器。乡医疗卫生机构对于建档立卡贫困患者，坚持采用“先治疗、后结算”的机制，严格遵守首诊负责制，不得以任何理由拒绝救治，保障贫困患者的基本医疗，全乡农牧民群众在列麦乡本地参保人数为1928人，其中，政策性缴费最高档次320元人数为333人，女年满60岁和男满65岁政策性缴费人数为260人，残疾一级和二级政策性缴费人数为24人，特困人员政策性缴费人数为19人，孤儿政策性缴费人数为3人，低保政策性交费27人（政策性缴费288元，个人缴费32元）；其他人员个人缴费档次320元人数为761人，个人缴费档次130元人数为834人；外地参保及职工参保人数为110人。

【文化建设】 2021年，列麦乡已建成乡、村两级公共文化服务体系，文化站、图书馆、综合文化活动中心、农家书屋、文化活动室等已经成为人民群众自发开展文化活动的重要场所。现有7个行政村文艺演出队，专兼职文艺演出队伍100余人。以春节、藏历新年、“3·28”西藏百万农奴解放纪念日、“五四”青年节、“六一”儿童节、建党建军节、国庆节等节日为契机，组织各村、各单位开展歌颂祖国、歌颂党、歌颂新生活、歌颂新西藏的文艺会演，展现美好生活的群舞及自编自导反映国家反腐倡廉的小品、相声文艺节目表演。全年惠民演出超过157场次，观影人数超过1400人，以列麦精神纪念馆作为最大的文化宣传载体，共接待自治区、各市、县各部门参观学习48次，730余人，接待农牧民群众、学生、僧尼13次、1500余人。

【社会保障】

农村低保资金兑现情况：全乡共有农村低保对象32户58人，2021年累计发放资金共4.39亿元。

临时救助资金兑现情况：全乡临时救助共7户10人，发放救助资金共38600元。

特困人员资金兑现情况：全乡共有分散特困人员共14户14人，全年内累计发放资金共10.63万元。

养老保险兑现情况：全乡16周岁以上应参保人数为1340人，实际参保人数为1303人，参保率为97%，全年累计兑现养老金82.93万元。

【综治维稳】 2021年，全乡上下始终将切实履行好维护国家安全、社会稳定、人民安宁的重大责任作为第一任务，牢固树立总体国家安全观，增强底线思维，坚持警钟长鸣、警惕常在，深入开展反分裂斗争，坚决打击各类分裂渗透破坏活动，举全乡之力不断筑牢国家安全屏障，扎实开展矛盾纠纷化解工作，坚持标本兼治、打防并举，让新时代“枫桥经验”在列麦落地生根，全年开展矛盾纠纷排查600余次，化解矛盾60余起。持续巩固和深化扫黑除恶专项斗争成果，让人民群众切实感受到公平正义常伴身边，全年开展涉黑涉恶线索排查100余次，未发现涉黑涉恶线索。

【党建工作】 2021年，列麦乡下辖党总支2个，党支部14个（含两新党支部1个），共计党员391名，其中，农牧民党员325名，预备党员5名；乡机关支部党员30名，预备党员1名；完小党支部党员14名；寺管会党支部党员6名，派出所党员12名，预备党员1人；三老人员12名，其中老党员12名。列麦乡7个行政村，27个自然村，734户2036人。村“两委”班子37人，包含村务监督委员会主任7人，村务监督委员会成员14人。

【退役军人慰问】 2021年，列麦乡在县退役军人事务局的正确指导下，在工作人员的努力下，完善2021年退役军人档案，更新花名册。同时乡退役军人服务站工作人员深入各村宣传征兵、退役等相关政策，为退役军人增加收入，通过微信、电话等方式宣传各项招聘、创业等信息，鼓励退役军人创业就业。

【新冠肺炎疫情防控】 2021年，列麦乡成立了以乡党委书记为组长和乡长为副组长、各部门负责人、各村党（总）支部书记、村主任、第一书记、驻村工作队队长为成员的疫情防控工作领导小组，并动员全乡广大干部群众做好疫

2021年10月3日，西藏大学医学院教工二支部和研究生支部到列麦乡开展“送医送药送健康、助力乡村振兴”为基层群众办实事义诊活动

苗接种应接尽接工作，截至年底，列麦乡农牧民群众总数2030人，应接种1879人。各个年龄段群众第一针接种1879，接种率100%，第二针疫苗接种1852人，接种率98%，第三针疫苗接种1385人，接种率73%，同时做到各类防护物资和应突应急储备充足。大力开展疫情防控日常宣传，利用各村广播宣传疫情防控知识，通过微信工作群转发疫情相关信息，制作悬挂疫情防控宣传标语15条、LED电子屏9条，全乡上下形成疫情就是命令、防控就是责任、人人参与疫情防控工作的良好氛围。

2021年7月10日，列麦乡组织党务工作者到斗玉珞巴民族乡参观学习

【党风廉政建设】 2021年，列麦乡党委、政府认真落实全面从严治党工作，强化党风廉政建设工作，明确责任分工。全年召开了党委政府班子成员分管领域党风廉政建设工作汇报会4次，抓好全年党风廉政建设工作。强化学习宣传，抓好反腐倡廉教育工作。大力支持乡纪委工作，确保监督责任落实到位。严格按照规定，落实中央八项规定整改问题；党委书记落实党风廉政建设主体责任情况，加强自身学习，提升主体责任意识，强化监督制约，严格落实工作责任，强化自身建设，牢固树立廉政意识。

【脱贫攻坚】 2021年，列麦乡全年组织各村“两委”班子，第一支部书记、乡村振兴办公室工作人员参加区外学习交流10人次，参加县级组织培训4次，组织乡级培训2次。严格落实帮扶政策，筑牢返贫致贫防线，健全返贫动态监测和帮扶机制，坚持每月跟踪监测，对重点对象定期检查，动态管理，持续跟踪收支、“两不愁三保障”及饮水安全变动状况，有问题及时发现、快速响应、动态清零。全年完成危房改造6户，全乡脱贫户85户185人，安排帮扶责任人141人，安排生态岗位169人，共兑现资金59.15万元，开展临时救助7户10人，发放临时救助资金3.86万元。

【环境整治】 2021年，列麦乡结合环境整治工作，定时组织人员对各村及乡政府附近的环境卫生进行打扫，每周组织一次大扫除，对政府周边进行打扫，各村每月进行一次大扫除，对村道和219国道两旁、河道及群众房前屋后等地进行打扫。同时，利用乡垃圾中转站作用，对全乡各行政村垃圾进行集中处理，确保了人民群众生命安全和身体健康。

强化教育宣传。部分农牧民群众环保意识不够，经常将自家的生活垃圾等倾倒在河岸边或者山坡上，对环境卫生造成了很大的破坏，针对这一情况，乡政府联合驻村工作队对群众进行了教育，并且为各村配备了垃圾箱并建立了垃圾池，用于处理各类垃圾。

强化监督检查。为确保环境打扫的成效，乡政府与各村驻村工作队、村“两委”定期不定期对辖区内，特别是河流沿线的环境卫生进行检查。小康村建设项目，产生的生活垃圾容易对环境造成破坏，针对这一情况，列麦乡政府在检查工地工作开展情况的同时，也将环境保护工作作为重点检查，确保乡整体环境卫生整洁。深入开展河长制工作，严格按照各级河长管理机制，以属地管理为导向，大力开展河道垃圾清理工作，确保河道环境良好。

【机构领导】

县政府副县长、乡党委书记

陈 代 军（7月任副县长）

乡党委副书记、乡长

格桑强巴（藏族，4月免）

古桑曲吉（女，藏族，4月任）

乡党委副书记、人大主席

尚 林 佳（4月任）

乡党委副书记

蒋 波（藏族，4月免）

格桑顿珠（藏族，4月任）

乡党委政法委员、副乡长

曲 宗（女，藏族，4月免）

乡党政法委员、纪委委员、副乡长

拉巴珠久（藏族，4月任）

乡党委委员、纪委书记

邝 春 意

乡党委统战委员

拉巴珠久（藏族，4月任）

乡党委统战宣传委员、副乡长

仁增曲珍（女，藏族，4月任）

乡党委组织委员

次仁拉姆（女，藏族）

乡党委委员

边巴扎西（藏族）

乡政府副乡长

周 舟（4月免）

李 鹏（4月任）

魏 斌 斌（4月任）

扎日乡

【概况】扎日乡位于隆子县东北部，距离县城223千米，国道219贯穿全乡，境域面积578平方千米，林地面积47.9万亩，有4条境外通道（卓玛拉、马甲拉、措嘎拉、叮叮塘）。乡政府所在地平均海拔2800米，年降雨量800毫米以上，总人口为331户1046人。境内环境优美，生态保护良好，有着丰厚的人文历史及名山，是隆子县著名的风景名胜区，每年吸引大量游客前来驻足。

【农牧业】2021年，扎日乡实现牲畜存栏数2764头（匹、只），出栏数125头（匹、只），奶产量70.25吨、蛋产量0.14吨、肉产量12.5吨。春秋两季重大动物疫病免疫接种的畜禽共2741头（匹、只），疫苗接种率，确保畜禽免疫密度达到99%，免疫抗体合格率85%。

【经济发展】2021年，扎日乡人均可支配收入为29283.99元。2021年，全乡人均可支配收入增幅13%。

【生态创建与环境整治】2021年，扎日乡在全乡范围内开展环境综合治理，进行河道清理、在建工地扬尘及污染治理等的统筹治理工作，多措并举防治面源污染，定期开展环境整治行动，彻底改变“脏乱差”现象，并加快污水处理、垃圾收集清运工作进度，在旅游景区已设置环境保护标识牌，提高游客的环境意识；全面落实“河长制”，坚持领导带头，强化责任，确保水资源治理的常态化、长效性。开展保护资源整治违法乱采活动，对境内施工单位非法乱采行为进行了制裁恢复；推进国土绿化行动，全乡共有林地47.9万亩，护林员311人，乡党委、政府调整充实林业管控小组，组织定期对各村辖区内的林地进行巡逻检查，2021年未发生任何森林火灾和野生动物盗猎事件；以保护生态环境为前提，引领扎日乡旅游产业向生态、安全方向发展，努力把扎日乡建设成繁荣、和谐、美丽的旅游示范乡；多次召开环境综合大整治会议，对商铺实行门口“三包”制度，对河道乱倒垃圾行为进行了整治，对境内施工单位分包路段下达清洗路面任务；争取37万元用于垃圾填埋场项目扩建；争取22万元配置了铝制垃圾桶、小型垃圾车3辆；对接县城市综合执法局配发了1辆垃圾车，解决一名群众就业；在县城市综合执法局支持协助下对接市综合执法局申报垃圾分类站项目投资100万元。

【教育事业】2021年，扎日乡现有1所小学、3所幼儿园，教职工28人（正式教师14人，三支一扶2人、代课老师4人、公益性1人，厨师7人），学生142名（小学生103名，幼儿园39名）。重视教育工作，不定期召开教育工作会议，加强日常学校管理，进一步提高教学质量；为认真落实好“三包”经费政策，进一步加大“三包”经费的管理力度，确保“三包”资金的专款专用，2021年共兑现“三包”经费和营养改善计划经费48.06万元；适龄儿童入学率和初中入学率达到了“双百”目标，并顺利通过国家教育均衡验收。

【医疗卫生】2021年，扎日乡卫生院与桑巴东村、庄那村卫生室合并建设，医技人员8名。年内，开展了包虫病、结核病、肝炎、风湿病、慢性病、鼠疫病等疾病的筛查救治工作，开展了计划免疫、健康体检、卫生监督、疾病随访、妇幼知识讲座、家庭医生服务签约等工作，开展了“两降一升”和“送医送药送健康”工作。

【文化建设】2021年，扎日乡以发展基层农牧区先进文化，促进乡村文化繁荣发展，巩固基层文化阵地，壮大文艺队伍，培养文艺骨干，满足基层农牧民群众对美好生活的文化需求，增强广大群众的文化获得感、幸福感。全乡共有5名文化专业技术人员，建有4支文艺演出队，全年累计开展各类文艺演出20余场次，进一步丰富了群众精神世界和文化生活；开展“扫黄打非”专项行动8次，进一步净化了文化市场环境、营造了良好文化氛围。

【社会保障】2021年，扎日乡如期完成了对703人的医疗保险和养老保险收缴工作，有力推动了社会保障事业的快速发展。年内，对全乡59名残疾人、1名低保户、10名分散特困供养人员相关信息进行了登记核查，共计发放护林员工资260.09万元、低保资金3960元、双联户补助资金9万元、农牧民草原补助奖励资金65.14万元、生态岗位资金31.15万元等，切实保障了群众合法权益。开展“八一”建军节走访，慰问退伍军人。“双业”培训实现转移就业。扎日乡政府始终把群众的就业工作作为全乡头等民生大事。全年累计开展送培入村2期惠及100余人，动员群众参加招聘会5场次，完成劳务输出313人。推进高校毕业生就业创业工作。按照“先就业后择业”要求，广泛动员毕业生多种形式解决就业难题，实现就业率达100%。

【综治维稳】2021年，扎日乡始终坚持“屯兵与安民并举、兴边与固边并重”总体部署，织密边境管控和社会面管控的群防群治、联防联控的网络。始终坚持“有黑扫黑、无黑除恶、无恶治乱”的工作原则，将扫黑除恶专项斗争与反腐败结合起来，与基层“拍蝇”行动结合起来，既抓涉黑组织，也抓后面的保护伞，坚决铲除黑恶势力的滋生土壤，夯实筑牢基层，建强基层组织，确保扫黑除恶工作有人抓、有人管，确保扫黑除恶、打非治乱、扫黄打非三大专项斗争同步推进，进一步筑牢维稳根基；坚持和发展新时代“枫桥经验”，进一步健全了排查调处工作机制，完善了矛盾纠纷排查调处的组织、联络员、排查调处、专项整治等制度，制作上墙《人民调解委员会工作流程图》《人民调解工作指导中心主要职责》《人民调解工作专栏》，及时成立了人民调解指导中心和调整充实了人民调解委员会，注重将矛盾纠纷化解于基层、消除于萌芽状态，认真组织开展“双拖欠”排查治理和“根治欠薪”夏冬季行动工作，追回拖欠款450万余元；组织开展3月综治安全月、全民国家安全教育日、6月综治宣传周活动、9月平安建设日等活动；开展了民族团结“九进”活动，争取29.7万元打造了民族团结进步创建示范路；持续开展“遵行四条标准、争做先进僧尼”教育实践活动，不断铸牢中华民族共同体意识，不断树牢“三个离不开”思想和“五个认同”，不断巩固和发展平等团结互助和谐的社会主义关系，进一步夯实民族团结之基。

2021年6月29日，扎日乡党委组织举办庆祝中国共产党成立100周年表彰大会

【新冠肺炎疫情防控】 2021年，扎日乡坚持常态化疫情防控和经济社会发展相结合，实现“两手抓、两手硬”，坚持外防输入、内防反弹，着力构筑起群防群治、联防联控工作格局；先后6次召开专题会议，成立疫情防控工作领导小组，精细研究疫情防控工作方案和应急预案，严格落实“三联一保”工作责任制；沿G219干线设置疫情防控检查点1处，严格落实“一问二测三登记”的管控制度。边境通道设置疫情防控卡点2处，严禁境外通道口的出入活动；结合“新媒体+传统媒体”的方式转发播报，在村组路口广泛悬挂宣传标语，营造群防群控的良好社会氛围，开展演练2次，提升群众防疫意识。截至年底，开展疫苗接种930人，全乡开展消毒30次，消毒场所50处。开展爱国卫生宣传教育20场次，发放宣传资料300余份，播放广播达400余次。

【劳务增收】 2021年，扎日乡完成劳务输出313人次，创收达317.11万元，同比增长15%。

【党建工作】 2021年，扎日乡注重发挥乡党委中的“班长”作用，先后组织召开党委会12次、党建工作领导小组会议5次，及时研究解决党建工作问题，制定完善了《党建工作要点》《党建年度目标责任书》，明确全年党建工作要点和压实党建工作责任，确保了全乡党建工作有序有效推进；结合工作实际，及时调整充实了党建工作领导小组，党建办公室以副书记为主任、配齐4名党建专干，细化职责分工，确保党建工作有人抓有人管；完善了“三重一大”集体议事规则和“村财乡管”财务制度，制作上墙民主生活会、组织生活会、“三会一课”、“四议两公开”、“村规民约”等16项规章制度，实现了用制度管人、用制度管事的目的；深入下辖党组织开展党建、强基惠民等工作调研、全年督导检查10余次，形成调研报告2份，解决党建工作中存在的问题20余个。从不同角度了解和掌握各支部书记、第一支部书记履职情况，实行现场督导和电话提醒制，确保基层党建工作正常推进。

2021年6月6日，扎日乡组织乡干部、边防民警、护林员、民兵牧民共30余人，组成党政警民联合巡逻队开展“走边关、守国土”巡边活动

深入贯彻中共十九大和十九届二中、三中、四中、五中、六中全会精神，认真贯彻习近平总书记视察西藏重要讲话精神和新时代党的治藏方略，全面贯彻市第二次党代会精神和“两会”精神，始终站稳政治立场、把牢政治方向，增强“四个意识”、坚定“四个自信”、做到“两个维护”。不断提高政治判断力、政治领悟力、政治执行力，严守党的政治纪律和政治规矩，持续开展好“抓班子、带队伍、转作风”行动，发扬斗争精神、增强斗争本领，确保党组织“永葆青春”。

【党风廉政建设】 2021年，扎日乡强化责任意识、担当意识，加大对重点工作、重大项目的推进落实力度。建立权力清单和责任清单，坚决整治“微腐败”现象。坚持科学民主、依法决策，把公众参与、集体讨论决定作为重大行政决策法定程序，自觉接受社会各界监督，认真执行党的路线方针政策。全面推进政务公开，让权力始终在阳光下运行。认真落实党风廉洁建设责任制，严格遵守中央八项规定和区市县有关规定，加大对政府采购、工程建设等重点领域行政监察和财政监管力度。坚持从严从俭，全面落实厉行节约反对浪费，严控“三公”经费支出。

【脱贫攻坚】 2021年，扎日乡认真贯彻落实中央农村工作会议精神，坚持把乡村振兴与巩固脱贫攻坚成果有效衔接，工作不留空当，政策不留空白。根据扎日乡自然环境条件、民生需求、安全稳定形势，采取特殊政策措施着力保障和改善民生，解决好边民最关心、最直接、最现实的生活问题，兜住民生底线。持续巩固脱贫攻坚成果与乡村振兴战略实施有效结合，确保边境地区各族群众共享全面小康社会成果，大力实施以“神圣国土守护者、幸福家园建设者”为主题的乡村振兴战略。2021年，全乡有脱贫户77户239人，生态岗位112名，脱贫户人均收入达12030元。大力加强结对帮扶工作，2021年乡政府、卫生院、学校、寺管会等工作人员为贫困户送去了价值11万余元的慰问品，同时也送去了党和政府的关怀；坚持以“产业扶贫、整乡推进、巩固提高、全面发展”为指导；以群众增收和经济社会可持续发展为主要目标，以搞好产业扶贫为主线，坚持防止返贫和巩固提高相结合，产业扶贫和社会扶贫相结合，立足资源优势，发展特色产业，通过“政府引导、市场运作、企业带动、群众参与”的方式，着力加快扶贫产业发展。2021年，扎日特色高原茶叶种植项目和扎日藏白酒加工厂新建项目，带动全乡困难人口和贫困边缘人口月均增收1000元；为预防已脱贫的人口再次返贫，扎日乡组织扶贫工作人员，制订计划，建立健全对脱贫户的动态监管和日常走访制度，并针对每户情况制定具体措施，严防贫困户出现返贫现象。

【环境整治】 2021年，扎日乡进行主要旅游区及周边专项治理，清除景区垃圾，对已造成景观影响和生态破坏的区域进行恢复，并且加快污水处理、垃圾收集清运、风景名胜区标志，在旅游景区内以周边设置环境保护标识牌，提高游客的环境意识。年内，针对餐饮、销售、住宿等行业，开展专项整治行动12次。全年共开展环境卫生清扫行动239次，出动6930余人次。对扎日乡公共厕所保洁员14人共兑现14.28万元，村集体垃圾转运站共兑现14.28万元。

【基础设施建设】 2021年，扎日乡全乡共开复工项目12个，即边防公路、乡村公路、赛马场、民宿、洞参河堤、洛河堤坝、垃圾填埋场（37万元）、食堂装修（7万元）、法制路（35万元）、民创路（29.7万元）、干部职工周转房停车场硬化、珞瓦新村柴火房建设路灯安装（140万元）、珞瓦新村饮水项目，完善了基础设施建设，助推了边境小康示范村建设进程。全乡共有产业项目5个，即高山茶园、藏白酒、竹器加工厂、藏香加工厂、温室大棚，共计带动20余人就业。珞瓦新村1月15日正式搬迁入驻完成，强边固防、兴边富民工作取得决定性进展。

【重要项目建设】 2021年，扎日乡庄那村多功能室建设项目总投资142.5万元，总建筑面积420平方米，该项目于2021年7月全面投入使用。

扎日乡至珞瓦新村公路建设项目总投资2400万元，总里程7.6千米，该项目于2021年11月全面完工。

2021年8月1日，扎日乡组织“八一”建军节慰问活动

2021年8月15日，珞瓦新村党支部开展讲党课感党恩专题教育活动

扎日乡打造旅游民宿建设项目总投资300万元，总打造60户民宿，该项目于2021年4月全面完工。

珞瓦新村柴火房及部队路灯建设项目总投资130万元，打造柴火房98户，部队路灯20盏，该项目于2021年10月底完工。

【民生保障】 2021年，扎日乡对全乡59名残疾人、1名低保户、10名分散特困供养人员相关信息进行了登记核查，共计发放护林员工资260.09万元、低保资金3960元、双联户补助资金9万元、农牧民草原补助奖励资金65.14万元、生态岗位资金31.15万元。

【旅游事业】 全年共接待游客5000余人次，全乡旅游收入60余万元，旅游带动人均增收3200元，实现接待人次和旅游收入“双增长”。

【林业管控】 2021年，扎日乡全乡共有林地47.9万亩，护林员311人，乡党委、政府调整充实林业管控小组，组织定期对各村辖区内的林地进行巡逻检查，全年未发生任何森林火灾和野生动物盗猎事件。

【安全生产】 2021年，扎日乡在“双节”等重大节庆日期间，重点对道路交通安全、消防安全、建筑施工安全、食品药品安全、校园安全、烟花爆竹和危险化学品安全、进行了监管检查。在“去冬今春”火灾防控工作期间，充分发挥护林员巡山走山、看护森林作用，加强巡逻、严防死守，严禁野外生火、焚烧枯草、露天野炊，坚决做到“十个严禁”，圆满确保了防火形势绝对安全。以全乡198名党员为主体，在6个党支部分别组建了边境通道巡防、道路交通巡查、学校安全巡查、重点领域巡查、旅馆商铺巡查、矛盾纠纷排查、森林防护8个巡查组，全天候、不定时巡查，截至年底，共进行各类巡查600余次，出动党员6500余人次，发现解决问题28个。

全年共开展（执法）检查10余次，排查整改安全隐患24处，有效确保了全乡安全生产形势绝对稳定、全面稳定、持续稳定。

【“两学一做”学习教育】 2021年，扎日乡认真贯彻落实习近平总书记的重要指示精神，各级党组织坚持学习教育全覆盖、常态

2021年6月4日，隆子县扎日乡巡边干部在措嘎湖瀑布合影

化、重创新、求实效，广大党员真学深学、以学促做、边学边改，在“学”中筑牢思想根基，在“做”中彰显先锋本色，有力推动了改革发展稳定各项工作。

【理论学习】 2021年，扎日乡党委理论学习中心组、机关全体党员干部累计学习中共十九大，十九届二中、三中、四中、五中全会，中央第七次西藏座谈会精神27次，参与学习328人次。

【机构领导】

乡党委书记

梅 国 斌（5月免）

余 志 平（4月任）

乡党委副书记、乡长

贡觉曲珍（女，藏族，4月免）

索朗次旦（藏族，4月任）

乡党委副书记、人大主席

次仁扎西（藏族，4月免）

多 布 杰（藏族，4月任）

乡党委副书记

白玛多吉（藏族，4月免）

次旺扎西（藏族，4月任）

乡党委委员、纪委书记

谢 道 红

乡党委组织宣传委员、副乡长

曲　　达（4月免）

乡党委组织委员

曲　　达（藏族，4月任）

乡党委统战政法委员、副乡长

洛桑西若（藏族，4月免）

乡党委统战宣传委员、副乡长

陆　　洪（4月任）

乡党委委员

张　　谦（4月免）

赵 立 亭（4月任）

乡党委政法委员、副乡长

强巴扎西（藏族，4月任）

副乡长

达瓦央吉（女，藏族，4月免）

李 双 堃（4月任）

曲尼措姆（女，藏族，4月任）

热荣乡

【概况】 热荣乡位于隆子县西南部，平均海拔约4300米，离县城47千米，行政区划699平方千米，是以牧业为主的半农半牧乡。全乡辖8个行政村，45个自然村，1182户、3686人。全乡下设2个党总支，16个党支部，其中非公经济组织拓展型党支部1个，社会组织拓展型党支部1个，436名党员，预备党员11名；入党积极分子79名，村干部42人。全乡有1所小学，5所幼儿园，1所卫生院、7所村级卫生室，2座寺庙，1个寺管会，1个派出所，全乡干部职工共计37人，耕地面积5640.89亩，草场面积116.86万亩。

【农牧业】 2021年，热荣乡各类作物种植面积7087.51亩，推广优质作物黑青稞2963.9亩，油菜种植402.8亩，蔬菜99.38亩，饲草播种面积540.74，粮食总产量2107.2吨。2021年牲畜存栏总数为44956头（只、匹），其中存栏牦牛5152头、黄改奶牛1806头、羊34021只（绵羊31742只、山羊2279只）、马551匹、驴288匹，家禽1631只。

【经济发展】 2021年，全乡农村经济总收入5201余万元，其中转移性收入603万元，工资性收入3726万元，财产性收入44.5万元，经营性收入827.5万元，农牧民人均收入13482元，同比增长16.58%。全年劳务输出累计达1829人，共创收入2035万元。

【生态创建与环境整治】 2021年，热荣乡共督导检查各村环境保护工作11次，开展“乡村清洁行动”为主题的环境卫生大整治10余次，开展“六大环境”专项整治2次，开展环境卫生大评比大检查1次，宣传环境保护相关知识10余次。召开环境保护专题会1次，开展环境志愿者服务4次，极大程度地改善了村庄环境，提高了群众环保意识。组织全乡群众、干部、派出所干警、驻村工作队成员、乡小学师生，发扬“老西藏精神”和“两路”精神，开展植树造林3万余株，扩大了全乡的绿化面积；截至年底，全乡7个行政村正在创建自治区生态文明建设示范村。

【教育事业】 2021年，热荣乡49名适龄儿童实现全入学，全乡38名小学生完成小学阶段义务教育。2021年，考入大学生31人，其中本科9人，专科22人，区内本科2人，区外本科7人，区内专科6人，区外专科16人。2021年，热荣乡共有在校大学生94人，2021年在校大学生资助金66.6万元已全部兑现完成；热荣乡毕业大学生20人，就业20人。

【医疗卫生】 2021年，热荣乡常态化开展新冠肺炎疫情防控工作，各项防控措施落实到位，防疫物资储备充足、发放及时；认真核查有效落实81人，一孩双女困难家庭扶助对象和27人特殊家庭扶助对象，全年共计兑现资金22.24万元；兑现85名70岁以上寿星老人补贴共计4.67万元；2021年热荣乡全乡3686人全部参加医疗保险，缴纳金额30.64万元，参保率达100%。全年累计核销金额19.3万余元。

【文化建设】 2021年，热荣乡为进一步发挥乡文化站作用，根据需求，补充室外活动所用的音响设备一套。同时进一步完善了藏语汉语的各项制度，制作文化站免费开放宣传栏，充分展现热荣乡群众文化生活风采；以各类重大节日为契机，开展丰富多彩的体育文化活动。在建党100周年和西藏和平解放70周年、“3·28”百万农奴解放日、“热荣乡曲果当藏戏县级非物质文化遗产进乡村、进校园、进敬老院”活动等重大节日和活动时，组织各村文艺队和群众开展各种各样的文体活动。全年共计开展文艺活动28场次；以新时代文明实践所（站）为基础，充分发挥志愿者作用，以文化活动等为载体，到村开展“三八书香”读书、环境卫生整治等活动，宣传党的惠民政策，开展新旧对比教育等，不断提高农牧民感党恩、听党话、跟党走的信心和决心。2021年，全乡共计有新时代文明实践志愿服务队伍58支，开展各类志愿服务活动184次。

【社会保障】 2021年，热荣乡养老保险参保人数达2048人，年度缴费金额为37.25余万元，享受养老保险待遇人员337人；全乡共有低保户27户64人，共兑现资金14.16万元；五保户11户11人，共计兑现资金8.349万元；全乡共有残疾人员183人，兑现资金51.36万元；大病临时救助10人，救助金额6.87万元。

【综治维稳】 2021年，热荣乡共计开展6次维稳安保工作部署会议，认真制订符合全乡实际的维稳工作方案预案，细化任务措施、明确责任分工，并针对维稳应急预案联合派出所开展1次系统的应急演练，确保全乡维稳力量能拉得出、能够靠得住；结合党史学习教育、民族团结示范村建设等重点活动，充分挖掘农牧民优秀宣讲员，通过老劳模、老干部进行传帮带培养村级优秀宣讲员8名，组织宣讲35场次，组织各村文艺演出队进行文艺会演8次，邀请县艺术团开展感党恩、跟党走为主题文艺会演1次，有效解决“对群众‘管肚子’有余‘管脑子’不足”的问题；全乡140个联户单位、8个护村队、1个护校队、9个护路队严格落实执勤备勤、安全检查、联防巡逻制度，全年共计巡逻1185次，参与人数达4731人次；共登记外来人员2153人次；共排查各类矛盾纠纷56次，236余人；2021年全乡开展安全隐患排查950次，学校周边安全巡逻23次，未发生火灾和食品安全领域的公共安全事件；乡综治工作中心利用“3月宣传月、6月综治宣传周”等活动，把“普法”“扫黑除恶”“疫情防控应知手册”等作为综治工作重点宣传内容，全年共计发放宣传资料400余份，接待群众法律咨询70余人次，宣传标语7幅，共参与群众1000余人次，受教育群众1000余人。

2021年2月4日，热荣乡组织召开冬春季疫情防控推进会议

【劳务增收】 2021年,热荣乡群众劳务输出1829人,创收2035万元,人均达到11126.3元,劳务输出人数从1710人上升到1829人,增加了119人,比去年增加6.96%,务工收入从1893.75万元上升到2035万元,增加了141.25万元,比去年增长7.46%。

2021年11月4日,热荣乡文化综合服务中心组织文艺演出队开展县级非物质文化遗产热荣乡曲果当藏戏"进乡村 进校园 进敬老院"活动

【党建工作】 2021年,热荣乡召开各类党建工作会议5次,安排推进基层党建各项工作。深入下辖党组织开展党建、强基惠民等工作调研、督导检查24次,解决党建工作中存在的问题24个;健全工作机制,做到乡党委书记、第一书记、村支部书记三级联动,使脱贫攻坚巩固工作、乡村振兴工作与基层党建工作同研究、同部署、同推动,实现全党动员、全民参与,让脱贫攻坚成果巩固和乡村振兴有效衔接工作的开展干劲十足。全年热荣乡党员干部、驻村工作队、村"两委班子"入户宣讲4000余次,受众15000余人次,发放各类政策宣传手册1200余册;开展干部集中学习52次,观看爱国主义影视片11场次;组织党员干部学习违规违纪典型案例10次,观看《全面从严治党在西藏》《从严治党永远在路上》等专题警示教育片8场次;召开乡党委理论学习中心组学习会25次,开展专题研讨12次;各党支部累计共召开各类支部学习会94次,参与党员群众3000余人次。成立以乡党委书记为组长的宣传团深入村(居)、寺庙、学校等开展"永远跟党走"主题宣讲活动,不断提高热荣乡党员干部群众永远跟党走的决心和信心。热荣乡且康村、加绕、沃塘村组织在村全体党员干部,用石块在山头描绘党徽及"中国共产党万岁"字样,用特殊的方式表达对党和祖国的无限忠诚和热爱之情,向中国共产党成立100周年献礼。为充分发挥基层党组织和党员联系服务群众、团结凝聚群众的积极作用。在"3·28"百万农奴解放日、"七一"、"十一"等重要节点开展升国旗、唱国歌,忆党史、重温入党誓词、感党恩、志愿服务、歌颂党、歌颂祖国。开展了"热荣乡庆祝中国共产党成立100周年暨西藏和平解放70周年文艺演出活动"。全年共开展慰问、帮扶、法治宣讲等"我为群众办实事"活动92次。组织全体党员收听收看中央庆祝中国共产党成立100周年大会,深入学习领会习近平总书记重要讲话精神。积极配合区党委组织部和市委组织部做好"七一勋章"、光荣在党50年纪念章颁发人选和全国"两优一先"及全区、全市、全县"三优一先"表彰对象的推荐工作。大力开展感党恩教育、民族团结教育、新旧西藏对比活动及铸牢中华民族共同体意识活动,突出展示好西藏和平解放70年来,特别是中共十八大以来,西藏稳定发展生态强边各项事业取得的巨大成就,积极做好西藏组织工作成就展参展工作。积极组织动员换届活动,全年共组织宣传活动32场次,发放张贴标语100张,发放宣传资料200册,培训3次,覆盖124人次,依法依规顺利完成8个行政村42人村两委换届工作。开展了乡级国家通用语言培训活动10余次,集中考试3次,党务工作工作者业务培训3次,党员发展对象培训2次。严格按照发展党员程序,2021年共计发展11名党员和培养了24名入党积极分子,确保了党员队伍成长。

【党风廉政建设】 2021年,热荣

乡分别与8个行政村、寺管会、派出所、学校党支部签订了党风廉政建设和反腐败工作责任书，并且与乡各部门和驻村驻寺干部签订了遵守中央八项规定精神、“约法十章”等承诺书45份，签订换届风气方面的责任书150份。对中央巡视反馈的4个方面25个问题，开展巡视巡察反馈问题整改监督1次，发现问题均已整改完毕。集中学习相关文件精神10余次，集中学习违规违纪典型案例通报20余次，观看警示教育片8场次，作风建设承诺书签订了45份和签订党员不信仰宗教承诺书430余份。在工作日实行点名制度，对重点、紧急、难点工作实行包村干部下村制度，严格请销假制度，全年开展节假日监督检查5次，开展换届监督检查6次、开展新冠肺炎疫情防控监督检查9次，开展“政治标准要更高、组织纪律性要更强、党性要求要更严”专题教育活动和党史学习教育活动监督检查2次，开展落实维稳工作监督检查10次，开展餐饮浪费监督检查2次，对发现的问题已全部整改完成。

【乡村振兴】 2021年，乡领导多次深入各村脱贫户及监测户家中了解困难及其他相关工作；组织各村“两委”班子、第一书记、驻村工作队、包村领导干部开展脱贫户及监测户信息采集工作，并在线上录入全国扶贫系统；按照上级下发的最新结对帮扶名单完成系统更新工作，并督促相关人员及时开展结对帮扶；2021年全乡生态岗位人员共有1414人，四个季度资金已全部兑现；2021年，全乡脱贫户人均收入达13402.95元，增速15.8%，全乡人均收入达到13482.9元，增速16.5%；2021年1月，热荣乡共计搬迁扎日乡珞瓦新村47户181人（其中脱贫户29户99人）。2021年12月23日顺利通过自治区巩固拓展脱贫攻坚与乡村振兴验收工作，受到各级验收工作组一致好评。

2021年3月27日，热荣乡志愿者开展“我为群众办实事”实践活动

【基础设施建设】 2021年，热荣乡积极与县级相关部门沟通协调，争取项目9个，共计资金748.69万元，包括热荣村5千米灌溉水渠项目、加木岭村黄牛改良点建设项目、加木岭村人居饮水工程、且康村防洪堤坝项目、沃塘村4.4千米灌溉水渠项目、才麦村灌溉水渠项目、人工种草项目、加岭村饮水工程维修项目、热荣乡小学学生住宿楼项目，所有项目均完工并投入使用。新建项目极大地方便了群众生产生活，提高了全乡整体发展水平。

【民生保障】 2021年，热荣乡共有低保户27户64人，兑现资金14.16万元；五保户11户11人，兑现资金8.35万元；全乡共有残疾人员192人，兑现资金57.9万余元；大病临时救助10人，救助金额6.87万元。分散特困人员共计11人，兑现资金8.35万元。兑现精神残疾8人的监护补贴1.92万元。

【林业管控】 2021年，热荣乡在全乡范围内开展了大规模植树造林活动，全乡共完成植树3万棵，基本消除了“无树村”“无树户”，为美丽热荣的建设迈出坚实步伐。2021年热荣乡共计有护林员54人，其中巡视员8名，共计兑现工资20.76万元。

【防汛抗灾】 2021年，热荣乡组织各村维修防洪堤2千米，受益农田800余亩，新修水渠9.4千米，收益农田1000余亩；在雨季，执行24小时值班巡逻制度,排查安全隐患,做好群众紧急撤离工作;在汛期,全年共进行8次安全检查和专项突击检查,有效防范汛情发生,做到提前谋划、提前防控。

【"两学一做"学习教育】 2021年,乡党委始终把学习作为首要政治任务,结合"两学一做"学习教育常态化,积极开展学习党章党规,习近平新时代中国特色社会主义思想、系列重要讲话,新时代党的治藏方略等方面的学习。学习方面:2021年组织开展乡党委理论学习中心组学习会25次,开展专题研讨12次,各党支部累计共召开各类支部学习会94次,参与党员群众3000余人次;做合格党员方面:组织党员群众开展植树造林、清理河道垃圾、美化乡村清洁型活动及农忙时节帮助农牧民群众收割青稞、豌豆等活动92场次,参与党员2000余人次;组织领导班子召开年度民主生活会1场次,参会17人次,开展党支部专题组织生活会2次,参会720余人。

【理论学习】 2021年,热荣乡扎实开展了"重温入党誓词"、集中举行升国旗唱国歌仪式、党史知识竞赛、爱国歌曲大家唱、参观列麦精神纪念馆、每月读一本党史书籍、每月观看一部党史题材影视片、书记讲党课、庆祝中国共产党成立100周年和西藏和平解放70周年文艺会演、"重走巡边路、手绘爱国情"等"13+N"项活动,

2021年3月8日,热荣乡妇联开展"迎三八送温暖送服务"系列活动

深入开展了"四讲四爱"群众教育实践、"甜茶馆里讲党恩"、环境卫生大评比大检查活动。组建乡、村两级宣讲队伍,充分利用新时代文明实践所、站,发挥农牧民骨干宣讲员作用,围绕庆祝中国共产党成立100周年和西藏和平解放70周年、学习宣传中共十九大和十九届二中、三中、四中、五中、六中全会精神,中央第七次西藏工作座谈会精神,自治区第十次党代会精神等,以集中宣讲和入户宣讲的形式,扎实开展了面向党员干部、农牧民群众、青少年学生、寺庙僧尼等不同群体的宣讲。全年累计开展集中宣讲136次,入户宣讲1150余次,受众3400余人,群众知晓率达到100%。扎实开展"我为群众办实事"实践活动。乡党委书记、乡长"大走访、大调研、办实事",面对面了解群众最需要什么、最困难之处,形成调研报告2篇;全年累计开展政策宣讲、疫情防控知识宣讲和疫苗接种服务、防汛减灾巡逻、帮助困难群众秋收、清理奥多水库垃圾、看望慰问伤残民兵等为群众办实事92件,开展党员结对帮扶活动活动4场次。

【机构领导】

乡党委书记
格桑次仁(藏族)

乡党委副书记、乡人大主席
益西次仁(藏族)

乡党委副书记、政府乡长
吕 春 奎(4月免)
陈　　城(4月任)

乡党委副书记
蒋　　林(4月免)
扎西单增(藏族,4月任)

乡党委委员、纪委书记
强久南珠(女,4月免)
白 金 星(4月任)

乡党委组织委员
王　　鑫(4月任)

乡党委委员、武部长
巴桑多布杰(藏族)

乡党委政法委员、政府副乡长
洛桑顿珠(藏族)

乡党委统战、宣传委员、政府副乡长
　　索朗多吉（藏族）
政府副乡长
　　白玛班久（藏族，4月免）
　　赵　阳（女，4月任）
　　李　敏（女，4月免）
　　达娃曲珍（女，藏族，4月任）

三安曲林乡

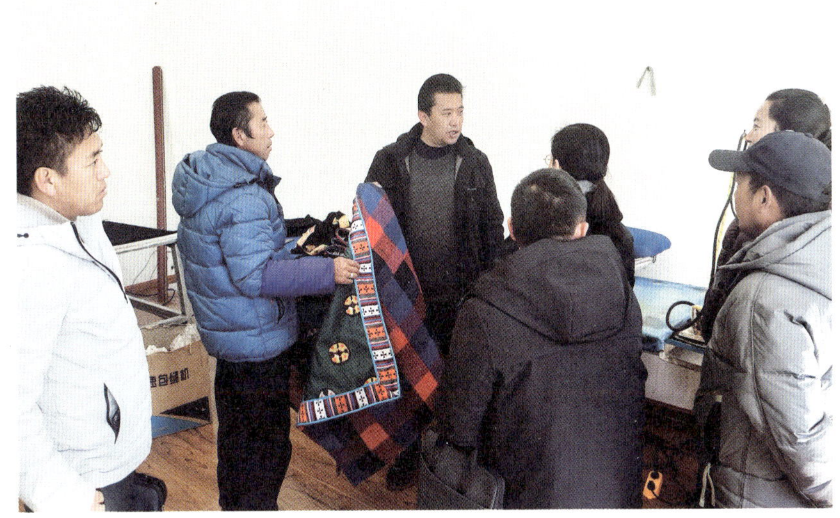
2021年12月23日，乡党委书记米玛次仁（左三）在三安曲林乡格西村次拉羊毛合作社进行调研

【概况】三安曲林乡位于隆子县东北部，219国道与俗三公路交会处，距离县城111千米，是隆子县6个边境乡之一，平均海拔3500米，境域面积1175平方千米，下辖7个行政村，31个自然村。2021年，全乡共有人口902户2980人，60周岁以上326人，70岁以上寿星老人129人，辖区居住有藏族、汉族、珞巴族、回族等民族，其中藏族占99%。设立3个党总支，16个党支部，有党员414名。全乡行政内设机构5个，事业内设机构4个，共有干部51人，包含行政岗位24人、事业岗位27人。境内有自治区级文物保护单位三安曲林寺，属藏传佛教帕竹噶举竹巴支派。有小学1所，幼儿园6个，乡级综合文化站1个。

【农牧业】2021年，全乡耕地面积2778.54亩，农作物播种面积稳定在1800亩，高标准农田1400亩，2019冬青18种子试验田通过市级验收，亩增产100—110公斤。草场面积72.97万亩，草原生态补助奖励机制已通过市级验收。人工造林119.5亩。全乡牲畜总头数11714，其中牦牛存栏8812头，黄牛存栏849头，犏牛存栏1426头，藏香猪存栏1836头，当年肉类总产量264.09吨，奶类产量559.89吨。饲草料日常储备30吨。春季疫苗及牛出败疫苗接种率100%。粮食作物合计60.29万公斤，其中，小麦合计38.8万公斤，青稞合计2.15万公斤，油料作物4.33万公斤，蔬菜（土豆）合计19.23万公斤，青饲料合计10.99万公斤。

【经济发展】2021年，全乡经济总收入6455.38万元，其中工资性收入1876.15万元，经营性收入2873.96万元，转移性收入1451.43万元，财产性收入253.84万元，农村居民人均可支配收入达21575.49，较去年同比增长13%。

【生态创建和环境整治】2021年，三安曲林乡严格遵守环境保护和生态文明相关法律法规，认真贯彻自治区关于生态文明建设的相关指示，积极配合上级部门开展生态文明村建设工作。格西村、边久林村、三林村、西卡下村、来木村、乃加村6个村均申报成为西藏自治区生态文明建设示范村。年内，乡政府与7个村签订了《三安曲林乡环境卫生综合整治目标责任书》7份。宣讲习近平生态文明思想、生态文明高地建设15次。

【教育事业】2021年，三安曲林乡小学有268名学生，有25名正式在编教师（2名汉族、1名门巴族、22名藏族）。1名乡村专干，1名三支一扶，1名保安，5名炊事员，1名工勤人员。三林乡小学设幼儿园6个，有129名学生。截至年底，乡党委政府帮助22名应届高校毕业生实现100%就业。

【医疗卫生】三安曲林乡卫生院是一所集医疗、预防、保健为一体的综合性公立卫生院，于2021年修建完毕，共有职工11人，西医临床6名，其中2名为公益性、藏医临床1名、护士2名。7个行政村共有村医15人、每个村卫生室配备2名村医，三林村有1名乡村振兴村医。卫生院设有西医综合门诊、藏医馆，配备救护车1辆；提供一般常见病、多发病、地方病和藏医的基本诊疗服务和妇幼保健、慢病管理、计划生育等综合服务，承担乡村现场应急救护、转诊服务；执行国家基本药物制度，实行基本药物的零差率销售；开展疾病预防控制、计划免疫、卫生宣传、健康教育与咨询等公共卫生服务；落实农村居民健康档案的管理及服务；协助开展区内卫生监督工作，协助处理辖区内突发公共卫生事件。

【文化建设】 三安曲林乡有综合文化站1座，农家书屋7个，寺庙爱国主义书屋1个。2021年，全乡组建了7支村级文艺演出队和1支文化志愿者队伍。举办了“百年辉煌·童心向党”文艺表演和庆“七一”建党100周年文艺联欢晚会，邀请县艺术团开展了“学党史——我为群众办实事”文艺会演。通过各项文艺表演，丰富了党员干部、农牧民群众、青少年学生、部队官兵的文化生活。“西藏隆子县抓实党史学习教育开创守边固边强边新局面”信息被“学习强国”采用。“宣讲向基层延伸精神在一线扎根”信息被“学习强国”采用。“用好‘三支队伍’，创新‘三种形式’，全面掀起学习贯彻山南市第二次党代会和‘两会’精神热潮”信息被“网信山南”微信公众号采用。2021年，全乡利用文化站设备更新、维修经费和免费开放经费10万元用于文化站外墙维修、修建公共厕所。投入14万元为7个行政村购买服装30套。在隆子县文化局的大力支持下，投入近7万元购买了10台电脑及配套桌椅。

【社会保障】 2021年，三安曲林乡共有残疾人员134人，其中一级残疾7人、二级残疾28人、三级残疾57人、四级残疾42人，兑现残疾补贴45.12万元。全乡参与城乡居民医疗保险2791人，参保率占全乡总人口的100%。享受养老保险314人，兑现资金7.37万元。兑现边境补贴929人，共计1036.8万元。全乡特困供养人员17人，兑现“特困供养金”12.14万元。“一孩双女”114人，兑现补助资金18.25万元。

【综治维稳】 2021年，三安曲林乡召开“安全生产月”活动动员部署会议1次，开展6月平安建设（综治）宣传周活动、“落实安全责任、推动安全发展”主题宣讲活动1次，深入7个施工工地、加油站开展“安全大讲堂”活动1次，实地督导检查安全生产2次，全乡7个行政村年内共开展各类矛盾纠纷排查108次，发现4起，成功调处4起。

2021年，三安曲林乡立足创新推进社会矛盾化解工作，乡政府联合组织边境管理派出所、寺管会派出所等部门开展了中国共产党成立100周年和西藏和平解放70周年大庆期间矛盾纠纷大排查大调处专项行动，充分发挥矛盾纠纷调处在维护社会政治大局稳定的“第一道防线”作用。明确分工，落实责任，定期召开矛盾纠纷排查调处会，未雨绸缪，及时化解，做到了矛盾纠纷事件解决在萌芽阶段。在大排查工作中做到了领导到位、工作到位、措施到位和责任到位，确保工作落实到

2021年5月28日，三安曲林乡结合党史学习教育活动在乡文化站回顾党的百年历史进程

人，矛盾纠纷事件调处成功率达到100%。建设完成“双联户”议事厅3个，投入资金5万元。创新建立三安曲林乡市域社会治理现代化数字化智慧平台8个，投入资金5.6万元。建立乡村户三级网格和“三包五带五促”示意图，突出党建引领，密切党群关系。

【劳务增收】 2021年，全乡增收工作领导小组召开增收工作会议4次，调度会议1次。详细登记每户月收入统计情况，形成每月1总结，定期分析增收目标任务，按照增收目标定期调整每户月增收措施。全乡外出务工人数1300人，劳务创收1010.08万元，完成率达100%。全乡境内虫草采集点34个，采集人数1562人，采集虫草约172.3公斤，带动增收1516.24万元。开展“送培入村”培训4次、195人，其中24人在本村就业并每月实现增收2000—4000元。全乡共安排生态岗位76人，兑现工资26.6万元。

【党建工作】 2021年，三安曲林乡党委理论学习中心组组织学习14次，专题学习研讨11次、24人次，各类宣传宣讲78场次，受教育党员群众4690人次。举办党员教育培训班2期、47人次，参观县党风廉政教育基地3次，参观桑杰曲巴老人故居、列麦精神纪念馆、“民主改革第一村”等红色教育基地6次，到兄弟乡镇观摩学习先进做法2次，组织开展交叉讲党课共7次、312人次，国家通用语言培训58场次、612人次，

2021年5月28日，三安曲林乡人民代表大会第一次会议胜利召开。图为人大代表合影留念

开展成效测试8次，村“两委”班子国家通用语言会使用占44%，基本会使用占31%。乡党委坚持把“八星党支部”创建工作作为农牧区基层组织建设的重要举措，以创建星级支部为抓手，对下辖10个党组织创建工作开展自查自评，全面推进党支部标准化、规范化建设。经自评，达到八星1个、七星2个、六星7个，不断推动基层党组织建设全面进步、全面过硬。

【党风廉政建设】 2021年，三安曲林乡党委坚持一体化推进“不敢腐、不能腐、不想腐”，持续释放越往后执纪越严信号，切实发挥好纪检监察职能作用。及时组织全乡干部职工集中学习十九届中央纪委五次全会、区纪委九届六次全会、市纪委一届六次全会以及县纪委九届六次全会精神，召开专题学习会议8次。2021年，乡纪委积极贯彻落实上级的决策部署和重要的工作举措，加强在疫情防控工作、换届风气、公职人员信仰宗教、伙食费缴纳、村医履职、巩固脱贫攻坚成果、民生政策落实情况等各方面的监督检查。全年共监督检查疫情防控工作20次，换届风气5次，公职人员信仰宗教方面6次、村医履职方面5次、巩固脱贫攻坚成果工作20次，民生政策落实情况5次以及其他日常监督共25次。

【脱贫攻坚】 2021年，经动态调整，三安曲林乡现有脱贫户人口86户197人，其中分散五保户13户13人，防止返贫监测户0户0人。全乡脱贫巩固和乡村振兴有效衔接工作严格按照“四不摘”和“两不愁三保障”要求，对全乡86户197人脱贫户实施结对帮扶，并安排村“两委”、农牧民党员对全乡五保户实施结对帮扶，11名领导班子对全乡7个行政村实施“包村”制度，帮扶人通过走村入户，排查返贫监测户，进一步了解脱贫户现状，及时化解脱贫户的现实困难，为群众干实事、解难事

50余次，安排生态岗位77人（其中脱贫户67人，低收入人群9人）。对有劳动能力的脱贫户鼓励“双创”人才自主择业等方式，确保脱贫户就业创业便利，争取到市级厨师培训学校到堆西村、来木村、格西村“送培入村”4场，实现“家门口”教学117人，牢牢守住了不发生规模性返贫的底线。

2021年8月12日，三安曲林乡组织各村2021年预备党员、转正党员参观列麦精神纪念馆

【乡村振兴】 2021年，三安曲林乡高位推动格西村实施乡村振兴先行示范村项目，围绕“产业兴旺、生态宜居、乡风文明、治理有效、生活富裕”的总要求，组织各村乡村振兴专干、第一书记和村“两委”班子摸底统计2021年统筹整合涉农资金项目计划，建立乡村振兴项目库。经过前期摸底调查后，多次实地勘察，最终规划格西村乡村振兴先行示范村建设项目11个，投资4000万元。除格西村外，对其余6个村的乡村振兴项目进行了筹划上报，申报项目30余个。2021年，三安曲林乡加强对6个产业项目的效益跟踪和监管跟踪，完善项目利益联结机制，对每个项目实行“二对一”（每2名班子成员联系1个项目）结对指导、监管跟踪。“紫尚品”黑青稞糌粑加工厂项目投资400万元，2021年收入达到40余万元。边久林村富农专业合作社（仲斯巴藏野香猪养殖基地）项目投入资金334.43万元，其中县政府产业扶持资金200.66万元（政府投资60%），合作社自筹133.77万元（合作社自筹40%），2021年收入达到65万元，上交村集体租金2万元。三林乡格西村次拉羊毛编制合作社项目总投资236.8万元，其中政府投资180万元（小康资金）、县政府扶贫资金6.8万元、山南军分区50万元。2021年合作社收入达到25万元，年底村集体分红1万元。三林乡西卡下草药种植专业合作社总投资500万元，共带动群众20余人转移就业，村集体增收1万元。隆子县玉珠贞嘎畜牧产品合作社投入资金265万元，2021年收入达到26万元，村集体增收1万元。

【环境整治】 2021年，三安曲林乡配置垃圾清运员9名，发放工资3.73万元。配备垃圾箱926个，配置垃圾转运车辆1辆，电动垃圾转运三轮车3台，垃圾转运三轮拖拉机8台，垃圾中转池9处，垃圾回收站1处。严格落实“河湖长制”，加强河道流域管理，严格执行8名河长（色曲河三林段）每月每人至少1次巡河制度。村“两委”带头、党员发挥示范先锋作用，定期组织群众开展“四乱”清理、河湖沿线白色垃圾清理、道路乱石清理40余次。完成厕所改造工程602户，其中小康村建设涉及484户，农户厕所改造118户。实施“厕所革命”项目5个，投入资金400余万元，有效解决5名群众就业，每人每月达到3000元。组织群众人居环境综合治理120余次，投入资金6.3万元。

【基础设施建设】 2021年，全乡7个基础设施项目（三林村桥梁项目，中心卫生院项目，边久林村挡墙项目，三林小学泥石流治理项目和宿舍楼建设项目，西卡下村地质灾害防治项目，三林乡边贸楼建设项目）已全部完工并投入使用。

【重点项目建设】 2021年，三安曲林乡“十四五”时期扶贫开发规划项目实施了3个项目：三林乡来木村水渠建设项目，投资200万元，解决92户346人农田灌溉难的问题；三林村达定桥项目，投资208万元，解决了三林村120户400多人农耕和秋收不方便的问题；三林乡格西村水渠项目，投资246万元，解决了格西村农田灌溉难的问题，受益230户754人。

【旅游事业】 三安曲林乡受自然条件和地理因素所限，旅游事业较为薄弱，截至年底，全乡只有三安曲林寺和吉布拉康两个文物保护单位，其中三安曲林寺为自治区级文物保护单位。2021年，全乡共有48家餐馆，5家家庭旅馆。

【林业管控】 2021年，三安曲林乡组织225名护林员开展日常巡山工作，定期或不定期检查各村护林员履职情况。专题召开今冬明春森林草原防火工作部署会及总结会。签订森林草原防火工作责任书28份。截至年底，全乡范围内未发生火灾。

【防汛抗灾】 2021年，三安曲林乡成立防汛工作领导小组，制订了可行的实施方案和预案，并召开防汛工作会议，储备了编织袋、铁丝、铅丝笼等防汛物资。宣讲了防汛抗灾相关知识，全年宣讲共18场次，受教群众2200余人。

【理论学习】 2021年，三安曲林乡充分利用党委理论学习中心组、党史学习教育专题学习、党委会议，把个人自学与集中学习相结合，全年开展理论学习22次、交流发言11次25人，深入学习中共十九大和十九届历次全会精神、中央第七次西藏工作座谈会精神、习近平总书记视察西藏时的重要讲话精神、习近平新时代中国特色社会主义思想、自治区第十次党代会精神以及《习近平谈治国理政》《习近平新时代中国特色社会主义思想学习问答》《中国共产党简史》等系列书籍，着力加强党员干部思想政治建设，不断提高党员干部政治素养。

【机构领导】
县人大常委会副主任、乡党委书记
　　叶 建 勇（4月免）
乡党委书记
　　米玛次仁（藏族，4月任）
乡党委副书记、政府乡长
　　米玛次仁（藏族，4月免）
　　刘 祥 棋（4月任）
乡党委副书记、人大主席
　　崔 海 军
乡党委副书记
　　桑旦洛色（藏族，4月免）
　　边巴扎西（藏族，4月任）
乡党委委员、纪委书记
　　洛桑卓嘎（女，藏族，4月免）
　　张 仁 伟（4月任）
乡党委政法委员、副乡长
　　江　　参（藏族）
乡党委统战委员、政府副乡长
　　索朗扎西（藏族，4月免）
乡党委统战宣传委员、副乡长
　　索朗曲宗（女，藏族，4月任）
乡党委组织委员
　　蒋　　非（4月任）
乡党委委员
　　拉珠朗杰（藏族）
政府副乡长
　　胡 加 辉（4月免）
　　贡　　桑（女，藏族，5月任）
　　次旦扎西（藏族，5月任）

准巴乡

【概况】 准巴乡位于隆子县城东部，距县城64千米，东与错那县、南与加玉乡、西与三安曲林乡、北与斗玉珞巴民族乡接壤，行政区域面积199平方千米，平均海拔3100米，辖区内有季节性境外通道3条（分别是卡雄拉、秀旦拉和热阿拉）。全乡下辖4个行政村（其中知能村为边境一线村）、12个自然村，总人口138户442人，居住有藏族、汉族和珞巴族。境内有拉康1座（无僧尼）即直那古如扎拉康，现由加玉乡白嘎寺管会管理。准巴乡全乡编制在岗干部共计36名（含卫生院干部6名），行政编制19人，事业编制17人。其中四级调研员1名，正科级领导2名，副科级领导干部10名（2名四级主任科员）。乡党委下辖6个党支部（含“两新”拓展型党支部），下设党小组12个，基层组织实现全覆盖。现有党员174名，其中正式党员167名，预备党员7名，农牧民党员148名，占党员总数的85.1%。全乡共有4个驻村工作队，乡选派第一书记3名，驻村干部2名。乡政府内设机构有农牧综合服务中心，配备工作人员5名；文化综合服务中心，配备工作人员4名；后勤服务中心，配备工作人员2名；卫生院，配备工作人员6名。

【农牧业】 2021年,准巴乡政府为扎实推进农牧业生产工作,先后4次召开农牧业工作会议,不断分析研判农牧业发展形势,深入谋划部署各阶段重点工作,并调整充实工作领导小组,进一步强化组织力量保障,细化实施方案举措,为全年工作开展提供坚实基础。从援藏资金渠道争取达村骡马道修建资金40余万元,延长原有骡马道约2千米长度,进一步为60户农牧民群众参与林下资源采集和放牧工作提供了便利条件。全年开展田间管理检查工作15次;田间除草6次;调运春播化肥190袋;发放各类疫苗药物9次;检查牲畜免疫登记5次,采集牲畜血样3次;兑现草畜平衡奖励资金14.26万元;不仅保障了农牧民群众权益,更为推动农牧业有序发展提供了有力支持。

【经济发展】 2021年,准巴乡全乡现有耕地面积645.3亩,林地面积21.14万亩,重点区域公益林3.31万亩,地方公益林6.33万亩,可利用草场面积7.13万亩。主要农作物有青稞、小麦,主要经济作物为油菜,主要畜产品有牛、羊、猪、酥油、牛奶,出产虫草、贝母等珍贵药材。2021年,全乡大牲畜出栏96头,采集虫草30.22斤,经济创收108.8万元;劳务输出201人,实现创收161万元。全乡2021年农村经济总收入达778.41万元,同比2020年增长17.74%,农村居民纯收入达17812.61元,同比增长18.54%。如期完成了经济发展目标任务。

2021年8月3日,准巴乡召开"五共五固"军警地结对共建座谈会

【生态创建与环境整治】 2021年,准巴乡紧紧围绕生态文明建设总体目标,聚焦打好打赢污染防治攻坚战,坚持严格环境执法监管,助力全乡生态环境保护再上新台阶。

强化组织领导,压实工作责任。换届工作结束后乡政府及时调整充实《准巴乡环境保护工作领导小组》,细化环境保护实施方案,进一步明确全年任务要求,努力为全年环保工作开展提供有力举措。

强化教育引导,提升群众环保意识。2021年,准巴乡聚焦"绿水青山就是金山银山"的环保发展理念,切实发挥理论志愿宣传队、环保志愿服务队以及村"两委"、驻村工作队作用,深入开展环保宣传工作7次,乡村两级集中学习习近平总书记关于生态环保工作重要论述12次,开展党员义务清扫志愿服务活动20余次,进一步在基层深化了群众对环保发展理念的认识,提升了群众公共道德素质,转变了群众传统型观念,为改善农牧牧区人居环境提供了坚实基础。

突出工作重点,保障工作落实。2021年,准巴乡认真执行大气污染防治要求,扎实开展秸秆禁烧工作,全年开展监督检查3次,各村自查2次,对发现的秸秆焚烧行为予以及时制止。着力解决达村边境小康村建设附属建筑垃圾存放及群众私搭乱建问题,全年开展专项摸排督导2次,转运建筑垃圾5吨,发现查处群众私搭乱建问题7处,已全部督促整改完毕。稳步推进乡村环境卫生3年整治工作,严格落实各级党委、政府关于卫生环境整治、厕所革命、植树造林等重点工作要求,全年开展村庄清洁行动25次,清理农村生活垃圾50余吨、白色垃圾10余吨;清理水塘垃圾1吨、淤泥15吨；清理卫生死角1486处；入户宣讲卫生教育30余场、受众人数达529人次；完成12户群众厕所改造工作，落实资金2.4万元；争取格巴村道路卫生清理资金2万余元，知能村垃圾转运场建设资金5万余元；发放各类树苗2470棵，种植率100%，存活率达70%以上。实施“河湖长制”，对河道垃圾进行全面清理，确保河（湖）水域安全、水清河畅。2021年全乡河长巡河共12次，清理河（湖）两侧白色垃圾3.6吨，排查河（湖）沿线乱搭乱建情况8次。

落实执法监管，深化重点管控。根据山南市下发的《关于开展全市水泥砖厂行业专项清理整顿工作的函》的要求，7月21日，对全乡范围内的小型水泥砖厂进行摸排检查，经排查乡范围内无小型水泥砖厂。同时为切实加强重点区域及聚集性人员场所的环境卫生管控，立足实际，与全乡15家店铺、签订《准巴乡商铺门前“三包”责任书》，进一步压实卫生区域责任，保障重点区域的卫生清洁。

【教育事业】 2021年，准巴乡结合乡实际情况，配备了1所学前幼儿园，设有教师1名，后勤厨师1名，在校学生4名，已实现双语教学，乡境内无出现辍学或因病因贫辍学情况，所有适龄儿童全部按时入学，九年义务教育覆盖率达到了100%。同时按照山南市关于农牧民子女上大学的优惠政策，全日制区内本科每人每年8000元、专科6000元，区外本科每人每年1万元、专科8000元的标准，开展教育资助政策。准巴乡建档立卡贫困户大学生共6人，区外本科生2人，区外专科生2人，区内专科生2人，每年落实资金4.8万元，实实在在地解决了贫困农牧民子女上学问题，推动了乡教育事业发展进程。

【医疗卫生】 2021年，准巴乡卫生院现有职工7人，其中，在职在编人员6人，借调上级单位1人，藏医岗位1人，医士岗位3人；护士岗位1人；医技岗位1人。年内，准巴乡积极开展医疗业务工作，努力提高医疗、护理质量，在有限条件下认真开展好农村常见病、多发病的诊治工作，全年完成门诊人次546人次，住院9人，完成业务总收入3.97万元，其中药品收入1.93万元，住院收入1.98万元。2021年，准巴乡公共卫生服务项目建立规范化健康档案443份，健康档案建档率达100%，电子档案录入420份，电子档案录入率达94%。全年累计开展乡级健康咨询宣传活动10次，健康教育知识讲座活动10次，受益群众达651人次。组织开展公共卫生人员和乡医培训8期，参训达112人次。

【文化建设】 2021年，准巴乡文化综合服务中心在乡党委、政府的正确领导下，在县行业部门的业务指导下，紧紧围绕乡党委、政府工作，积极主动地配合各部门开展工作，为推进全乡文化事业的繁荣发展发挥了应有的作用，准巴乡文化综合服务中心在工作中不断更新观念，开拓创新，在群众文化工作、文化市场管理等方面取得全方位进步，充分发挥了文化综合服务中心的职能作用。准巴乡文化综合服务中心现有专业技术人员4名，其中文化初级职称2名，文化站实行对外免费开放，鼓励广大农牧民群众来文化站打球、唱歌、跳舞、看书、下

2021年6月12日，准巴乡与结对部队联合开展共树文明新风固民族团结活动

棋，并组织学习国家通用语言，不断丰富全乡群众精神文化生活。全乡共有4支行政村文艺演出队，并能自编自导一场一个半小时的文艺节目，深受广大群众的喜爱。2021年，准巴乡文化综合服务中心累计组织文艺会演6次，受众人数300余人，并结合重要节日，精心组织策划一系列群众喜闻乐见的文艺节目。

【劳务增收】 2021年，准巴乡针对各村存在的收入粗略统计、大概平均、把关不严、数据赘余等问题，乡增收办对各村进行因材施教，将各项指标统计做到再指导、再明确，确保各项收入应纳尽纳、应统尽统，全年累计开展增收调度7次，督导检查10次，累计前往各村开展指导23次，纠正问题11个，提出了20条具体措施，通过精准指导，有效解决了存在的问题，提高了工作质量，使各村收入统计较为及时，收入来源把关较稳，收入指标数据较为全面，切实做到了收入统计科学、真实、有效，为准巴乡的经济收入分析提供了有力支撑和坚实保障；积极组织和动员农牧群众外出务工，全年实现劳务输出146人、187人次，劳务创收达144.34万元，占比工资性总收入的1.5%；以现有地形和生态资源优势为依托，坚持以科学发展观为指导，优化资源利用方式，鼓励农牧民群众有保护性地采集虫草、贝母药材，2021年全乡虫草总产量15.11公斤，总收入108.8万元，占比生产经营性总收入的4.2%。知能村珞巴辣椒产业收入2155元，落实贫困户分红1000元。达村高山牦牛养殖6月转让承包，年底村集体获得承包金5万元，酥油和奶渣各62.5公斤，共计收入5.76万元。

2021年5月22日，准巴乡组织开展农村经济组织产权确认工作

【党建工作】 2021年，准巴乡坚持以班子廉政意识为着力点，加强乡党委班子的党性修养，以“三更”专题教育为契机，结合乡党委理论学习中心组学习，积极组织班子成员参与专题学习研讨活动。“三更”专题教育开展以来，班子成员同其他干部一起参与集中学习12次，专题研讨5次，形成研讨交流材料14篇；组织考试测评5次，班子成员做到了学习研讨全覆盖；2月底，准巴乡完成了村“两委”班子的换届工作，对于新一届村“两委”班子，乡党委积极选派村干部到区内、区外培训6批，做到村主干培训全覆盖。年内，准巴乡党委及各村累计开展党员政治教育培训21场次，参与人数446人，开展村干部国家通用语言培训21场次，参与人数163人，进一步提升村干部服务基层能力。准巴乡党委始终把抓好党员队伍建设作为开展党建工作，充分发挥基层党组织战斗堡垒作用和党员先锋模范作用的一个重要途径。坚持以发展党员为着手点，加强党员队伍的建设。结合《准巴乡2021年发展党员指导计划》，严格按照“控制总量、优化结构、提高质量、发挥作用”的总要求，按照年初各村、机关党支部上报的2021年计划发展人数，严格按照入党程序转正党员4名，发展预备党员7名；坚持以党员排查为切入点，提升党员队伍的质量。按照市委、县委关于《违规违纪发展党员专项整治》工作要求，成立以乡党委书记为组长的专项整治工作领导小组，采取走访调查、实地询问和翻阅党员档案资料等措施，对全乡2012年11月以来发展的52名党员入党程序、流程等基本情况进行核实调查，并梳理出了每名党员入党

程序中存在的问题；坚持以党员学习教育为支撑点，加强党员干部理论知识修养。结合乡党委理论学习中心组，深入学习贯彻各级会议和领导讲话精神。2021年，准巴乡党委集中组织学习中央第七次西藏工作座谈会精神、习近平总书记“七一”重要讲话精神、习近平总书记赴西藏调研期间的讲话精神和十九届五中、六次全会精神等13次，各支部集中开展相关学习36次，有效地贯彻了各级会议指示精神；结合党史学习教育，通过学习党史教育专题读本、党史学习教育宣讲、党课、观看党史教育片、电影等形式组织全乡党员干部深入学习党的历史。党史学习教育开展以来，准巴乡共组织召开党史专题党课4次、宣讲4次、观看党史教育片或电影4次，召开党史组织生活会1次，进一步提升全乡党员干部的党性修养；坚持以党员活动为落脚点，强化党员为民服务意识。结合“三包五带五促”工作，组织173名党员对全乡140户440人进行了包户包人。2021年，各支部党员向农牧民群众宣传习近平新时代中国特色社会主义思想和党的路线方针政策等知识15次；提供致富信息、技术、资金、销售渠道和就业政策解答、就业岗位介绍2次；开展环境卫生整治20余次；帮助农牧民群众办实事、解难事、做好事4件；结合党员干部进村为民服务活动，成立党员志愿服务队6支，覆盖机关、派出所和各村，全年共有党员110人深入推进开展我为群众办实事活动，服务队一同进村开展环境卫生整治、落石清理、指导生产，入户打扫卫生、宣讲政策等活动20余次。

【党风廉政建设】 2021年，准巴乡党委始终坚持把党风廉政建设工作纳入领导班子重要议事日程，班子成员在职责岗位上，实行“一岗双责”制度，要求在抓好本职工作的同时，务必要落实好党风廉政责任制度，从而形成了“一把手负总责、分管领导各负其责、谁主管谁负责”的工作格局，严格执行责任追究制，逐级负责，确保党风廉政建设和反腐败工作有效开展。年内，成立了督查工作组，由纪委、新冠肺炎疫情防控领导小组工作人员组成，负责督促各村党支部和驻村工作队疫情防控期间主要领导责任压实是否到位，疫情防控工作相关数据掌握情况，对各村疫情防控监督检查8次；对驻村干部工作落实情况及扶贫领域中存在贪污侵占、虚报冒领、截留私分、克扣挪用、优亲厚友等作为重点问题监督检查3次，村“两委”换届期间，严格按照上级要求，对村“两委”换届监督检查2次，人大换届监督检查2次，有效制止各类腐败苗头；在各大“节日”期间严格按照中央八项规定精神要求，召开节前廉洁提醒会，节日期间通过微信群、QQ群等方式向广大党员干部发信号、打招呼，对4个行政村是否存在“公款吃喝、公款旅游、公车私用、私车公养、违规津贴补贴等情况”进行深入排查7次。

【乡村振兴】 2021年，准巴乡严格落实乡党委书记、村党支部书记抓乡村振兴主体职责，全面强化带头人队伍建设，发挥村级党组织对乡村振兴的指导带动作用，形成强大的“头雁效应”，为健全工作组织保障，打牢开局基础提供了有力支撑作用。年内，准巴乡聚焦农业农村发展，着力改善农林牧生产条件，从援藏资金渠道争取达村骡马道修建资金40余万元，延长原有骡马道约2千米长度。完成达村村内道路硬化、防护栏配套、挡墙加固等小康村配套设施建设工作，争取建设资金400余万元；完成知能村150余米村主路维修改造工作，争取维修资金0.3万元。进一步充实文化站、职工之家、新时代文明实践所（站）及各村活动“阵地”的硬件设施配套及规章制度上墙工作，落实资金约70万元，开展各类文化活动30余场次。立足实际全面落实项目申报工作，全年累计申报乡村振兴涉农项目12个。

【重要项目建设】

知能村藏香猪养殖。项目总投资700余万元，项目厂房总面积597.68平方米。项目于2019年2月动工建设，当年11月建设完成，2020年年初验收交付。项目初期运营时为扩展养殖效益，知能村村集体已于2020年6月将养殖场租赁给隆子县仲思巴藏香猪产业有限公司，由公司法人刘志樱运营养殖场，按合同要求养殖场承包期三年，租金每年3万元，三年总计9万元的分红将于合同期第三年末兑现给村集体。该项目2021年为知能村村集体经济创收3万元。

达村、格巴村牦牛短期育种产业项目。项目于2019年立项，2020年4月通过验收并投入运行。两个项目在村里都设置有厂房、育种室，项目主盈利方式是通过牦牛短期育肥出售、出售奶制品及牲畜繁衍等方式进行盈利，项目初期达村和格巴村牦牛短期育肥产业项目运营初期分别购进了牦牛206头和172头。为提高产业经营效益，2021年达村村集体将本村牦牛短期育种项目承租给个人，租金为5万元/年。这两个项目2021年为达村、格巴村村集体经济分别创收5.76万元（承包租金5万元、62.5公斤奶渣折合7585元）。

哲村粮油加工厂产业项目。项目总投资158万元，于2019年5月份开建，2020年9月份建设完成。有3个厂房（1个榨油厂房、2个青稞磨面厂房），厂区共配设有1个洗料池、1台青稞炒料机、4台青稞磨面机和1台榨油机，该项目申报之初是为便捷哲村群众采收季节粮油作物加工。2021年全年因哲村农作物加工需求量较小，致使厂房全年运营效益不明显，项目粮油加工收入约200元。

知能村珞巴辣椒种植产业项目。项目于2018年6月至2018年8月建设，项目政府批复建设资金22.27万元，实际工程结算资金为12.01万元，其中政府扶持资金占比60%，承租人私人自筹资金占40%。

该项目2021年运营收益共2155元（政府食堂蔬菜供应营收855元、村内蔬菜售卖约900元、蔬菜自食估算收益400元），年末为知能村建档立卡户群众格桑顿珠、美朵白珍每人分红500元。

隆子县准巴乡珞巴风情区产业项目。项目自2017年4月动工建设，2017年11月完工。项目总投资255.49万元，项目房屋主体为三层，总建筑面积597.06平方米，已于2018年1月陆续投入运营。初期风情区大楼第一层3间房屋租赁哲村群众开设茶馆、商店（还有一间留作邮政用房），二、三层则打包租赁给天路集团G219项目21标段项目施工方用作办公楼，租期两年，租金每年11万元，2020年，风情区二、三层租期到期。经乡政府统筹研究，于2020年10月将风情区二楼租赁给私人用作茶馆，三楼则作为乡政府招待所，共设有四间套房用作住宿招待，由乡政府进行管理。该项目2021年运营收益共计2.52万元。2021年为符合分红条件的9名脱贫户群众分红9000元。

【民生保障】 2021年，准巴乡认真贯彻执行新型农村社会养老保险、医疗保险、五保补贴、健康补贴、残疾补贴、边民补助等政策补贴；贯彻落实教育脱贫政策，区内、区外学生资助及就读免补专业政策；扎实开展“两降一升”工作，充分发挥好乡、村卫生院（室）的作用，不断提高医疗机构的管理和服务水平，极力解决好群众看病难的问题。2021年，准巴乡社会养老保险、医疗保险缴纳率、“两降一升”分娩率均达100%；全年累计落实分散五保补助7069.5元，健康补贴1.79万元，残疾补贴15.53万元，草原生态保护补助14.26万元，粮食直补3.02万元，大庆粮补2256.75元，普惠性边民补助138.6万元，教育资助政策资金9万余元。

【林业管控】 2021年，准巴乡及时建立健全村森林防火组织机构，指定专人负责森林防火工作，进一步建立健全森林防火干部责任追究制度、森林防火分片包干责任制和干部分片包干责任制，逐级签订森林防火责任状，开展防火检查，确保各项措施全面落实。建立森林防火长效机制，建立各种联防、联保、联控的护林防火群防组织；健全完善护林防火村规民约和各种护林防火组织章程及公约，建立群众互助自律的森林防火制度；严格野外火源管理，建立巡山护林制度，组织护林员开展巡山护林工作，各管护人员要保证上岗到位，加大对痴、呆、聋、哑人员和学生及外来人员的检查力度，消除火灾隐患；大力宣传《中华人民共和国森林法》《森林防火条例》等相关文件精神，制定森林防火宣传教育活动方案，努力提高全民森林防火意识；制定切实有效的森林火灾预警和补救措施。

【防汛抗灾】 2021年，准巴乡政

府深入各村开展自然灾害知识宣讲12次，重点讲解对突发灾害的预防及灾害发生时的应急处理，进一步提升农牧民群众的意识；与工地施工单位、边防派出所做好沟通衔接工作，动员其积极参与到防汛抗旱工作中，在发生自然灾害时，充分利用好其工地的大型机械进行救援工作，增强应急处突能力；加强与县防汛抗旱指挥部的沟通，及时领取并发放铅丝笼、麻袋等防汛抗旱物资，为应急处突奠定良好的物质基础。

【理论学习】 2021年，准巴乡高度重视学习宣传工作，牢牢把握政治方向，提高主流舆论和正面声音的传播效果，坚持正面宣传为主的方针，结合"四讲四爱"中共十九大和十九届二中、三中、四中、五中、六中全会精神及党史学习教育，全年集中宣讲党的创新理论、民族团结典范、疫情防控、爱国卫生运动38场次。观看爱国主义红色电影15场次，同时干部职工集中学习中央第七次西藏工作座谈会精神习近平总书记赴西藏考察的重要讲话精神以及自治区十次党代会精神，乡党委书记扎西、乡党委副书记、乡长蒋林多次到包村点宣讲党史和中共十九届六中全会精神以及自治区十次党代会精神。

【机构领导】

乡党委书记

扎　　西（藏族）

乡党委副书记、人大主席

旦增尼玛（藏族）

乡党委副书记、政府乡长

祁 占 星（4月免）

蒋　　林（4月任）

党委组织宣传委员、副乡长，乡党委副书记

古桑曲吉（女，藏族，4月免）

乡党委副书记

胡 兴 香（女，4月任）

乡党委委员、纪委书记

罗　　珍（女，藏族，4月免）

马 丽 花（女，4月任）

乡党委组织委员

王 康 康（4月任）

乡党委宣传委员、副乡长

欧珠旺姆（女，藏族）

乡党委政法委员

翟　　秦（女，4月免）

乡党委政法委员、副乡长

王 玉 坤（4月任）

乡党委委员

格桑多吉（藏族，4月免）

顿　　珠（藏族，4月任）

政府副乡长

张　　波（4月免）

余 源 航（4月任）

伦珠次培（门巴族，4月任）

斗玉珞巴民族乡

【概况】 斗玉珞巴民族乡位于隆子县中南部，219国道沿线，北邻三安曲林乡，西南邻准巴乡，东南邻印度控制的中国藏南地区。距县城129千米，是山南市唯一的珞巴族群众聚居地，属民族乡。全乡行政区域面积333平方千米，耕地面积为549.07亩，林地面积为25.5万亩，可利用草场面积26.6万亩（其中退耕还草15亩），平均海拔3100米。共有群众242户745人（斗玉村68户206人、加麦村82户255人、其玛普村56户155人、顶江村36户129人）。下辖4个行政村10个自然村，1座拉康（无僧尼），1个教学点，1所卫生院，3个村级卫生室。在编干部34名（党政班子11名，一般干部23名；其中汉族干部12名，藏族干部20名，珞巴族干部2名）；公益性岗位2名，专干3名，后勤工作人员3名（司机2名、厨师1名）。村"两委"班子成员21名，村务监督委员会成员12名；乡村振兴专干3名、大学生科技专干3名、大学生村官1名。县级党代表4名、人大代表1名、政协委员1名，市级党代表1名、人大代表1名、政协委员1名、老党员3名，自治区政协委员1名，全国十三届人大代表2名。

【农牧业】

农业：2021年，全乡圆满完成了春耕春播、冬耕冬播工作，春播农作物面积达432.5亩，其中黑青稞种植面积达100亩，冬青18号种植面积达120.5亩、山冬7号播种植面积达151亩、油菜种植面积达61亩，实现种子包衣率100%。冬播农作物面积达176.95亩，其中冬青稞种植面积达60.95亩、冬小麦种植面积达116亩。共发放春耕有机肥223袋9吨，发放冬播有机肥161袋6.5吨。

牧业：2021年，全乡牲畜存栏数2515头（匹、只），牲畜出栏数452头（匹、只），肉类产量51.94

吨,奶产量57.6吨,蛋产量1.48吨,农作物产量达77.4吨。共发放常规兽药572瓶、农药29箱。

【经济发展】 2021年,全乡农村经济总收入完成1610.94万元,农牧民人均可支配收入完成2.6万元,同比增长17.3%。全乡上山采挖虫草人数为186人,共采集虫草85740根,累计收入231.5万元。经营采挖后剩下砂石的收入总量加麦村和斗玉村分别为23.56万元、29.91万元。

【生态创建】 2021年,在全乡范围内开展系列全面禁止破坏生态环境工作活动。斗玉乡组织干部、党员、双联户、群众等志愿者,多次对公路沿线、河道沟渠、林区等进行了集中整治;全年共为23户实施了户厕改造工程,其中加麦村9户、其玛普村14户,于11中旬通过县级验收,截至年底,户厕改造资金全部兑现完毕,改厕率100%;以"美化村容、植树添绿"为主题,在乡政府、219国道沿线、村委会、挨家挨户、学校、卫生院等进行植树,共种植3100棵,其中杨树1400棵,核桃1200棵,梨、桃子等500棵。

【教育事业】 2021年,斗玉乡共有学生153名,其中,学前教育27名、小学45名、中学19名、高中25名、大学生37名,适龄儿童入学率为100%,初中入学率达到100%,考上大学人数14名。2021年,共资助在校大学生32名,兑现资助金31.4万元。

【医疗卫生】 2021年,斗玉乡设有乡镇卫生院1所,内有医生5名,护士1名,其中藏医1名,住院床位3张,设有诊疗室、库房、救护车等设施。有村医8名、村级卫生所3个,各行政村设立1个(其中,顶江村还没设立),各村卫生所面积150余平方米。

【文化建设】 2021年,斗玉乡成功举办第六届珞巴玉珞文化旅游节,活动在珞巴祭祀中开场,关于珞巴舞蹈、歌曲、服装秀等一一登台亮相,给辖区群众献上珞巴特色的视觉盛宴;乡文化站负责人带领18名各村文艺演出队人员,参加2021年藏历新年晚会,演练独具特色的珞巴舞;申报一名县级珞巴服饰非物质文化遗产传承人,进一步壮大斗玉乡珞巴非遗传承人队伍。在重大节庆日期间,全乡上下共举办了丰富多彩、主题突出的文化演出和各类志愿服务活动37场次,受众1628人。

【社会保障】 2021年,根据县武装部统一安排部署,按时完成兵役登记,组织民兵、外事巡边员开展巡逻、防汛抢险救灾等工作50余次;"两大节日"期间,对退役军人送去年前慰问物品米、油等,物资折合现金共计720元;在"八一"建军节,对退役军人开展了走访慰问活动,送去床上用品各一套,年内对县武装部解决3000元办公经费,主要是制作办公文化长廊及日常办公开支;对县退役军人事务管理局解决4000元办公经费,用于制作文化宣传栏及日常办公开支;县水利局解决2万元资金,用于加麦村防洪堤维护加固;年内,累计组织群众参加各类"双业"工程培训班3期惠及103人。开展送培入村厨师培训,惠及斗玉村群众30人、其玛普村群众35人;开展藏药种植培训,惠及其玛普村群众38人,其中14人实现就业;2021年共有高校毕业生26名,其中24名实现就业,创业2名;2021年,共

2021年9月29日,民政部副部长高晓兵(中)到隆子县斗玉珞巴民族乡调研工作

有5名应届毕业生，其中2名考上公务员，3名实现就业，就业率达100%。

【综治维稳】 2021年，斗玉乡根据县委政法委要求，建立了全乡网格化管理队伍，明确网格员责任，遇到突发事件快速做出反应；年内，全乡无刑事案件、道路交通安全事件、重大安全隐患和涉黑涉恶势力滋生，社会大局持续稳定。年内，全乡共召开安全生产工作专题会议8次，共签订各类安全生产责任书5份，共发放各类安全生产宣传资料600余份，悬挂横幅10条，共督查安全生产工作12次，排查整改安全隐患10处，有效确保了全乡安全生产形势绝对稳定、全面稳定、持续稳定。

【劳务增收】 2021年，全乡共完成劳务输出368人，实现创收达315.3146万元。

【党建工作】 2021年，全乡共有6个党支部（机关党支部、斗玉村党支部、加麦村党支部、其玛普党支部、顶江村党支部、两新拓展型党支部），单独建立党组织覆盖率100%，共有党员166名（正式党员157名，预备党员9名）；2021年，共发展党员9名、吸收积极分子15名，同时，举办入党积极分子培训班1期，培训入党积极分子、预备党员24人；共为民办实事15件；3个村级活动场所标准化建设均已完成；共组织召开乡党委会议16次、召开党建工作领导小组会议4次研究部署党建工作，狠抓基层党建落实；召开中国共产党斗玉珞巴民族乡第二次党员代表大会，选举产生了中共隆子县斗玉珞巴民族乡第二届委员会委员，共9人，顺利完成乡（镇）领导班子换届选举工作；顺利完成村级党组织换届选举工作。

2021年7月12日，中国非遗保护中心中国艺术研究院党委书记、院长韩子勇（中）到斗玉珞巴民族乡调研珞巴服饰保护情况

【党风廉政建设】 2021年，斗玉乡结合“三更”专题教育学习活动和党史学习教育活动为契机，开展书记讲党课活动3次；组织学习典型案例通报26次；组织观看《贪欲引他们误入人生歧途》《说案明纪——赌输的人生》等警示教育片6次；督促乡纪委开展换届风气、疫情防控和饮水安全等监督检查32次。

【脱贫攻坚】 2021年，斗玉乡脱贫户38户122人（含顶江村搬迁16户59人）。新增斗玉村户籍迁入2人、其玛普新生儿1人。其中一般脱贫户30户104人、低保脱贫户4户13人、五保分散脱贫户4户5人。年内，全乡脱贫户经济总收入达196.11万元（包含顶江村）。脱贫户人均可支配收入达1.6万元。脱贫户完成劳务输出67人。2021年原住脱贫户经济总收入达134.26万元，人均可支配收入达2.13万元。年内，完成脱贫户劳务输出38人，同比2020年增长14%。抵边搬迁点脱贫户经济总收入达61.86万元，人均可支配收入达1.05万元，完成脱贫户劳务输出29人。

健全群众收入监测：持续巩固脱贫攻坚同乡村振兴有效衔接，每月对全乡脱贫户收入统计，按照山南市2021年收入增长目标13.1%的要求，抓好群众增收目标，实时掌握脱贫群众的人均收入，确保不出现返贫现象；监测有劳力的外出务工人员，全乡脱贫户2021年外出务工人员67人（包含顶江村），全乡有劳力人员均已在就近参加务工；健全防止返贫致贫动态监测和帮扶机制。通过每月逐户排查,2021 年全乡不存在三类人的监测对象户。

年内,结对帮扶走访慰问共计 150 余次,慰问资金及物品折合人民币 3 万余元。

【乡村振兴】 2021 年,全乡共有 3 家民族手工业,分别为其玛普民族手工藏香加工、斗玉村珞巴服饰编制和洛隅绿色产品加工、加麦村、斗玉村黑木耳种植基地和加麦村藏香猪养殖合作社、斗玉村绿色苗圃种植合作社。黑木耳共种植 1200 平方米,其中斗玉村种植 450 平方米、加麦村种植 550 平方米,剩余 200 平方米还未种植。加麦村藏香猪养殖合作社刚起步,2021 年收入成效不明显。斗玉村绿色苗圃种植合作社,收入持续稳步增长,2021 年苗圃收入 20 万余元;斗玉村犀鸟茶产业 2021 年收入 15 万余元。

【基础设施建设】 2021 年,续建项目 2 个,斗玉村水渠、其玛普村公路已复工,4 月中旬 2 个项目已完成验收;新建项目 7 个,斗玉村 2 个农道桥和 2 个放牧点已竣工,斗玉村高标准农田建设项目已完工未验收;维修加麦村应急防洪堤约 500 多米已竣工;完善顶江村基础设施的配备。

【重要项目建设】 G219 线斗玉珞巴民族乡段全面验收完工;建成顶江村抵边搬迁点,实现 36 户群众搬迁入住;其玛普村小康村建设完成 54 户参建,全乡边境小康村建设全面完成,实现全覆盖。

【民生保障】 2021 年,斗玉乡兑现残疾人护理、生态岗位补偿资金、发放边民补贴、固边富民补助、联户长工资等各类民生资金共计 576.2 万元。全乡养老保险缴费总额 6.35 万元,参保率达到 90%。根据相关政策免缴残疾人等特殊群体 11 人的养老保险金;全乡医疗保险缴费总额 5.61 万元,参保率达到 100%(含落地参保),人数为 577 人(含城镇人口 14 人)。根据相关政策免缴重度残疾等 50 人的医疗保险 1.4 万元,优惠建档立卡脱贫户 50 人的医疗保险 1.1 万元。

【林业管控】 2021 年,斗玉乡严格按照《西藏自治区人民政府关于 2021 年冬季至 2022 年春季森林草原防火灭火的命令》,在“去冬今春”火灾防控工作期间,充分发挥护林员巡山走山、看护森林作用。动员全乡“护林员”层层压实责任,狠抓草原防火工作;大力开展植树造林,实现国土绿化。截至年底,共种植各类林果树 3600 棵,其中杨树 1400 棵,核桃 1200 棵,梨、桃子树各 500 棵。

【防汛救灾】 2021 年,斗玉乡在汛期,第一时间修建和加固堤坝、备齐救灾物资,开展隐患风险排查识别,制订专项应急预案,传达会议精神和印发相关通知,全年共计出动 800 余人次。

【“两学一做”学习教育】 2021 年,斗玉乡制订“两学一做”学习教育活动实施方案,成立“两学一做”领导小组,引导党员自觉学习党规党章、遵守党规党章、尊崇党规党章、维护党规党章,并要求党员撰写心得体会,做合格党员。

【学习贯彻党代会精神工作】 2021 年,斗玉乡市级党代表、乡党委副书记、政府乡长扎西江村宣讲精神 12 次;县级包乡领导宣讲精神 4 次;党委书记宣讲精神 12 次;党支部书记宣讲精神 39 次;

2021年7月25日,斗玉珞巴民族乡第六届“玉珞”文化节举行

2021年6月12日，斗玉珞巴民族乡组织干部重走巡边路传承爱国情

包村干部宣讲精神95次；结合乡党委会、支部党员大会、党委理论学习中心组学习会共传达学习精神36次。

【机构领导】

隆子县政协副主席、党委书记

王　平（4月免）

党委书记

蒋昆仑（4月任）

副书记、乡长

扎西央金（珞巴族，4月免）

扎西江村（珞巴族，4月任）

副书记、人大主席

扎西罗布（藏族，4月免）

白玛多吉（藏族，4月任）

副书记

白玛卓玛（女，藏族，4月免）

柯长松（4月任）

政法委员、副乡长

罗布占堆（藏族，4月免去党委统战委员职务）

宣传委员、副乡长

洛桑次珠（藏族，4月免去党委组织委员职务）

党委委员、纪委书记

次仁顿珠（藏族，4月任）

组织委员

蔡青松（4月任）

党委委员

扎西罗布

副乡长

薛　强

索朗曲珍（女，藏族，5月任）

雪沙乡

【概况】 雪沙乡位于隆子县北部，距离县城距离70千米，平均海拔4200米，下辖12个行政村，68个自然村、56个村民小组，境内有2座寺庙、3座拉康，1所完小、教学点6个、2所幼儿园、1所35千伏变电站，设派出所1所。雪沙乡属于半农半牧乡，雪沙乡总面积806平方千米，共有农牧民1115户4119人，农作物种植面积2705.3亩，林地31万亩，草场面积90.85万亩。雪沙乡属隆子县管辖，1988年6月由雪沙区改名为雪沙乡人民政府。雪沙乡人民政府为正科级编制单位，现设有乡农牧综合服务中心、乡文化服务中心、乡后勤服务中心、乡卫生院，乡公安派出所等二级机构。雪沙乡行政编制21名，事业编制23名，工人1名，雪沙乡政府有工作人员46名，医务人员9人，派出所公安民警11人，辅警2人，全乡教职工41人。2021年全乡党员516人，其中正式党员488人，预备党员28人，农牧民党员438人，村委会班子成员65人。

【农牧业】 2021年，雪沙乡在县农业农村局的工作指导下，狠抓牲畜重大疫病的强制免疫工作，乡政府和各村签订了动物防疫目标责任书，成立了重大动物防疫工作领导小组，并制定重大突发动物疫情应急预案，为雪沙乡畜牧业的发展提供了保障。2021年全乡春播农作物面积3386.51亩，其中粮食播种面积1468.98亩、饲草料1029.8亩，春季新生仔畜2865头（只、匹），其中新生牦牛1829头，成活数1666头，新生犏牛327头，成活数127头，新生黄牛690头，成活数358头，新生绵羊10只，成活数10只，新生山羊9只，成活数9只。2021年，共计出售犏改犊牛25头，创收8.93万元。全乡农牧业科技人员齐心协力推动农牧业健康发展，为群众增收增添保障。认真开展农村集体产权制度改革工作，全乡12个行政村共确认成员1119户、4146人，量化资产总额为162.55万元。

【经济发展】2021年，雪沙乡总人口1115户4119人，雪沙乡经济发展取得稳步提升，经济总收入完成6500.99万元，同比增长0.9%，人均可支配收入达16131.51元，同比增长13.7%。雪沙乡生产总值中工资性收入完成2338.7万元，经营性收入实现4725.92万元，财产性收入实现105.45万元，转移性收入完成753.4万元。2021年，雪沙乡农作物种植面积2705.3亩，其中小麦种植面积62亩，产量18910公斤，平均亩产305公斤，青稞种植面积1562.75亩，产量27.37万公斤，平均亩产178.15公斤，油菜种植面积571.1亩，产量51751公斤，平均亩产90.62公斤，土豆及蔬菜种植面积264.95亩，产量42.06万公斤，平均亩产1587.6公斤。雪沙乡牲畜总头数13246头(只、匹)，当年出售和自宰牲畜1994头(只、匹)。

【生态创建与环境整治】2021年，雪沙乡全力守好生态环境保护底线，全乡上下牢固树立绿水青山就是金山银山、冰川雪地也是金山银山的理念，各村累计开展河道、湖泊、村落、山间地头，房前屋后环境卫生综合整治207次，清扫垃圾约14.4吨，有效净化美化人居环境。开展人居环境整治454次。扎实开展农村“厕所革命”建设工作，已完成725户户厕所改造任务，均通过市县乡村四级验收。

【教育事业】2021年，雪沙乡适龄儿童实现全入学，全乡75名小学生完成小学阶段义务教育，毕业大学生30人，就业30人。

【医疗卫生】2021年，雪沙乡针对全乡卫生院难以满足周边群众就医需求的问题，积极协调上级相关部门，争取资金对全乡卫生院进行改扩建工作。截至年底，已完成选址及项目申报工作。新型农村合作医疗集资工作有序推进，2021年全乡参加集资人数4077人次，集资金额36.06万元，参合率为99.9%。农牧民群众大病救治医疗救助工作稳步推进，开展孕妇管理各项工作，全乡全年孕妇49人，孕妇系统管理24人，新生儿49人，住院分娩49例，住院分娩率100%，新生儿死亡0例，死亡率为0%，无孕产孕死亡。2021年，雪沙乡积极响应党中央和国家疾控中心的号召，认真落实新冠肺炎疫苗接种工作，全年全乡共计3936人，禁忌186人。截至年底，第一剂接种3646人，接种率92.63%，第二剂接种3507人，接种率89.10%，第三剂接种1649人，接种率41.90%。

【文化建设】2021年，雪沙乡针对乡文化资源丰富，但文化事业发展相对落后的现状，充分发挥政策优势和已组建的各村文艺队的优势，全年开展文化体育活动91场次，参与群众12380余人次，特别是在庆祝“3·28”百万农奴解放纪念日、庆祝“七一”中国共产党成立100周年活动期间，各村文艺队均积极参与，营造了良好的节日氛围。投入3万元完成8个行政村新建新时代文明实践站，以满足广大群众的文化需求。

【社会保障】2021年，雪沙乡扎实做好雪沙乡全民参保登记管理工作，全乡养老保险缴费人数1963人(除低保户、五保户、学生、老人)，缴费总金额40.74万元，群

2021年7月21日，乡党委书记拉巴次仁讲廉政党课

众参保率达 61% 以上。全面做好 2017—2021 年雪沙乡区内、外大学生资助管理工作，兑现 105 人在校大学生资助资金 66.6 万元。

2021年5月28日，雪沙乡组织召开出席中共隆子县第十次代表大会代表选举大会

【综治维稳】 2021 年，雪沙乡在县委、县政府的领导下，在县国安指挥部的具体工作指导下，积极与乡派出所联合对全乡各村、各领域方面，全面抓好各项节点维稳工作。2021 年，雪沙乡传达学习上级维稳会议精神 5 次，安排部署工作 7 次，下村、寺庙督导检查维稳等各项工作 12 次，各重要节点期间，雪沙乡政府联合辖区派出所对乡政府周边进行安全隐患排查、巡逻（每天 1—2 次）。雪沙乡充分利用联户长、群防群治队伍、护村队伍、女子联防队、红袖标对各个领域、虫草采挖点进行摸排、宣传，营造良好的舆论氛围。深入全乡 12 个行政村和寺管会、施工场地开展集中宣传 160 场次，受教育群众 4000 余人次，入户宣传 1260 余户，发放宣传资料 1.2 万余份，发放应知应会宣传手册 395 余本，LED 滚动播放宣传标语 2 处，深入商户宣传安全相关知识 26 场次，深入 20 个虫草采挖点宣讲 20 次。年内，组织干部及第一支部书记、驻村工作队、村两委班子集中学习 2 次，培训 26 次，雪沙乡综治工作中心重要节点前安排各村驻村工作队、第一书记、村“两委”班子对本辖区进行影响社会稳定的安全隐患排查化解工作。化解群众矛盾 3 起，截至年底，全乡未发生一起不稳定事件，全乡局势持续和谐稳定。

【劳务增收】 2021 年，雪沙乡通过组织虫草采挖和建筑材料运输工作，实现全年群众劳务输出 1939 人次，劳务创收 940.58 万余元。全年共计出售犏改犊牛 25 头，创收 8.93 万元。虫草采挖共计 119.41 公斤，实现创收 1122.45 余万元，贝母采挖 500 余公斤，实现创收 80 余万元。全乡经营性收入达 5.61 万元。

【党建工作】 2021 年，雪沙乡召开党委班子会议 16 次，专题研究基层党建相关工作会议 6 次，解决问题 10 余件，召开全乡党建工作安排部署会 2 次，推进会 2 次、述职评议会 1 次，党建业务集中培训 2 场次，组织村干部开展党建、党史学习教育、乡村振兴相关知识培训共计 5 次，按上级组织部门安排，组织外出学习 22 人次，同时，以开展夜校培训的方式，积极推进文化素质提升工程及国家通用语言学习培训 50 余场次。全乡 2021 年共计吸收预备党员 28 名，同时，扎实开展违规违纪发展党员问题排查工作，对十八大以来累计发展党员的 248 名党员进行了全面的摸底排查，确保全乡党员数量高质量发展。乡党委在 2021 年全面开展党史学习教育、“政治标准要更高、党性要求要更严、组织纪律性要更强”专题教育集体学习 200 余场，研讨会 20 余场，测试 8 次。在庆祝“3·28”百万农奴解放纪念日、庆祝“七一”中国共产党成立 100 周年活动、西藏和平解放 70 周年等重要时间节点，组织党员开展重温入党誓词、党建促乡村振兴、党史知识竞赛、考试、党组织书记讲党课、文娱表演等活动 80 余场次，在植树节、学雷锋纪念日、建军节等节日，组织党员群众开展环境卫生整治、植树等活动 10 余次，组织全乡党员领导干部职工赴列麦乡参观“列麦精神”纪念馆、学习典型案例、观看警示教育片20余次。严格执行“三会一课”、组织生活会、民主生活会、民主评议党员等党的组织生活基本制度，截至年底，乡党委班子召开民主生活会1次，乡党委组织专门力量下沉16个党支部开展制度执行情况调研2次；深入海拔5000多米的30个虫草采挖点开展党组织建设、“党史”学习教育、农牧民增收、民族团结等工作的宣讲活动10余次。

全面抓好国家通用语言文字培训力度，更好地服务基层群众，乡党委结合工作实际，量化“听、说、读、写”标准，乡村两级组成工作专班深入全乡12个行政村对63名村干部采取“一帮一”“一帮多”方式开展结对帮学工作。乡党委坚持将村干部国家通用语言文字掌握情况作为各村党组织书记、第一书记抓基层党建工作述职评议重要依据。各村采取布置“家庭作业”“集中测试”等形式，定期检验村干部学习成果。截至年底，组织村干部国家通用语言文字培训210余场次、测试130余场次。

【党风廉政建设】 2021年，雪沙乡党委理论学习中心组深入学习上级会议精神和文件内容，特别是党风廉政相关会议、文件、领导讲话等精神，全年共开展理论学习中心组会议12次，通报典型案例26件，利用廉政教室，组织干部职工、人大代表等，组织乡、村干部观看警示教育专题片9次；乡党委联合乡纪委开展了以“加强廉政宣传共建廉洁乡村”为主题的党风廉政宣传活动。用藏汉两种文字精心编印了《雪沙乡党风廉政宣传手册》，手册采用“图片+漫画+阐述”的模式，宣传党中央关于反腐倡廉的方针政策，生动形象、通俗易懂、方便记忆。发放了80余份宣传手册和40余件标有廉政字样的雨伞、袋子、杯子等小物件；积极利用微信群把党的各项政策、疫情防控知识、新旧对比短片、各级在网上发布的典型案例通报等内容推送至乡党委、政府工作群里。截至年底，全乡累计推送微宣讲500余次；重点围绕新冠肺炎疫情防控常态化工作开展情况，对所发现的问题要求及时整改落实，共开展监督检查20次；不定期督查中央八项规定落实情况等重大事项监督检查12次。

【脱贫攻坚】 2021年，雪沙乡紧紧围绕巩固脱贫攻坚成果同乡村振兴有效衔接，全年安排生态岗位644人，其中草监员180人，公路养护员1人，护林员363人，机动岗位73人，水保员27人，精准实施就地就业。按照“生存环境恶劣、生态环境脆弱、自然灾害频发、不具备基本发展条件和居住过于分散、基础设施和公共服务设施配套难度大”的基本要求，2021年完成定江搬迁33户122人，动员抵边搬迁斗玉饶让56户205人，扎日庄娜37户130人，合理安排产业发展助脱贫。2021年乡村振兴项目才木村水渠、水塘修建，投资90余万元，受益群众达93户343人。

【基础设施建设】 2021年，雪沙乡人民政府积极衔接配合做好基层设施建设工作，完成开复工共计6个项目：苯扎村幼儿园建设项目已竣工；西绕村曲果荣桥项目已完工并投入使用；米西村、当孜村、卡堆村饮水点改造项目均完工并投入使用；斯巴村水塘项目已竣工；西绕、加绕草场网围栏项目正在实施中；才木村钢槽水

2021年3月26日，雪沙乡开展“学党史、悟思想、办实事、开新局”承诺栏签字活动

渠项目正在实施中。

【民生保障】 2021年，雪沙乡紧紧围绕“两不愁三保障”工作要求，以改善民生、凝聚人心为工作出发点，认真落实各项惠民政策，关心关爱弱势群体，社会保障网络越织越密。认真核查全乡最低生活保障户。民政办工作人员根据最低生活保障纳入要求和标准，通过入户核查，符合2021年最低生活保障42户105人，及时兑现全乡最低生活保障资金。按照季度兑现原则，已兑现全年补贴22.38万元。认真开展残疾人系统更新工作，进一步做好全乡残疾人数的准确性和完整性，全乡残疾人共258人，享受残疾人补贴71.14万元。特困人员工作。全年分散特困人员23人、兑现特困人员生活补助174570元。及时开展乡村医生2021年处方核销工作，共核销2270人次，核销金额16.29万元，县门诊共核销59人次，1.54万元。认真开展“一孩双女”和“特别扶助”审核扶助工作。认真对符合“一孩双女”和“特别扶助”家庭开展入户调查核验。全乡2021年符合“特别扶助”对象户16人，享受补贴共8.64万元，符合“一孩双女”对象共65人，享受补贴共6.24万元，群众的满意度不断提升。

【旅游事业】 2021年，雪沙乡设立旅游公厕保洁员岗位，该岗位由建档立卡贫困户中有劳力的担任，设立了雪沙乡旅游办，调整充实了旅游办工作人员，并每周五开展卫生大扫除、大清理，认真履行旅游公厕保洁员岗位职责。

2021年3月30日，雪沙乡组织干部参观列麦精神纪念馆并宣誓

【林业管控】 2021年，雪沙乡全乡共有林地31万亩，乡党委、政府调整充实了林业管控小组，各行政村根据自身实际情况，组织213名老护林员和建档立卡贫困户生态岗位群众，定期对各村辖区内的林地进行巡逻检查，全年雪沙乡未发生任何森林火灾和野生动物盗猎事件。

【防汛抗灾】 2021年，雪沙乡在县委、县政府的关心支持下，全面做好全乡防汛抗灾各项工作，及时成立防汛抗灾应急处置领导小组，明确分工，细化防汛抗灾工作。2021年，县防汛抗旱指挥部发放铁丝网20卷、当子村修建冲水道路13米，才木村修复挡墙50米等情况，全面做了防控措施。

【“两学一做”学习教育】 2021年，雪沙乡以“不忘初心、牢记使命”主题教育、“四讲四爱”活动为载体，在全乡范围内持续开展“两学一做”学习教育活动。组织全体党员干部学习《中国共产党章程》《中国共产党纪律处分条例》，开展增强“四个意识”、坚定“四个自信”学习教育活动30余次，学习各类文件精神10个，撰写心得体会32篇。

【理论学习】 2021年，雪沙乡认真贯彻全县总体要求，以习近平新时代中国特色社会主义思想为指导，深入贯彻落实习近平总书记关于治边稳藏的重要论述和一系列重要指示批示精神，贯彻落实中共十九大、十九届二中、三中、四中、五中、六中全会精神及中央第七次西藏工作座谈会自治区第十次党代会精神学习，全年召开专题学习和理论学习中心组学习会议27次，安排各项工作8次，理论学习集中考试（党史）2次，撰写心得体会27篇，党史调研报告18篇。

2021年6月29日，雪沙乡庆祝中国共产党成立100周年和西藏和平解放70周年文艺活动颁奖

【机构领导】

乡党委书记
- 其米江村（藏族，4月免）
- 拉巴次仁（藏族，4月任）

乡党委副书记、人大主席
- 平措罗布（4月免）
- 吾金次仁（藏族，4月任）

乡党委副书记、政府乡长
- 郝庆豪（4月免）
- 逄发磊（4月任）

乡党委副书记
- 仁青平措（女，藏族，4月免）
- 强久南珠（女，藏族，4月任）

乡纪检书记
- 米玛（女，藏族，4月免）
- 索朗德吉（女，藏族，4月任）

乡党委宣传委员、政府副乡长
- 四朗卓玛（女，藏族，4月免）

乡党委统战委员
- 普布拉姆（女，藏族，4月免）

乡党委统宣委员、政府副乡长
- 雷梓修（4月任）
- 桂桑（女，藏族，4月免）

乡党委组织委员
- 桂桑（女，藏族，4月任）

乡党委政法委员、政府副乡长
- 卓玛次仁（女，藏族，4月免）
- 吾色多吉（藏族，4月任）

乡党委委员
- 刘俊延

政府副乡长
- 贡布仁青（藏族，4月免）
- 妮妮索朗（女，藏族，4月任）

政府副乡长（借调小康办）
- 王金风（女）

政府副乡长（雪沙乡西绕村第一书记）
- 刘亚昆（4月任）

玉麦乡

【概况】玉麦乡位于隆子县东北部，距隆子县城197千米，全乡境域面积3644平方千米，平均海拔3650米，是隆子县面积最大的乡。2021年，全乡有农牧民群众67户240人，2个行政村、1个边境派出所，1所乡卫生院、1所幼小一体学校、1座拉康（无僧尼）。

【农牧业】玉麦乡无耕地，牧业是玉麦乡传统主要经济来源，全乡共有草地52884亩，林地24万亩，放牧点2个，截至年底，全乡有牲畜482头（匹），其中黄牛26头、犏牛35头、牦牛408头、马匹13匹。2021年，玉麦乡在上级相关部门支持帮助和玉麦乡政府的努力下，及时推进牲畜疫病防控相关工作，按时按量接种相关疫苗，为170余头牲畜注射口蹄疫苗和牛多杀性巴氏杆菌病灭活疫苗，牲畜疫病得到有效预防，降低了牲畜死亡率，有效维护了农牧民财产安全。

草场管理。玉麦乡坚持以生态保护为第一原则，坚持以自然恢复为主，继续实行草场承包责任制，以生态放养和农牧民增收为总目标，以奖励补助为手段，建立草场生态保护补助奖励机制，及时如数兑现补奖资金，不仅有效实现了草畜平衡，同时也确保了农牧民增收，实现了生态效益和经济效益的统一。

科学合理发展大牲畜养殖。乡政府在严格执行生态保护第一、草畜平衡的原则的前提下，充分利用丰富的草场资源，引导鼓励农牧民科学护理饲养大牲畜，牦牛、犏牛、黄牛、马匹等。

采取有效措施保障饲草料供应。乡政府及时与县农业农村局对接，及时将储备饲草料发放到牧民手中，并加大储备粮，储备2辆大货车饲草料，以充分保障农牧民冬季饲草料供应，保障牧业生产顺利进行。

藏香猪养殖基地投入使用。全年出栏300余头，且全部销售一空。

【经济发展】 在党的固边兴边富民的政策指引下，自2017年实施玉麦美丽幸福小康示范乡项目后，玉麦乡经济持续向好，2021年畜牧业继续平稳发展，旅游服务业蒸蒸日上，工程项目建设依旧如火如荼。2021年全乡农牧民群众人均可支配收入达38488.4元，同比增长13.2%，基本完成既定的目标任务。

【生态创建和环境整治】 2021年，玉麦乡党委、政府始终牢固树立绿水青山、冰天雪地就是金山银山的理念，认真做好生态环境保护工作。深入开展生态环境“六大”专项整治行动，统筹抓好了大气、水、土壤污染防治，环境综合整治，生态环境宣教等工作。调整充实领导小组。2021年玉麦乡完成党政领导班子换届，及时调整充实了乡生态创建工作领导小组，实现新局面下乡生态保护工作有人抓、有人管，确保持续抓好全乡生态文明小康乡建设。持续开展“农村人居环境整治”工作，定期组织村民对全乡道路、河道等部位开展常态化卫生清洁，推动创建西藏自治区生态文明建设示范村。2021年乡政府积极鼓励并推动下辖两个行政村开展自治区生态文明建设示范村创建工作。

调整充实河长制。2021年完成党政换届工作后，及时调整河湖长制分工，从而实现相关工作平稳过渡，全年组织全乡干部职工开展环卫清扫整治活动，对河道沿线进行20余次河道清淤和环境整治，进一步实现了水清、河畅、岸绿、景美的生态目标。

常态化开展护林工作。2021年，玉麦乡护林工作持续深入开展，确保全年全乡境内未出现森林火灾事故、乱砍滥伐木材、乱挖药材、猎杀野生动物等事件。

【教育事业】 2021年，全乡有1所小学，教职工10人；在校生学前18人，小学一年级5人，二年级8人。2021年，全乡在校生，学龄前17人，小学27人，初中9人，高中14人，大学7人。

【医疗卫生】 2021年，玉麦乡医院配有职工4人，其中藏医临床医学1名，西医临床医学1名，护士1名，村医1名。为农牧民开展免费体检，每季度开展家庭医生入户随访服务；注重提高群众健康意识，定期定点开展健康知识讲座；关心关爱孕妇、老人等特殊群体，对孕妇开展孕前孕后检查，加强老年人慢性病管理；积极做好新型城乡居民医疗保险工作，持续强化宣传城乡居民基本医疗保险相关政策，引导群众积极参保，实现全民参保。

每季度定期进行水质监测，保障居民饮水安全。积极配合上级部门落实新冠肺炎疫情防控工作，协助乡政府和村两委开展疫情防控演练，针对乡公共场所、重点部位进行消杀工作，落实对外来务工人员、返乡人员如学生等的登记、查验等管控工作；定期与乡政府相关工作人员深入餐饮场所开展食品安全检查。

【文化建设】 2021年，全乡有文艺演出队一支。在重大节假日，多次组织文艺表演，全年演出10余次。

【社会保障】 2021年，玉麦乡牢牢兜住民生底线，扎实做好全年社会保障工作。继续落实民政、医疗等兜底性保障工作。持续引导全乡农牧民群众参保城乡居民基本医疗保险、城乡居民基本养老保险，实现全覆盖应参尽参，应保尽保。同时关注困难群众生产生活，积极落实民政领域相关政策，做好分散特困人员、高龄人员、“三老”人员、残障人士等的保障工作，确保全面小康路上“一个也不能少”。2021年，玉麦乡共有残疾人18人，兑现补助6.48万元；分散特困户2人，兑现资金1.34万元；寿星老人2人，兑现资金1300元；养老保险12人，兑现资金5.18万元；“三老”人员2人，兑现补助1.68万元。继续落实好相关补助。2021年对普惠性边民补助享受人员进行了全面的核实统计，共有享受边民补助133人，兑现资金159.6万元；固边富民补助144人，兑现资金115.2万元。

【劳务增收】 2021年，全乡外出务工人员59人，本乡境内务工人员55人，劳务增收276.17万元。

【党建工作】4月29日，玉麦乡召开了中国共产党隆子县玉麦乡党员大会。选举产生了中共玉麦乡第一届委员会委员8名，纪律检查委员会委员3名，标志着玉麦乡党支部成功改设乡党委。改设中共玉麦乡党委后，玉麦乡积极申请设立玉麦乡机关党支部，至此形成了乡党委领导的，下设机关党支部、玉麦村党支部、纽林塘村党支部、学校党支部的崭新组织架构，为玉麦乡基层党建工作开展奠定了良好的组织基础。

2021年4月9日，玉麦乡党委召开第一届委员第一次党员大会，图为时代楷模、“七一勋章”获得者卓嘎在投票

党员发展。2021年，全乡共有党员66名，含预备党员3名。全年乡党员转正8名，发展预备党员3名，培养入党积极分子8名，且都按照入党程序、流程进行发展，档案资料归档齐全。

严肃严格开展党内各项生活。全年玉麦乡召开乡党委会议11次，学习上级文件会议精神15次；召开理论学习中心组学习会9次，学习上级文件会议精神34次，研讨发言6次。

各项主题教育顺利开展。2021年，玉麦乡按照上级党委安排部署，在乡党委领导下，“三更”主题教育、党史学习教育高标准顺利进行。党史学习教育过程中，讲党课3次、观看教育片及红色影片5次、开展党史知识测试2次、组织知识竞赛1次、专题研讨3次、集中学习11次、开办读书班5次、为民办实事23件、下沉党支部检查指导1次。开展“三更”专题教育过程中，班子成员讲廉政党课1次、党员干部讲专题党课2次、集中学习警示教育会5次、专题研讨5次、组织开展知识测试5次、观看警示教育片2次。8月10日至12日期间，带领乡党委班子成员、两村村党支部成员及部分党员一行前往传统线开展了三天两夜的巡边管控和疫情防控工作。开办生产技能培训班2期，参训群众达65人次。

【党风廉政建设】2021年，玉麦乡党风廉政建设工作在县委的正确领导下，以全面从严治党为主线，以党的政治建设为统领，认真落实党管治党责任，持之以恒正风肃纪，以加强教育管理、完善制度机制、纠正不良作风，不断巩固发展良好政治生态。乡纪委严格落实监督责任、聚焦主责主业，精准把握监督执纪问责工作，始终把党风廉政建设摆在突出位置。召开党风廉政建设年度工作会议，对全乡党风廉政建设和反腐败工作进行了研究部署，将党风廉政建设目标责任细化到人；签订责任书，压实责任，做到一级抓一级层层抓落实；以制度管人管事。严格执行党委、班子成员，履行党风廉政主体责任、落实“一岗双责”情况和重要事项请示报告制度，要求每月汇报党风廉政建设与反腐败工作开展情况。严格监督执纪。在元旦、春节、藏历新年等重要节假日开展贯彻落实中央八项规定精神、驰而不息纠“四风”情况检查8次。开展疫情防控监督检查13次；对私车公养问题开展了2次监督检查；加强党风廉政教育。将每月18日固定为党风廉政学习日，认真积极组织科级以上干部学习，其余乡干部跟着学，以“加强党的政治建设、全面从严治党”“加强党性修养、坚定理想信念宗旨、勇于担当作为”和“严守党的政治纪律和政治规矩以及反分裂斗争纪律”为专题开展研讨。加强警示教育，全年学习典型案例10余次，组织观看警示教育篇不少于6次；认真开展党风廉政宣传教育月活动。

【脱贫攻坚】 2021年，玉麦乡继续深入开展巩固脱贫攻坚成果，按照上级部门要求，紧紧围绕推动脱贫攻坚从脱贫摘帽向成果巩固提升转变，继续严格落实“五级书记抓扶贫”“四不摘”要求，对返贫风险进行动态监测，并采取有效干预和帮扶措施。2021年，全乡有建档立卡脱贫群众35户112人，没有一户一人返贫，建档立卡脱贫群众家庭人均收入达23975元。持续开展结对帮扶工作。2021年，全乡干部职工与建档立卡脱贫户结成一对一、一对多、多对一帮扶对子，每季度至少开展1次入户结对帮扶工作。

【乡村振兴】 2021年，玉麦乡党委、政府高度重视乡村振兴工作。

政策衔接。围绕贯彻落实习近平总书记重要讲话精神和中央、区一号文件部署，立足玉麦乡工作实际，制定符合全乡的各类文件。

机构衔接。扶贫办重组为乡村振兴办。6月，将乡扶贫办公室重组为乡乡村振兴办公室，主要负责巩固拓展脱贫攻坚成果、统筹推进乡村振兴战略有关工作。根据上级要求和政策制度调整，结合乡内实际情况，逐步理清明确相应职责，对人员配置进行优化。充分发挥统筹协调、宏观指导和监督检查作用，逐步完善乡村振兴领导小组办公室职能，切实抓好乡村振兴重点任务落实。

组织保障。严格落实“两级书记抓乡村振兴”要求，成立以党政主要领导任组长的乡村振兴领导小组，领导小组办公室设在乡村振兴办。

思想教育。开展政策宣讲活动，做好群众思想工作。各包村干部深入包村点围绕脱贫政策知识开展了系列宣讲活动，教育引导广大群众消除“等、靠、要”思想，实现“要我富”向“我要富”的思想转变。

持续抓增收。紧紧围绕县委农村工作会议上明确的“项目带动增收一批、转移就业增收一批、产业发展增收一批、土地流转增收一批、旅游发展增收一批、科技引导增收一批”的要求，不断夯实增收基础，穷尽一切推动农牧民群众增收致富。

【环境整治】 2021年，玉麦乡党委、政府高度重视环境整治工作。进一步开展人居环境整治工作，按照上级安排部署开展乡人居环境整治提升五年行动工作，进一步巩固拓展农村人居环境整治三年行动成果。根据环境“六大”专项整治工作安排，持续对建筑垃圾及生活垃圾进行统一规范及处置，着力解决群众“三堆”不规范问题。

【基础设施建设】 2021年，玉麦乡水电路网讯各项基础设施完善。创建民族团结广场1处，打造民族团结长廊1处。投资755万元的污水处理厂和投资766万元的垃圾处理站已建成。总投资1500万元的玉麦乡旅游公共服务配套建设项目和玉麦乡景区建设项目工程正在建设中。投资1000万元的乡史馆正在建设中。乡小学新建教职工周转房、幼儿园扩建项目正在建设中。2条游步道项目（1条正在建设中，1条已建成验收完毕）、观景台项目已建成验收完毕。组林塘村挡墙项目正在建设中。森木日防洪堤项目、玉麦村和组林塘村水源点改造项目已完成验收。投资250万元对50户群众家庭旅馆改造项目已完成。投资2000余万元的全乡供暖项目正在建设中。

【重点项目建设】 投资400万元的4座面积共4000平方米的温室大棚已建成并以租赁形式租给藏香猪养殖场使用，每年给村集体经济带来4万元的收入。

投资2943万元的天然饮用水厂房主体已建设完成。

投资200万元的竹器加工厂已建设完成，并投入使用。

藏香猪养殖场于6月投入使用，解决了2名群众就业，每年能给村集体带来10万元的租赁收入。

投资263万元的室内体育馆已建成。

【民生保障】 2021年，玉麦乡党委、政府严格落实民政领域相关政策，充分保障重点对象基本生活和权益。严格按照标准核实其他领域补助享受人员，确保固边富民补助、便民补助符合条件的应享尽享，不落一人。协调开展农牧民技能提升培训。全年组织牧民群众开展3次技能培训，培训内容包括竹器加工、家庭旅馆、

2021年3月28日，玉麦村文艺演出队合影

护林员培训等，惠及67人次。持续开展生态岗位、护林员等工作。护林员74人，兑现资金118.8万元；生态岗位28人，兑现资金9.8万元；外事巡边员30人，兑现9月至12月补助18万元；保洁员4人，兑现工资4.1万元（村保洁员1人、公厕保洁员3人）。

【旅游事业】 2021年，玉麦乡旅游事业得到进一步发展，基础设施进一步完善。观景台建成通过验收；2条游步道项目，1条正在建设中，1条已建成验收完毕；投资250万元对50户群众家庭旅馆改造已完成；游客接待中心在建。2021年，全乡接待游客7000余人，为39户家庭旅馆创收23万余元。

【林业管控】 2021年，组织护林队员上山巡逻150余次，300余人次，确保了玉麦乡境内未出现森林火灾事故、乱砍滥伐木材、乱挖药材、猎杀野生保护动物和盗窃木材等案件。

【防汛抗灾】 2021年，玉麦乡党委、政府紧密联系上级有关部门，针对玉麦乡的实际情况，研究部署了一系列防雪崩、泥石流、洪水、塌方的抗灾措施，不断提升干部群众防汛抗灾意识，坚决克服麻痹侥幸心理。在多雨多雪季节，针对乡重点部位积极开展隐患排查，成立相关领导小组，编制应急预案，完善信息沟通机制，成立消防应急力量，强化防汛抗灾物资储备。

【教育学习】 2021年，玉麦乡党委、政府紧紧围绕"两学一做"学习教育常态化制度化要求，在玉麦乡党委的领导下，制订学习计划，以上率下开展学党章党规、学系列讲话，引导党员牢固树立"两个确立"、不断增强"四个意识、坚定"四个自信"、做到"两个维护"，以实际行动争做合格党员。

【机构领导】

县人大常委会副主任、玉麦乡党支部书记

达　　娃（藏族，4月免）

乡党委书记

胡 学 民（4月任）

乡党支部副书记、乡人大主席

索朗杰布（藏族，4月免）

扎西罗布（藏族，4月任）

乡党支部副书记、人民政府乡长

胡 学 民（4月免）

仁青平措（藏族，4月任）

乡党支部副书记

尚 林 佳（4月免）

武 子 沐（4月任）

乡党委委员、纪委书记

李 明 东（4月任）

乡党委委员

罗布占堆（藏族，4月任）

乡党委组织政法委员

达娃玉珍（女，藏族，4月任）

乡宣传统战委员、副乡长

巴桑次仁（藏族，4月任）

副乡长

达娃玉珍（女，藏族，4月免）

詹　　刚（4月任）

荣　　誉

隆子县受县级及以上表彰的先进集体一览表

表 1

获奖单位	获奖名称	表彰时间	授予单位
玉麦乡人民政府	全国脱贫攻坚先进集体	2021 年	中国共产党中央委员会、国务院
玉麦乡玉麦村	全国民主法治示范村	2021 年	司法部、民政部
斗玉珞巴民族乡	全国民族团结进步示范乡镇	2021 年	中华人民共和国国家民族事务委员会
隆子县民政局(残联)	全国残疾人工作先进单位	2021 年	国务院残疾人工作委员会
农行隆子县支行	全区脱贫攻坚先进集体	2021 年	自治区委员会、自治区人民政府
玉麦乡党支部	一等功	2021 年	自治区委员会、自治区人民政府
热荣乡	全区脱贫攻坚先进集体	2021 年	自治区委员会、自治区人民政府
雪沙乡党委	全区“四讲四爱”群众教育实践活动先进集体	2021 年	自治区委员会宣传部
隆子县雄哲路消防救援站	2020 年度安全工作先进消防救援站	2021 年	自治区消防救援总队
隆子县人力资源和社会保障局	西藏自治区就业创业先进集体	2021 年	自治区人社厅
隆子县	西藏自治区双拥模范县	2021 年	自治区双拥办
隆子县退役军人事务局	全区退役军人工作模范单位	2021 年	自治区委员会退役军人事务工作领导小组
隆子县退役军人服务中心	优秀示范型退役军人服务中心	2021 年	自治区退役军人事务厅、自治区退役军人服务中心
隆子县	全市农牧民增收先进先县	2021 年	中共山南市委、山南市人民政府
中共隆子县委统战部	全市先进基层党组织	2021 年	中共山南市委员会
隆子县纪委监委	全市先进基层党组织	2021 年	中共山南市委员会

续表1

获奖单位	获奖名称	表彰时间	授予单位
隆子县人民武装部	山南市征兵工作先进单位	2021年	山南市人民政府
隆子镇	2021年度全市“四讲四爱”群众教育实践活动先进集体	2021年	中共山南市委员会宣传部、山南市“四讲四爱”群众教育实践活动领导小组办公室
热荣乡	全市“四讲四爱”群众教育实践活动先进集体	2021年	山南市委员会宣传部、山南市“四讲四爱”群众教育实践活动领导小组办公室
日当镇	全市“四讲四爱”群众教育实践活动先进集体	2021年	中共山南市委员会宣传部
隆子县疾控中心	2020年度国家基本公共卫生健康教育服务项目工作先进集体	2021年	山南市疾病预防控制中心
隆子县中学	2021年山南市第十一届中学生运动会团体总分组第二名	2021年	山南市教育局(体育局)
隆子县中学	2021年山南市第十一届中学生运动会乙组田径总分榜第三名	2021年	山南市教育局(体育局)
隆子县中学	2021年山南市第十一届中学生运动会乙组足球项目第四名	2021年	山南市教育局(体育局)
隆子县中学	2021年山南市第十一届中学生运动会初中男子篮球赛第五名	2021年	山南市教育局(体育局)
隆子县气象局	2021年度目标管理考核优秀达标单位	2021年	山南市气象局
隆子县教育局语委办	第三届中华经典诵写讲大赛山南市预赛优秀组织奖	2021年	山南市教育局山南市国家语言文字工作委员会
隆子县教育局	山南市第六届“信息技术实践与创新”论文比赛最佳组织奖	2021年	山南市教育局
隆子县教育局	2020年度山南市教育事业统计工作先进单位	2021年	山南市教育局
加玉乡人民政府	2021年度农牧民增收工作先进乡	2021年	中共隆子县委员会、隆子县人民政府
雪沙乡党委、雪沙乡人民政府	隆子县民族团结进步示范单位	2021年	中共隆子县委员会、隆子县人民政府
隆子县退役军人事务局	隆子县团结进步示范单位	2021年	中共隆子县委员会、隆子县人民政府
农业农村局	全县农牧民增收先进单位	2021年	中共隆子县委员会、隆子县人民政府
热荣乡	隆子县先进基层党组织	2021年	中共隆子县委员会
雪沙乡党委	隆子县党史知识竞赛优秀组织奖	2021年	中共隆子县委员会
中共隆子县日当镇委员会	先进基层党组织	2021年	中共隆子县委员会
中共隆子县热荣乡委员会	先进基层党组织	2021年	中共隆子县委员会
中共隆子县雪沙乡委员会	先进基层党组织	2021年	中共隆子县委员会

续表1

获奖单位	获奖名称	表彰时间	授予单位
中共隆子县委员会办公室支部委员会	先进基层党组织	2021 年	中共隆子县委员会
中共隆子县人大常务委员会办公室支部委员会	先进基层党组织	2021 年	中共隆子县委员会
中共隆子县政府信访支部委员会	先进基层党组织	2021 年	中共隆子县委员会
中共政协隆子县委员会办公室支部委员会	先进基层党组织	2021 年	中共隆子县委员会
中共国家税务总局隆子县税务局支部委员会	先进基层党组织	2021 年	中共隆子县委员会
中共隆子县列麦乡机关支部委员会	先进基层党组织	2021 年	中共隆子县委员会
中共隆子县隆子镇赤来村支部委员会	先进基层党组织	2021 年	中共隆子县委员会
中共隆子县三安曲林乡来木村总支部委员会	先进基层党组织	2021 年	中共隆子县委员会
中共隆子县斗玉珞巴民族乡斗玉村支部委员会	先进基层党组织	2021 年	中共隆子县委员会
中共隆子县准巴乡达村支部委员会	先进基层党组织	2021 年	中共隆子县委员会
中共隆子县加玉乡达孜村支部委员会	先进基层党组织	2021 年	中共隆子县委员会
中共隆子县扎日乡桑巴东村支部委员会	先进基层党组织	2021 年	中共隆子县委员会
中共隆子县玉麦乡玉麦村支部委员会	先进基层党组织	2021 年	中共隆子县委员会
中共隆子县丢热寺管理委员会支部委员会	先进基层党组织	2021 年	中共隆子县委员会
中共隆子河酒店管理支部委员会	先进基层党组织	2021 年	中共隆子县委员会
列麦乡人民政府	县级增收先进集体	2021 年	隆子县人民政府
隆子镇	2021 年隆子县“传唱红色经典赓续红色基因争当先进模范”红歌比赛二等奖	2021 年	中共隆子县委员会党史学习教育领导小组办公室、中共隆子县委员会“三更”专题教育领导小组办公室

说明：资料由各单位提供，可能有遗漏

隆子县受县级及以上表彰的先进个人一览表

表 2

姓名	性别	民族	工作单位	获奖名称	表彰时间	授予单位
卓　嘎	女	藏族	玉麦乡玉麦村	七一勋章	2021 年	中共中央委员会
古桑旦增	男	藏族	政协隆子县委员会	全国道德模范提名奖	2021 年	中央宣传部中央文明办全国总工会共青团中央全国妇联中央军委政治工作部
江　参	男	藏族	隆子县三安曲林乡	全国乡村振兴青年先锋	2021 年	共青团中央、农业农村部
朗　杰	女	藏族	隆子县退役军人服务中心	全国退役军人服务保障先进个人	2021 年	退役军人事务部、中央军委政治工作部
扎西罗布	男	藏族	斗玉珞巴民族乡人民政府	全国优秀河(湖)长	2021 年	水利部
吾金次仁	男	藏族	雪沙乡人民政府	全区脱贫攻坚先进个人	2021 年	自治区委员会、自治区人民政府
强秋卓玛	女	藏族	雪沙乡人民政府	自治区创先争优强基础惠民生活动先进驻村队员	2021 年	自治区委员会、自治区人民政府
王金风	女	汉族	隆子县委员会宣传部	全区脱贫攻坚先进个人	2021 年	自治区委员会、自治区人民政府
扎西罗布	男	藏族	斗玉珞巴民族乡人民政府	西藏自治区 2021 年度示范型退役军人服务中心(站)创建工作,党员示范岗位	2021 年	自治区委员会、自治区人民政府
贡布次仁	男	藏族	加玉乡人卫生院	西藏自治区抗击新冠肺炎疫情先进个人	2021 年	自治区委员会、自治区人民政府
曲尼措姆	女	藏族	日当镇加洛村	自治区优秀第一书记	2021 年	自治区委员会
颜克红	男	汉族	援藏工作队住建局副局长	全区优秀基层干部	2021 年	自治区委员会
顿　珠	男	藏族	准巴乡	全区第三批优秀村(社区)党组织第一书记	2021 年	自治区委员会组织部
白玛措姆	女	藏族	热荣乡	全区第三批优秀村(社区)党组织第一书记	2021 年	自治区委员会组织部
吕凤刚	男	汉族	隆子县税务局	西藏自治区十佳县局局长	2021 年	国家税务总局西藏自治区税务局
古桑旦增	男	藏族	政协隆子县委员会	爱国拥军模范	2021 年	自治区双拥工作领导小组、西藏自治区人力资源和社会保障厅、自治区退役军人事务厅、西藏军区政治工作部
王　鑫	男	汉族	热荣乡	山南市优秀党务工作者	2021 年	中共山南市委员会
朗嘎拉姆	女	藏族	日当镇日当村	山南市优秀第一书记	2021 年	中共山南市委员会
格　罗	男	藏族	县公安局	优秀基层干部	2021 年	中共山南市委员会
顿　珠	男	藏族	准巴乡	优秀党务工作者	2021 年	中共山南市委员会

续表2

姓名	性别	民族	工作单位	获奖名称	表彰时间	授予单位
马丽花	女	汉族	准巴乡	优秀共产党员	2021年	中共山南市委员会
孙彬彬	男	土家族	援藏工作队县委常委、政府副县长	山南市民族团结进步模范个人	2021年	山南市人民政府
强秋卓玛	女	藏族	雪沙乡人民政府	山南市第三批优秀村(社区)党组织第一书记	2021年	中共山南市委组织部
罗布	男	藏族	扎日乡人民政府	全市第三批优秀村(社区)党组织第一书记	2021年	山南市委组织部
催成	男	藏族	日当镇扎村	优秀宣讲员	2021年	中共山南市委员会宣传部
柯长松	男	汉族	斗玉珞巴民族乡人民政府	在2017年—2020年全市“四讲四爱”群众教育实践活动中,被评为先进工作者	2021年	山南市“四讲四爱”群众教育实践活动领导小组办公室
扎西单增	男	藏族	热荣乡	先进工作者	2021年	山南市“四讲四爱”群众教育实践活动领导小组办公室
索朗多吉	男	藏族	热荣乡	先进工作者	2021年	山南市“四讲四爱”群众教育实践活动领导小组办公室
扎西群陪	男	藏族	隆子县中学	山南市第十一届中学生运动会优秀教练员	2021年	山南市教育局(体育局)
格桑坚增	男	藏族	隆子县中学	初中化学教师课件制作比赛优秀奖	2021年	山南市教育局
索朗仓决	女	藏族	隆子县气象局	山南市气象局工会积极分子	2021年	山南市气象局
江白	男	藏族	隆子县气象局	2021年度事业单位优秀个人	2021年	山南市气象局
拉巴	女	藏族	隆子县气象局	2021年度先进个人	2021年	山南市气象局
土旦罗布	男	藏族	山南市生态环境局隆子县分局	优秀公务员	2021年	山南市生态环境局
张照耀	男	汉族	山南市生态环境局隆子县分局	优秀公务员	2021年	山南市生态环境局
达娃央宗	女	藏族	山南市生态环境局隆子县分局	优秀共产党员	2021年	山南市生态环境局
次旦晋美	男	藏族	山南市生态环境局隆子县分局	优秀事业单位工作人员	2021年	山南市生态环境局
向秋卓嘎	女	藏族	隆子镇小学	2021年度举办的全市小学青年教师“无生课堂”教学竞赛中语文学科荣获三等奖	2021年	山南市教育局
巴桑拉姆	女	藏族	雪沙乡小学	山南市第六届中小学教师“信息技术实践与创新”论文比赛中荣获小学组二等奖	2021年	山南市教育局
洛桑曲珍	女	藏族	隆子县教育局	在寻找“最美家庭”活动中,被评为2021年山南市最美家庭	2021年	山南市妇女联合会机关

续表2

姓名	性别	民族	工作单位	获奖名称	表彰时间	授予单位
索朗仁青	男	藏族	隆子县教育局	在第七届《西藏文学》走进校园“掘文杯”征文大赛暨名家进校园主题活动中，荣获“优秀工作者”荣誉称号	2021年	《西藏文学》编辑部《山南文艺》编辑部西藏觉罗教育研修中心
王　兴	男	汉族	县信访局	三等功	2021年	中共隆子县委员会、隆子县人民政府
达　瓦	男	藏族	日当镇日当寺管会	优秀共产党员	2021年	中共隆子县委员会
贡桑番多	女	藏族	隆子镇小学	优秀共产党员	2021年	中共隆子县委员会
索朗次仁	男	藏族	隆子县丢热寺管会	优秀共产党员	2021年	中共隆子县委员会
米玛次仁	男	藏族	隆子县直吾来寺管会	优秀共产党员	2021年	中共隆子县委员会
边巴次仁	男	藏族	隆子县扎果寺管会	优秀共产党员	2021年	中共隆子县委员会
巴桑次仁	男	藏族	日当镇公安派出所	优秀共产党员	2021年	中共隆子县委员会
普布珠杰	男	藏族	隆子县仲嘎曲德寺管会	优秀共产党员	2021年	中共隆子县委员会
次仁拉姆	女	藏族	隆子县列麦乡人民政府	优秀共产党员	2021年	中共隆子县委员会
旦巴曲桑	男	藏族	列麦乡小学	优秀共产党员	2021年	中共隆子县委员会
阿旺加措	男	藏族	列麦乡公安派出所	优秀共产党员	2021年	中共隆子县委员会
潘宗科	男	汉族	隆子县桑青寺管会	优秀共产党员	2021年	中共隆子县委员会
尼玛扎西	男	藏族	隆子县热荣乡小学	优秀共产党员	2021年	中共隆子县委员会
洛桑晋巴	男	藏族	热荣乡公安派出所	优秀共产党员	2021年	中共隆子县委员会
查果拉姆	女	藏族	隆子县扎日乡人民政府	优秀共产党员	2021年	中共隆子县委员会
洛桑顿珠	男	藏族	隆子县吾金古如拉康寺管会	优秀共产党员	2021年	中共隆子县委员会
胡学民	男	汉族	隆子县玉麦乡人民政府	优秀共产党员	2021年	中共隆子县委员会
格桑朗杰	男	藏族	玉麦乡小学	优秀共产党员	2021年	中共隆子县委员会
达娃央吉	女	藏族	隆子县政治协商委员会办公室	优秀共产党员	2021年	中共隆子县委员会
次旺普尺	女	藏族	县外事办	优秀共产党员	2021年	中共隆子县委员会
韩大为	男	汉族	县委组织部	优秀共产党员	2021年	中共隆子县委员会

续表2

姓名	性别	民族	工作单位	获奖名称	表彰时间	授予单位
李江波	男	汉族	县扶贫办	优秀共产党员	2021年	中共隆子县委员会
李长辉	男	汉族	县委统战部	优秀共产党员	2021年	中共隆子县委员会
冯世祥	男	汉族	县委宣传部	优秀共产党员	2021年	中共隆子县委员会
加央曲桑	男	藏族	隆子县人民政府办公室	优秀共产党员	2021年	中共隆子县委员会
洛桑催成	男	藏族	日当镇人民政府	优秀共产党员	2021年	中共隆子县委员会
格桑卓玛	女	藏族	隆子县文化局	优秀共产党员	2021年	中共隆子县委员会
其米旺姆	女	藏族	县交通运输局	优秀共产党员	2021年	中共隆子县委员会
格桑顿珠	男	藏族	隆子县列麦乡人民政府	优秀共产党员	2021年	中共隆子县委员会
次仁顿珠	男	藏族	隆子县民政局	优秀共产党员	2021年	中共隆子县委员会
吾金曲扎	男	藏族	隆子县应急管理局	优秀共产党员	2021年	中共隆子县委员会
白玛拉宗	女	藏族	隆子县商务局	优秀共产党员	2021年	中共隆子县委员会
多布杰	男	藏族	隆子县扎日乡人民政府	优秀共产党员	2021年	中共隆子县委员会
德吉白玛	女	藏族	隆子县财政局	优秀共产党员	2021年	中共隆子县委员会
洛桑曲宗	女	藏族	隆子县日当镇人民政府	优秀共产党员	2021年	中共隆子县委员会
次仁曲桑	男	藏族	隆子县文化局（文物局）	优秀共产党员	2021年	中共隆子县委员会
普珍	女	藏族	隆子广播电视台	优秀共产党员	2021年	中共隆子县委员会
洛桑	男	藏族	隆子县人力资源和社会保障局	优秀共产党员	2021年	中共隆子县委员会
王超飞	男	汉族	隆子县行政审批和便民服务局	优秀共产党员	2021年	中共隆子县委员会
汪庆嵩	男	汉族	隆子县发展和改革委员会	优秀共产党员	2021年	中共隆子县委员会
措姆	女	藏族	隆子县城市管理和综合执法局	优秀共产党员	2021年	中共隆子县委员会
扎西多吉	男	藏族	县住房和城乡建设局	优秀共产党员	2021年	中共隆子县委员会
米玛曲珍	女	藏族	隆子县机关后勤服务中心	优秀共产党员	2021年	中共隆子县委员会

续表2

姓名	性别	民族	工作单位	获奖名称	表彰时间	授予单位
贡觉卓嘎	女	藏族	隆子县医疗保障局	优秀共产党员	2021 年	中共隆子县委员会
旺　久	男	藏族	隆子县县自然资源局	优秀共产党员	2021 年	中共隆子县委员会
央　珍	女	藏族	隆子县加玉乡人民政府	优秀共产党员	2021 年	中共隆子县委员会
扎西曲珍	女	藏族	隆县统计局	优秀共产党员	2021 年	中共隆子县委员会
益西曲珍	女	藏族	隆子县审计局	优秀共产党员	2021 年	中共隆子县委员会
朗　杰	女	藏族	隆子县退役军人事务局	优秀共产党员	2021 年	中共隆子县委员会
李羽皓	男	汉族	隆子县委国安办	优秀共产党员	2021 年	中共隆子县委员会
唐忠梅	女	汉族	隆子县人民检察院	优秀共产党员	2021 年	中共隆子县委员会
周婷婷	女	汉族	隆子县人民法院党	优秀共产党员	2021 年	中共隆子县委员会
嘎玛次仁	男	藏族	隆子县司法局党	优秀共产党员	2021 年	中共隆子县委员会
刘庆生	男	汉族	隆子县县公安局	优秀共产党员	2021 年	中共隆子县委员会
贡布坚参	男	藏族	隆子县县公安局	优秀共产党员	2021 年	中共隆子县委员会
拉巴平措	男	藏族	隆子县县公安局	优秀共产党员	2021 年	中共隆子县委员会
格桑次仁	男	藏族	隆子县农业农村局	优秀共产党员	2021 年	中共隆子县委员会
达　瓦	男	藏族	隆子县林业和草原局	优秀共产党员	2021 年	中共隆子县委员会
古桑若杰	男	藏族	隆子县水利局	优秀共产党员	2021 年	中共隆子县委员会
宋　静	女	汉族	隆子县中学	优秀共产党员	2021 年	中共隆子县委员会
扎　西	男	藏族	隆子县教育局	优秀共产党员	2021 年	中共隆子县委员会
边巴卓玛	女	藏族	隆子县人民医院	优秀共产党员	2021 年	中共隆子县委员会
边巴次仁	男	藏族	隆子县卫健委	优秀共产党员	2021 年	中共隆子县委员会
吕凤刚	男	汉族	国家税务总局隆子县税务局	优秀共产党员	2021 年	中共隆子县委员会
扎　西	男	藏族	隆子县中波台	优秀共产党员	2021 年	中共隆子县委员会

续表2

姓名	性别	民族	工作单位	获奖名称	表彰时间	授予单位
米玛曲珍	女	藏族	隆子县气象局	优秀共产党员	2021年	中共隆子县委员会
高群涛	男	汉族	隆子县教育局	优秀党务工作者	2021年	中共隆子县委员会
欧珠乔巴	男	藏族	隆子县文化局	优秀党务工作者	2021年	中共隆子县委员会
巫辉	女	汉族	隆子县纪委(监委)	优秀党务工作者	2021年	中共隆子县委员会
王龙	男	汉族	国家税务总局隆子县税务局	优秀党务工作者	2021年	中共隆子县委员会
方文俊	男	汉族	隆子县委组织部	优秀党务工作者	2021年	中共隆子县委员会
李雪峰	男	汉族	隆子县隆子镇人民政府	优秀党务工作者	2021年	中共隆子县委员会
朗嘎拉姆	女	藏族	隆子县日当镇人民政府	优秀党务工作者	2021年	中共隆子县委员会
何帆	男	汉族	隆子县列麦乡人民政府	优秀党务工作者	2021年	中共隆子县委员会
郭丞坤	男	汉族	隆子县热荣乡人民政府	优秀党务工作者	2021年	中共隆子县委员会
张波	男	汉族	隆子县加玉乡人民政府	优秀党务工作者	2021年	中共隆子县委员会
孙作敏	男	汉族	隆子县准巴乡人民政府	优秀党务工作者	2021年	中共隆子县委员会
张绍雄	男	汉族	隆子县雪沙乡人民政府	优秀党务工作者	2021年	中共隆子县委员会
达瓦	男	藏族	隆子县三安曲林乡人民政府	优秀党务工作者	2021年	中共隆子县委员会
洛桑卓玛	女	藏族	隆子县斗玉珞巴民族乡	优秀党务工作者	2021年	中共隆子县委员会
邱丹勇	男	汉族	隆子县扎日乡人民政府	优秀党务工作者	2021年	中共隆子县委员会
达娃玉珍	女	藏族	隆子县玉麦乡人民政府	优秀党务工作者	2021年	中共隆子县委员会

说明：资料由各单位提供，可能有遗漏

附　录

坚持严的主基调不动摇 坚定不移推动全面从严治党向纵深发展 以正风肃纪反腐实际成效迎接党的二十大胜利召开

——在中国共产党隆子县第十届纪律检查委员会第二次全体会议上的工作报告

县委常委、纪委书记、监委主任　罗廷坤

（2022年2月24日）

这次全会的主要任务是：坚持以习近平新时代中国特色社会主义思想为指导，全面贯彻中共十九大和十九届二中、三中、四中、五中、六中全会精神，认真落实十九届中央纪委六次全会、区纪委十届二次全会、市纪委二届二次全会部署，总结2021年全县纪检监察工作，部署2022年任务。次仁加措书记作了讲话，对学习贯彻习近平总书记重要讲话和中央、区、市纪委全会精神，纵深推进全面从严治党，为隆子奋力开启高质量发展新篇章提供坚强政治保障提出明确要求。我们要认真学习领会，坚决贯彻落实。

一、2021年工作回顾

2021年是中国共产党成立100周年，是“十四五”规划开局起步，第一个百年奋斗目标成为现实，向第二个百年奋斗目标进军的新征程开启之年，在市纪委监委和县委的坚强领导下，全县纪检监察机关坚持以习近平新时代中国特色社会主义思想为指导，及时跟进贯彻落实习近平总书记重要指示批示精神、上级重大决策部署，忠诚履行党章和宪法赋予的职责，持之以恒地正风肃纪，坚定不移地惩贪治腐，奋力推动全面从严治党向纵深发展，全县党风廉政建设和反腐败工作取得新成效、迈上新台阶。

*（一）一以贯之把政治建设摆在首位，“两个维护”更加坚定。*深学细读《习近平谈治国理政》第一、二、三卷及深刻领会习近平总书记“七一”重要讲话和视察西藏重要讲话重要指示批示精神，深入开展“党史”“三更”主题教育，深入学习宣传贯彻

十九届六中全会、自治区第十次党代会和市第二次党代会、市县“两会”精神，全县纪检监察干部在政治上、思想上、行动上始终同党中央保持高度一致。召开组织生活会1次，开展主题党日活动12次，开展专题教育考试测评3次，开展党史学习、“三更”专题教育、周例会学习会议20余次，交流研讨5次，专题调研1次，发现问题5条，提出意见建议4条，形成调研报告1篇。聚焦党史学习教育、学习贯彻中央第七次西藏工作座谈会精神、“十四五”规划实施、惠民富民政策落实、常态化疫情防控、乡村振兴战略实施、政法队伍教育整顿、党员信仰宗教等上级重大决策部署开展监督检查124次，发现问题57条，整改完成56条，1条正在整改。通过及时纠偏定向，有力有效督促全县各级党组织和党员领导干部将“两个维护”落到实处。

（二）压紧压实“两个责任”，管党治党更加有力。始终把全面从严治党协助职责摆在突出位置，通过重大事项请示报告、定期汇报党风廉政建设和反腐败斗争工作、及时提出管党治党意见建议等方式，积极主动为党委主体作用发挥提供有效载体、当好参谋助手。县委先后在县委常委会会议上传达学习各类典型案例通报18期，听取50个党委（党组）述责述廉5次，召开九届县纪委六次全会和反腐败工作协调领导小组推进会。把坚决做到“两个维护”作为根本政治任务，聚焦贯彻习近平总书记重要讲话和主要指示批示精神，强化对中央、区党委、市委、县委决策部署落实情况及区党委第三巡视组巡视“回头看”反馈意见整改落实情况的监督检查，主动、精准发力，开展监督检查86次，发现问题54条，整改完成53条，1条反馈问题正在整改。

（三）坚持标本兼治、“三不”，效果更加凸显。着力推进“不敢腐”。坚持有诉必应，有案必查，上年至今共受理问题线索37件。已办结22件，其中，初核了结12件、函询了结1件、立案办结7件、简易程序开除党籍2件。未办结15件，其中，初核中7件、审查调查中6件、已中止党员权利、待判决1件、简易程序正在办理1件。着力推进“不能腐”。坚持抓早抓小，科学运用“四种形态”，使用第一种形态处理23人次，占67.7%，其中，提醒谈话12人、诫勉谈话6人、责令检讨3人、函询1人，批评教育1人；运用第二种形态处理8人，占23.5%，其中党内警告2人、党内严重警告6人，挽回经济损失1.8万余元；运用第三种形态处理3人次，占8.8%，其中开除党籍2人、留党察看1人。线索受理较上年同期增长21.7%，及时清除破坏政治生态的“污染源”。着力推进“不想腐”。大力宣传纪法条例，动态展示全县纪检监察工作推进情况，累计向市纪委监委发送信息简报60期，发布廉政动态35期，开展专题警示教育大会2次，组织300名党员干部观看警示教育宣传片2部，及时更新廉政建设长廊，累计组织16批283名党员干部陆续到县廉政警示教育基地参观学习，下发各类典型警示案例通报18期，开展廉政讲课谈话6次，发放忏悔录81本，发送廉洁提醒短信18000余条。

（四）锲而不舍推进作风建设，党风政风更加向好。坚持上下联动、同频共振，整合县、乡纪委监督力量对“私车公养、公车私用”问题开展监督检查15次，发现并反馈问题2个，为规范公车使用和管理划出纪律底线，及时堵塞车轮上的腐败问题。紧盯纪律作风建设，采取“四不两直”的方式对各乡镇、各单位遵守“六大纪律”情况进行监督检查，开展会风会纪监督检查7次，下发情况通报2期，责令11人作出深刻检讨，开展上下班制度执行情况监督检查2次，通报34人，约谈7人，对1人进行提醒谈话，引导干部严守工作纪律，增强规矩意识，持续正风肃纪。紧盯“四风”新形势、新动向，紧密围绕“违规接受宴请”“违规发放津补贴”“违规收受名贵特产”等典型问题，突出节假日、双休日等“八小时以外”重点时段开展监督检查，共开展日常监督检查90次，中央八项规定精神监督检查73次，发现问题24条，下发通报2期，责令5人作出深刻检讨。对便民服务中心、一站式服务大厅开展监督检查3次，着力发现和整治“脸难看、门难进、事难办”等形式主义、官僚主义问题。对餐饮浪费等歪风陋习开展监督检查10次，发现并督促整改问题3个。

（五）深入开展专项整治，群众获得感、幸福感、安全感更加充盈。坚持民有所呼、我有所应，始终把整治和查处群众身边不正之风和腐败问题作为重要政治任务，群众获得感和满意度持续提升。深入开展换届工作、巩固脱贫攻坚成果同乡村振兴有效衔接、乡村安全饮水工程、民生项目建设和运营、政法队伍教育整顿、粮食安全领域、生态环境领域、公车二维码、疫情防控措施落实专项监督150次，发现问题254个，发送工作提示15件次，责令相关单位、人员作出情况说明3件次，发送问题反馈函10件次，下发问题整改函18件次，对19条问题重点关注、动态跟进，与相关部门沟通对接协调解决群众急难愁盼问题3件，会议推进解决7件，系统培训解决1件，讲党课3次，现场作报告1次，形成调研报告1篇，联合县委督查室下发督查通报3期，督办通知1期，通报处理11人，受理政法干警问题线索10件11人，并案处置8件11人，已办结7件7人，正在办理1件4人。

（六）深化巡察监督，利剑作用更加彰显。对9个党组织开展常规巡察和3个党组织开展巡察“回头看”，圆满完成全覆盖巡察任务。科学制定十届县委巡察工作五年规划，及时启动十届县委第一轮巡察工作，组建3个巡察组，抽调21名巡察工作人员对12个村级党组织开展巡察，共发现突出问题135条，向县纪委监委移交问题线索2条。

（七）坚持深化改革，体制机制更加完善。印发《关于进一步规范党风廉政意见回复工作的通知》，规范和完善党风廉政意见回复工作制度，2021年共回复党风廉政意见83次、2430人；制定出台《2021年隆子县纪检监察工作清单》，围绕强化基层监督三个方面罗列出14条内容，从4个方面提出12项建议，帮助县乡纪检监察干部进一步厘清责任边界、细化工作措施，确保干部守土有责、守土负责、守土尽责。

（八）持续加强干部队伍建设，履职本领过硬。选派2名干部到区纪委监委跟班、16名干部到市纪委监委跟班、7名乡镇纪检干部到县纪委监委跟班（跟案）学习；选派5名干部参加中国纪检监察学院、区纪委举办的各类业务培训班；持续优化队伍结构，配齐配强纪委监委班子成员，系统内交流5人，交流到系统外4人，系统外交流到系统内3人。创建“纪检监察业务我来讲”课堂，每两周安排1名干部结合自身业务知识轮流上台授课，并针对工作中的重点、难点、疑点问题进行答疑解惑，让全体干部“人人上讲台，人人当讲师”，不断提升干部监督执纪能力和水平。

二、全县全面从严治党、党风廉政建设和反腐败斗争面临的形势

一年的砥砺前行、拼搏奋进，全县党风廉政建设和反腐败斗争取得了新的成效，积累了一些经验，这得益于市纪委监委和县委的正确领导，得益于各级各部门的高度重视和大力支持，得益于全县纪检监察干部的共同努力，更得益于社会各界人士和人民群众的广泛参与。在此，我代表十届纪律检查委员会常务委员会，向大家表示衷心的感谢并致以崇高的敬意！

在肯定成绩的同时，我们也应当清醒认识到，全面从严治党任重道远，党风廉政建设和反腐败斗争形势依然严峻复杂。一是从落实“两个责任”上看。一些党组织落实全面从严治党“主体责任”和“第一责任人”责任不严不实，落实党委政府决策部署打折扣，“三重一大”制度执行不到位，搞“一言堂”；班子成员自我要求不严，对干部管理宽松软，对班子成员和干部职工身上出现的苗头性、倾向性问题警示提醒不及时。二是从作风建设上看。有的部门日常监管责任落实不到位，对干部赌博、酗酒醉酒等不良嗜好视而不见，干部赌博、酒驾等违纪违法行为屡禁不止；一些干部工作作风不严、责任意识不强，对待工作只求“差不多、过得去”，遇事躲着走、拖着干；有的社交圈、生活圈、朋友圈鱼龙混杂，追求低级趣味；一些单位违反中央八项规定精神和“四风”问题仍然存在。三是从廉政风险上看。一些单位对自身领域廉政风险点掌握不清，财务监督管理不到位，违规发放津补贴、巧立名目套取资金等“微腐败”问题仍有发生；有的干部政商关系“亲”而不“清”，与商人吃喝玩乐，称兄道弟，讲江湖义气，理想信念丧失，用公权力为私人利益开道，中饱私囊、贪图享受。四是从为民服务宗旨上看。个别乡镇和单位主体责任落实不到位，政策性补助兑现不及时，个别群众涉农

补贴、养老补助、医疗保障资金等政策性补贴未及时得到兑现，各类补助资金发放混乱、审核把关不严，超标准发放、跨岗位发放、重复发放，甚至向民生资金伸黑手。有的部门对待群众急难愁盼漠不关心，群众就医、饮水等问题久拖不决，为民服务冷硬横推，推诿扯皮，主动服务、优质服务意识不强，一定程度上影响了党和政府的公信力。五是从自我建设上看。一些纪检监察干部面对纪检监察体制不断变革的新形势认识不到位，研究新办法、解决新问题、推动工作不够主动有力；对政治监督常态化具体化的方法思路还不够开阔、日常监督还不够有力，熟人监督、人情监督和不敢不会监督问题不同程度存在；"三不"一体推进机制还不够完善，警示教育广度、深度不够，发挥治本作用还有所欠缺，等等。对此，我们务必高度重视，认真研究并拿出可行性的方案。

三、2022年主要工作

2022年是实施"十四五"规划承上启下的关键之年，是喜迎党的二十大召开之年，做好纪检监察工作意义重大。总体要求是：坚持以习近平新时代中国特色社会主义思想为指导，全面贯彻落实中共十九大和十九届二中、三中、四中、五中、六中全会和中央第七次西藏工作座谈会精神，按照十九届中央纪委六次全会、自治区纪委十届二次全会、市纪委二届二次全会和县十届五次全会要求，捍卫"两个确立"、增强"四个意识"、坚定"四个自信"、做到"两个维护"，围绕"四件大事"，立足新发展阶段，完整准确全面贯彻新发展理念，服务融入新发展格局，自觉运用党的百年奋斗历史经验，忠实履行党章和宪法赋予的职责，坚持全面从严治党战略方针，坚持稳中求进工作总基调，紧扣中心工作大局发挥监督保障执行、促进完善发展作用，突出政治监督、加强日常监督，深化不敢腐、不能腐、不想腐一体推进，深化纪检监察体制改革，扎实推进规范化法治化建设，建设高素质专业化纪检监察干部队伍，推动纪检监察工作高质量发展，以优异成绩迎接党的二十大胜利召开。

（一）以更强政治自觉强化政治监督，始终践行党的初心使命。深学细悟习近平新时代中国特色社会主义思想，及时跟进学习贯彻习近平总书记最新重要讲话和重要指示批示精神，深刻领悟"两个确立"决定性意义，系统把握科学内涵、精神实质和实践要求，不断提高政治判断力、政治领悟力、政治执行力。持续巩固拓展党史学习教育成果，把教育成果转化为坚定理想信念、砥砺党性初心、忠诚履职尽责的思想自觉和实际行动。突出政治监督属性，把监督贯穿党领导经济社会发展全过程，使监督融入经济发展和社会长治久安大局中。围绕贯彻十九届六中全会精神，聚焦习近平总书记重要指示批示、视察西藏时重要讲话精神和区党委、市委、县委以及上级纪委监委安排部署贯彻落实情况，靠前监督、精准监督、全程监督，坚决纠正上有政策、下有对策，有令不行、有禁不止的行为，确保上级重要决策部署和县委重点工作任务落实落地。牢牢把握政治方向，把党员干部意识形态领域的纪律、规矩意识作为重要监督内容，严肃执纪问责，督促各党组织将意识形态工作责任抓在手上、扛在肩上。对管党治党宽松软、"四风"问题突出、发生系统性塌方式腐败的党组织，强化责任倒查，严肃问责曝光，持续推动党委（党组）主体责任、党委（党组）书记第一责任、班子成员"一岗双责"、纪委监督责任"四责"协同落实，切实把管党治党政治责任推进到一线、压实到基层。坚持把"一把手"作为各类监督的重点，深入贯彻落实《中共中央关于加强对"一把手"和领导班子监督的意见》精神，深化同级监督谈心谈话制度，有效破解"一把手"监督和同级监督难题。

（二）以更高要求一体推进"三不"机制建设，持续巩固反腐败斗争成果。继续把严的主基调长期坚持下去，重点查处政治问题和经济问题交织的腐败案件，聚焦政策支持力度大、资金资源密集、财政金融投资富集的领域和环节，坚决查处基础设施建设、工程建设和项目审批、公共资源交易等方面的腐败问题。对各种隐性腐败、新型腐败扭住不放、一查到底，坚决做到态度不变、决心不减、尺度不松。坚持惩前毖后、治病救人，把思想政治工作贯穿始终，精准运用"四种形态"，让咬耳扯袖、红脸出汗成为常态。持续推进"以案促改"制度化、常态化，统筹做好查办案件后半篇文章，坚持查防结合、纠建并举，进一步完善“以案促改”工作机制，充分发挥办案治本功能，把查办案件与堵塞漏洞、强化监管、修复政治生态结合起来，注重分析案件发生的深层次原因，系统查找思想、作风、监管、制度等方面存在的薄弱环节，用好纪检监察建议这个有力武器，督促案发单位总结教训、完善制度、堵塞漏洞，做实以案促改、以案促治，切实发挥查处一案、警示一片、治理一域的综合效应。准确把握党员干部的思想动态，分层分类开展廉政教育，增强教育实效性。发挥先进典型的示范引领作用，引导党员干部以先进为榜样、为标杆。提高警示教育的政治性，深化纪法宣讲，用好典型案例的反面教训，深刻剖析、对照检视、以案明纪。加强理想信念和道德教育，弘扬优秀传统文化，引导广大党员干部强化理想信念宗旨，增强不想腐的自觉。

（三）以更实的措施抓作风，驰而不息纠治“四风”顽疾。深入贯彻落实全区改进作风狠抓落实工作动员部署会议精神，坚持把作风建设作为一项长期性、基础性工作抓紧抓实，锲而不舍落实中央八项规定及其实施细则精神，坚守重要节点、紧盯薄弱环节，严查转入“地下”的吃喝歪风以及收送电子红包、公款消费、私车公养、公车私用等问题；坚决查处干部酒驾、赌博、追求低级趣味等违规违纪违法行为，坚决防止享乐主义、奢靡之风反弹回潮。把整治形式主义、官僚主义纳入县委巡察、监督检查、审查调查等工作重点，全面检视、靶向纠治落实党中央和区党委、市委、县委决策部署做选择、搞变通、打折扣等问题，防止敷衍应付、不严不实作风滋生蔓延。坚持整治问题和堵塞漏洞并重，对反复发生的问题深入分析、找准症结，从制度机制上加以规范，促进综合治理、系统治理、源头治理。树立监督执纪执法正确导向，坚持既严格监督约束，又真诚关爱激励，充分释放激励干部担当作为“正能量”。坚持“三个区分开来”，深化运用“四种形态”，科学规范用好问责利器，扎实开展澄清正名和容错纠错工作，贯彻落实好党员权利保障条例，严肃查处诬告陷害行为，最大限度激发广大干部干事创业的内生动力，切实把好传统好作风带进新征程，用作风建设新成效凝聚强大正能量。

（四）以更强的为民服务意识，坚决整治群众身边腐败。聚焦巩固拓展脱贫攻坚成果同乡村振兴有效衔接、乡村振兴政策落实等加大监督检查力度，严查乡村振兴战略实施中不担当、不作为等形式主义、官僚主义问题，坚决斩断伸向各类帮扶和乡村振兴项目资金的“黑手”，切实保障群众权益。把整治群众身边腐败和不正之风摆到更加突出位置，对群众“急难愁盼”问题及时分析研判，牵头开展专项整治。完善民生领域损害群众利益问题治理机制，持续纠治教育医疗、养老社保、生态环保、粮食领域、蔬菜大棚、工程招投标等领域腐败和作风问题，严肃查处贪污侵占、吃拿卡要、优亲厚友等侵害群众利益行为。常态化推进扫黑除恶“打伞破网”，持续深化政法队伍教育整顿成果，坚决整治执法司法领域顽瘴痼疾，促进社会公平正义，保障群众合法权益。强化小微权力有效监督。进一步健全完善基层监督体系，综合运用交叉检查等方式整合基层监督力量，充分发挥乡镇纪委、村务监督委员会作用，加强村级公共事务监督，进一步规范“小微权力”运行，保障惠民富民、促进共同富裕政策措施在“最后一公里”落地见效。

（五）以更加精准的目标强化政治巡察，巡察利剑锋芒常在。深入学习贯彻习近平总书记关于巡视巡察工作重要论述和中央、区党委、市委和县委关于巡视巡察工作部署，做到先学后巡、学好再巡。坚持将意识形态责任制落实情况作为巡察监督的重要内容。紧盯领导班子和“关键少数”，对领导班子突出问题和县管干部重要问题线索深入了解，对班子政治生态进行总体评价。结合十届县委巡察工作五年规划，制定2022年县委巡察工作计划，谋划巡察“回头看”工作。深入抓好巡视巡察反馈意见整改“回头看”工作，纪检监察机关在抓好自身问题整改的同时，推动全县把整改作为重大政治任务抓紧抓实，以实际成效检验政治担当。强化巡察成果运用。发挥巡察机构统筹督促职责，压实被巡察单位整改主体责任，强化纪检监察机关和组织部门巡察整改日常监督责任，完善整改情况报告制度，健全整改公开机制，对整改责任不落实、整改不力的严肃问责。用好巡察成果，精准处置移交线索，针对普遍性、体制机制问题精准提出意见建议，推动职能部门举一反三，健全制度、堵塞漏洞。强化巡察队伍建设，严格监督管理巡察干部，充分发挥巡察岗位发现培养锻炼干部的熔炉作用。加强巡察机构与纪检监察机关、组织、审计、信访等部门的协作配合，健全完善巡察人才库。

（六）以更强决心深化体制改革，建立协同高效的监督体系。坚持和完善双重领导体制，认真落实县纪委监委向市纪委监委、县委请示报告制度，依法开展县监委向县人大常委会报告专项工作。持续擦亮基层监督“探头”，加强对乡镇纪委（派出监察室）的领导，整合监督力量，进一步健全“县乡村”三级联动监督、县乡联合办案制度机制。充分发挥反腐败协调领导小组职能作用，统筹衔接“四项监督”与人大、民主、行政、司法、群众、舆论等监督协作配合，形成监督合力。加大信息化建设力度，深化检举举报平台建设应用成果，用好互联网、大数据等信息平台。发挥群众监督作用，进一步加强对干部“八小时以外”的监督。完善党员领导干部廉政档案，认真做好党风廉政意见回复工作，确保新时代好干部标准落到实处。

（七）以更严要求加强自身建设，锻造高质量纪检监察铁军。坚持把党的政治建设摆在首位，持续加强县纪委监委班子成员自身建设，带头提高自身政治素养和履职能力，持续提高政治判断力、政治领悟力、政治执行力。全面提升机关党的建设，落实党建工作责任制，全面提升机关党建规范化水平。持续以加强政治理论和业务培训学习、跟班跟案实战大练兵、新老干部传帮带等方式，不断提升纪检监察干部的综合素质和业务能力。认真践行区党委“六个表率”和市委“七个表率”要求，严格落实西藏纪检监察干部行为规范以及规范饮酒、禁止参与赌博行为规定，坚持“刀刃向内”，经常打扫庭院，对反映纪检监察干部的问题线索认真核查，对执纪违纪、执法违法的坚决查处，对失职失责的严肃问责，坚决清除政治不纯、品行不端者，以铁一般的纪律作风锻造纪检监察铁军。

同志们，征途漫漫，惟有奋斗。让我们更加紧密团结在以习近平同志为核心的党中央周围，在上级纪委监委和县委的坚强领导下，砥砺前行、锐意进取，不断推动全面从严治党、党风廉政建设和反腐败斗争向纵深发展，以高质量的纪检监察工作助力我县新征程行稳致远，迎接党的二十大胜利召开。

隆子县2021年财政预算执行情况和2022年财政预算草案的报告

——在隆子县第十四届人民代表大会第三次会议上

隆子县财政局

（2022年1月27日）

一、落实十三届人大八次会议预算决议情况

按照县十三届人大八次会议的决议要求以及县人大财经委的审查意见，县财政认真研究，积极采取有效措施贯彻落实预算决议。

（一）聚焦中心工作，抓实四件大事。面对严峻形势和种种困难，认真执行积极的财政政策，积极主动作为，牢固树立“政府过紧日子，人民过好日子”思想，充分调度预算执行情况，加强财政资金使用效益；统筹盘活存量资金，加大对民生领域的投入力度，确保把有限的财力用到稳定、发展、生态、强边四件大事。今年，本级财政安排维稳工作经费218万元，有力保障了全县维护国家安全工作。安排疫情防控及检测能力建设资金600万元，着力保障了全县新冠肺炎疫情检测、疫苗接种及防疫物资储备等各项防控工作。安排统筹整合财政涉农资金和乡村振兴衔接资金共18473万元，其中县本级配套乡村振兴衔接资金700万元，重点用于巩固拓展脱贫攻坚成果同乡村振兴有效衔接领域；安排节能环保资金2418万元，其中县本级安排生态环境领域资金2117万元。重点用于水污染防治及水源地保护治理、土壤污染防治、农村环境综合整治、生态文明小康示范村项目、医疗废物处置。安排边境地区建设项目资金共37583万元，重点用于边境乡镇抵边搬迁及基础设施改善等方面。安排边境旅游发展资金共887万元，全力支持边境乡镇旅游产业发展。按照上级有关文件精神，强化边民补助政策落实准确度，及时兑现落实边民补助5637人3837万元，其中兑现抵边搬迁347人362万元，切实解决了边民后顾之忧，确保边境地区有人愿意去，有人留得住。

（二）聚焦效益提升，财政管理不断规范。一是抓实审计整改。全力整改第三方审计检查工作，规范全县74家行政事业单位和3家国有企业财政内部控制、收支执行情况。审计报告提出407个具体问题，涉及资金8642.72万元，已整改问题311个，正在整改96个，收回违规资金11.33万元，整改进度达到76%。二是加强财务监督指导。强化执行“村财乡管村用”制度，以村两委换届干部培训为契机，向新任村干部160余人讲授“村财乡管村用”制度，规范乡镇、村级财务运行。特别是我局成立督导检查组，覆盖全县11个乡镇开展了财政财务监督指导工作，共查出部门及“村财乡管”财务制度不够细化等方面的42项问题，提出了财政整改意见共34条。三是强化财务人员教育管理。2021年，财政局组织全县财务人员开展业务培训3次、讲廉政党课1次、反诈骗警示教育1次、业务交流培训会3次。累计参与培训达200余人次，加强了全县财务人员教育管理，提高了业务水平，并进一步严肃财经纪律。四是强化结余资金管理。深度清理财政专户，将历年沉淀资金及时收缴国库，盘活县本级存量资金8556万元，确保了财政资金高效运行。五是坚决防范化解地方隐性债务风险。2021年市级核定

我县人民政府需偿还债务2816万元和利息210.59万元，按照市级债务化解方案，计划3年内还清。截至12月31日已偿还债务本金1103万元、利息210.59万元，已安排2022年偿还债务本金1103万元。

（三）聚焦主责主业，优化财政服务水平。一是强化预算编制管理。按照预算“两上两下”的编制原则，依法依规编制2021年财政预算，并按规定程序审核执行，确保预算编制的科学化、精细化、规范化。同时在政府新闻网上公示公开。二是推进财政信息化建设。按照上级要求积极完成2020年内部控制、政府财务报告等录入工作，完成数据信息化。三是加强重点资金绩效监督。持续推进精准扶贫、中央直达资金等跟踪问效及监督工作，进一步推动财政资金绩效监督管理工作。四是推进预算管理一体化改革。坚持以建设“标准规范、横联纵通、账表一体、业务协同、信息共享”的地方财政预算标准化管理平台为目标，对全县74家预算单位基础信息进行了完善，对各级预算管理业务流程、管理要素和控制规则等进行了规范和统一，切实加强了政府预算、部门预算、单位预算以及上下级预算之间的业务环节无缝衔接和有效控制。五是加强财政财务知识宣传。制作以《中华人民共和国预算法》《财政违法行为处罚处分条例》等为主要内容的财政法律法规宣传手册，发放宣传手册75份，发放上级制度汇编74份，确保预算单位领导、财务人员及时准确掌握财政财务法律法规，从而规范财务行为。

二、2021年财政预算执行情况

2021年，是中国共产党成立100周年、西藏和平解放70周年，是“十四五”规划开局之年，各级财政部门深入贯彻落实党中央和区党委、市委各项决策部署，围绕中心、服务大局，统筹疫情防控和经济社会发展，扎实做好“六稳”工作，全面落实“六保”任务，主动适应经济发展新常态，认真践行新发展理念，围绕中心、服务大局、强化担当、主动作为，支出结构持续优化，民生福祉全面改善，财政改革持续推进，管理水平稳步提高，全年预算执行情况总体平稳。

（一）2021年一般公共预算收支完成情况

1. 收入完成情况。2021年，县本级一般公共预算收入完成7852万元，同比增长12%。上级补助收入160903万元，同比下降1.68%，其中：一般性转移支付收入111120万元、专项转移支付收入47133万元、返还性收入2650万元。动用预算稳定调节基金149万元。全年一般公共预算总财力168904万元。

2. 一般公共预算支出完成情况。2021年，全县完成一般公共预算累计支出105711万元，为变动预算数的63%。

3. 收支平衡情况。2021年，全县一般公共预算总财力达到168904万元，全县完成一般公共预算支出总计105711万元，结转下年63193万元。

（二）政府性基金收支完成情况

1. 收入完成情况。2021年本级政府性基金收入1541万元，上级下拨政府性基金补助1119万元，全县政府性基金总财力达到2660万元，同比下降68%。

2. 支出完成情况。全县完成政府性基金支出878万元，同比下降90%。

3. 收支平衡情况。2021年，全县政府性基金总财力达到2660万元，全县完成政府性基金支出878万元，结转下年1782万元。

（三）全县行政事业单位固定资产情况

2020年全县固定资产总额为89445万元。其中，土地、房屋及构筑物面积33.65万平方米，价值总额70100万元；专用设备数量6025件，价值总额6099万元；通用设备数量9029件，价值总额9258万元；机动车数量169辆，价值总额4301万元；家具、用具、装具及动植物数量53447件（只、头），价值总额4005万元；图书档案数量24324册，价值总额24.05万元；文物及陈列品数量241个，价值总额5.6万元。

各位代表，面对持续加大的经济下行压力，我们不断增强财政工作的责任感和使命感，全力以赴应对挑战，千方百计克服困难，既坚持依法征收、应收尽收，又恪守应减尽减、应免尽免，促进全县经济高质量发展。这是以习近平同志为核心的党中央坚强领导和亲切关怀的结果，是习近平总书记关于西藏工作的重要论述和新时代党的治藏方略科学指引的结果。这些成绩的取得，离不开县委、县政府的正确领导，离不开县人大、政协及其代表、委员们的有力监督，离不开各部门、各乡镇、全县各族群众的共同努力。

在肯定成绩的同时，我们也清醒地认识到预算执行和财政管理工作中仍存在一些问题和挑战，主要表现在：受经济下行、中央减税降费政策和新冠肺炎疫情等影响，财政收入持续增收存在很大的困难；受财力限制，总财力在保障"三保"的基础上，财政支持政府公共服务供给能力面临较大挑战；支出进度缓慢，执行不均衡问题仍然突出，预算执行监督机制有待进一步加强；财政支出规模不断攀升，资金使用绩效提升相对缓慢。对此，我们将高度重视，在今后工作中切实加以改进和解决。

三、2022 年财政收支预算（草案）

2022 年，是党的二十大召开之年，是深入贯彻落实自治区第十次党代会、市第二次党代会精神的开局之年，是全面实施"十四五"规划的重要之年，做好预算编制和财政工作意义重大。根据《预算法》及其实施条例、《自治区财政厅关于编制 2022 年自治区本级和地方预算的通知》要求，按规定程序征求各方意见后，编制形成 2022 年预算草案。

（一）预算编制指导思想和基本原则

以习近平新时代中国特色社会主义思想为指导，深入贯彻中共十九大和十九届历次全会及中央第七次西藏工作座谈会，中央经济工作会议精神，深入贯彻落实习近平总书记关于治边稳藏的重要论述和新时代党的治藏方略，贯彻落实自治区经济工作会议和市委经济工作会议精神，增强"四个意识"、坚定"四个自信"、捍卫"两个确立"、做到"两个维护"，胸怀"两个大局"、心系"国之大者"，以迎接服务党的二十大胜利召开为主线，弘扬伟大建党精神，坚持稳中求进工作总基调，完整、准确、全面贯彻新发展理念，主动服务和融入新发展格局，推动高质量发展，以深化供给侧结构性改革为主线，以改革创新为根本动力，以满足人民日益增长的美好生活需要为根本目的，坚持系统观念，统筹发展和安全，促进共同富裕，继续做好"六稳"工作、全面落实"六保"任务，着力推进"四个创建"，努力做到"四个走在前列"，切实抓好"四件大事"，实现"四个确保"。牢固树立政府过"紧日子"思想，加强财政资源统筹，加大优化支出结构力度，深化预算管理制度改革，落实部门和单位预算管理主体责任，完善部门预算约束机制，推动预算绩效管理提质增效，着力推进预算管理一体化建设，为推进我县长治久安和高质量发展贡献财政力量。

按照上述指导思想，2022 年预算编制着重把握以下原则。一是坚持服务大局、对标对表。严格对照自治区第十次党代会、市第二次党代会和县委决策部署，逐项梳理财政保障事项，统筹兼顾、突出重点，做到应保尽保。二是坚持依法理财，强化收支。实事求是、科学预测收入预算，与经济社会发展相适应，与财政政策相衔接，落实落细各项减税降费政策。严把预算支出关口，严控一般性支出，压减县本级非刚性、非重点项目支出、"三公经费"，盘活存量，用好增量，优化资金投向，保持合理支出强度。三是坚持积极稳妥，防范风险。充分考虑经济发展水平和财力状况，重点安排民生领域支出，不做脱离实际的承诺。加强风险防控，坚决遏制增量，稳妥化解存量，切实防范财政金融风险。

（二）2022 年全县预算安排情况

1. 一般公共预算安排情况

2022 年全县一般公共预算年初总财力为 100673 万元，其中：一般公共预算收入安排 6100 万元，同比下降 22.31%，返还性收入 2650 万元，上级转移支付收入 91571 万元，调入预算稳定调节基金 352 万元。上年结转 63193 万元。

2022 年一般公共预算支出年初安排 100673 万元，主要支出安排情况分别为：（1）一般公共服务支出安排 27349.99 万元；（2）教育支出安排 19933.69 万元；（3）科学技术支出安排 96.00 万元；（4）文化体育传媒支出安排 1656.72 万元；（5）社会保障和就业支出安排 8486.82 万元；（6）卫生健康支出安排 8838.80 万元；（7）节能环保支出安排 775.70 万元；（8）城乡社区支出安排 887.38 万元；（9）农林水支出安排 23550.13 万元；（10）交通运输支出安排 530.86 万元；（11）资源勘探信息等支出 2.50 万元；（12）金融支出 10.00 万元；（13）自然资源海洋气象等支出安排 262.80 万元；（14）住房保障支出安排 2609.08 万元；（15）粮油物资储备支出 9.00 万元；（16）灾害防治及应急管理支出 308.13 万元；（17）

安排预备费600.00万元等。

2. 政府性基金预算安排情况。

全县政府性基金预算收入总财力为782万元，其中：本级政府性基金预算收入715万元，上级补助收入67万元。上年结转1782万元。

政府性基金支出预算安排782万元，主要用于支持社会保障及新增建设用地有偿使用费支出。

（三）2022年财政预算安排的重点

按照县委、县政府总体决策部署，重点支持以下工作。

一是统筹发展和安全，确保社会大局和谐稳定。支持铸牢中华民族共同体意识。安排资金847万元，支持开展民族团结、爱国主义教育、反分裂斗争和党史学习教育，推动广电中心、文化艺术中心等重点项目建设。支持维护公共安全。安排资金2703万元，支持社会治理模式和维稳制度体系建设，开展打击非法组织、扫黑除恶、禁毒、反恐等行动，保障道路交通安全，提升治安管理体系和治理能力现代化水平。深入实施干部驻村驻寺、城镇网格化管理、先进双联户创建评选、民族团结进步模范区创建等活动。

二是精准聚焦发力，确保全县经济高质量发展。支持基础设施建设。安排资金6076万元，支持中小河流域治理、水库除险加固维修、农村饮水安全和防汛抗旱等水利项目建设，实施城市基础设施功能提升，扎实推进隆子河生态综合治理、城区照明亮化等重点项目。支持乡村振兴。安排资金15769万元，推动巩固脱贫攻坚成果同乡村振兴有效衔接，过渡期内保持财政支持政策和资金规模总体稳定。重点向巩固脱贫攻坚成果任务重、乡村振兴底子差的乡镇倾斜，支持推进高标准农田建设、黑青稞推广种植、农村综合改革、人居环境整治等，加快推进农业现代化。支持创业就业。安排资金1721万元，深入实施就业优先战略。充分发挥市场机制作用，落实好扶持奖励政策，引导高校毕业生市场就业、资助创业。加大技能培训力度，促进农牧民持续就业增收。支持教育发展。安排资金19934万元，用于十五年公费教育政策、教育“三包”、大学生资助，推动义务教育优质均衡发展，办好学前教育、特殊教育、职业教育，深化教育人才“组团式”援藏。支持卫生健康。安排资金3015万元，做好常态化疫情防控资金保障，提高疫情防控应急处置能力，加强卫生健康人才队伍建设，包虫病、大骨节病等地方病防治，深化医疗人才“组团式”援藏。支持社会保障。安排资金9384万元，落实社会救助政策，加强困难群众基本生活保障，做好机关事业单位干部职工医疗保险和养老保险、城乡居民基本医疗保险和养老保险补助配套，做好工伤、失业和生育保险单位缴费补助配套，支持老旧小区改造维修和公租房建设，解决城镇低收入家庭和干部职工住房困难。

三是坚持系统治理，确保生态环境持续良好。支持生态保护修复。安排资金2061万元，推进重点生态功能区保护修复、重要湿地保护、森林生态系统建设等工程，实施好隆子植树造林、防沙治沙，城区边角地绿化，生态环境监测、环境污染防治，生态搬迁及配套建设，落实好草原生态保护补助奖励和生态就业岗位补贴政策。支持打好污染防治攻坚战。安排资金775万元，全面强化环境综合治理，深入打好污染防治攻坚战，推进隆子河流域水污染生态修复工程和城市地下水污染防治，强化县城区域垃圾清扫清运、污水处理厂以及医疗废物集中处置等托管运营。

四是紧扣边疆发展，确保边防巩固和边境安全。安排资金4990万元，统筹推进经济社会和边防建设，落实财政支持边境建设一揽子政策。执行好边民补助动态调整机制和外事巡边员、护边员补助政策，推进物防技防建设。加快推动抵边搬迁和边境村镇建设，补齐边境地区公共服务设施短板，落实边境地区群众教育、医疗、就业等特殊优惠政策，吸引腹心地区、非边境乡高海拔地区群众向边境一线转移。

各位代表，做好2022年财政工作，责任重大，使命光荣。我们将认真贯彻县委县政府决策部署，自觉接受县人大的监督指导，虚心听取县政协的意见建议，凝心聚力，攻坚克难，扎实做好财政预算各项工作，助力山南在推进长治久安和高质量发展上走在全区前列，以优异成绩迎接党的二十大胜利召开。

隆子县 2021 年国民经济和社会发展统计公报

隆子县统计局

2022 年 3 月

2021 年中国共产党建党 100 周年、西藏和平解放 70 周年，是"十四五"规划开局之年，更是全面建设社会主义现代化国家新征程开启之年。在"两个一百年"奋斗目标交汇期，面对错综复杂的宏观经济环境和经济下行压力的持续影响，全县上下在县委、县政府的坚强领导下，在县人大和县政协的监督支持下，在援藏省市的无私援助下，坚持以习近平新时代中国特色社会主义思想为指导，深入贯彻落实中共十九大、十九届历次全会和中央第七次西藏工作座谈会精神，围绕稳定发展生态强边"四件大事"，统筹抓好经济发展和新冠肺炎疫情防控工作，全县经济社会发展保持稳中有进的良好态势。

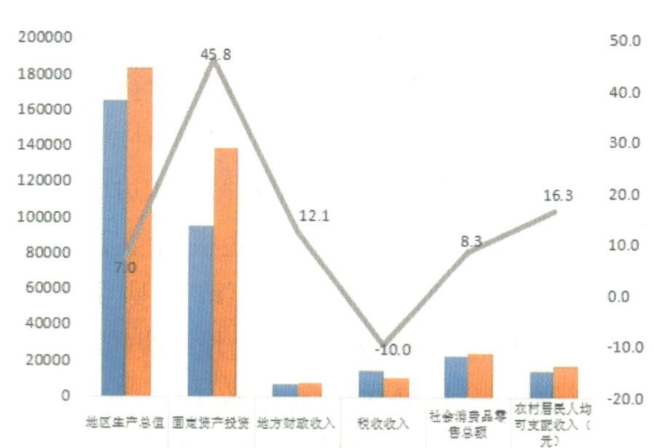

隆子县2021年主要经济指标与同期对比情况
（单位：万元）

一、地区生产总值

2021 年地区生产总值（GDP）为 183267.9 万元，同比增长 7.0%。其中，第一产业增加值 9341 万元、同比增长 6.6%，第二产业增加值 90076.4 万元、同比增长 11.1%，第三产业增加值 83850.5 万元、同比增长 6.1%。三次产业比例由 2020 年的 5.1：53.4：41.5 调整为 2021 年的 5.1：49.2：45.8，持续保持"二三一"结构。

二、农牧业

2021 年我县农林牧渔业总产值达到 17438.16 万元，同比增长 8.1%，农林牧渔业增加值达到 9420.16 万元，同比增长 5.7%。

2021 年全县耕地面积 3233 公顷，农作物总播种面积达 3329.2 公顷。粮食作物播种面积为 2686.39 公顷，其中青稞面积 1984.93 公顷，小麦面积 310.61 公顷；经济作物面积为 418.55 公顷，其中油菜作物面积 311.83 公顷，蔬菜类面积 106.72 公顷；青饲料面积 224.26 公顷。统计数据显示，2021 年我县粮经饲的比例为 81：13：6。全县粮食产量达 19820.71 吨（核定数），油菜籽产量 975.35 吨，蔬菜产量达 2377.94 吨。截至 2021 年底，年末牲畜存栏头数 157590 头（只、匹），其中牛羊猪存栏数分别为 64611 头、85530 只、5258 头。牲畜出栏达 35305 头，牲畜总出栏率为 23.5%，同比下降 0.9 个百分点。肉类产量 1823.6 吨，同比增加 57.42 吨，奶类产量 11934.24 吨，同比增加 1633.34 吨。

三、社会消费品零售总额

2021 年实现社会消费零售总额 24680.2 万元、同比增长 8.3%。按行业分，批发业、零售业、住宿业、餐饮业分别完成 421.3 万元、20819.1 万元、

699.2 万元、2740.6 万元，同比分别增长 15.7%、7.5%、5.8%、14.8%，占消费总额占比分别为 1.7%、84.3%、2.8%、11.2%。

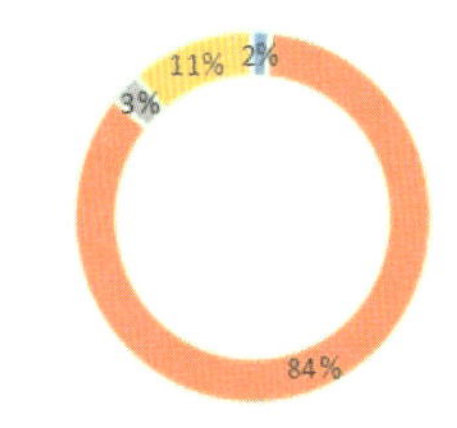

2021年社会消费品零售总额构成比例图

四、全社会固定资产投资

2021 年，计划总投资 500 万元以上统计在库项目共有 97 个，其中投资 5000 万元以上项目 9 个，计划投资 500 万—5000 万元项目 88 个。全社会固定资产投资完成 138848 万元，同比增长 45.8%，其中，国家投资 122105 万元，同比增长 68.6%，民间投资 16743 万元，同比下降 26.6%。

五、工业

2021 年我县规模以上工业总产值 66293.5 万元、同比增长 27.6%，规模以上工业增加值 31431.9 万元，同比增长 6.2%。

规模以下工业总产值达 4327.97 万元、同比下降 9.7%，规模以下工业增加值达 2423.67 万元、同比下降 9.7%。

六、财税收入、金融

2021 年全县一般公共预算收入完成 7852 万元、同比增长 12.1%。税收收入完成 10900 万元、同比下降 10%。年末全县金融机构存款余额 151816 万元，同比增长 9.4%。其中，居民储蓄存款余额为 88716 万元，同比增长 14.2%，年末各项贷款余额 55585 万元，同比下降 4.7%。

七、教育、卫生

2021—2022 学年，全县共有各级各类学校 58 所，其中初级中学 1 所，乡镇小学 9 所，教学点 9 所、双语幼儿园 39 所。一是全县各级各类学校在校生共有 4913 人，其中：初中在校生 1007 人，小学在校生 2695 人，学前阶段在园幼儿共计 1211 人；二是初中阶段毛入学率达 102.34%，小学阶段净入学率达 100%，学前三年毛入学率达 94.46%，全县在园幼儿 1215 人；三是全县专任教师 392 人，其中初中专任教师 97 人、小学专任教师 223 人、学前专任教师 54 人，专任教师学历合格率达 100%；四是其他教职工中援藏教师 5 人，全县学校临时工共有 252 人，其中专职代课教师 59 人，乡村振兴教师 19 人，其他临时工 174 人。

2021 年底，全县医疗机构个数共有 13 个，其中县级医院 2 个，乡镇卫生院 11 个，卫生技术人员 163 人，其中：县级医疗机构 76 人，乡镇级医疗机构 87 人。执业（助理）医师 85 人，每千人实有卫生技术人员数为 9.08 人（包括村医 164 人），2021 年底实有床位 92 张，每千人实有床位为 2.55 张。

八、人口、人民生活和社会保障

公安户籍数据显示，2021 年 12 月底，全县户籍人口共有 12389 户 36015 人（其中男 17734 人、女 18281 人），同比分别减少 16 户和增加 20 人；按农林牧渔业年报统计数据，乡村户籍人口共有 10186 户 32290 人。

根据下算，2021 年全县农村居民人均可支配收入达 17291 元，同比增长 16.3%。

城乡居民基本养老保险实现参保人数共计 21809 人，城乡居民医疗保险参保人数 32120 人，城镇居民最低保障 37 户 54 人，农村居民最低生活保障 160 户 354 人，五保供养人数共计 319 人，其中集中供养 158 人、分散供养 161 人。

九、水、电、路、信、网

近几年，结合隆子县脱贫攻坚工作深入推进，行政村水、电、路、信通达率达到 100%。截至年底，全县公路通车里程达到了 1183.78 千米，全县电话用户达 3.56 万户，宽带用户达 0.78 万户。

隆子县2021年度国民经济和社会发展综合计划指标表

表3

指标名称	单位	2020年		2021年	
		绝对值	增长（%）	下算数	增长（%）
一、地区生产总值	万元	164962.5	7.6	183267.9	7.0
其中：第一产业	万元	8366.6	7.3	9341	6.6
第二产业	万元	88146.8	11.4	90076.4	11.1
第三产业	万元	68449.1	1.4	83850.5	6.1
二、地方财政收入	万元	7003	-22.2	7852	12.1
三、全社会固定资产投资	万元	95233	-40.5	138848	45.8
其中：国家投资	万元	72437	-42.8	122105	68.6
民间投资（招商引资）	万元	22796	-31.7	16743	-26.6
援藏投资	万元	—	—	—	—
四、社会消费品零售总额	万元	22783.7	-7.5	24680.2	8.3
五、农牧民人均可支配收入	元	14868	12.5	17291	16.3
六、税收收入	万元	12486	-11.1	10900	-10.0
七、工业增加值	万元	27709.5	-7.8	33990.57	25.8
八、粮食产量	吨	20101.27	-1.2	19820.71	-1.4
其中：青稞产量	吨	17576.82	-2.4	15117.46	-14.0
九、油菜籽产量	吨	1006.58	31.8	975.35	-3.1
十、肉类产量	吨	1766.19	-8.2	1823.6	3.3
十一、奶类产量	吨	10300.9	21.1	11934.24	15.9
十二、牲畜出栏率	%	24.5	下降3.9个百分点	23.5	下降1个百分点
十三、国内外游客接待人数	万人次	5.17	8.1	6.34	22.6
旅游总收入	万元	1291.41	29.7	1630.4	26.2
十四、城镇登记失业率	%	控制在3.6%以内	增长2.1个百分点	控制在4.5%以内	增长0.9个百分点

注：2021年三次产业比例由2020年5.1 ：53.4 ：41.5调整为5.1 ：49.2 ：45.8。

2021年隆子县各乡镇农村基本情况表

表4

指标	单位	隆子县	隆子镇	日当镇	热荣乡	雪萨乡	三林乡
村民委员会数	个	81	13	12	8	12	7
自来水受益村数	个	81	13	12	8	12	7
通汽车村数	个	81	13	12	8	12	7
通电话村数	个	81	13	12	8	12	7
通电的村	个	81	13	12	8	12	7
通邮的村	个	80	13	12	8	12	7
通电视的村	个	81	13	12	8	12	7
乡村户数	户	10186	2087	2313	1182	1115	900
乡村人口数	人	32290	6197	7551	3686	4119	2991
乡村劳动力资源数	人	18938	3863	4471	2130	2208	1713
乡村从业人员	人	17820	3604	3988	2130	2208	1473
耕地面积	公顷	3268.63	983.03	1053.47	369	180.33	121.73
农作物播种面积	公顷	3320.92	983.02	1053.5	369.9	180.32	121.97
粮食作物面积	公顷	2686.39	895.23	857.97	310.07	125.44	81.75
其中：青稞	公顷	1984.93	793.11	713.47	198.61	94.57	30.78
粮食作物产量	吨	19820.71	6781.67	6380.23	1970.48	492.02	626.68
其中：青稞	吨	15117.46	6331.23	5680.38	1454.68	409.11	223.12
油料面积	公顷	311.83	46.93	129.21	21.3	31.34	16.72
油料产量	吨	975.35	246.3	398.72	56.6	51.75	43.28
2021年农村居民人均可支配收入	元	17291	17978	16405	13551	16132	21575
2020年农村居民人均可支配收入	元	14868	15832	14359.7	11481.6	14179	19089.3
同比增长速度	%	16.3	13.6	14.2	18.0	13.8	13.0

续表4

指标	单位	斗玉珞巴民族乡	扎日乡	玉麦乡	准巴乡	加玉乡	列麦乡
村民委员会数	个	3	3	2	4	10	7
自来水受益村数	个	3	3	2	4	10	7
通汽车村数	个	3	3	2	4	10	7
通电话村数	个	3	3	2	4	10	7
通电的村	个	3	3	2	4	10	7
通邮的村	个	3	3	1	4	10	7
通电视的村	个	3	3	2	4	10	7
乡村户数	户	203	330	67	138	1109	742
乡村人口数	人	617	1048	240	442	3368	2031
乡村劳动力资源数	人	367	673	125	281	1908	1199
乡村从业人员	人	367	608	122	281	1908	1131
耕地面积	公顷	32.27			42.67	297.2	188.93
农作物播种面积	公顷	32.3			39.35	351.61	188.95
粮食作物面积	公顷	23.47			11.97	241.98	138.51
其中：青稞	公顷	12.57			11.5	58	72.32
粮食作物产量	吨	139.14			58.1	2442.51	929.89
其中：青稞	吨	64.62			55.77	560.13	338.42
油料面积	公顷	3.99			14.47	32.4	15.47
油料产量	吨	8.8	0	0	30.98	90.78	48.14
2021年农村居民人均可支配收入	元	26014	29284	38488	17432	16042	14381
2020年农村居民人均可支配收入	元	22171	27578	34057.6	15026	14189.9	12455.5
同比增长速度	%	17.3	6.2	13.0	16.0	13.1	15.5

2021年隆子县各乡镇牧业生产情况表

表5

指标	单位	隆子县	聂雄乳业公司	三林富民养殖	隆子镇	日当镇	热荣乡	雪萨乡
牲畜总头数	头只匹	157590	1197	1144	19962	37475	44956	13547
1. 大牲畜	头、匹	66802	1197	0	4484	11576	10935	13349
牛	头	64611	1197	0	4394	11153	10096	13249
马	匹	1616			80	380	551	89
驴	匹	441			6	17	288	11
骡	头	134			4	26	0	0
2. 小畜	头、只	90788	0	1144	15478	25899	34021	198
猪	头	5258	0	1144	162	10	0	3
羊	只	85530			15316	25889	34021	195
其中：绵羊	只	63225			9538	19292	31742	78
出栏总头数	头、只	35305	28		5787	9655	10487	2000
当年出售和自宰的肉用猪	头	856	0		102	0	0	0
当年出售和自宰的肉用牛	头	11593	28		1328	1844	1777	1994
当年出售和自宰的肉用羊	只	22860			4357	7811	8710	6
出栏率	%	23.5	2.8		27.6	25.8	25.3	16.1
肉总产量	吨	1823.6	3.5	5	237.22	339.85	344.38	249.37
其中：猪肉	吨	42.8		0	5.10	0.00	0.00	0.00
牛肉	吨	1449.1	3.5		166.00	230.50	222.13	249.25
羊肉	吨	320.04			61.00	109.35	121.94	0.08
家禽肉	吨	6.63			5.12	0.00	0.32	0.04
奶类产量	吨	11934	1020		2617.50	3571.27	1242.58	1117.14
其中：牛奶	吨	11934	1020		2617.50	3571.27	1242.58	1117.14

续表5

指标	单位	三林乡	斗玉珞巴民族乡	扎日乡	玉麦乡	准巴乡	加玉乡	列麦乡
牲畜总头数	头只匹	14261	2515	2167	512	862	9193	9799
1. 大牲畜	头、匹	11617	1940	2167	477	811	3963	4286
牛	头	11547	1841	2037	464	763	3659	4211
马	匹	44	83	130	13	43	144	59
驴	匹	8	10	0	0	1	92	8
骡	头	18	6	0	0	4	68	8
2. 小畜	头、只	2644	575	0	35	51	5230	5513
猪	头	2596	131	0	0	40	662	510
羊	只	48	444	0	35	11	4568	5003
其中：绵羊	只	0	139	0	35	0	813	1588
出栏总头数	头、只	2512	452	290	38	117	1813	2126
当年出售和自宰的肉用猪	头	394	22	4	0	11	244	79
当年出售和自宰的肉用牛	头	2112	396	286	38	103	854	833
当年出售和自宰的肉用羊	只	6	34	0	4	3	715	1214
出栏率	%	18.8	18.6	10.8	13.2	13.7	21.1	24.9
肉总产量	吨	283.80	51.94	35.97	4.81	13.47	129.21	125.11
其中：猪肉	吨	19.70	1.10	0.20		0.55	12.20	3.95
牛肉	吨	264.00	49.50	35.75	4.75	12.88	106.75	104.13
羊肉	吨	0.08	0.48	0.00	0.06	0.04	10.01	16.99
家禽肉	吨	0.00	0.86	0.02	0.00	0.00	0.24	0.04
奶类产量	吨	559.90	57.60	65.25	2.83	108.94	773.70	797.54
其中：牛奶	吨	559.90	57.60	65.25	2.83	108.94	773.70	797.54

隆子县 2012—2021 年地区生产总值一览表

表6

指标	计量单位	2012 年		2013 年		2014 年		2015 年		2016 年	
		实际数	增长（%）	实际数	增长（%）	实际数	增长（%）	实际数	增长（%）	实际数	增长（%）
一、地区生产总值	万元	53984	16.3	66722	14.2	73886	8.7	73252	–1.1	80949	8.7
其中：第一产业	万元	4301	3.7	4610	3	5028	4.4	5322	3.8	5874	4.5
第二产业	万元	39519	19.9	51320	17.1	55807	8.5	50959	–6.3	54733	7.9
第三产业	万元	10164	9.3	10792	4.5	13051	11.3	16971	16.2	20342	12.7
人均生产总值	元	15041	12.8	18358	22.05	20164	7.8	20468	–2.2	22606	8.6

指标	计量单位	2017 年		2018 年		2019 年		2020 年		2021 年	
		实际数	增长（%）	实际数	增长（%）	实际数	增长（%）	实际数	增长（%）	实际数	增长（%）
一、地区生产总值	万元	109899.5	21.3	123362.7	10.1	150978.1	8.7	164962.5	7.6	183267.9	7.0
其中：第一产业	万元	6418.5	4.1	6947	4.3	7661.3	3.6	8366.6	7.3	9341	6.6
第二产业	万元	80995.5	28.6	92494.7	10.8	75706.8	5.4	88146.8	11.4	90076.4	11.1
第三产业	万元	22485.5	6.5	23921	10.5	67610	13.2	68449.1	1.4	83850.5	6.1
人均生产总值	元	30609	21.1	34299	10.3	41775	8.4	45672	9.4		

注：2021年三次产业比例由2020年5.1：53.4：41.5调整为5.1：49.2：45.8。

隆子县2013—2021年人口一览表

表7

指标	单位	2013年	2014年	2015年	2016年	2017年	2018年	2019年	2020年	2021年
年底户籍总人口	人	36519	36743	35682	35617	35858	36074	36242	35995	36015
农牧业户籍人口	人	32369	32382	32638	32486	32300	32298	32399	32243	32290
非农业户籍人口	人	4150	4361	3044	3131	3558	3776	3843	3752	3725
人口出生率	‰	12.87	14.4	15.65	14.05	11.6	10.8	10.3	9.2	9.3
人口死亡率	‰	4.7	2.7	1.8	1.8	2.4	2.4	5.3	5.8	2.6
自然增长率	‰	8.1	11.7	13.85	12.25	9.2	8.4	5	3.4	6.7

注：2021年全县出生人口335人，死亡人口92人。

隆子县2013—2021年农村居民人均可支配收入一览表

表8

指标	单位	2013年	2014年	2015年	2016年	2017年	2018年	2019年	2020年	2021年
农村居民人均可支配收入	元	6541	7455	8401	9283	10536	11695	13216	14868	17291
增长速度	%	17.9	14	12.7	10.5	13.5	11	13	12.5	16.3

隆子县2010—2021年全社会固定资产投资总额一览表

表9

指标	计量单位	2010年		2011年		2012年		2013年	
		实际数	增长(%)	实际数	增长(%)	实际数	增长(%)	实际数	增长(%)
全社会固定资产投资总额	万元	54849	81.7	48960	-10.7	78900	61.2	75548	-4.2
国家投资	万元	13314	-2.6	23623	77.4	51906	119.7	52458	1.1
招商引资	万元	28555	534.6	10372	-63.7	5200	-49.9	13938	168.0
援藏投资	万元	150	-70.6	1770	1080.0	1100	-37.9	0	-100.0
民间投资	万元	12830	11.4	13195	2.8	20694	56.8	9152	-55.8

指标	计量单位	2014年		2015年		2016年		2017年	
		实际数	增长(%)	实际数	增长(%)	实际数	增长(%)	实际数	增长(%)
全社会固定资产投资总额	万元	80335	6.33637	80600	0.3	77327	-4.1	201937	161.1
国家投资	万元	42092	-19.761	53341	26.7	60108	12.7	167428	178.5
招商引资	万元	25000	79.3658	19000	-24	9741	-48.7	32741	236.1
援藏投资	万元	1987		2238	12.6	0	0	0	
民间投资	万元	11256	22.9895	6021	-47	7478	24.2	1768	-76.4

指标	计量单位	2018年（投资制度改革数据）		2019年		2020年		2021年	
		实际数	增长(%)	实际数	增长(%)	实际数	增长(%)	实际数	增长(%)
全社会固定资产投资总额	万元	186616	37.4	160022	-14.3	95233	-40.5	138848	45.8
国家投资	万元	164751	62.6	137768	-16.4	72437	-47.4	122105	68.6
招商引资	万元	17651	-46.1	33389	26.1	22796	-31.7	16743	-26.6
援藏投资	万元	1814	100.0	0	-100.0	0	0.0	0	0.0
民间投资	万元	2400	35.7466	2019年民间企业投资纳入招商引资		民间投资纳入招商引资		民间投资纳入招商引资	

隆子县 2010—2021 年社会消费品零售总额一览表

表10

指标	计量单位	2010 年		2011 年		2012 年		2013 年		2014 年		2015 年	
		实际数	增长（%）	实际数	增长（%）	实际数	增长（%）	实际数	增长（%）	实际数	增长（%）	实际数	增长（%）
社会消费品零售总额	万元	3845	28.0	4765	23.9	5630	18.2	6800	20.8	7980	17.4	9412	17.9
按区域分：城镇	万元	3034	29.0	3650	20.3	4262	16.8	5268	23.6	6222	18.1	7185	15.5
乡村	万元	811	24.0	1115	37.5	1368	22.7	1532	12.0	1758	14.8	2227	26.7
零售业	万元	2948	32.7	3695	25.3	4287	16.0	5281	23.2	6111	15.7	7109	16.3
住宿餐饮业	万元	897	14.6	1070	19.3	1343	25.5	1519	13.1	1869	23.0	2303	23.2

指标	计量单位	2016 年		2017 年		2018 年		2019 年		2020 年		2021 年	
		实际数	增长（%）	实际数	增长（%）	实际数	增长（%）	实际数	增长（%）	实际数	增长（%）	实际数	增长（%）
社会消费品零售总额	万元	11316	20.2	12823	13.3	14670	14.4	24640.6	调整为四经普反馈数据	22783.7	−7.5	24680.2	8.3
按区域分：城镇	万元	8138	13.3	10388	13.7	11760	13.2	21523.6		19916.7	−7.5	21640.2	8.7
乡村	万元	3178	42.7	2435	11.8	2910	19.5	3117		2867	−8.0	3040	6.0
按行业分：商品零售	万元	8189	15.2	9387	14.6	11545.4	23.0	20992.6		19344.7	−7.8	20819.1	7.6
餐饮收入	万元	3127	35.8	3416	9.2	3124.6	−8.5	3648		2388.3	−5.7	2740.6	14.8

隆子县2010—2021年财政及税收收入一览表

表11

指标	计量单位	2010年		2011年		2012年		2013年	
		实际数	增长（%）	实际数	增长（%）	实际数	增长（%）	实际数	增长（%）
1. 财政总收入	万元	16947	25.0886	26168	54.411	36859	40.8552	44345	20.31
# 地方财政收入	万元	1100	37.5	3097	181.55	3686	19.0184	4313	17.01
财政总支出	万元	16947	25.0886	26168	54.411	36859	40.8552	44345	20.31
2. 税收收入	万元	1977.3	76.1	6768.2	242.2	6953.9	2.7	7200.6	3.5
指标	计量单位	2014年		2015年		2016年		2017年	
		实际数	增长（%）	实际数	增长（%）	实际数	增长（%）	实际数	增长（%）
1. 财政总收入	万元	57353	29.334	85266	48.7	94082	10.3	105609	12.252
# 地方财政收入	万元	7223	67.47	6800	−5.8563	8807	29.5	9072	3.009
财政总支出	万元	57353	29.334	85266	43.9611	94082	10.3	105609	12.252
2. 税收收入	万元	12353.9	71.568	13947	12.8955	14502	4	14400	−0.703
指标	计量单位	2018年（投资制度改革数据）		2019年		2020年		2021年	
		实际数	增长（%）	实际数	增长（%）	实际数	增长（%）	实际数	增长（%）
1. 财政总收入	万元	123355	16.8035	153355	24.32	170661	11.28	169155	−0.8825
# 地方财政收入	万元	10731	18.287	9001	−16.1	7003	−22.2	7852	12.1234
财政总支出	万元	123355	16.8035	153355	24.32	170661	11.285	105711	−38.058
2. 税收收入	万元	17851	23.9653	14046	−21.1	12486	−11.1	10900	−10

隆子县 2010—2021 年社会消费品零售总额一览表

表12

指标	计量单位	2010 年		2011 年		2012 年		2013 年		2014 年		2015 年	
		实际数	增长（%）	实际数	增长（%）	实际数	增长（%）	实际数	增长（%）	实际数	增长（%）	实际数	增长（%）
工业总产值	万元	21405.7	173.8	27179	27.0	30684	12.9	49138	60.1	69919	42.3	56330	–19.4
规模以上产值(华钰矿业)	万元	21054.9	180.9	26789	27.2	30155	12.6	48859	62.0	69075	41.4	55200	–20.1
规模以下工业总产值	万元	350.8	8.9	390	11.2	529	35.6	279	–47.3	844	202.5	1130	33.9

指标	计量单位	2016 年		2017 年		2018 年		2019 年		2020 年		2021 年	
		实际数	增长（%）	实际数	增长（%）	实际数	增长（%）	实际数	增长（%）	实际数	增长（%）	实际数	增长（%）
工业总产值	万元	67629	20.1	78569	16.2	80829.5	2.9	66698.6	–17.5	57500.84	–13.8	70620.97	27.6
其中：规模以上产值（华钰矿业）	万元	66295	20.1	77140	16.4	78733.9	2.1	63446.5	–19.4	51940	–18.1	66293.5	27.6
规模以下工业总产值	万元	1334	18.1	1429	7.1	2095.6	46.6	3252.1	55.2	4792	47.4	4327.97	–9.7
规模以上工业增加值	万元	30655	16.9	34550	4.7	36351.3	5.1	30449.6	–6.7	22777.3	–25.1	31431.9	6.2

金 融

表13

指标	计量单位	2011年	2012年	2013年	2014年	2015年	2016年	2017年	2018年	2019年	2020年	2021年
金融机构本外币各项存款余额	万元	43400	57760	74803	97739	129473	150599	141984	153252	128721	140294	151816
# 居民储蓄存款余额	万元	13800	17385	21503	25001	35049	43891	52070	61785	62387	79468	88716
金融机构本外币各项贷款余额	万元	6055	7624	16636	24406	32365	34606	39205	47689	55548	58833	55585

交 通

表14

指标	计量单位	2011年	2012年	2013年	2014年	2015年	2016年	2017年	2018年	2019年	2020年	2021年
公路通车里程	公里	872.495	1003.5	1114.5	1114.5	1114.5	1114.5	1114.5	1196.5	1196.5	1196.5	1183.78

通 信

表15

指标	计量单位	2011年	2012年	2013年	2014年	2015年	2016年	2017年	2018年	2019年	2020年	2021年
电话用户数	户	11000	15000	15800	16000	17800	24000	24940	26600	39500	39000	35525
固定互联网接入用户数	户							2940	4800	9500	9000	7800

教 育

表16

指标	计量单位	2009—2010学年	2010—2011学年	2011—2012学年	2012—2013学年	2013—2014学年	2014—2015学年	2015—2016学年	2016—2017学年	2017—2018学年	2018—2019学年	2019—2020学年	2020—2021学年	2021—2022学年
学校个数		11	11	11	9	9	9	9	9	9	9	10	10	10
中学	所	1	1	1	1	1	1	1	1	1	1	1	1	1
小学	所	10	10	10	8	8	8	8	8	8	8	9	9	9
中学在校生	人	1639	1664	1536	1484	1401	1265	1188	1362	1433	1456	1222	1192	1007
小学在校生	人	2960	2960	2876	2824	2754	2830	2700	2534	2511	2507	2556	2525	2695
小学学龄儿童入学率	%	99.8	100	100	100	100	100	100	100	100	100	100	100	100

卫 生

表17

指标	计量单位	2009年	2010年	2011年	2012年	2013年	2014年	2015年	2016年	2017年	2018年	2019年	2020年	2021年
医院、卫生院个数	个	12	12	11	11	11	11	11	11	11	12	13	13	13
# 卫生院	个	11	11	10	10	10	10	10	10	10	10	11	11	11
医院、卫生院床位数	张	36	36	69	85	87	84	83	85	85	85	81	101	92
# 卫生院	张	33	33	34	34	34	33	49	36	42	42	42	42	42
卫生技术人员（含公岗人员）	人	88	92	93	94	95	95	108	131	101	129	144	159	163

隆子县2010—2021年农业生产情况表

表18

指标	计量单位	2010年	2011年	2012年	2013年	2014年	2015年	2016年	2017年	2018年	2019年	2020年	2021年
农林牧渔业总产值	万元	6826.37	7419.17	7959	8564.6	9210.89	9911.32	10732.8	11670.4	12775	14037.2	15515.82	17234.16
#种植业	万元	3535.19	3732.9	3744	3951	4153.4	4349.97	4601.54	4897.93	5336	5940.43	6598.52	7403.06
林业	万元	104.41	123.14	102	112.3	122.05	128.02	135.01	137.18	146.1	153.38	160.91	170.5
牧业	万元	3147.27	3522.93	4067.3	4447.1	4872.5	5360.43	5911.93	6538.93	7189	7829.85	8633.39	9524.1
农林牧服务业	万元	39.5	40.2	45.7	54.2	62.94	72.9	84.3	96.4	103.9	113.5	123	136.5
常用耕地面积	公顷	3233.47	3233.47	3233.47	3233.47	3233.47	3268.9	3268.63	3269	3268.98	3268.98	3268.98	3268.98
总播种面积	公顷	3347.64	3358.01	3358.01	3364.8	3364.9	3365.8	3365.49	3365.93	3401.96	3466.86	3563.97	3329.2
粮食播种面积	公顷	2222.96	2231.24	2205.73	2242.84	2267.1	2292.15	2339.23	2947.23	2739.2	3187.33	3098.75	2686.39
粮食产量	吨	16422.7	16706.1	16952.2	17400	17782	17932.6	18198.6	19754.8	19970	20349.6	20101.27	19820.71
油料产量	吨	926.63	960.16	999.4	1040	1088	1100.7	1187.08	1059	1087	763.43	1006.58	975.35
蔬菜产量	吨	2062.55	1959.06	1976.5	1698.3	2101	2166.2	2001.84	1884.69	1939.87	1454.74	2074.58	2377.94

隆子县2010—2021年畜牧业生产情况表

表19

指标	计量单位	2010年	2011年	2012年	2013年	2014年	2015年	2016年	2017年	2018年	2019年	2020年	2021年
牲畜总头数	头、只、匹	225427	210234	201020	194480	183019	181071	170366	162660	155555	146476	149843	157590
大牲畜存栏	头、匹	74979	74531	69091	63920	60956	59704	56449	57869	61279	63119	64973	66802
其中：牛	头	—	—	—	—	—	—	—	—	—	60661	62680	64611
猪存栏	头	2514	2487	1940	1934	2020	1812	2163	2152	2074	1574	2897	5258
羊存栏	只	147934	133216	129989	128626	120043	119555	111754	102639	92202	81783	81973	85530
肉总产量	吨	2232	2459	2610.4	2857	2917.717	2944.31	3065	3102	2411.58	1924.81	1766.1865	1823.604
猪肉	吨	177	133.3	112.2	81.2	2152.783	89.65	74.5	60.77	60.4	44.9	47.95	42.8
牛肉	吨	1479.93	1591.1	1766.8	2093.933	71.2	2204.17	2334	2329.86	1902.625	1405.275	1365.55	1449.135
羊肉	吨	567.36	725.8	708.4	655.0525	663.394	619.79	637	696.83	429.0275	458.86	340.52	320.036
奶类产量	吨	4837.41	5484.9	5905.6	6538	6933	7315	7532	8026	8038.56	8504.27	10300.9	11934.24

各乡镇农牧业人口·户数分年一览表

表20

乡镇	2015年		2016年		2017年		2018年		2019年		2020年		2021年	
	户数（户）	人口（人）	户数（户）	人口（人）	户数（户）	人口（人）	户数（户）	人口（人）	户数（户）	人口（人）	户数（户）	人口（人）	户数（户）	人口（人）
隆子镇	2299	6212	2087	6158	2049	6104	2055	6100	2090	6231	2095	6219	2087	6197
日当镇	2429	7652	2377	7610	2345	7585	2347	7614	2341	7598	2309	7550	2313	7551
热荣乡	1339	3988	1305	3990	1304	4022	1293	4026	1257	3912	1234	3858	1182	3686
雪萨乡	1243	4423	1196	4448	1178	4335	1180	4339	1172	4318	1139	4194	1115	4119
三林乡	939	2926	897	2954	896	2969	896	2952	895	2968	900	2995	900	2991
斗玉乡	207	659	197	649	197	644	206	620	199	612	202	616	203	617
扎日乡	211	581	214	585	222	594	216	614	214	598	241	699	330	1048
玉麦乡	9	31	9	32	9	32	9	31	56	191	67	234	67	240
准巴乡	145	456	141	450	141	450	141	447	140	443	138	437	138	442
加玉乡	1244	3459	1167	3399	1173	3390	1143	3373	1126	3359	1125	3348	1109	3368
列麦乡	798	2251	784	2211	776	2175	784	2182	771	2169	748	2093	742	2031
全县农牧民	10863	32638	10374	32486	10290	32300	10270	32298	10261	32399	10198	32243	10186	32290
城镇人口	—	3044	—	3131	—	3558	—	3776	2197	3843	2207	3752	2203	3725
全县总计		35682		35617	—	35858	12429	36074	12458	36242	12405	35995	12389	36015
人口自然增长率（‰）	13.85		12.25		9.2		8.4		5		3.4		6.7	

索 引

说 明

一、本索引采用主题分析法编制。索引范围包括篇目、类目、部(门)目、条目等。
二、本索引按主题词首字汉语拼音音序(同音按音调)排列,若首字拼音相同则按第二字音序排列,以此类推。
三、索引款目后的数字表示内容所在的页码,数字后的拉丁字母(a、b、c)表示栏别(从左至右)。
四、篇目、类目、部(门)目用黑体字。

A

B

C

D

E

F

G

H

J

K

L

S

T

W

X

Y